A construção de
uma doutrina portuguesa de Direito Público

MARCELLO CAETANO

A construção de
uma doutrina portuguesa de Direito Público

Artigos doutrinais n'*O Direito*

MARCELLO CAETANO
A construção de uma doutrina portuguesa de Direito Público
Artigos doutrinais n'*O Direito*

O DIREITO
Director: JORGE MIRANDA

Fundadores
António Alves da Fonseca
José Luciano de Castro

Antigos Directores
José Luciano de Castro
António Baptista de Sousa (Visconde de Carnaxide)
Fernando Martins de Carvalho
Marcello Caetano
Inocêncio Galvão Telles

Director
Jorge Miranda

Directores-Adjuntos
António Menezes Cordeiro
Mário Bigotte Chorão
Miguel Galvão Teles

Propriedade de JURIDIREITO – Edições Jurídicas, Lda.
NIPC 506 256 553
Sede e Redacção: Faculdade de Direito de Lisboa – Alameda da Universidade – 1649-014 Lisboa
Editora: Edições Almedina, SA
  Rua Fernandes Tomás n.ºs 76, 78, 80
  Telef.: 239 851 904 – Fax: 239 851 901
  3000-167 Coimbra – Portugal
  editora@almedina.net

Coordenação e revisão: Veloso da Cunha
Execução gráfica: Tipografia Lousanense, Lda. – Lousã
Depósito legal: 339028/12

ÍNDICE

NOTAS DE APRESENTAÇÃO

André Gonçalves Pereira, *Marcello Caetano e o Estado de Direito* 9

Miguel Galvão Teles, *Marcello Caetano, director de* O Direito 11

Jorge Miranda, *Marcello Caetano e a criação de uma Escola de Direito Público* 13

Marcelo Rebelo de Sousa, *Marcello Caetano: cientista e professor* 17

António Menezes Cordeiro, *Marcello Caetano e o Direito civil* 19

ARTIGOS N'*O DIREITO*

O tecnicismo jurídico e o dever social dos juristas 29

A situação dos municípios no estrangeiro 33

O problema do método no Direito administrativo português 41

O respeito da legalidade e a justiça das leis 71

A situação actual dos municípios portugueses 85

Em torno do conceito de expropriação por utilidade pública 97

Irrevogabilidade da intervenção tutelar do Governo concebida como condição de validade de um contrato promessa 121

O significado das Cortes de Leiria 125

O exclusivo dos transportes colectivos nos concelhos suburbanos do Porto 135

A inclusão da mais valia na indemnização por expropriação por utilidade pública 143

O interesse como condição de legitimidade no recurso directo de anulação 163

Algumas notas para a interpretação da Lei n.º 2105	187
Imposto municipal «ad valorem» sobre o pescado (Artigo 720.º do Código Administrativo)	225
Responsabilidade da Administração Pública	231
O artigo 8.º do novo Código do Imposto de Capitais	241
A Reforma Fiscal	247
Empreitadas de obras públicas	259
O Projecto do Código Civil	283
Problemas actuais da Administração Pública portuguesa	289
As pessoas colectivas no novo Código Civil Português	301

Notas de Apresentação

Marcello Caetano e Estado de Direito

ANDRÉ GONÇALVES PEREIRA

A colaboração de Marcello Caetano na revista "O Direito" estende-se por várias décadas e representa uma parte importante, embora não primordial, da sua contribuição para a construção do moderno Direito Administrativo português.

Naturalmente a atenção do autor estendia-se a vários outros domínios, como o histórico – de que é exemplo o artigo agora republicado sobre as Cortes de Leiria, mas até matérias relativas ao Direito Privado. Aliás a maior construção dogmática, através dos séculos, do Direito Privado, em relação à relativa modernidade do Direito Público característico do Estado moderno, levou muitos administrativistas a utilizar na construção deste ramo de direito técnicas, fórmulas e métodos característicos do Direito Privado. Assim se pôde transpor com sucesso e utilidade para o Direito Administrativo muita da elaboração secular sobre a teoria geral da relação jurídica.

Marcello Caetano integrou-se assim num importante grupo de administrativistas europeus que procederam a esta tarefa. Curiosamente no mesmo ano – 1936 – foram publicadas as primeiras edições das obras gerais não só de Marcello Caetano mas também de Waline e Zanobini.

Ora o presente apanhado de escritos de Marcello Caetano representa mais uma contribuição para a construção do que o autor sempre pensou ser o Estado de Direito em Portugal. Naturalmente é-nos hoje difícil conceber um Estado de Direito que não seja baseado num sistema democrático e cujas Leis não sejam, mais ou menos indirectamente, assentes na vontade popular. Mas para a geração de Marcello Caetano, ou pelo menos para parte importante dessa geração, a construção do Estado de Direito consistia em estabelecer mecanismos para que a Administração Pública fosse compelida ao cumprimento da Lei, independentemente de se pôr em causa a legitimidade da própria Lei.

Este foi um passo necessário, pelo menos em Portugal, e já representou assinalável progresso em relação ao passado imediato.

Penso pois que é uma iniciativa meritória reunir em volume estes escritos do que foi sem dúvida a influência dominante – e que ainda perdura – no Direito Administrativo português no século XX.

Marcello Caetano, diretor de O Direito

MIGUEL GALVÃO TELES

    A homenagem que hoje a revista *O Direito* presta ao Prof. Marcello Caetano constitui um acto de dignidade e de justiça.
    A revista foi fundada em 1868 – ano seguinte ao do Código de Seabra – por José Luciano de Castro, seu primeiro director, que cessou funções apenas com a morte. Seguiram-lhe primeiro o Visconde de Carnaxide e, depois, o Conselheiro Fernando Martins de Carvalho. Marcello Caetano era redactor já desde o fim dos anos vinte. Em 1947, na sequência do falecimento de Martins de Carvalho, foi designado director.
    Desde que se tornou redactor e até 1968, quando deixou de facto as funções de director, Marcello Caetano foi a alma de "O Direito". E, sem prejuízo de importantes contribuições no âmbito do direito privado – devidas, entre outros, a Eridano de Abreu e a Inocêncio Galvão Telles –, Marcello Caetano fez de *O Direito* a grande revista portuguesa de direito. Aí publicou contribuições fundamentais para a elaboração da teoria do Direito Administrativo, algumas das quais (apenas algumas) aqui se recolhem, seleccionadas por Jorge Miranda.
    Não há debates políticos que possam interferir: Marcello Caetano – sem embargo de a sua verdadeira paixão ser a história – foi um grande Mestre de Direito.

Marcello Caetano e a criação de uma Escola de Direito Público

JORGE MIRANDA

1. A história de *O Direito* está indissoluvelmente ligada à figura e à obra do Professor Marcello Caetano.

Redator desde 1929, Diretor de 1947 a 1974 (de 1968 a 1974, com o Professor Inocêncio Galvão Telles), contribuiu pelo seu empenhamento, pelo seu prestígio e pela constante e pela muito frequente produção de artigos doutrinais e de jurisprudência crítica, para o manter em elevadíssimo nível.

Nesses artigos, encontram-se tratadas as mais variadas matérias de Teoria do Direito, de História do Direito, de Direito Constitucional, de Direito Administrativo, de Direito Civil, de Direito Fiscal, de Ciência da Administração – porque tudo interessava ao espírito atento e crítico do Professor Marcello Caetano.

Na presente edição, reúnem-se apenas alguns dos muitos escritos publicados, numa escolha que teve como critério, antes de mais, o contributo que eles deram e continuam a dar para a vida jurídica portuguesa.

Entre os vinte trabalhos publicados sete constam do livro *Estudos de Direito Administrativo*, Coimbra, 1974, mas que, até pela distância temporal e por esse volume se encontrar esgotado, não poderiam deixar de aqui figurar.

Abrangendo um arco de tempo de mais de quarenta anos do século passado, todos estes artigos traduzem bem – tal como as dez edições do *Manual* e as seis do *Manual de Ciência Política e Direito Constitucional* – a progressiva afirmação de uma doutrina portuguesa de Direito Público, fonte de uma verdadeira escola que os seus discípulos e os discípulos dos seus discípulos têm pretendido manter, desenvolver e constantemente renovar.

Foi por tudo isto que pareceu a *O Direito* conveniente recordá-lo e trazê-los ao conhecimento das novas gerações.

2. Para além da construção dogmática que avulta, sobretudo, nos textos de Direito Administrativo, importa salientar o empenhamento numa visão aberta aos valores, assim como à sociedade em que o jurista tem de se mover. É o que

transparece dos dois ensaios sintéticos O *tecnicismo jurídico e o dever social do jurista* e *O respeito da legalidade e a justiça das leis*.

3. No primeiro, critica-se a atitude mental dos cultores do Direito que se circunscrevem ao formalismo e ao tecnicismo jurídicos.

"O tecnicismo jurídico é útil e necessário; mas querer reduzir a ciência do direito tão sòmente às suas secas fórmulas, seria empobrecê-la; e seria depreciar o papel do jurista na hora conturbada em que o Mundo mais carece de que ele proclame os ensinamentos da experiência pluri-secular da Europa, que os juriperitos compendiaram desde as horas radiosas do esplendor de Atenas e de Roma.

"Nem o homem de direito pode deixar-se reduzir à posição de dócil instrumento de todas as políticas ou de realizador técnico de todos os sistemas, convertendo-se numa espécie de *escriba acocorado* a quem os vencedores dão o mote que lhe pertencerá traduzir em regras legislativas e em soluções administrativas ou judiciais. Seria amesquinhar a missão do jurista e torná-lo um elemento subalterno em desacordo com a sua verdadeira vocação e milenária tradição."

4. No ensaio O *respeito da legalidade e a justiça das leis* vai-se mais longe e pressente-se alguma angústia. Partindo da evocação de Sócrates, de Antígona e de S. Tomás, o Professor Marcello Caetano recusa-se a identificar Direito e lei positiva, mas preocupa-se com evitar que, em nome da justiça, se ponha em causa o respeito da legalidade pelos cidadãos, pela Administração, pelos tribunais, pelo próprio legislador.

Conforme escreve, a lei, estabelecendo critérios gerais e abstratos para a solução dos casos concretos, é sempre uma garantia de igualdade e portanto de Justiça, ainda que esta Justiça seja meramente relativa e formal – o que não significa a sua aplicação em termos de tal modo rígidos que desprezem as circunstâncias do caso a resolver e desumanizem a solução, fazendo do *summum jus* a *summa injuria*.

"Nem a paz pode viver sem justiça, nem a justiça sem paz. Daqui a necessidade de pugnarmos constantemente por leis mais justas, procurando afeiçoar as arestas de injustiça que a legalidade ofereça, mas sem atentarmos contra a Ordem em que a Justiça se desenvolve, não vá a nossa insatisfação criar a injustiça total ao procurarmos instaurar uma Justiça perfeita. No desenrolar harmonioso da Ordem jurídica importa que o legislador dê o mais alto exemplo de submissão às suas próprias leis e não recuse audiência a todos os anseios de mais justas normas; em contrapartida, todos quantos devem obediência aos decretos do Poder aceitarão em consciência os imperativos da legalidade enquanto se inspirem no Bem comum, cumprindo os seus preceitos, sem embargo de procurarem contribuir para que dela desapareçam as manchas de iniquidade.

"Há assim como que um pacto tácito entre os cidadãos e o Poder as leis deste serão tanto mais respeitadas por aqueles quanto mais observadas e prestigiadas por ele próprio."

Não se refere aqui o Professor Marcello Caetano às necessárias garantias jurisdicionais da legalidade e da constitucionalidade. Mas, em muitos outros escritos e como legislador, viria a dar um contributo decisivo, no contexto do tempo e do regime em que vivia, para o seu apuramento e o seu reforço.

Marcello Caetano: cientista e professor

MARCELO REBELO DE SOUSA

1.1. As prosas de Marcello Caetano ora coligidas cobrem um período de trinta anos, correspondente a uma parte muito substancial de todo o percurso de docência em Universidades portuguesas.

Revelam, por isso mesmo, subtis diferenças não só temáticas como de perspetiva analítica.

1.2. De temática, antes do mais, já que muitas delas respeitam a situações ou problemas próprios do momento da respectiva análise.

Assim, o enquadramento jurídico externo e interno nos municípios em tempo de reforma da legislação portuguesa. Ou o regime jurídico dos transportes coletivos nos concelhos suburbanos do Porto. Ou o debate sobre a inclusão da mais valia na indemnização por expropriação por utilidade pública. Ou a interpretação da polémica Lei n.º 2105. Ou os juízos sobre o imposto *ad valorem* sobre o pescado. Ou o novo Código do Imposto de Capitais.

Também atinentes a mudanças legislativas em discussão – ou recém-aprovadas –, deparamos com a reforma fiscal, o projeto do Código Civil, as pessoas coletivas nesse Código.

Por outras palavras, a leitura de muitos textos permite, além do mais, descortinar Portugal e um ou vários dos seus desafios jurídicos, para não dizer económicos, sociais e políticos, em determinados momentos das décadas de 30 a 60.

1.3. Do mesmo modo, é particularmente interessante detetar perspetivas diversas, tradutoras de uma certa fase da evolução do pensamento do jurista.

Sobre legitimidade no recurso contencioso de anulação, como sobre responsabilidade da Administração Pública ou, sobre empreitadas públicas, por exemplo, as posições expressas conheceriam outras formulações, antes e depois. Sinal da incessante insatisfação científica do investigador e do pedagogo.

2.1. A coletânea em apreço homenageia o jurista Marcello Caetano como cientista e como professor, em muitos, embora, naturalmente, não em todos os inúmeros domínios do seu labor académico.

2.2. Por um lado, homenageia a complementaridade entre o cientista – que nunca parou de se atualizar e de se questionar – e o professor sempre atento ao rigor e à clareza na transmissão do seu pensamento.

E o que fica dito aplica-se mesmo ao labor do jurisconsulto, traduzido nalguns pareceres escolhidos para a presente publicação.

2.3. Por outro lado, os domínios versados vão da Filosofia e da Teoria do Direito ao Direito Constitucional, da História do Direito ao Direito Administrativo, do Direito Fiscal ao que chamaríamos hoje Direito Económico.

E ainda ficaram por representar o Direito Comparado, o Direito Internacional, o Direito Ultramarino, o Direito Corporativo, o Direito do Trabalho, o Direito da Segurança Social, o Direito dos Seguros, o Direito do Urbanismo *avant-la-lettre*, o Direito da Educação, as Finanças Públicas, a Economia Política. Para já não falar no Direito Penal e em incursões fugazes no Direito Civil ou em matérias processuais.

3.1. Como se compreenderá, o Direito Administrativo e o Contencioso Administrativo ou Justiça Administrativa, em terminologia mais actual, ocupa lugar cimeiro nesta seleção de textos tidos por marcantes.

3.2. Vários desses textos sobre Direito Administrativo e Contencioso Administrativo serão considerados, gerações a fio, peças-chave não só da inventiva do autor como da sua tríplice e duradoura influência na doutrina, na legislação e na jurisprudência nacionais.

Durante quase vinte anos, primou a posição expressa sobre o método na Ciência do Direito Administrativo em Portugal.

O conceito de expropriação por utilidade pública, tal como formulado no texto recolhido, permaneceria central – com retoques menores – mais de duas décadas.

O interesse como condição de legitimidade no recurso directo de anulação marcaria a visão objetivista maioritária que, embora com alterações de conteúdo, subsistiria até para além da Constituição de 1976.

De cerca de duas décadas seria a projecção do ensino sobre empreitadas de obras públicas.

E a elaboração sobre responsabilidade da Administração Pública acompanharia, ao menos em boa parte, a vigência do regime legal só revogado em 2007.

Eis alguns exemplos sugestivos da intensa e duradoura influência do papel de Marcello Caetano no domínio do Direito Administrativo Português.

4. Quanto às prosas mais desprendidas da construção dogmática, concreta ou específica, mais reflexivas, mais viradas para as grandes pré-compreensões do jurista – cientista e professor –, elas explanam de forma eloquente os difíceis equilíbrios que atravessaram a sua obra de quase meio século.

O difícil equilíbrio entre o jusnaturalismo cristão de raiz, a sensibilidade sociológica e politológica no lidar com a realidade e a preocupação – e, numa certa fase, a crucial concentração – com a normatividade positiva do Direito.

O difícil equilíbrio entre a noção da relevância nuclear da Teoria Geral do Direito Civil e a busca de formulações próprias para o domínio em afirmação crescente e acelerada do Direito Administrativo.

5. Uma nota final.

Os textos agora reunidos dão-nos um retrato impressivo do cientista e até do professor.

Mas, pela própria natureza das coisas, retrato apenas parcial do universitário que foi.

Falta a esse retrato a construção laboriosa e em constante renovação dos Manuais, o clima quase iniciático de algumas aulas teóricas, o zelo minucioso do criador de uma Escola e garante obcessivo da sua afirmação e durabilidade no tempo.

Mas, destas outras dimensões do Universitário não rezam os textos avulsos.

Elas permanecem nas obras globalizantes de Marcello Caetano.

E perduram, acima de tudo, na memória daqueles que, um dia, foram seus alunos ou tiveram a honra de ser seus discípulos.

Marcello Caetano e o Direito civil

ANTÓNIO MENEZES CORDEIRO

1. O jurista universal

I. O Prof. Marcello Caetano deixou o seu nome e a sua obra ligados ao Direito público: particularmente ao Direito administrativo e ao Direito constitucional. E foi nessa área que surgiu uma escola vigorosa, que reivindica a prossecução dos caminhos abertos pelo grande publicista. Isto dito, cumpre sublinhar que Marcello Caetano fez incursões significativas noutras disciplinas: Direito colonial, Direito corporativo, Direito penal, História do Direito, Direito financeiro e Economia[1]. E teve ainda intervenções no Direito civil, bem conhecidas pelos cultores do privatismo.

II. A leitura de textos básicos de Marcello Caetano, com relevo para o *Manual de Direito administrativo*, deixa antever a importância da cultura universal do seu Autor. Na época, afigurava-se importante defender a autonomia do Direito administrativo e a necessidade do seu estudo especializado. Daí resultou um aparente confinamento das referências bibliográficas e, por vezes, uma defesa isolacionista do publicismo. Todavia, muitos desenvolvimentos então levados a cabo por Marcello Caetano só foram possíveis por se tratar de um cientista servido por larga cultura histórica, e por conhecimentos alargados que transcendem, em muito, o estrito publicismo.

2. Intervenções civis; escritos sobre métodos e sobre interpretação

I. Marcello Caetano foi autor de três estudos civis: *Das fundações/Subsídios para a interpretação e reforma da legislação portuguesa*, Lisboa, 1962, 206 pp., *O pro-*

---

[1] A bibliografia de Marcello Caetano pode ser confrontada em *Estudos em Homenagem ao Professor Doutor Marcello Caetano/No centenário do seu nascimento*, 1 (2006), 19-22.

jecto do Código Civil, O Direito 98 (1966), 211-216 e *As pessoas colectivas no novo Código Civil Português*, O Direito 99 (1967), 85-110. A sua obra vasta tem outros troços de teor privatístico. Nessas condições está o importante escrito *O problema do método no Direito administrativo português*, O Direito 80 (1948), 4-25 e 83-103, depois incluído na 3.ª ed. do *Manual de Direito administrativo* (1951) e nos *Estudos de Direito administrativo*, Lisboa, 1974[2] e as páginas constantes do *Manual* sobre a interpretação da lei[3].

II. Na tradição dos países de *Civil Law*, os temas de método e de interpretação da lei têm natureza civil[4]. As disciplinas têm fronteiras dadas por paulatina evolução histórico-cultural e não por um qualquer raciocínio de tipo quase geométrico. Mas como é evidente: todos os juristas têm o direito e o dever de cultivar esses temas como, de resto, vem sucedendo[5]. E quando o façam, está lançado o diálogo direto com o civilismo.

III. O *problema do método*, de Marcello Caetano, conduz-nos aos primórdios do Direito administrativo francês e, particularmente, a Bonnin (1808), muito divulgado, entre nós, nos princípios do século XIX[6] e isso mau grado o desinteresse inicial dos administrativistas portugueses[7]. A partir de Otto Mayer e de Jellinek, ter-se-á imposto um "método jurídico", em detrimento de análises sociológicas ou políticas do administrativismo, método esse que, em 1907, ainda era combatido por nomes como Marnoco e Sousa e Alberto dos Reis, por ser metafísico[8]. Daí resultaria uma influência especial de Léon Duguit, assente no positivismo, depois prosseguido por Gaston Jèze[9].

Marcello Caetano dá conta da então recente chegada da jurisprudência dos interesses à Faculdade de Direito de Coimbra e do seu acolhimento pelo Prof. Afonso Queiró[10].

Tomando posição, Marcello Caetano vem combater o puro "método jurídico": há que atender à História, a dados políticos e económicos e ao Direito

---

[2] *Vide*, aí, 117-158. A matéria pode ainda ser seguida nas sucessivas edições do *Manual*: 4.ª ed. (1956), 37-47, simplificado e, por fim, 9.ª ed. (1973), 65-79.
[3] Por último, 9.ª ed. cit., 112-137.
[4] *Vide* o nosso *Tratado de Direito civil* 1, 4.ª ed. (2012), 410 ss. e *passim*.
[5] Cabe recordar: DIOGO FREITAS DO AMARAL, *Da necessidade de revisão dos artigos 1.º a 13.º do Código Civil*, Themis 1 (2000), 9-20 e JORGE MIRANDA, *Em vez do Código Civil, uma lei sobre leis*, Legislação 47 (2007), 5-23; ponderámos o tema no *Tratado* cit., 1, 431 ss.
[6] *O problema do método*, 118 (aqui citado pelos *Estudos de Direito administrativo*).
[7] *Idem*, 119-124.
[8] *Idem*, 127-132.
[9] *Idem*, 136-145.
[10] *Idem*, 147-149.

efetivamente aplicado. Tudo isso sob um manto de "crítica filosófica do sistema", de modo a descobrir as "normas do Direito natural"[11].

IV. No tocante à interpretação das leis: Marcello Caetano, sempre no papel que assume de autonomizar o Direito administrativo, dá-lhe uma orientação público-formal. Começa por analisar os "órgãos de interpretação": o próprio legislador, as autoridades administrativas, os tribunais e os juristas[12]. Passando às regras constantes do Código Civil, o ilustre Autor entende que, dadas as condições em que foi publicado e posto em vigor o projeto de Código Civil e dado o "modo imperfeito" por que saíram, elas não podem ser aceites pela "Ciência jurídica". Entende, pois, que só se aplicam no campo civil e não no do Direito público[13].

Quanto aos processos da interpretação em si, Marcello Caetano apresenta um quadro que não se afasta dos cenários defendidos, na época, pelos cultores da matéria[14].

V. A análise científica dos escritos metodológicos e interpretativos de Marcello Caetano, feita com os meios hoje disponíveis, permitiria apontar o cerne jurídico-cultural que serviu de base ao ilustre Autor e a aplicação que, dele, foi feita, nalguns institutos exemplares. Análises desse tipo foram feitas perante contemporâneos de Marcello Caetano, e que dispuseram de universos mais alargados[15]. Não é esse o objetivo deste escrito. Para os presentes propósitos, sublinhamos apenas o domínio histórico e jurídico-positivo que o ilustre Autor tinha das matérias e a escassa relevância prática que as considerações metodológicas que efetuou tiveram sobre a sua produção propriamente jurídica. Com isso, Marcello Caetano mais não fez do que, por outras vias e à margem dos metodólogos do Direito da sua época, dar corpo ao irrealismo metodológico que dominou até à década de oitenta do século passado.

3. As fundações

I. A Marcello Caetano ficou a dever-se um estudo importante sobre as Fundações, já acima referidos. O Autor distribui a matéria por oito capítulos:

[11] *Idem*, 150-159.
[12] *Manual de Direito administrativo* cit., 1, 10.ª ed., 115-128.
[13] *Idem*, 84.
[14] *Idem*, 129-137.
[15] Por exemplo, quanto ao Prof. Manuel de Andrade, *vide* o nosso *Teoria geral do Direito civil/Relatório* (1988), 167-170.

definição, instituição, reconhecimento, órgãos, capacidade jurídica – tutela administrativa, modificações, transmissão e extinção, reforma da legislação portuguesa sobre fundações e das pessoas coletivas.

O ilustre Autor conclui com um articulado crítico, relativamente ao anteprojeto do então futuro Código Civil, apresentando, ele próprio, um anteprojeto, muito justificado, sobre pessoas coletivas em geral e sobre as fundações.

II. Marcello Caetano interveio, assim, diretamente, na preparação do Código Civil de 1966. As sugestões do ilustre Autor nem sempre foram acolhidas. Temos pena. Marcello Caetano era um redator modelar de diplomas legais. Além do estilo exemplar, temos uma articulação muito clara e precisa. Fácil teria sido, nas revisões subsequentes, uniformizar a linguagem. Mas o escrito *Das fundações*, de Marcello Caetano, pertencerá, sempre, ao espólio civil legado pelo ilustre Autor.

III. Sublinhamos ainda que Marcello Caetano aproveitou o seu livro sobre fundações para homenagear o civilismo português. Com efeito, o livro é dedicado à memória do Prof. Guilherme Alves Moreira: o responsável mais imediato pela viragem do privatismo nacional para a esfera germânica. Marcello Caetano concluíra o liceu, quando Guilherme Moreira faleceu (1922). Com probabilidade, não o conheceu pessoalmente. O sentido da homenagem é, pois, institucional. Tem um significado científico e universitário.

4. O projeto do Código Civil

I. Marcello Caetano interveio ainda na preparação da lei civil fundamental através do artigo *O projeto do Código Civil*, acima citado. Trata-se de um escrito de circunstância que, não obstante, faculta algumas informações sobre os bastidores do poder legislativo, sob a II República ou Estado Novo.

II. Marcello Caetano fez uma súmula da preparação do Código Civil. Lamenta o pouco tempo dado para o debate: de Maio a Setembro de 1966, apanhando as férias. Considera que, na discussão ocorrida, "em geral de afogadilho", pesaram mais "o sentimento e a opinião" do que a "análise e o saber jurídico". A técnica seguida nalguns capítulos da parte geral é "francamente deficiente" e a sua linguagem "deixa a desejar". Particularmente criticado é, ainda, o artigo 1.º, sobre as leis.

III. Como vimos, Marcello Caetano entende que, pela forma por que foi preparado, o Código Civil, os seus artigos 1.º a 13.º não se aplicariam ao Direito público. O Prof. Paulo Cunha aventava, perante isso, a hipótese de, no tocante às fontes e sempre no Direito público, vigorarem ainda alguns preceitos da Lei de 18-Ago.-1769: a Lei da Boa Razão.

A questão subjacente tem uma saída à luz da Ciência do Direito e não perante eventualidades legislativas. A preparação desta matéria documenta-o, de resto. E o testemunho de Marcello Caetano é muito importante para documentar o essencial: a Ciência do Direito não se confunde com a lei nem depende, estritamente, desta.

5. **As pessoas coletivas**

I. O escrito de Marcello Caetano sobre as pessoas coletivas no Código Civil, acima referido, constitui um contributo jurídico-científico muito importante para o civilismo lusófono. O ilustre Autor percorre temas profundamente ancorados no coração do Direito privado: as pessoas coletivas no Código de Seabra e no Código Veiga Beirão. Ocupa-se do tema magno da personalidade coletiva das sociedades civis[16]. Desenvolve os princípios fundamentais sobre pessoas coletivas e conclui com especialidades quanto às associações e quanto às fundações.

II. Marcello Caetano revela uma fina sensibilidade civilista. Vamos dar um exemplo, retirado do escrito sobre pessoas coletivas.

Põe-se o problema da responsabilidade das pessoas coletivas. O artigo 165.º do Código Civil dispõe:

> As pessoas coletivas respondem civilmente pelos atos ou omissões dos seus representantes, agentes ou mandatários nos mesmos termos em que os comitentes respondem pelos atos ou omissões dos seus comissários.

Perante esse preceito, alguma (boa) doutrina civil defende que a responsabilidade das pessoas coletivas seguiria o regime do artigo 500.º do Código Civil, numa ideia que se prolongaria pelos artigos 998.º/ do mesmo Código Civil e 6.º/5 do Código das Sociedades Comerciais[17]. No fundo, reapareceria a velha construção de Savigny, segundo a qual as pessoas coletivas seriam insusceptíveis de culpa. Logo, só poderiam ser responsabilizadas em termos objetivos, através do regime da responsabilidade do comitente pelos atos do comissário.

---

[16] *Vide* o nosso *Tratado de Direito civil*, IV, 3.ª ed. (2011), 846 ss.
[17] *Vide* o nosso *Tratado* cit., IV, 3.ª ed., 682 ss., com indicações, entre as quais Marcello Caetano.

III. Essa ideia é inadequada, tendo sido abandonada pelas doutrinas dos diversos países. Através do nexo de organicidade, a pessoa coletiva é diretamente responsável pelos atos dos titulares dos seus órgãos. Por essa via, ela pode ter culpa. A aplicação do regime do comitente/comissário iria dificultar a responsabilização das pessoas coletivas: ora estas concorrem, no espaço económico-social, com as pessoas singulares. Devem estar em igualdade com estas.

A doutrina correta interpreta o artigo 165.º como reportado aos "representantes, agentes ou mandatários" voluntariamente constituídos e não aos titulares dos órgãos. Estes originam responsabilidade direta; aqueles, indireta, através do esquema do artigo 500.º. Esta ideia, originalmente devida a Marcello Caetano, vai ao encontro dos Direitos alemão e italiano, sendo a mais adequada. Pertence ao nosso acervo civil.

ARTIGOS N'*O DIREITO*

O tecnicismo jurídico e o dever social dos juristas*

Nas épocas de perturbação e de transformação social como aquela em que vivemos, são frequentes os ataques à Ciência jurídica e aos que a cultivam arguindo-os de excessivamente formalistas e acusando-o de divórcio das realidades sociais.

Os impulsos revolucionários, as novas aspirações, os anseios irrequietos não se coadunam com a imutabilidade das leis, a rigidez dos processos e as fórmulas práticas de automatismo judicial; tão pouco compreendem o conservantismo dos juristas e o seu amor aos conceitos formais e à lógica dedutiva, dir-se-ia que exacerbado nos períodos instáveis.

De facto: quase poderiamos formular a lei do tecnicismo-jurídico crescente em períodos de turbulência ideológica. Quando os choques doutrinários se tornam mais vivos e as disputas das ideias assumem extrema acuidade, os professores de direito tendem a refugiar-se no puro logicismo, construindo sistemas por via da dedução, numa direcção acentuadamente técnica. E então, a literatura, o ensino e até a mentalidade jurídicas, parecem afastar-se da ebulição criadora.

Dois motivos contribuem para esse fenómeno. Em primeiro lugar, não se pode chamar *ciência* um trabalho fundado em leis positivas constantemente mutáveis ou em aspirações emocionais instáveia. Em segundo lugar o jurista sabe, por cultura, educação e experiência, que as revoluções, na melhor das hipóteses, acabam por se reduzir a débeis camadas de novos usos e novas formas institucionais depositadas nos quadros clássicos do Direito.

A Revolução, que se não limita a simples golpe de Estado, é um esforço feito no sentido de impor o domínio da Razão à evolução natural e tradicional de uma sociedade. Insatisfeita com a lentidão da marcha evolutiva das instituições sociais, que por vezes se afigura aos olhares inexperientes pura estagnação, a geração revolucionária pretende impor-lhes um sistema racionalmente concebido em obediência a certas ideias-forças, a poucos princípios fundamentais.

---

* Publicado in O *Direito*, ano 79 (1947), 5, pp. 130-132 [na data em que assume o cargo de Director].

Os revolucionários têm sempre de ser crentes, iluminados e optimistas. Crentes na excelência dos princípios. Iluminados pelas luzes de uma doutrina. Optimistas quanto à possibilidade da tradução das ideias em factos e quanto à qualidade dos resultados.

Por muito que a massa da Nação esteja disposta a aceitar a convulsão revolucionária, há sempre inevitável atrito entre a natureza, os hábitos adquiridos, os interesses criados – e as ideias concebidas à *priori*. Toda a revolução tem de contar com a reacção dos elementos não-racionais. Mais ainda: da revolução só perduram na vida aquelas ideias, aqueles impulsos, aquelas inovações, que se converterem em elementos não racionais.

O facto já foi notado por Taine na lúcida página de *L'ancien régime* em que afirma: «Une doctrine ne devient active qu'en devenant aveugle». E explica: «Pour entrer dans la pratique, pour prendre le gouvernement des âmes, pour se transformer en un ressort d'action, il faut qu'elle se dépose dans les esprits à l'état de croyance faite, d'habitude prise, d'inclination établie, de tradition domestique et que des hauteurs agitées de l'intelligence, elle descende et s'incruste dan les bas-fond immobiles de la volonté; alors seulement elle fait partie du caractère et devient une force sociale». Daqui a conclusão exactíssima que tira: «La raison s'indignerait à tort de ce que le préjugé conduit les choses humaines puisque, pour les conduire, elle doit elle-même devenir un prejugé».

Podia dizer-se, por outras palavras, que só penetram profundamente na vida, só adquirem o carácter venerando de instituições, as ideias e os sentimentos que originam uma *rotina*. A paixão amorosa, com as suas avassaladoras rajadas de emoção, torna-se socialmente útil na rotina do matrimónio. O drama divino dos Evangelhos, em que Deus feito homem redime o Mundo atestando por milagres espantosos a sua filiação e morrendo crucificado enquanto a terra treme, as trevas se adensam e se rasga o véu do templo – origina depois a rotina do culto litúrgico e dos mandamentos da Santa Madre Igreja... Não é diferente o destino das revoluções políticas e sociais: para vingarem, têm de deixar de ser revolucionárias e transformar-se em formas correntes de vida. Tal o sentido da afirmação de Oliveira Salazar, quando explicava a um jornalista francês que desejaria poupar Portugal aos sobressaltos de constantes agitações, fazendo com que o povo passasse a *viver habitualmente.*

Ora a habitualidade na vida social cria-se através das fórmulas práticas em que se traduzem os princípios filosóficos. E assim o direito actua também através de uma técnica e de um formulário, cujo valor seria erróneo menosprezar. Técnica e formulário que por se enraizarem para além da consciência têm artes de sobreviver – quantas vezes! – aos próprios princípios que se destinaram a servir e cujo espírito os inspirou e animou.

Deduz-se daqui que ao cultivar o tecnicismo jurídico, ao cuidar mais carinhosamente dos conceitos formais, o homem de direito não se limita a praticar um acto de economia mental, a defender-se do risco de ver arruinado periòdicamente o melhor do seu esforço: procura também, por instinto, o que há de mais estável na ordem jurídica. Será, porém, de estimular uma tal atitude de espírito?

Ela dir-se-ia fundada no cepticismo, – quando não na renúncia ou na impotência criadora. Que Binding tivesse abdicado de defender a escola penal clássica, por muito grande que seja a obra que no domínio técnico daí resultou, não significa menos a sua falta de fé ou de espírito combativo. Quando Kelsen, perante a ruina dos Impérios Centrais e das ideias que as haviam conduzido, leva o neo-Kantismo no direito político às últimas consequências e constrói a sua teoria puramente formal do Estado, ninguém dirá que o impelia um grande ideal ético. A lógica do seu sistema condu-lo à explicação da democracia como simples quadro institucional onde todas as doutrinas podem afirmar-se, conquistar o Poder e procurar realização: todas, mesmo as estruturalmente anti-democráticas, que visam o aniquilamento da democracia. E com sereno ânimo de filósofo aceita a possibilidade de auto-destruição, que é hoje o ponto fraco dos regimes dominados pelo sufrágio universal perante as ameaças do totalitarismo comunista.

Nem o homem de direito pode deixar-se reduzir à posição de dócil instrumento de todas as políticas ou de realizador técnico de todos os sistemas, convertendo-se numa espécie de *escriba acocorado* a quem os vencedores dão o mote que lhe pertencerá traduzir em regras legislativas e em soluções administrativas ou judiciais. Seria amesquinhar a missão do jurista e torná-lo um elemento subalterno em desacordo com a sua verdadeira vocação e milenária tradição.

No meio de um Mundo cada vez mais afogado pela técnica, onde as artes mecânicas se sobrepõem aos valores espirituais, seria a última das traições que renunciássemos ao culto de uma Justiça idealmente perfeita e à sua tradução nas soluções possíveis, segundo as circunstâncias temporais e locais.

O engenheiro, na política, tenderá profissionalmente a conceber a sociedade como uma máquina e o poder como um volante a cujas impulsões de comando o conjunto deve dòcilmente obedecer. Para o médico é incompreensível que o governo não encontre o remédio capaz de resolver favoràvelmente a crise social, ou que hesite perante a solução heróica de uma oportuna ou audaz intervenção cirúrgica. Assevera o filósofo que tudo iria muito melhor se houvesse mais cuidado em observar na vida a lógica de um sistema normativo...

O jurista sabe, porém, que os homens, como pessoas, se não conduzem mecânicamente; e que não há elixir salvador na política, nem a cirurgia repara, num instante, as anomalias do organismo social; assim, como sabe que a vida tem a sua lógica, com muito mais coisas no céu e na terra do que se pensa na filosofia...

Como há-de então o jurista abandonar aos técnicos, aos biologistas e aos filósofos, o estudo, a crítica e a orientação dos factos sociais? Como se explicaria que renunciasse à sua vocação de sociólogo para se improvisar técnico também?

O tecnicismo jurídico é útil e necessário; mas querer reduzir a ciência do direito tão sòmente às suas secas fórmulas, seria empobrecê-la; e seria depreciar o papel do jurista na hora conturbada em que o Mundo mais carece de que ele proclame os ensinamentos da experiência pluri-secular da Europa, que os jurisperitos compendiaram desde as horas radiosas do esplendor de Atenas e de Roma!

A situação dos municípios no estrangeiro*

Há meses a Assembleia Nacional consagrou algumas sessões à discussão da difícil situação dos municípios portugueses. O debate revestiu-se de inegável interesse: foram trazidos muitos factos à colação, exprimiram-se muitas opiniões, elevaram-se maguados queixumes. Disse-se então mal do Código Administrativo. Mas que me lembre, ninguém perguntou se o Código não teria correspondido a uma tendência inevitável e irreversível; se as circunstancias do tempo e do país permitiriam que as coisas tivessem seguido caminho diferente do que seguiram; se o ambiente universal seria outro...[1]

O VII Congresso Internacional de Ciências Administrativas permite-nos um lance de olhos sobre a que se passa lá por fora – para fazer a comparação...

Vamos escolher apenas alguns países, de entre os vários sobre cujos municípios foram apresentados relatórios; e escolhemo-los de preferência de entre aqueles que têm mais arreigadas tradições localistas, maior espírito de autonomia municipal – e mais democráticas instituições.

Estados Unidos da América. – A sua Constituição federativa assenta em intensa vida própria dos 48 Estados, os quais compreendem 3.050 condados e mais de 35.000 municípios, sem falar de outros entes locais autónomos (em número de mais de 100.000) todos com bastante pujança e largo âmbito de acção. A organização municipal é da competência legislativa de cada Estado; em geral as Constituições estaduais fixam normas muito gerais sobre a matéria, deixando a cada município a liberdade de se organizar como melhor entender.

Este, em resumo, o fundo institucional. Agora vejamos as modificações notadas no último decénio (1935-1945) segundo o relator americano, sr. WILLIAM ANDERSON, professor da Universidade de Minnesota.

---

* Publicado in *O Direito*, ano 79 (1947), 9, pp. 258-263.
[1] O debate foi suscitado pelo aviso prévio do deputado ROCHA PÁRIS – infelizmente falecido poucos meses depois – e iniciou-se na sessão de 15 de Janeiro de 1947 prosseguindo até 21 do mesmo mês (*D.º das Sessões*, 1947, n.os 73 a 76). Na secção «Factos & Documentos» damos, neste número, algumas notas da discussão.

Em primeiro lugar, o Governo abandonou a política do *laissez faire* para entrar no caminho decidido de promover a melhoria das condições sociais. (*Probably the greatest change of all during this period was the shift in thought and in public policy away from* laissez faire *and in direction of more action by government to promote the general welfare.*)

Daqui resultou o alargamento do número e do âmbito dos serviços públicos, em benefício do Governo federal e à custa, em muitos casos, dos poderes estaduais e municipais. Todavia os governos estaduais e os grandes municípios urbanos viram crescer a sua administração quase tanto, proporcionalmente, como o Governo federal, apesar de grandes dificuldades financeiras; mas as unidades rurais não só não aumentaram os seus serviços como em muitos casos estão a perder importância funcional (*many have actually declined in functional importance*).

De uma maneira geral, as autarquias locais atravessam uma séria crise financeira, resultante da absorpção pelo Governo federal da maior parte dos recursos fiscais da Nação e do aumento do custo da vida com as consequentes repercussões nas despesas públicas sem contrapartida nas receitas municipais. Daí, a necessidade para os Estados de dar ou de aumentar subvenções aos municípios, o que determina também maior ingerência dos poderes centrais na vida dos poderes locais (*Every increase in such, aids will bring more pressure upon local governments from above, and more administrative supervision over them*).

Em 1942 a soma das subvenções aos municípios (correspondentes às nossas comparticipações) atingiu a importância de 1.800 milhões de dólares (45 milhões de contos).

Os Estados criaram serviços destinados a orientar as autoridades locais e a estimulá-las na prestação de mais útil serviço ao público, verdadeiras *inspecções administrativas*, que, todavia, apresentam as seguintes características comuns: são especialisadas (cada Estado tem um serviço para as finanças locais, outro para a educação, outro para a saúde, etc.); intervêm fortemente na gestão local quanto aos serviços subvencionados, enquanto que a respeito dos outros se limitam a assistir tècnicamente, aconselhar e persuadir; em certos casos, porém, vão até à demissão de funcionários locais e à substituição por outros, embora em geral procurem não usar dos «poderes drásticos» que as leis lhes conferem. Nalguns Estados já existem serviços de revisão e aprovação dos orçamentos municipais: por enquanto esta intervenção ainda é rara mas tem probabilidades de se generalizar (*but are probably due to increase*).

O relator não prevê que esta ingerência dos Estados (e da União) na vida local diminua nos anos próximos, apesar do termo da guerra. A tendência é para se acentuar a centralização embora os poderes locais sejam vivazes: mas agora que os Estados Unidos assumiram importantes responsabilidades internacionais, nada se deve fazer que possa enfraquecer seriamente o Governo nacional (*Since the United States has now assumed important international responsibilities, it is unlikely that anything will be done that will seriously weaken the national government.*)

Suíça. – Passemos a outro país de forte estrutura federal com arreigadas tradições de autonomia local, e ouçamos o relator suíço dr. SCHURMANN.

Também aqui cada Cantão tem a sua legislação municipal própria que permite às comunas grande liberdade de se organizarem consoante entendam. A tradição era no sentido de o poder comunal supremo residir na assembleia geral dos vizinhos, que elegia um conselho. Mas essa assembleia vai desaparecendo da maior parte das comunas, substituída por um Senado municipal e pelo *referendum*.

Os cantões têm o direito de vigiar as suas comunas, e exercem-no mediante a tutela preventiva e repressiva, podendo os governos inspecionar serviços, suspender deliberações e aplicar sanções (declaração de nulidade, penas disciplinares, substituição da deliberação municipal por outra, privação da liberdade de administração, etc.). Esta vigilância é especialmente apertada quanto à competência que os cantões ou a Confederação deleguem nas comunas por lei.

Nos últimos 10 ou 15 anos deu-se, em prejuízo dos cantões, uma rutura do equilíbrio existente nas relações deles com a Confederação, especialmente por efeito da legislação económica de carácter necessário e urgente que foi promulgada após a crise mundial e durante a guerra e que concentrou o poder nas mãos do Governo federal.

Ao mesmo tempo, os cantões vêem-se em dificuldades financeiras que os fez apelar para a Confederação e colocar-se na sua mais estreita dependência.

Como o relator nota na conclusão do seu interessante relatório: «Um perigo interno ameaça a Suíça, é de que imperceptivelmente os fundamentos do Estado se modifiquem, os cantões e as comunas percam a sua importância e a Confederação tome para si o que, segundo a idea basilar da constituição federal, está reservado aos cantões...

«As condições sociais e económicas actuais não são infelizmente favoráveis à reactivação das forças regionais e locais. Pense-se no êxodo da população agrícola para as cidades; é sabido, entre parentesis, que a manutenção dessa população no nível presente (um quinto da população total da Suíça) constitui o fim principal da legislação agrícola em formação e uma das tarefas mais importantes da política suíça de hoje em dia. No mesmo sentido (anti-localista) actuam a evolução da indústria suíça tal como se desenha em razão das actuais conjunturas (superindustrialização, maior sensibilidade às crises eventuais), a situação precária da classe média, o aumento do aparelho administrativo dos poderes públicos, enfim... Em grande parte, aliás, o problema confunde-se com o das relações entre a economia geral e o Estado. Porque, se a organização da economia se não fizer por intermédio das associações profissionais, isto é, regionalmente e localmente, operar-se-á então por forma oficial e centralizada. Quanto aos esforços sociais, também no plano político dão origem a tendências centralizadoras: certos cantões são terrivelmente passivos neste capítulo, como aliás noutros. Mesmo em matéria de cultura geral a Confederação lhes leva vantagem...».

Eis as apreensões manifestadas por um federalista convicto em face das tendências políticas, económicas e sociais que, no país porventura de mais arreigadas tradições locais da Europa, se manifestam presentemente.

França. – O relatório francês é longo, completo e muito claro. Mas basta transcrever o essencial da sua conclusão:

«A legislação francesa actual é inspirada por um princípio geral de descentralização. Desse modo se manifesta no regime das colectividades locais o espírito democrático que anima as nossas instituições. Assim como o regime republicano deve permitir ao país que se governe por si, também a descentralização deve dar às colectividades locais o direito de se administrar no seio da comuna e do departamento, mediante os seus eleitos, e respeitada a unidade nacional».

Até aqui os princípios, como se vê, são liberais até mais não; agora vamos a ver a prática:

«Mas a descentralização está moderada e entravada pelas dificuldades financeiras em que o Estado se encontra e donde resultaram, desde 1930 pouco mais ou menos, as medidas centralizadoras.

«As colectividades locais não reagiram contra os avanços do poder central; até por vezes foram elas a provocar a intervenção premidas pela falta de recursos. A reforma mais importante e mais eficaz a favor da descentralização seria a reforma das finanças locais, mas esta reforma, de há muito em estudo, tropeça nas necessidades do Estado que nem quer passar para as colectividades locais diversos rendimentos fiscais que hoje recebe, nem autorizar essas colectividades a aumentar os encargos que pesam sobre os contribuintes pelo risco daí resultante de comprometer no futuro o rendimento dos impostos.

«A tendência centralizadora que acaba de ser assinalada é reforçada por outro factor: a Administração torna-se cada vez mais completa e técnica, exigindo competências difíceis de encontrar e tornando necessária a coordenação entre os serviços públicos conexos ou complementares qualquer que seja a pessoa moral de quem dependam (como sucede nomeadamente em matéria de transportes públicos, de higiene, de assistência, de segurança social...). A coordenação supõe

— a menos que não seja uma palavra vã — uma direcção superior, que tem a sua expressão natural num sistema centralizado. As colectividades locais, como os grupos privados e os próprios particulares, têm a sua liberdade de acção reduzida pela crescente intervenção do Estado».

Chegados a esta verificação, os relatores franceses dão-se conta da contradição em que a realidade se encontra, no seu país, com os princípios... E procuram desfazê-la — abrindo perspectivas de futuro:

«Desta oposição entre aspirações políticas e necessidades práticas deverá concluir-se que a descentralização preconizada pela Constituição será ilusória e que de facto as liberdades reconhecidas às colectividades locais não se exercerão, senão num domínio cada vez mais restrito? Tal temor seria sem dúvida exagerado.

«Pelo próprio desenvolvimento do intervencionismo, a Administração é obrigada a satisfazer necessidades múltiplas e complexas e não é de longe, através de numerosos intermediários, que essas necessidades podem ser apreciadas com exactidão; é precisa a proximidade das autoridades locais. As colectividades descentralizadas, reunidas sempre que necessário em federações, devem encontrar na gestão dos serviços económicos e sociais um vasto campo de actividade, pois a sua intervenção neste domínio será mais rápida e mais flexível que a do Estado. Parece, por exemplo, que poderão contribuir para resolver a crise de habitação que actualmente grassa por forma aguda em França...».

Passemos adiante.

Bélgica e Holanda. — Juntamos os dois países porque têm grandes afinidades entre si e em ambos a tradição municipalista está sòlidamente arreigada nas instituições e na consciência cívica. Por outro lado, o excelente relatório apresentado pelo belga sr. WARNOTTE faz interessantes referências ao que se passa e pensa na Holanda, completando o que sobre este país informa o relator nacional sr. VAN POELJE.

Justamente o sr. VAN POELJE é autor de um estudo sensacional, apresentado ao Congresso das cidades holandesas de 1946 e que foi publicado sob o título — «*Crepúsculo dos municípios?*»

Nesse estudo, depois de largamente desenvolver o papel desempenhado pelos municípios no século passado e nos começos deste, o professor holandês interroga-se àcerca do futuro que lhes está reservado, assinalando como facto basilar que o Estado moderno se caracteriza por forte contracção dos órgãos centrais, donde resulta a inevitabilidade de *cooperação íntima e orgânica* entre a autoridade central e os poderes locais. Da necessidade de unidade, nos fins e nos meios, dos poderes locais e do Estado depreende ser imprescindível a revisão do actual sistema de organização municipal.

Embora partidário da autonomia municipal, o prof. VAN POELJE é forçado a reconhecer, no seu relatório ao Congresso de Berne, que «mesmo num país como os Países Baixos em que a ideia da autonomia comunal está enraizada no espírito público, esta independência não é uma noção absoluta, variando o seu alcance e apreciação à medida que as condições sociais se modificam e que a evolução da técnica torna possível, e muitas vezes necessário, dirigir unidades mais vastas a partir de um ponto central».

Na Bélgica o sr. MACAR[2], na mesma ordem de ideias, também conclui que a autonomia municipal só se justifica na medida que representa o melhor sistema de administração... sem constituir um dogma absoluto, pelo que deve ceder sempre que o exija o interesse geral. O critério nesta matéria, o ponto em que a descentralização deve ceder à centralização, depende de duas considerações: 1.º, Os interesses confiados à autonomia comunal devem ter carácter exclusivamente local, porque só o seu particularismo justifica a competência dos poderes locais; 2.º, a intervenção destes poderes só se concebe na medida em que eles estejam em condições de resolver os assuntos a tratar.

Verifica o mesmo autor que numerosas disposições legislativas restringiram a autonomia municipal a qual, em certos domínios, se está a estilhaçar «mau grado a boa vontade geral de conservar tão intactas quanto possível as franquias comunais». É preciso admitir, diz, que em certos casos o princípio da autonomia municipal deve ceder às ideias centralistas e que essa mudança resulta da evolução da vida económica e das ideias políticas.

No relatório do sr. WARNOTTE conclui-se igualmente que tudo faz prever na Bélgica uma nova organização municipal. Além do desaparecimento dos pequenos concelhos é de desejar uma nova distribuição das actividades administrativas. Este autor, director geral honorário do Ministério do Trabalho belga, vai tão longe que fala em tirar toda e qualquer gestão financeira às comunas, única forma de as curar do seu mal de dilapidação dos dinheiros públicos. Não basta a actual tutela exercida pelos governadores de província e pelos comissários de distrito sobre todos os negócios municipais, especialmente sobre os orçamentos – com direito de inspecção local. «Pode dizer-se – conclui – que só a Constituição reconhece hoje em dia a necessidade das comunas. Todos os elementos *naturais* que podiam justificar outrora a existência de certas comunas, desapareceram. Os cidadãos estão agora unidos por relações mais nacionais do que locais e as atribuições que se podem ainda reconhecer como privativas das

---

[2] Segundo o relatório do sr. WARNOTTE.

autarquias locais – os cemitérios, por exemplo, a limpeza urbana, os esgotos – não bastam para justificar uma administração particular provida de poderes deliberativo e executivo».

Conclusão. – Passámos assim em revista alguns depoimentos de homens autorizados, colhidos em diversas partes do Mundo e dos quais se depreende (se exceptuarmos o último, radicalmente partidário da supressão dos municípios) que a um desejo *teórico* de manter a tradição de autonomia municipal, corresponde o *facto* inelutável de uma centralização determinada pelo carácter do Estado moderno, pelas suas funções económicas e pela feição técnica e complexa dos modos de satisfação das necessidades colectivas.

Se algum leitor tiver a curiosidade de reler as conferências que proferi sobre o *Município na reforma administrativa* e sobre o *Município no Estado Novo* verá que nelas há mais de dez anos se notou esta evolução e se procurou justamente adequar-lhe as nossas antigas instituições locais de tal modo que elas pudessem atravessá-la, adaptando-se-lhe sem quebra do que na autonomia municipal existe de essencial.

Salvar o princípio, tornando-o apto a vencer as circunstancias, eis o que se pretendeu fazer no Código de 1936-40, com ante-visão, de que me orgulho, do sentido em que se acentuaria a posição das autarquias locais relativamente ao Poder central.

E justamente há poucos meses resumi a minha doutrina e experiência em duas páginas da 2.ª edição do *Manual de Direito Administrativo*[3] nas quais, depois de expor as razões por que não depende da vontade do legislador alargar ou restringir o âmbito real de actuação dos municípios, concluo assim: «A autonomia das autarquias locais só pode manter-se íntegra se for limitada. Mas essa limitação não convém ao próprio Estado que prefere realizar parte dos interesses públicos através dessas pessoas colectivas assim transformadas em seus agentes ou elementos cooperadores. Tal subordinação repugna às tradições municipais, é certo: mas será possível resistir a tão decisivas tendências da evolução económica e social?»

É esta interrogação que aqui fica em suspenso para ser respondida por quem saiba fazê-lo melhor do que eu. Sou municipalista também; admiro com entusiasmo muitas instituições medievais e o espírito que as animava; mas o tempo dessas passou, e a ideia-força, o princípio institucional que até nós chegou, ou se adapta às condições do presente e às perspectivas do futuro, ou morre. Assim mesmo: ou se adapta, ou morre.

---

[3] Publicado em Junho de 1947, pág. 154.

*O problema do método no Direito administrativo português**

1. Os problemas de metodologia jurídica são de permanente actualidade: preocupam o professor desde o primeiro dia da sua vida profissional e ressurgem perante o seu espírito a cada passo; aparecem, com mais ou menos extensão, versados no limiar de cada tratado ou manual; formam objecto de monografias, e constituem o motivo, expresso ou implícito, das divergências polémicas científicas[1].

A novidade do Direito administrativo faz com que mais do que noutras disciplinas se sinta aqui a necessidade de uma segura orientação metodológica: mas como exigir-lhe maior precisão de ideias, maior firmeza de posições do que nas disciplinas de multi-secular elaboração, onde afinal também se encontram tantas incertezas e tantas discussões?

O problema do método no direito administrativo enquadra-se, de resto, na questão, mais larga, do método no direito público: não cause pois estranheza que, ao tratar do primeiro se faça repetidas vezes referência ao segundo – e porventura, até, ao problema ainda mais geral da metodologia do Direito.

Não se estranhará também que eu parta da literatura, do ensino, da legislação portuguesas e que me ocupe das correntes metodológicas com referência ao caso nacional – deixando portanto em silêncio métodos de grande interêsse mas sem repercussão apreciável entre nós.

---

* Publicado in *O Direito*, ano 80 (1948), 1, pp. 4-25, e 2, pp. 83-103.
[1] Na base de toda a discussão sobre o método está a clássica distinção dos dois processos, *dedutivo e indutivo*, que se transporta para o campo da ciência jurídica através das posições extremas da *escola do Direito natural* e da *escola histórica*: qualquer posição metodológica tende para uma ou para outra destas escolas. É certo que os sectários da escola histórica acabaram por dar larguíssimo papel ao processo dedutivo: mas no princípio da sua doutrina está sempre a crença em que o Direito é manifestação do génio nacional, de que as leis e costumes são fruto das circunstâncias e conveniências particulares de um povo em dado momento histórico, e portanto é pela indução que há-de começar a construção de um sistema jurídico, propendendo-se naturalmente para a pesquiza histórica e sociológica. Nasce assim a *dogmática positiva* a par de uma *dogmática filosófica* (senão metafísica) e em contraste com a concepção *problemática* da ciência jurídica.

2. O autor que parece ter dado o tom à formação administrativa dos introdutores do sistema francês em Portugal e dos que primeiramente o ensinaram e praticaram, foi BONNIN, atravez de dois dos seus livros: os *Principes d'administration publique*, cuja 1.ª edição data de 1808 (2.ª em 1809; 3.ª em 1812, em 3 vols.) e o *Abrégé des principes d'administration*, publicado em 1829.

A edição de 1812 dos *Principes* foi profusamente distribuída pelos deputados às Constituintes de 1820[2]; e do *Abrégé* extraiu GARRETT, traduzindo-as, algumas páginas para servirem de relatório ao decreto n.º 23 de 16 de Maio de 1832[3]. Mas o mais importante foi que, instituída na reforma de estudos jurídicos de 1836 a cadeira de *Direito público português pela Constituição, Direito Administrativo pátrio, Princípios de Política e Direito dos Tratados de Portugal com os outros povos*, a obra de BONNIN aparece como texto seguido pelo primeiro lente da cadeira, o DR. BASÍLIO ALBERTO DE SOUSA PINTO[4]. De resto, parece não sofrer dúvida que a razão de se ter chamado «Código Administrativo» à lei de administração local de 1836 (origem da nossa tradição dos códigos administrativos) está ainda nos *Principes* de BONNIN, cujo terceiro volume se intitula *Considérations sur un Code administratif*, nele se defendendo a necessidade da codificação e apresentando logo o plano (ou melhor: o projecto) de um Código.

É certo que na incipiente doutrina administrativa portuguesa se não nota qualquer preocupação metodológica: os *Apontamentos de Direito administrativo com referência ao Código Administrativo português de 18 de Março de 1842 redigidos segundo as prelecções orais do* IL.ᵐᵒ SNR. BASÍLIO DE SOUSA PINTO *feitas no ano de 1844 a 1845* por LOPO JOSÉ DIAS DE CARVALHO e FRANCISCO DE ALBUQUERQUE COUTO (Coimbra, 1849), estando já então o ensino do Direito Administrativo ligado ao do Direito Criminal revelam feição meramente descritiva e exegética como o próprio título indica.

Mas se não se encontra nos textos publicados reproduzida a doutrina, está reflectida no espírito da legislação, na orientação dos políticos e administradores, na concepção dos teóricos.

Ora BONNIN pretendeu ordenar a administração como ciência partindo de «um princípio primitivo donde todos os princípios secundários possam em seguida decorrer como consequências necessárias», princípio que se encontraria primeiramente nas *relações sociais* nascidas do direito natural, «fonte comum de todas as leis», e em segundo lugar no *governo*, elemento e motor da administração[5].

---

[2] DR. EMYDIO GARCIA, prefácio do *Estudo sociológico*, cit. por COLAÇO, «Bol. Fac. Dir. Coimbra», VI, p. 118.
[3] MAGALHÃES COLAÇO, *Um plágio famoso*, in «Bol. Fac. Dir. Coimbra», VI.
[4] FREDERICO LARANJO, *Princípios de Direito Político e Direito Constitucional Português*, fasc. 1.º, p. 87.
[5] Prefácio dos *Principes d'Administration Publique*, vol. I.

Partindo do Direito Natural, BONNIN todavia regeita a doutrina do contrato social, a hipótese do estado de natureza formulada por ROUSSEAU: «... evitei igualmente os erros dos publicistas sôbre as sociedades, quando quiseram dar-lhes outra causa que não fôsse a sociabilidade natural do homem, como se, em todos os tempos e lugares, os homens pudessem ter vivido de outro modo que não fosse em sociedade; quando pretenderam que o homem haja vivido num estado de natureza e sem comunicação com os seus semelhantes, como se tal estado não fosse incompatível com a natureza do seu ser; quando disseram que a família tinha sido o berço e o modelo das sociedades políticas, como se as famílias se não formassem no Estado, e não fora do Estado, e se pudesse conceber a família sem a sociedade;...» etc.

Faz depois a profissão de fé no método: «As ciências, em geral, não podem existir senão quando se acham os seus princípios, e é estes que primeiramente importa estabelecer; ao espírito de ordem compete em seguida ordená-los. A análise prepara os materiais e dispõe-os, ensinando depois o método próprio à sua classificação. Sem método, os livros mais bem pensados não podem instruir, O método tem a incontestável vantagem de fazer apreender imediatamente o conjunto e as partes, e de facilitar o estudo...».

No prefácio do *Abrégé*, composto já sobre a terceira edição dos *Principes*, o autor exprime com novo vigor as suas ideias, reafirmando a posição jus-naturalista, racionalista e dedutivista: «A Administração é uma ciência deduzida de elementos naturais e fundada sobre princípios universais e estáveis[6].

«Possam os que são chamados a dar leis às nações elevar-se até aos elementos da ordem social nas leis que tenham a fazer, e fundar a administração sobre esses elementos naturais, únicos princípios fundamentais e eternos!... Quaisquer que sejam os sistemas de administração dos diversos povos em relação às pessoas e às coisas administrativas, a *doutrina administrativa* é independente dos tempos e dos países, consequentemente universal: como os princípios primitivos da sociedade e da legislação, tem a sua base na natureza».

Não nos admiraremos, portanto, que no capítulo relativo às «leis administrativas» ele escreva: «Do facto de as leis, seja qual for o objecto àcerca do qual estatuam, terem por causa o homem e por fim as acções humanas, segue-se que o *Direito natural* é a base das leis administrativas – pois as leis só diferem quanto ao seu objecto, derivando todas do direito natural. – Não é o Direito Natural aquele direito primitivo anterior a todas as convenções sociais, inerente ao homem pela sua organização física e cujo desenvolvimento implica tanto com a manifestação da sua vontade pelo desenvolvimento da sua inteligência, como com a sua natureza no que respeita ao exercício vital das suas faculdades

---

[6] Prefácio, p. XXI.

e enquanto tende a assegurar a sua conservação? Não são as leis a regra dos seus direitos naturais na sociedade política?

«... As leis administrativas são, pois, aquelas que ordenam, modificam e asseguram o exercício dos direitos naturais na sua aplicação às coisas de interesse comum».

«Além do direito natural, as leis administrativas, tais como as leis políticas e judiciárias, têm por princípio a equidade, base moral, razão universal reconhecida por todos os homens e directriz das acções humanas»[7].

Não admira, portanto, que, instruído em tais princípios, GARRETT, e com ele MOUSINHO DA SILVEIRA, não tivessem tido escrúpulo de adoptar para Portugal a organização administrativa da França, apresentada como o paradigma da administração concebida segundo o direito natural.

E fica bem claro o espírito informador da administração no regime liberal: tudo gira em redor dos direitos individuais naturais, cujo respeito constitui o dogma primeiro da Ordem jurídica. Só as leis podem limitá-los, mas as leis hão de ser fundadas, também, no direito natural e na equidade.

3. A lei de 13 de Agosto de 1853 criou na Faculdade de Direito uma cadeira de *Direito administrativo português e princípios de administração* de que foi primeiro professor o DR. JUSTINO ANTÓNIO DE FREITAS. Era de uso adoptar um compêndio, e o lente propôs ao Conselho (e foi aprovado), o *Manuel de Droit Administratif* de VAUVILLIERS, publicado em 1854: a última novidade de Paris!

O livrinho limita-se a expor a organização administrativa francesa tal como saíra da criação do Segundo Império – e causa espanto que pudesse servir de compêndio de ensino fora da França! Não há nele a mais pequena tendência para teorizar: em curto prefácio justifica-se o autor dizendo que após a publicação da obra de M. F. LAFERRIÈRE, qualquer trabalho sobre administração só poderia ser uma reprodução mais ou menos disfarçada dos grandes autores.

Esta obra de M. F. LAFERRIÈRE é o *Cours de Droit public et administratif*. Temos presente a 2.ª edição, de 1841. A orientação do livro resulta clara destas duas passagens da Introdução: «... princípio racional, como fundamento do direito; unidade, como fundamento da acção; aliança dos direitos do poder e da liberdade do cidadão, nas formas de organização, tais são os caracteres que elevaram o direito administrativo ao estado de ciência possível. Desde então, não são já as instituições que predominam, são os princípios que chamam e assimilam as instituições. Dada a matéria para a ciência, compete ao método dogmático fazer sair a ciência do seu primeiro envólucro, extrair as ideias dos factos sociais, revelar e estreitar o laço vivo entre os princípios e as instituições. O SR. GÉRANDO

---

[7] *Abrégé*, pp. 383-384.

disse-o com toda a exactidão do seu espírito filosófico: só pelo método adquirirá o direito administrativo o caracter de ciência»[8].

«... separar o Direito administrativo do Direito público seria tirar-lhe a razão da existência, separar o Direito público dos princípios filosóficos captados na natureza do homem e da sociedade seria tirar-lhe a base científica»[9].

Embora depois o autor entre no estudo descritivo das várias instituições da administração geral e local, procura sempre guiar-se pelas suas regras metodológicas: dedução dos princípios fundamentais a partir de determinada concepção filosófica do direito, emprego da indução para extrair da realidade social e da legislação positiva os elementos que, enquadrados nesses princípios fundamentais, conduzem à construção de um sistema.

Temos assim uma combinação do método *a priori* com o método jurídico, a que a doutrina francesa tenderá a ser fiel[10].

Mas o nosso JUSTINO ANTÓNIO DE FREITAS não se deixou seduzir por ele ao redigir em 1857 as suas *Instituições de direito administrativo português*: apesar de acusar nítida influência de LAFERRIÈRE nas definições de administração, ciência administrativa e direito administrativo[11], o plano do seu livro é mais parecido com o do manualzinho de VAUVILLIERS e não vai além de uma correcta e seca descrição da organização administrativa do nosso país, segundo as leis ao tempo vigentes.

4. Seguiu-se na literatura administrativa portuguesa um período de confusão em que dominava a casuística. Não se pode sequer falar de orientação exegética, porque os códigos administrativos não eram comentados, glosados, desenvolvidos, mas simplesmente anotados com a indicação das leis extravagantes, da jurisprudência dos tribunais, das resoluções e circulares do Ministério do Reino. A par dessas anotações floresciam os *repertórios alfabéticos* destinados a facilitar a

---

[8] *Cour*, 2.ª ed., p. XXIII.
[9] p. XXVIII.
[10] A outro grande LAFERRIÈRE (E.) pertence a honra de ter dado novo impulso à construção científica do Direito administrativo francês, com a publicação do *Traité de la juridiction administrative et des recours contentieux*, 2 vols., 1887, no qual utiliza largamente, à falta de textos administrativos codificados, a jurisprudência do Conselho de Estado e do Tribunal dos Conflitos. Dele escreve JÈZE, depois de apresentar o estado do direito administrativo na época do aparecimento do *Traité*, – «ramo de Direito obscuro, cujo conhecimento supõe mais memória do que inteligência e sobre o qual só se pode escrever à força de textos»: «*Enfin Laferrière vint, et le premier, en France, essayez d'apporter de l'ordre et de la méthode, d'exliquer les solutions de la pratique; son immense mérite a été de chercher les idées générales, les principes géneraux qui se trouvent derrière toutes ces solutions*». (Prefácio da 2.ª ed. dos *Principes gen. du droit adm.*).
[11] 2.ª ed., pp. 2, 3 e 4.

pesquisa das normas aplicáveis e nas revistas apreciavam-se sobretudo as *consultas* que resolvessem casos práticos de hipóteses correntes.

Os *Estudos de administração* de J. T. LOBO DE ÁVILA, publicados em 1874, constituem excepção, mas representam mero trabalho de história e de política administrativa com mira nas reformas legislativas a fazer, sem preocupações jurídicas; no género dos repertórios, destacam-se os *Apontamentos de Direito, Legislação e Jurisprudência Administrativa e fiscal, dispostos em ordem alfabética* por JACINTO ANTÓNIO PERDIGÃO (1883) o qual, na advertência preliminar, inclui a obra na mesma classe do célebre «Código de 1842 anotado», embora com sistema diferente, pois trata-se de uma sucessão de artigos, à maneira de enciclopédia, sobre matérias alfabèticamente seriadas: o sistema fôra aliás lançado por DUFOUR e pelo *Dictionnaire de l'administration française* de MAURICE BLOCK em que PERDIGÃO se inspirou.

Não devia ser muito diferente a situação na Alemanha a avaliar pela reacção enérgica expressa nos termos do prefácio anteposto por LABAND à 1.ª edição, saída em 1876 em Estrasburgo, do seu monumental tratado sobre o direito público do Império Alemão[12]. Para o eminente professor não havia de particular na constituição do recém-fundado império germânico «como em toda a legislação concreta, senão a aplicação efectiva e o encadeamento dos princípios gerais de direito. *A criação de um princípio jurídico absolutamente novo e sem par, que não possa ser subordinado a um princípio de direito mais elevado e mais geral, é tão impossível como o descobrimento de uma nova categoria lógica ou como o nascimento espontâneo de uma nova força na natureza.* Pode ser difícil, quando uma forma nova aparece no Direito, averiguar quais os elementos de que se compõe a sua natureza jurídica; mas a ciência prática do Direito consiste precisamente não só em descrever as suas formas históricas sucessivas, como também em explicá-las e em as referir às noções gerais.

«Descobrir os princípios gerais ainda não basta: é preciso depois desenvolver as consequências que derivam dos princípios descobertos e revelar a sua concordância com as instituições realmente em vigor e as prescrições positivas das leis»[13].

Está definido o método dogmático – desta vez sem ligação com o direito natural e antes inspirado no espírito da escola histórica em que LABAND se filia. Mas para aplicar rigorosamente este método não será necessário recorrer à técnica e por vezes até ao património dos princípios forrageados no multi-secular Direito privado?

O prefácio também responde a esta dúvida: «Acontece que no domínio do direito público surgem numerosos princípios que foram cientificamente assentes e desenvolvidos no domínio do direito privado, mas que, por natureza, não são

---

[12] Trad. fr.: *Le droit public de l'Empire allemand*. É desta tradução que nos serviremos.
[13] O sublinhado no texto é nosso.

princípios de direito privado e sim princípios gerais do Direito. O que importa é despojá-los aqui do que especìficamente os liga ao direito privado. A transposição pura e simples de princípios e regras de direito civil para as relações de direito público não é útil para se ter conhecimento exacto destas relações: tal maneira civilista de tratar o direito público não é conveniente. Mas muitas vezes a condenação do método *civilista* esconde a repugnância em versar o direito público de maneira *jurídica* e, ao querer afastar os princípios de direito privado, rejeitam-se na verdade os princípios do Direito para os substituir por considerações filosóficas ou políticas. Sem dúvida a ciência do direito privado tomou tal avanço sobre todas as outras disciplinas do Direito que estas não devem temer entrar na sua escola; no estado actual da literatura de direito público... há menos a temer de vê-la inspirar-se em demasia no direito privado do que de vê-la perder todo o carácter jurídico e cair ao nível da literatura política de jornal».

Estava lançado, neste notável prefácio, o manifesto do «método dogmático», «método jurídico» ou »método lógico» no direito público, – pois por todos esses nomes foi conhecido. Escusado será dizer que não faltaram, num meio científico tão rico e apaixonado como o alemão, os ataques e as adesões. Quando em 1887 saiu a lume a 2.ª edição, LABAND, em novo prefácio, esclarecia o seu pensamento sobre esse ponto da maneira seguinte:

«Sei muito bem que dar um predomínio absoluto ao método lógico nas coisas do direito seria dar provas de um exclusivismo de muito mau gosto e poderia, em certo sentido, conduzir à decadência da nossa ciência. Não desconheço nem a importância das investigações de história do direito, às quais por muito tempo eu próprio me dediquei com ardor, nem a utilidade que representam, para o conhecimento do direito, a história, a economia política, a política, a filosofia. Sim, a dogmática não é a única face da ciência do Direito – mas é sem dúvida uma das suas faces.

«Ora o papel científico da dogmática, num determinado direito positivo, consiste em analisar as formas jurídicas, em referir as noções particulares a princípios mais gerais e em deduzir destes princípios as consequências que eles implicam. Tudo isto – abstracção feita da exploração das regras do direito positivo, do conhecimento aprofundado e do entendimento completo da matéria de que se trata – é um trabalho do espírito puramente lógico.

«Para realizar esta tarefa não há outro meio que não seja a lógica; nada aqui a pode substituir; todas as considerações históricas, políticas e filosóficas, por mais preciosas que possam ser em si mesmas, não têm importância para a dogmática de um Direito concreto e não servem as mais das vezes senão para disfarçar a falta de trabalho sistemático».

«Não procurei convencer de heresia outros métodos de investigação científica, mas combater o diletantismo que, por um lado, se contentava em compulsar mecânicamente leis e materiais legislativos e que produzia, por outro lado, banais discussões de política corrente, superficiais considerações de oportunidade e notícias históricas fragmentárias e soltas como investigações de direito público...».

5. Abraçado por numerosos autores na Alemanha – entre os quais cumpre destacar os nomes ilustres de OTTO MAYER e JELLINEK – o método jurídico encontra na Itália um partidário eloquente na pessoa de ORLANDO que, a partir de 1885, se torna seu fervoroso propugnador.

Notando os defeitos de que enfermava ao tempo o direito administrativo e que agrupa em duas classes conforme resultam do abuso das dissertações filosóficas (degenerescência do elemento teórico do direito) ou do abuso das exposições exegéticas (degenerescência do elemento prático), – preconiza também que se busque a correcção da deficiência de sentido jurídico da nova disciplina científica por meio do confronto com outra que dele esteja profundamente impregnada: «Se lamentamos que os cultores do direito público sejam demasiadamente filósofos, historiadores ou sociólogos e muito pouco jurisconsultos, quando deveriam ser sobretudo jurisconsultos, que modo melhor, mais seguro e mais simples poderá adoptar-se para operar a transformação, do que um estudo profundo dos métodos próprios daquelas escolas que são modelo de *iurisprudentia*?»[14].

E lastima: «No direito público prevaleceu a tendência já lamentada e que é a antítese desta. Por via dela, a discussão filosófica e política àcêrca da natureza e da conveniência genérica e específica de um instituto não deixa nunca de acompanhar o seu estudo jurídico. Falamos de soberania e preocupamo-nos com atingir a sua essência; falamos do Estado, e eis que mil teorias discutem a origem, o fim, a justificação, os graus históricos do desenvolvimento, etc. Falamos da admissibilidade de uma acção privada contra a Administração pública e não nos podemos dispensar de citar Aristoteles e Montesquieu com as suas teorias sobre a distinção dos poderes.

«Assim, pois, a mesmo noção jurídica que no campo do direito privado aparece sempre acompanhada de uma certeza objectiva, no direito público é inseparável de uma discussão que a rodeia de controversias e de dúvidas. É uma questão só técnica, é um hábito intelectual, mas que tem tido a seguinte influência desastrosa: enquanto o estudioso do direito privado acabou por considerar os princípios jurídicos como existências reais, a nós, cultores do direito público, aparecem-nos como criações do arbítrio e, por natural consequência, a clareza, a

---

[14] *I criteri tecnici per la ricostruzione giuridica del diritto pubblico*, discurso proferido em 1889 e reunido no vol. *Diritto Pubblico Generale*, 1940.

precisão, a segurança que caracterizam o estudo de uma relação do direito privado mudam-se, no campo do direito público, em incerteza, obscuridade e confusão».

Portanto, devem-se adoptar os métodos conceptualistas usados pela construção jurídica. Quererá isto dizer que do estudo do direito se proscrevam absolutamente os critérios filosóficos, políticos e exegéticos? ORLANDO reproduz as objecções a este respeito formuladas, antes de lhes responder: «Mas se a ciência é, em si própria, abstracção, que sucederá ao carácter científico do direito desprovido do socorro da filosofia, quintessência da abstracção? Mas se a política outra coisa não é senão actuação do direito público na vida dos Estados, a separação absoluta entre a ordem política e a jurídica não privará esta última da preciosa possibilidade de ver a norma transformar-se em acção? E, suprimida a exegése, que acontecerá à prática do direito?

«Vêdes onde está o equívoco: eu não digo que seja necessário cercar o direito de uma espécie de muralha da China que exclua ciosa e agressivamente a comunicação com outros elementos de ordem científica diferente. Decerto que o direito público não pode desprezar a política. Decerto que o direito em geral não pode renunciar a uma sistematização de índole filosófica e por isso existe, e pode ser indubitàvelmente benéfica, uma ciência especial chamada filosofia do direito. Decerto que uma determinada ciência jurídica não poderá prescindir de todo do comentário exegético dos documentos legislativos.

«O que nós censuramos, o que tem sido funesto ao desenvolvimento fisiológico do direito público, não é o servir-se subsidiàriamente do critério filosófico ou do critério exegético, mas sim o não ter conservado distintas e autónomas ordens científicas diversas, mas sim ter esquecido que uma coisa é o direito, e outra a filosofia, a ciência do direito, o entendimento das leis...».

Evitemos, pois, igualmente os dois extremos do abuso da abstracção e do abuso da exegése, e consideremos o direito público como um complexo de princípios jurídicos sistemàticamente coordenados. No desenvolvimento desta ideia é visível a influência das doutrinas da escola histórica: «O princípio jurídico, cuja existência é independente de qualquer lei positiva, e o mais seguro correctivo do exagero do método exegético enquanto que, por outro lado, exclui o perigo das abstracções arbitrárias, pois é conexo com uma das mais nobres manifestações concretas do espírito colectivo. O direito é vida: eficiência última do carácter histórico de um povo e dos sentimentos da comunidade. A ciência moderna já não concebe o homem como entidade abstrata que prescinda das influências de tempo e de lugar, de raça e de história, aparição fantástica evocada pela varinha do espiritismo jus-naturalístico. Assim o direito público constitui objecto de uma ciência positiva na medida em que esteja concretizado nas instituições de certo povo, na medida portanto em que seja direito público positivo. Não temos de nos ocupar de um Estado óptimo mas de um Estado existente, não da soberania de uma ideia mas da soberania dos poderes constituídos, não dos direitos do homem mas da protecção jurídica da esfera individual onde a liberdade não se concebe como mera possibilidade e sim como actividade efectiva»[15].

Estamos pois longe dos sistemas filosóficos válidos para todas as nações, das leis feitas para todos os Estados, das liberdades concebidas para todos os homens: o relativismo do direito é a consequência da sua origem como produto espontâneo do génio nacional.

6. Na Península, ADOLFO POSADA acusa as novas tendências ao publicar em 1897 o seu *Tratado de Derecho Administrativo (según las teorías filosóficas y la legislación positiva)* no qual, perfilhando a concepção do direito da escola histórica, distingue vários modos de conhecimento do objecto do direito administrativo, formando a «Enciclopédia de direito administrativo» que compreende uma *filosofia*, uma *história*, uma *filosofia da história*, originando ainda a possibilidade de uma *ética*, de uma *estética*, de uma *economia*, de uma *política*, de uma *geografia* e de uma *sociologia*[16].

O aspecto puramente jurídico da disciplina corresponderia ao momento *prático* ou de *realização intensiva* do Direito administrativo a que corresponde uma técnica. Ora essa técnica é inspirada no método de construção dogmática magistralmente descrito por IHERING no vol. 3.º do *Espírito do direito romano*: «redução dos vários elementos do direito administrativo às suas partes fundamentais, concentração lógica da matéria, sua ordenação sistemática e formação de uma terminologia racional»[17].

Correspondia a obra de POSADA rigorosamente à sua orientação metodológica? Talvez não: mas tem de reconhecer-se, de resto, que a maior parte dos pioneiros do método jurídico no direito público não o souberam ou quiseram aplicar integralmente, o que não admira, se ponderarmos a dificuldade da tarefa.

7. Em Portugal, porém, as novas ideias levaram muito tempo a penetrar. Em 1907 ainda dois dos nossos mais conceituados mestres do Direito, falando oficiosamente (quase oficialmente...) em nome da Universidade de Coimbra,

---

[15] Em 1925 ORLANDO, ao publicar novamente este antigo discurso, juntou-lhe uma *Nota dell'autore del 1925 all'autore del 1885* (também reeditado no volume de *Diritto Pubblico Generale*, p. 23) na qual, mantendo embora as posições fundamentais antigas, corrige o excesso de entusiasmo pelo conceptualismo e a admiração pelo Direito civil, reivindicando a propriedade e a autonomia do direito público ao qual não é possível aplicar integralmente os quadros e moldes do direito privado. A sua orientação, no meio termo entre a *positividade empírica* e a *transcendência metafísica*, capitula de posição *teleológica*.

[16] *Tratado*, vol. I, p. 8.

[17] Idem, p. 105.

– MARNOCO e ALBERTO DOS REIS – escreviam, num livro a muitos títulos interessante, sobre *A Faculdade de Direito e o seu ensino*, que «O método jurídico, aplicado à ciência política pela escola alemã e nomeadamente por Laband, Meyer, Zorn e Jellinek, não tem encontrado grande acolhimento na Faculdade de Direito... Este método encontra-se eivado da orientação metafísica de que há conceitos jurídicos superiores limitados em número como as fôrças da natureza, que o nosso espírito não cria e donde deriva racionalmente o sistema das instituições adoptadas pelos diferentes povos. Estes conceitos superiores, porém, dimanam precisamente da evolução e por isso só o método histórico nos pode permitir estudar as instituições políticas dos povos... O método jurídico tem levado a escola alemã a pôr de parte a origem das instituições, as suas vantagens e os seus inconvenientes, os vícios da função política, as suas modificações possíveis e as tendências da evolução. Tais questões não entram nos quadros de uma teoria jurídica do Estado. Por outro lado, o método jurídico tem permitido justificar, com fórmulas científicas, a supremacia do imperador sobre as assembleias legislativas que, representando a nação e os Estados confederados, são os órgãos da liberdade e da justiça» (pp. 31 a 33).

Se fosse necessário procurar um documento demonstrativo dos inconvenientes da falta de espírito jurídico nos escritores de direito público, esta crítica, devida sem dúvida à pena de MARNOCO, serviria à maravilha para o intento. Que argumentos! O horror à metafísica estava então na moda em Coimbra, aliado ao entusiasmo pelo positivismo filosófico, pela síntese sociológica, pelas doutrinas da evolução. E é partindo destes preconceitos e de considerações políticas (o ter permitido justificar a supremacia do imperador sobre as assembleias legislativas!) que se condena um método, aliás imperfeitamente caracterizado e exposto[18]!

Só em 1912 ROCHA SARAIVA no seu lúcido ensaio sobre a *Construção jurídica do Estado* aplicará pois, embora com prudência, o novo método. Toda a restante literatura está dominada pelas diversas correntes de orientação realista que então se debatiam lá fora.

Vimos como MARNOCO exaltava o método histórico-evolutivo de que ESMEIN é considerado o paladino. Mas nos seus magníficos *Eléments de droit constitutionnel français et comparé* (1.ª ed., 1895), ESMEIN revela-se discípulo da escola histórica até mesmo na preocupação da pureza metodológica: «O direito constitucional, qualquer que seja o alcance a dar-lhe, é distinto de outra ciência que o nosso tempo viu nascer e que em parte se ocupa dos mesmos objectos mas encarados de um ponto de vista diferente: quero dizer a *sociologia*. A sociologia, que é uma ciência natural, tem por fim descobrir e depreender as leis naturais

---

[18] Acerca da orientação de MARNOCO veja-se FEZAS VITAL, *O professor Marnoco e Sousa e os estudos de direito político na Universidade de Coimbra*, in «Boletim da Fac. de Dir. de Coimbra», II, p. 373.

segundo as quais se formam, se organizam, se desenvolvem e se decompõem as sociedades humanas. Compreende pois necessàriamente a formação dos Estados e dos governos, não nos seus incidentes históricos mas na sua evolução orgânica; e se bem que ainda jovem, deu já resultados importantes. O *direito constitucional*, que é uma ciência jurídica, tem um fim muito diferente. Toma um Estado e um governo chegados a determinada forma fixada pelo costume ou pela legislação, e extrai deles o espírito e os princípios fundamentais, dos quais tira as consequências, construindo assim o seu sistema lógico e jurídico»[19].

Como se vê, ESMEIN descreve aqui o método dogmático. E pode dizer-se que não lhe é infiel quando, do estudo do direito constitucional francês, passa ao do direito constitucional comparado: este estudo justifica-se, segundo o autor, para através dele se atingirem os *princípios gerais do direito constitucional* comuns aos «povos livres do Ocidente». Princípios gerais que existem justamente em consequência de um facto histórico: «... a filosofia do século XVIII introduziu no Ocidente uma nova corrente de ideias. Na medida em que se aplicou às especulações políticas, ela foi um imenso esforço para reconstituir as sociedades modernas segundo as regras da razão e da justiça natural. Foi um poderoso fermento que devia transformar o mundo. Estes princípios teóricos, conquistando os espíritos, foram postos em prática pela revolução da América e pela revolução francesa; daí, por contágio irresistível e fecundo, ganharam a maior parte das nações da Europa e da América, modelando as suas constituições no mesmo sentido e segundo fórmulas análogas. Assim se constituiu um fundo comum de princípios e de instituições que representam verdadeiramente a liberdade moderna. Nos nossos dias, para os povos livres do Ocidente, há princípios gerais de direito constitucional»[20].

Como se vê, é um equívoco excluir ESMEIN dos sectários do método dogmático, ou jurídico, no direito público: se, nos seus elementos de direito constitucional, deu tanta importância à história das instituições britânicas, foi porque considerou essas instituições como um dos núcleos mais importantes do fundo comum que procurava determinar e porque elas não podem ser estudadas senão através da sua formação e evolução históricas.

Mas não era ESMEIN que Coimbra, nessa época, procurava seguir...

8. No final do século passado, os estudos jurídicos em Coimbra estavam dominados pela Sociologia. O ensino do direito administrativo não podia fugir a essa moda. GUIMARÃES PEDROSA, professor da cadeira, aderia à escola organicista, seguindo o italiano FERRARIS.

---

[19] *Eléments*, 6.ª ed. (a 1.ª depois da morte do autor), 1914, p. 31.
[20] *Idem*, p. 59.

Em 1893 o Dr. Abel de Andrade, num folheto sobre *Administração e Direito administrativo*, reflecte essa orientação ao escrever: «A Sociologia estuda as condições de existência das sociedades humanas; da noção orgânica da sociedade que constitui um dogma para todos os espíritos cultos do nosso tempo, é fácil deduzir a existência de condições sociais...» (p. 27).

A reforma dos estudos jurídicos de 24 de Dezembro de 1901 vem precedida de um relatório que abunda nas mesmas ideias: «Pertencendo os fenómenos jurídicos à grande categoria dos fenómenos sociais, não pode fazer-se o seu estudo sem o conhecimento dos princípios gerais da sociologia que, fundada por Augusto Comte como uma especulação de carácter meramente histórico, tende a constituir-se organicamente...».

«O estudo da sociologia geral faz-se, segundo este decreto, na mesma cadeira da filosofia do direito porque aquela estuda os fenómenos sociais nos seus caracteres essenciais e nos seus princípios comuns e esta completa esse estudo expondo o que há de geral e fundamental na estrutura e vida próprias do organismo jurídico...»

«Desenvolve o presente decreto o estudo da história do direito, e com toda a razão, visto como, depois de ter adquirido importância a concepção do direito como um processo orgânico e natural em virtude das doutrinas positivas de Augusto Comte, das teorias transformistas de Darwin e do evolucionismo crítico de Herbert Spencer, se há compreendido que para estudar o organismo jurídico se torna necessário examinar a sua elaboração histórica, conhecer as suas funções determinadas pelas necessidades da vida social e indicar as tendências do seu desenvolvimento em face das condições de existência do meio ambiente».

Veja-se agora a projecção destas ideias no método do *Curso de Ciência da Administração e Direito administrativo* de Guimarães Pedrosa, tal como o define o autor:

> «Nos factos de ordem administrativa revelam-se os princípios fundamentais da ciência da administração e as normas constitutivas do direito administrativo; e os factos de ordem administrativa são fenómenos sociais. O método a aplicar à determinação das leis que regem aqueles factos não deve portanto divergir, quanto à sua base, do método próprio do estudo dos fenómenos sociais em geral. E sendo a Lei uma relação necessária entre dois ou mais fenómenos, está naturalmente indicado o método positivo – a observação – como o que deve ser adoptado nas indagações da ciência da administração e do direito administrativo»[21].

---

[21] Ob. cit., 2.ª ed., I, p. 165. O Curso de Pedrosa acusa, porém, grande influência de Orlando, que adoptou a teoria jurídico-orgânica nos seus livros de direito administrativo. Esta influência nota-se não tanto no método, mas em definições, conceitos e construções.

O Direito administrativo aparece, pois, como mero aspecto (o da garantia) de certos fenómenos sociais (os fenómenos provenientes da «acção do Estado na formação, conservação e aperfeiçoamento do organismo público, aquisição e distribuição dos meios de vida e de funcionamento desse organismo e na directa realização dos seus fins públicos»).

Os fenómenos sociais regem-se por leis naturais, – expressão de relações necessárias existentes entre eles, como as da biologia. E essas leis naturais, a que as leis jurídicas devem obedecer, descobrem-se pela *observação*.

A ciência do Direito aproxima-se ou confunde-se assim com as ciências naturais: é a época em que o Direito penal se deixa invadir pela criminologia lombroseana, e em que a fúria do cientismo ameaça avassalar as disciplinas normativas, criando a pedante preocupação, em muitos juristas de parecerem sábios à maneira dos físicos, dos biologistas ou mesmo dos médicos...

O materialismo, o sociologismo, o positivismo filosófico, eram as ideias dominantes...[22].

9. Que admira, pois, que as doutrinas de DUGUIT não tardassem em ser seguidas nas cátedras de Lisboa e de Coimbra?

Na verdade, o insigne mestre de Bordéus constroi a sua doutrina sobre a base da filosofia positivista, combatendo tudo quanto possa denotar influência metafísica no campo do Direito e procurando apenas apresentar os factos, nada mais senão os factos, numa preocupação de realismo intransigente:

> «... no século por excelência das ciências positivas o domínio do direito ficou atravancado com noções de ordem puramente metafísica; não se soube trazer para o estudo do problema jurídico um método verdadeira e exclusivamente realista. Eliminar tudo o que não seja um facto verificado de verdade, eliminar sobretudo a noção puramente metafísica do direito subjectivo, isto é, do poder de uma vontade se impor como tal a outras vontades, – eis a condição indispensável para determinar, prática e positivamente, o domínio do direito»[23].

Todo o direito se fundará numa norma – a norma social, a lei natural que obriga os homens a viver em sociedade. «Afirmar que o homem é um ser social, que vive em sociedade e que não pode viver senão em sociedade, é afirmar ao mesmo tempo a existência de uma lei social. Isto não é uma afirmação *a priori*,

---

[22] Veja-se CABRAL DE MONCADA, *Subsídios para uma história da filosofia do Direito em Portugal*, 2.ª ed. (1938), p. 88 e nota 3.
[23] *Traité de Droit Constitutionnel*, 2.ª ed., vol. I, p. 3.

uma afirmação de ordem metafísica, visto que resulta da observação dos factos e da constituição fisiológica e psicológica do homem»[24].

Com razão se observou que a posição assim marcada ficava muito próxima da dos partidários do Direito natural... Tanto mais que, mau grado a preocupação de só acatar os factos, de se submeter sempre aos factos, de só conhecer os factos, DUGUIT tende inevitàvelmente a deduzir consequências dessa norma social. «Àqueles que não admitam o fundamento que tentei dar-lhe, digo e repito: é preciso admitir a existência desta norma como um postulado»[25]. E noutro lugar afirma que «do mesmo modo que Euclides fundou todo o seu sistema de geometria sobre o postulado das paralelas, assim o homem moderno pode fundar todo o sistema político e social sobre o postulado de uma regra de conduta que a todos se imponha»[26].

Assim, a cada passo invoca o facto da *solidariedade por semelhança ou por divisão do trabalho* como princípio da norma social; e os *sentimentos de sociabilidade e de justiça* como factores que nas consciências individuais determinam a convicção de que certa regra de conduta deve ser observada como norma jurídica.

De comum com os jus-naturalistas DUGUIT tinha ainda a preocupação louvável de limitar o poder político e a omnipotência das leis positivas. As leis não seriam direito se contrariassem o princípio da solidariedade e os sentimentos comuns de sociabilidade e de justiça. Acima do Direito positivo haveria pois um Direito – que não se poderá designar correctamente senão por «natural».

Na sua preocupação de só aceitar factos, DUGUIT foi levado a considerar também «metafísico» o conceito de soberania, reduzindo o Estado a mero facto de diferenciação de governantes e governados cumprindo àqueles assegurar o funcionamento dos serviços públicos. O serviço público será, pois, a noção basilar do novo Direito administrativo.

10. No Direito administrativo a influência de DUGUIT levou à aceitação no ensino português do magistério de GASTON JÈZE.

Para isso não pouco também contribuiu a excepcional clareza da obra deste, intitulada *Les principes généraux du Droit administratif.*

Logo na 1.ª edição, aparecida em 1904, JÈZE escreve na introdução do volumezinho único (um folheto quase, de 167 páginas apenas) donde havia de sair a obra que consagrou o seu nome: «... o direito público interno, mal saído da fase

---

[24] Ob. cit., p. 52. Compare-se com o que atraz se reproduziu do pensamento de BONNIN fundando o direito administrativo na sociabilidade.
[25] Ob. e vol. cit., p. 123.
[26] *Le droit social, le droit individuel et la transformation de l'État*, p. 8.

caótica, está num período de transição. Os juristas procuram ainda construções satisfatórias mas por processos muito diferentes.

«Uns, preocupam-se antes de tudo com elevar edifícios elegantes, *artísticos*; a ficção é o seu processo favorito; as comparações são frequentes; neles abundam as imagens. «As coisas passam-se como se...», tal é a fórmula preferida. Os factos devem entrar nas categorias estabelecidas. Estes juristas são os doutrinários do direito administrativo.

«Outros procuram a construção que explique, sem os forçar, todos os factos sociais. O método de observação é o seu processo favorito. Da observação atenta dos factos é que buscam extrair ideias gerais; as consequências daí tiradas são em seguida aproximadas dos factos e minuciosamente verificadas. O resultado desta aproximação será a confirmação da ideia geral ou a sua modificação. Em caso nenhum os factos serão torturados para os introduzir a bem ou a mal nos quadros pre-fixados de um sistema *a priori*.

«O método experimental conduz a construções jurídicas muito satisfatórias. Proponho-me, nas páginas seguintes, passar em revista os principais problemas do direito administrativo e indicar as soluções jurídicas às quais o estricto método de observação nos leva».

Em notas esclarece-nos que o seu estudo tem por base os livros de DUGUIT até então publicados sobre o Estado, denominando-o chefe da «escola positivista ou escola dos factos».

Em 1914 aparecia a 2.ª edição precedida por um prefácio em que a posição metodológica do autor é afirmada com novo vigor. Mas não é preciso esforço para verificar que se dá um afastamento da doutrina de DUGUIT na medida em que repudia a ideia de um Direito anterior ao Estado e superior à lei. Agora surge-nos numa posição mais nitidamente positivista:

«O Direito de um país é o conjunto de regras – julguem-nas boas ou más, úteis ou nefastas – que num momento dado e num dado país são efectivamente aplicadas pelos práticos e pelos tribunais...

«Uma obra de direito deve conter a exposição das regras que o legislador, a opinião pública dos juristas e, em particular, a opinião dos tribunais, declaram, num dado país, como justas e úteis. O papel do teórico é, antes de tudo, qualquer que seja a sua opinião pessoal, destacar essas regras, classificá-las, dar-lhes uma forma clara e precisa. Deve também explicar as suas origens, mostrar o seu desenvolvimento histórico sob a pressão dos factos sociais, económicos e políticos.

«Toda a teoria jurídica que não parta da observação minuciosa e atenta dos factos e que não seja a síntese exacta e adequada deles é desprovida de valor. A perfeita conformidade com os factos é o critério das teorias. Por isso as teorias se devem transformar de harmonia com as mudanças que se produzam na mentalidade dos homens, na técnica industrial, na organização das fôrças políticas ou sociais. Não se deve nunca perder de vista que o Direito não é uma colectânea de fórmulas para a solução de problemas de matemática e de lógica pura. O teórico não deve nunca esquecer que o Direito serve para resolver problemas sociais, económicos, políticos, propostos pela Vida. Não tem que imaginar hipóteses: a Vida se encarrega de lhas proporcionar, com toda a complexidade e com todos os conflitos de interesses das paixões que formam o trama das sociedades humanas.

«Quer isto dizer que o teórico não tenha outra coisa a fazer senão recolher os factos, classificá-los, explicá-los? Não o creio. É uma parte essencial, capital, da sua tarefa, mas não a única.

«Resta fazer a síntese crítica. Quero dizer que pertence ao teórico não só mostrar, sob a aparente diversidade das soluções de pormenor, os princípios dos quais elas são apenas, na realidade, meras aplicações, mas também investigar em que medida tal ou tal princípio prático, num país dado, está de harmonia com os outros princípios jurídicos e corresponde ao sentimento de justiça relativa da época e do meio, às necessidades sociais, económicas e políticas.

«Esta síntese critica é uma parte muito delicada da actividade do teórico na qual as probabilidades de erro são infinitamente grandes: com facilidade se cai na apologética incondicional ou no denegrimento sistemático, mal humorado e apaixonado. É-se grandemente tentado a afirmar como necessidades verdadeiras e reais do país, como expressão da ideia relativa de justiça, sentimentos pessoais puramente subjectivos. Em toda a construção jurídica é esta a parte fraca...».

Eis-nos, portanto, perante um método de construção jurídica que apenas difere de outras modalidades do mesmo método em se propor construir a partir dos factos, tomando como factos as leis positivas, a jurisprudência dos tribunais, a opinião dos juristas, e procurando o mais possível ajustar a teoria jurídica às realidades permanentes ou contingentes da vida social.

Neste caminho JÈZE progredirá no sentido de considerar cada vez mais o Direito como mera expressão do meio social que se destina a regular. Tal é a lição do prefácio da 3.ª edição do seu livro (de que estão publicados 6 volumes), e que se lê à frente do 1.º volume, editado em 1925:

> «Quanto mais amadureço na idade mais me convenço de que só uma coisa importa ao estudo do Direito – é um bom método. E só há um bom método: é o método de observação dos factos.
>
> ....
>
> «O essencial no estudo do Direito é a pesquisa das condições em que surgem os problemas jurídicos. Eis o que importa, muito mais até do que a solução que prevaleça momentâneamente na época actual.

«*Por quê e como surge*, em dado país, na época actual, certo problema jurídico? Resolver esta questão é investigar o *meio social, económico, político, histórico em que esse problema jurídico se coloca.*

«O Direito é o conjunto de soluções que em determinado país, em dado momento, são reconhecidas pelos tribunais como regras de conduta social.

«Para formar o jurisconsulto é preciso habituá-lo a nunca separar essas regras do meio no qual e para o qual foram elaboradas e em que hão-de ser aplicadas. As soluções, jurídicas são a todo o momento influenciadas pelo meio. Estudar as soluções sem se preocupar *antes de tudo e acima de tudo* com o meio, é esquecer o principal. Por outras palavras, os estudos jurídicos devem, de preferência, ocupar-se da *posição da questão* porque é mais importante do que a própria *solução*. Assim, e só assim, se chega a apurar os *princípios*, a compreender a sua verdadeira significação actual – quero dizer a sua significação *relativa* e *mutável*. Agir por outro modo é dar-se a ilusão de regras *imutáveis* enquanto as fórmulas se esvaziam pouco a pouco do seu primeiro conteúdo».

E depois de desenvolver o seu pensamento, conclui por esta afirmação de fé:

«O Direito *vive*; evolui sem cessar como tudo o que vive sob a influência do meio. Observemos incessantemente esse meio: compreenderemos melhor o Direito e adaptá-lo-emos melhor às necessidades do momento».

É curioso como Jèze, também nìtidamente sob a influência, como Duguit, das doutrinas sociológico-evolucionistas, se aproxima da escola histórica enquanto o seu mestre ia encontrar-se com a do Direito natural.

Na verdade, o culto do Direito positivo, representado sobretudo pela jurisprudência e pela lei, como expressão do meio social, – aparenta-se muito pròximamente com o culto do costume e da lei considerados expressões naturais do génio do povo em cada Nação, professado pela escola histórica. Para uns e para outros o Direito é um facto social, brotado de profundas entranhas da consciência colectiva, fruto de crenças, de necessidades, das condições técnicas e de convivência do povo a que se destina, e, como tal, um fenómeno histórico, eminentemente relativo ao tempo e ao lugar, de índole mutável.

Em Jèze não há lugar para o *elemento racional* na formação do Direito; não existem constantes determinadas pela natureza do homem, nem sequer aquela *norma social* que o seu mestre considerava um facto indiscutível como fruto da forçada convivência humana em sociedade.

Aplicando as regras fundamentais do seu método jurídico-positivo Jèze distingue no exame dos problemas dois pontos de vista: o ponto de vista *político* e o ponto de vista *técnico-jurídico*.

O ponto de vista *político* leva a pesquisar a necessidade social, política e económica a que corresponde a instituição; as condições económicas, sociais e políticas em que funciona cada serviço público e o seu rendimento prático sob o aspecto social, político e económico.

O ponto de vista *técnico-jurídico* orienta o exame das regras e processos jurídicos mediante os quais determinado fim é prosseguido e atingido e pelos quais um serviço público funciona.

E resume assim os termos de um estudo completo de qualquer instituição jurídica: 1.º o *fim* a atingir e o *meio* social, político e económico; 2.º as regras e os *meios jurídicos* empregados para atingir esse fim; 3.º os *resultados práticos* da instituição estudada, que mostrarão em que medida as regras e os meios jurídicos empregados são adequados ao fim prosseguido e ao meio.

11. A influência de DUGUIT e JÈZE nas Universidades portuguesas não pode deixar de considerar-se, apesar de tudo, como benéfica.

No meio da desorientação que confundia o Direito com a Sociologia, as normas com as leis naturais, a sociedade com os organismos vivos, – a nova escola, embora inspirada fundamentalmente nas mesmas ideias filosóficas, veio pôr uma nota de ordem mental, mostrando como se podia e devia considerar um ponto de vista técnico-jurídico separadamente do ponto de vista pelo qual se contempla o meio social, económico, histórico e político.

A aceitação no ensino das ideias expostas pelos dois autores franceses estava de resto facilitada pelos estatutos que a partir de 1911 regem em Portugal os estudos jurídicos.

É sabido que a última reforma do ensino do Direito que houve em Portugal digna desse nome foi a levada a cabo pelo Decreto de 18 de Abril de 1911: de então para cá têm-se publicado muitos diplomas que em grande parte corrigiram os inegáveis defeitos dessa reforma e que umas vezes melhoraram e noutras pioraram o regime dos estudos jurídicos, mas nunca mais houve uma organização profundamente meditada, feita com princípio, meio e fim, de acôrdo com uma definida orientação pedagógica e metodológica.

A reforma foi estudada pela Faculdade de Direito de Coimbra, cujo Conselho submeteu ao Governo um projecto aprovado em sessão de 27 de Março de 1911[27]. No relatório desse projecto ataca-se a orientação dogmática do ensino como «sobrevivência da escola do direito natural que concebia o direito como uma categoria metafísica superior aos factos» e preconiza-se que o professor ensine o direito «de modo que ele apareça na sua formação histórica e nas suas

---

[27] Está publicado em folheto da Imprensa da Universidade: *Projecto de reforma dos Estudos da Faculdade de Direito*, 1911.

relações com a vida social hodierna onde actua como um elemento do progresso. E procedendo assim, o professor desterrará do ensino a aparência da separação entre o direito da escola e o direito da vida...».

Assim, a Faculdade propôs (e ficou consagrado na reforma) que em artigos do decreto se estabelecessem as seguintes regras de método:

«Na organização das lições esforçar-se-á o professor por apresentar os princípios e as instituições na sua formação histórica e nas suas relações com a vida social, para que os mesmos princípios e instituições se apresentem ao espírito dos estudantes como fórmulas científicas de realidades objectivas e como elementos do progresso.

«Deverão igualmente as lições revestir quanto possível um carácter positivo e concreto pela apresentação dos factos sobre que assentam os princípios e pela exemplificação com hipóteses que os esclareçam, não se limitando à exposição de fórmulas dogmáticas e abstractas que dificultem a compreensão dos princípios científicos e não despertem o interesse do seu estudo»[28].

A adopção do método de JÈZE condizia, portanto, com a letra e o espírito das disposições legais. Assim o entenderam no ensino MAGALHÃES COLAÇO, FEZAS VITAL e NOBRE DE MELO.

COLAÇO adere formalmente à escola realista no seu livro sobre *Concessões de serviços públicos* (1914); sem nenhuma reserva é também a adesão de VITAL nas dissertações intituladas *Do acto jurídico* (1914) e *A situação dos funcionários* (1915).

E assim, quando DUGUIT, em Novembro de 1923, visitou Portugal e fez conferências nas duas Universidades, encontrou entre os professores de direito público uma maioria de discípulos, saudando-o o prof. NOBRE DE MELO no acto de doutoramento *honoris causa* pela Universidade de Lisboa como «o novo Aristóteles».

12. Poucas vozes discordantes se ouviram por então. Anunciando já a envergadura mental do que havia de ser o mais eminente dos mestres de Direito dos nossos tempos, um opúsculo saído em 1913[29], sob o título de *Idealismo e direito*, da autoria de MANUEL PAULO MERÊA, impugnava severamente o positivismo em geral, e em especial a doutrina de DUGUIT, – «doutrina gélida e desolada como uma paisagem polar», em nome de um «novo idealismo», «filosofia crítica, anti-intelectualista, pluralista e eminentemente humana», que tinha a sua expressão actual no intuicionismo de BERGSON e no pragmatismo de JAMES, e a

---

[28] Estes princípios foram mantidos sem alteração nos regulamentos das Faculdades de Direito aprovados pelos decretos n.º 118 de 4 de Setembro de 1913 (arts. 14 e 15); n.º 4.874 de 5 de Outubro de 1918 (arts. 11 e 12) e n.º 8.578 de 8 de Janeiro de 1923 (arts. 11 e 12), este último ainda parcialmente em vigor.

[29] Reproduzindo uma conferência feita em 1910 quando MERÊA era ainda estudante.

sua projecção na literatura jurídica em obras como a *Renaissance du Droit naturel* de CHARMONT, e os livros de SALEILLES e de HAURIOU.

Anos depois, o DR. ANTÓNIO PINTO BARRIGA, no prefácio da sua dissertação de doutoramento sobre a *Validade dos actos administrativos e regulamentares* (1921), proclamar-se-á realista mas em sentido diverso de DUGUIT, a quem chama «positivista *a rebours*», e afirmando-se ao mesmo tempo partidário da admissão da metafísica na construção científica, aderirá à doutrina jurídica católica, especialmente sob a forma exposta pelo eminente jesuita CATHREIN[30].

Para a doutrina católica se inclinou posteriormente também o PROF. FEZAS VITAL.

ROCHA SARAIVA, embora avesso sempre a escrever, manteve-se fiel à escola jurídica alemã[31]; e, lògicamente, interessou-se a fundo pelo normativismo da escola vienense: se não aderiu abertamente a KELSEN foi porque o feitio reflexivo do seu espírito, a prudência comedida das suas atitudes mentais lhe não permitiam adoptar de chôfre novas posições doutrinárias, para as quais só muito lentamente se ia inclinando quando era o caso de se deixar impressionar.

Assim, embora KELSEN fosse em certo momento muito citado e discutido na Universidade, o certo é que se não pode dizer que haja tido no ensino ou na literatura do direito público qualquer influência sensível; e o mesmo se pode dizer de HAURIOU que, embora lido com interesse por estudantes e professores, não logrou captar discípulos entre nós: não escondo, todavia, quanto aos seus livros devo da minha formação.

Recentemente alguns professores da Faculdade de Coimbra deixaram-se seduzir pela jurisprudência dos interesses, – valorativa, teleológica ou dos bens da vida, que recebeu a pública adesão do PROF. VAZ SERRA, quando Ministro da Justiça, no seu notável discurso de inauguração do ano judicial de 1944[32].

---

[30] Ob. cit., p. XXIII.
[31] Isso se vê pelas suas lições e ainda no interessante artigo publicado em 1917 na «Revista da Faculdade de Direito da Universidade de Lisboa», ano I, n.os 3 e 4, p. 283, sobre *As doutrinas políticas germanica e latina e a teoria da personalidade jurídica do Estado* onde toma, perante DUGUIT atitude igual à de MERÊA, e conclui nos seguintes termos: «Com as ideias políticas de amanhã há-de pois harmonizar-se bem melhor a ideia da personalidade do Estado, unidade viva, agindo como um bloco na realização dos seus direitos, do que a simples ideia de uma regra jurídica, unidade parada, meramente objectiva, impondo-se às vontades individuais. E dentro do Estado, a luta que há um século se vem travando pela associação, pelo sindicato, – luta de reacção contra o individualismo exagerado de 89 – também vai terminando por impor ao reconhecimento social a constituição de grupos coerentes e fortemente integrados, com os seus direitos conquistados naquela luta. «Desta intensa vida corporativa, desta complexa organização, só pode vir a beneficiar a liberdade do indivíduo que, enquadrado no seu grupo, se sentirá mais forte e verá melhor garantidos os direitos que há um século definitivamente conquistou».
[32] *Valor prático dos conceitos e da construção jurídica*, 1944.

Desse método procurou o Dr. Afonso Rodrigues Queiró fazer aplicação ao Direito administrativo na sua dissertação sobre *O Poder discricionário na Administração* (1944).

Segundo este autor, «O Direito administrativo é... uma disciplina de interesses... As leis administrativas prevêm e regulam, antes de mais, os conflitos de interesses ou de pretensões relativas a certos bens, entre a Administração e os particulares-administrados. Assim, suponhamos os actos administrativos por meio dos quais, e de acôrdo com as leis, a Administração pretenda organizar-se ou assegurar o seu funcionamento: tais actos têm interesse para a satisfação da necessidade de organização ou de funcionamento da Administração, e é natural que alguns particulares pretendam obter, através da prática desses actos, uma vantagem pessoal. Mas se a lei atribui à Administração o direito ou o poder de praticar esses actos em determinadas circunstâncias, retira, por esse mesmo facto, aos particulares, a legitimidade de pretenderem qualquer vantagem, que não seja uma mera vantagem reflexa, da realização desses actos pela Administração: os particulares são directamente excluídos da fruição dos bens que são esses actos; o conflito é resolvido pela lei directamente a favor da Administração, que é como quem diz, em favor da satisfação das necessidades públicas consideradas»[33].

A doutrina, como se vê, não se recomenda nem pela simplicidade, nem pela clareza. Apesar de que é fácil conceber que a lei administrativa decida abstractamente conflitos entre interesses públicos, ou entre interesses públicos e privados e que na sua interpretação se deva indagar quais os interesses em conflito no caso concreto para decidi-lo consoante o critério de solução legal. Trata-se no fundo de ideias velhas expressas por formas novas nem sempre mais felizes do que as antigas.

Erro e bem grande será, porém, o de procurar somente ajustar interesses com desprezo pelas fórmulas através das quais o legislador os quis proteger: esquecer que o espírito da lei também encarna na letra formando com ela um todo; que só apreendemos intenções através de conceitos os quais, na sua abstracção, constituem a garantia da igualdade de solução em todos os casos concretos iguais, – já que o conceito é uma tipificação da realidade. Enquanto, pois, a jurisprudência dos interesses se limite a chamar a atenção do intérprete para o espírito da lei, bem está – e nenhuma novidade constitui; mas quando pretenda que os conceitos jurídicos devem ser postos de parte e toda a hermenêutica tradicional preterida pela simples consideração do fim da lei, é uma doutrina falsa e socialmente perigosa.

---

[33] *Poder discricionário* cit., p. 244.

13. Conceitualismo puro ou puro realismo? Método dogmático ou método teleológico? A disputa continua... Mas a verdade é que não falta quem preconize a superação das escolas e o sincretismo metodológico. Tal é a tendência revelada por LARNAUDE na sua brilhantíssima lição de 1909 sobre *Le droit public. Sa conception. Sa méthode*[34].

Segundo o eminente professor – cujo nome nem sempre é lembrado com a justiça que merece – «se o direito público é uma disciplina jurídica é preciso aplicar-lhe, seja para o interpretar – o que é papel do governo, da administração, da justiça –, seja para construir o seu sistema – e é a tarefa do ensino e da doutrina –, é preciso, dizia eu, aplicar-lhe antes de tudo o método dos jurisconsultos, o método jurídico pròpriamente dito.

«Este método composto ao mesmo tempo de indução e de dedução, consiste essencialmente em procurar nas constituições, nos códigos, nas leis, e também nas decisões judiciais, e ainda na prática que tão bem sabe criar aquilo que chamarei o *direito à margem*, numa palavra em todas as manifestações da vida jurídica, em todos os fenómenos jurídicos, as regras essenciais que todas essas manifestações pressupõem, aquilo que nós os juristas gostamos de chamar os *princípios*. É o papel da indução.

«E uma vez esses princípios achados e destacados, para os inúmeros casos que não foram previstos nem o poderiam ter sido, para as hipóteses incessantemente variadas que surgem da vida – essa grande criadora! – tiram-se as consequências dos princípios aplicando as regras que neles estão contidas. Eis a dedução.

«Quem ensina o direito público não pode, porém, limitar-se a este método estritamente jurídico: é obrigado também a interrogar a história, a sondar as legislações estrangeiras, se quiser fazer obra científica: estamos em presença de um método que põe em acção os mesmos processos do método dogmático, a indução e a dedução, mas com um fim muito diferente. Aqui o método *a posteriori* poderá sem dúvida ser por vezes simples auxiliar no estudo do direito nacional. Se acharmos no direito estrangeiro as mesmas regras do nosso, o princípio assim consagrado cá e lá adquirirá maior grau de certeza e de autoridade. Mas não é esse o resultado essencial que prossegue o método da observação comparativa, pois raramente atingirá identificações e semelhanças tão absolutas. Muito mais frequentemente far-nos-á descobrir, ao contrário, tipos de instituições nacionais ou autoctones, isto é, maneiras pròpriamente nacionais, processos jurídicos ou legislativos próprios ou exclusivos de uma Nação para atingir certos fins que noutros países se alcançam por outros meios.

«Além disso, o método de observação aplicado às legislações estrangeiras e combinado com o estudo da história permitirá talvez descobrir, uma vez ou

---

[34] Publicado no volume *Les méthodes juridiques* por BERTHÉLEMY e outros, 1911.

outra, verdadeiras leis, leis no sentido científico da palavra, que se apliquem às instituições jurídicas.

«Não creio, enfim, que seja possível pôr completamente de parte, quando se trata sobretudo do ensino, da doutrina e mesmo da legislação, um método todavia muito atacado, o método *a priori*. O que se tem dito contra ele, sobretudo nestes últimos tempos! Mas ele defende-se por si só e prova a sua vitalidade pela persistência com que o empregam quer aqueles que confessam recorrer aos seus serviços, quer aqueles mesmos que o insultam e negam, publicistas e sociólogos com pretensões a só confiar nos factos, – e que lhe rendem a mais lisongeira das homenagens ao utilizá-lo como Mr. Jourdain fazia prosa: sem o saber!»[35].

LARNAUDE preconiza, portanto, o método dogmático como instrumento fundamental do trabalho científico, auxiliado pelo método histórico-comparativo e pelo método filosófico (*a priori*). E na sua lição, consagra depois um pequeno capítulo a cada um destes métodos.

14. Resta-me agora registar a minha própria posição e verificar se nela existe alguma coisa a modificar ou a rectificar.

Na 1.ª edição do *Manual de Direito Administrativo* (1937) é visível a influência ainda exercida por JÈZE, a quem devo o interesse que sempre tenho dedicado à aplicação prática do Direito pelos tribunais, procurando assentar as soluções naquelas resoluções jurisprudenciais que um exame crítico revele acertadas.

Foi, porém, nas *Lições de Direito Penal*, feitas ao Curso do 4.º ano jurídico de 1938-39 e durante ele publicadas, que mais especialmente me ocupei do problema do método. Depois de ter exposto, a par das doutrinas do *racionalismo jus-naturalista* (a chamada «escola clássica») e do *empirismo utilitário* a «escola positiva»), as novas doutrinas do *pragmatismo penal*, do *tecnicismo* (escola «histórico-jurídica» ou «técnico-jurídica») e da *filosofia dos valores*, defini a posição adoptada nos seguintes termos:

«Sempre lutámos contra o exclusivo predomínio da escola técnico-jurídica porque o jurista não pode subalternizar-se a mero expositor do direito constituído, demitindo-se da sua mais alta e nobre função, a de defensor e prègador da Justiça... O tecnicismo tem, porém, inegáveis méritos na exposição didáctica e sobretudo obriga o jurista a uma disciplina inimiga das tendências declamatórias ou das variações dos amadores. Entendemos, portanto, que a construção dogmática pode e deve servir de base ao ensino jurídico, tanto mais que não recusamos reconhecer no direito positivo uma presunção de justiça: o direito

---

[35] Ob. cit., pp. 22 a 24.

constituído é justo até prova em contrário, porque a autoridade donde emana é um princípio racional de ordenamento da sociedade.

«Mas não ficaremos por aí. Por um lado, temos por certa a existência de uma ordem jurídica natural que rege o homem nas suas relações e tendências fundamentais: admitimos um mínimo de direito natural inspirado pela Justiça absoluta que é atributo da Infinita Perfeição e deduzido, pela recta razão, da natureza do homem.

«Por outro lado, também damos à ideia do fim um papel dominante no direito: o homem prossegue na sua existência fins transcendentes com os quais deve conformar a sua conduta.

«Deste modo, pensamos que o direito não pode reduzir-se a um formalismo lógico e que é uma disciplina moral, de ordem prática. Devemos julgar o conteúdo jurídico do imperativo, discutir o que deve ser, embora não nos caiba, naturalmente, embrenhar-nos nas técnicas próprias das várias formas do «ser» juridicamente valorizadas...»

E definia assim o método a seguir:

«(a) Partimos da construção dogmática do direito penal pela elaboração técnica das normas jurídico-positivas;

«b) Consideramos o conteúdo ou a matéria das normas à luz da Justiça absoluta (Direito natural);

«c) Fazemos um segundo juízo crítico da matéria das normas em relação às condições particulares da existência daqueles cuja actividade se destinam a nortear, inquirindo do seu valor nessas condições especiais (política criminal)».

....

«Em resumo:

«Partindo, do composto humano (alma e corpo), admitimos a liberdade moral mas sem esquecer a influência dos motivos das deliberações – motivos que podem ser de ordem biológica ou sociológica.

«A base do trabalho científico no Direito penal é a construção da sua dogmática, mas o jurista deve conhecer o conteúdo das leis e criticar o seu valor à luz da ideia da Justiça.

«A um processo conceptualista-realista de conhecimento convém o emprego dos dois métodos, indutivo e dedutivo»[36].

Notar-se-ão nesta maneira de ver duas preocupações dominantes: a de acentuar que o Direito não deve reduzir-se a mero conjunto de princípios

---

[36] *Lições*, cit., pp. 56 a 58.

abstractos antes há-de adaptar-se ao homem, a quem se destina a servir como instrumento de realização dos seus fin transcendentes; e a de procurar referi-lo a valores absolutos, isto é, um Direito Natural de origem divina.

Esta posição corresponde, afinal, a tendências profundas do pensamento jurídico contemporâneo, como recentemente o sublinhou CABRAL DE MONCADA na magnífica conferência proferida em 25 de Maio de 1945 em Madrid, a convite do «Consejo Superior de Investigaciones Científicas», sob o título de *A caminho de um novo Direito natural*.

MONCADA, depois de passar em revista a situação histórica do nosso tempo, que caracteriza como «uma exasperação, acompanhada de uma desespiritualização e logo seguida de um desencantamento do político, de um político tornado exclusivamente função do económico», examina duas das correntes do pensamento filosófico contemporâneo, o Existencialismo e a Filosofia dos valores, nas quais encontra «os pressupostos essenciais para uma renovação eminentemente viva do Direito Natural».

Quais são estes pressupostos? MONCADA, formula-os nos seguintes termos, como «três ideias fortes e claras» do moderno homem europeu:

«1.ª Volta a ter (o homem europeu) a convicção de que a vida social e política deve ser construida de dentro dele para fora; como projecção de uma dimensão mais profunda da vida individual e de um tipo de existir centrado em torno de uma ideia religiosa de salvação.

«2.ª Volta a estar convencido de que o Estado e o Direito não são fins-de-si mesmos, ou simples instrumentos para a realização de fins económicos, mas sim puros «que fazeres» de uma vocação humana de Cultura e, portanto, meio ao serviço de fins espirituais.

«3.ª E para a realização destes fins, volta a crer em valores absolutos, superiores e anteriores ao fluxo das contingências históricas, e constituindo um cosmos axiológico sobreposto aos caprichos da sua vontade e às fantasias do seu intelecto»[37].

Posteriormente às *Lições de Direito Penal* nas quais a matéria me permitia uma indagação mais funda das raízes filosóficas da metodologia, publiquei em fins de 1943 o volume I do *Tratado elementar de Direito Administrativo* onde, uma vez mais, abordei o problema do método, tornando a pronunciar-me por uma superação de escolas conduzindo a um sincretismo de métodos.

De novo afirmei que a base do trabalho científico, numa disciplina jurídica, é a *construção dogmática* elaborada mediante o método técnico-jurídico. Mas a

---

[37] Ob. cit., p. 22.

ciência jurídica assim construida «*tende a ser uma ciência lógico-formal*, cujos conceitos fundamentais são relativamente independentes do conteúdo que a política neles queira vazar».

Deverá favorecer-se essa tendência? Convirá que o jurista se limite à construção dogmática, que se feche no mero formalismo? A resposta dou-a logo a seguir (n.º 57) negativamente, afirmando que «o homem de leis deve atender no seu labor científico aos *aspectos histórico, político e económico* das instituições criadas pelas normas». Mais ainda: ao *aspecto filosófico-jurídico*, considerando os valores sociais da Justiça e da segurança.

Quem comparar esta posição com a definida nas *Lições de Direito Penal* forçosamente notará que, embora exista um fundo comum de pensamento, há todavia uma «baixa de tom» no *Tratado*, que deve atribuir-se à índole mais positiva dos estudos do Direito administrativo. Mas não se deu mudança de posição.

A formulação da norma jurídica resulta sempre de uma operação racional: é pela Razão que se atinge a ideia da justiça – o valor jurídico por excelência – e que, depois, em face das situações de facto que vão surgindo na vida corrente, se procura definir as normas destinadas a realizar o justo equilíbrio dos interesses (na forma comutativa ou distributiva). Garantida a estabilidade desse equilíbrio de interesses (Segurança) consegue-se a Ordem social (o Bem comum).

As situações de facto em relação às quais a Razão opera são, porém, mutáveis, consoante os tempos, os países, a índole dos povos; e a Razão humana é falível: daí resulta a variedade de normas jurídicas, através do tempo e do espaço; para resolver o mesmo tipo de conflito, para disciplinar o mesmo género de conduta, as mesmas instituições.

Se por um esforço da Razão esclarecida (iluminada pela Revelação) conseguirmos determinar quais as normas optimas, isto é, quais as normas que realizariam integralmente a Justiça nas mais favoráveis condições de meio social e de disposição individual, teremos o Direito natural. O Direito natural existe e é preceptivo: toda a dificuldade reside em conhecê-lo.

Quanto ao Direito positivo, porém, ele só pode ser compreendido tendo em atenção as circunstâncias em que a Razão opera: tudo quanto influi na inteligência (dados de facto, concepções doutrinárias, ideias *a priori*) e se transforma em motivos determinantes da vontade, precisa de ser conhecido para compreensão da norma vigente.

Ora no estudo do Direito há que adoptar um processo que tenha em conta esta concepção genética da lei.

A primeira operação a fazer é a de determinar qual o Direito positivo, isto é, o sistema das normas em vigor, aceitando-as como justas até prova em contrário: o Direito positivo tem por si uma presunção de Justiça.

A organização sistemática de um Direito positivo faz-se pelos processos da técnica jurídica, conduzindo a uma construção dogmática.

Mas é necessário que o sistema construido corresponda ao Direito efectivamente aplicado sem se esquecer que se a lei procura impor à vida uma disciplina racional, os elementos irracionais da vida (sentimentos, paixões, hábitos) e até a oposição doutras concepções, fruto das vontades livres dos destinatários das normas, opondo resistência passiva à lei inconveniente, produzem na prática muitas vezes a deformação do preceito jurídico, conduzindo a um Direito vulgar muito diferente do que resultaria do rigoroso entendimento e da aplicação exacta do Direito legislado. Numa instituição moderna (como são quase todas as do Direito público), quantos preceitos vigentes não são aplicados e quantos são aplicados com espírito e interpretação muito diferentes dos que o inspiraram!

É preciso, pois, conhecer as *circunstâncias da formação*, a *génese* da norma jurídica (não as circunstâncias particulares da legislação, a história do diploma, mas as circunstâncias do meio em que aquelas disposições surgiram como expressão de Justiça, em satisfação de necessidades sociais), mas é preciso também conhecer as *circunstâncias de aplicação*, a *sorte da norma*.

Assim, a construção dogmática deve ser acompanhada do estudo da *formação histórica* do sistema jurídico, das circunstâncias ideológicas, económicas e políticas em que se gerou, e ainda do exame da sua *deformação prática*, da aceitação social do mesmo sistema, da sua eficiência, através da prática corrente e da jurisprudência dos tribunais e dos órgãos administrativos.

Este exame da *reacção da vida social sobre a lei* reveste-se de enorme importância não só como correctivo da tendência inevitável do dogmatismo para a pura abstracção, para a adoração dos conceitos como realidades supremas e intangíveis que se supõem vivas e radiosas no «céu dos juristas», mas ainda porque põe em evidência os *interesses reais do homem concreto*, do Homem – centro do Direito, cujos fins temporais e espirituais a realizar em sociedade têm de estar sempre presentes no espírito dos governantes e dos seus agentes.

É certo que muitas vezes a lei exprime uma concepção superior da Vida, uma mais alta forma de superação de interesses e de sublimação de necessidades, que os indivíduos, por estreiteza de vistas, ofuscados pela mesquinhez das conveniências imediatas, esquecidos que a vida «não é só o momento que passa» e que cada um constitui um mero elo na cadeia das gerações, – a lei, diziamos, exprime uma visão superior dos interesses sociais permanentes e transcendentes, visão benéfica e útil que os cidadãos não compreendem e contra a qual reagem por sentimentos inferiores e retrogrados. Mas até o conhecimento da medida exacta e dos termos precisos dessa reacção importa ao jurista para poder ajuizar do grau de receptividade social e dos processos a empregar afim de manter a marcha na via progressiva que o escol pretende fazer trilhar pela massa.

Simplesmente, há que adoptar um critério para determinar a legitimidade dessa acção do escol: o ideal seria aferi-la pelo Direito Natural se fosse possível obter deste um conhecimento certo, – o que só sucede quanto às normas *reveladas* e às que destas são deduzidas; mas quando a dúvida surja, há que adoptar um critério pragmático, verificando se se obteve ou não por meio dela um grau satisfatório de equilíbrio de interesses e de Ordem Social.

A reacção popular deformante dos preceitos legais, considerada na sua forma natural e expontânea (rotina, repugnância sub-consciente, ou resistência consciente de maneiras de ser e interesses), não portanto sob a forma de opinião pública preconceituosa ou dirigida por órgãos adequados (quase sempre conduzidos ou inspirados – senão pagos – por interesses particulares), desempenha hoje em dia, a par do Direito legislado, um papel análogo ao do costume de outras eras, que convém não desprezar nem desconhecer.

Resulta daqui que a ciência do Direito tem de ser *conhecimento sistemático*, na medida em que se faz através da construção dogmática; conhecimento genético, pois que há-de saber-se como surgem as normas do sistema jurídico, quais as forças que lhes deram origem e em que circunstâncias nascem; conhecimento crítico, que permita formar um juizo valorativo dos sistemas e das normas, em relação aos dois valores supremos da Justiça e do Bem Comum (ou Ordem Social).

A tarefa do jurista não ficará, portanto, completa se a construção dogmática não fôr acompanhada do estudo da história do sistema, do meio ideológico, económico e social em que as normas nasceram e se aplicam, e das reacções que nele se produzem, conduzindo a uma prática do Direito (a um Direito vulgar) muitas vezes diferente do Direito legislado, e, finalmente, se não fizer a crítica filosófica do sistema, procurando descobrir as normas do Direito natural e aferir por elas as do Direito positivo, a par de uma crítica de eficiência destinada a aferir a adequação do Direito às necessidades que visa prover.

Eis a orientação metodológica que me parece de seguir no Direito administrativo português[38].

---

[38] Só uma orientação metodológica definida pode conduzir a um ordenamento sério dos estudos jurídicos. Infelizmente o dec. lei n.º 34.850 de 21 de Agosto de 1945, que mandou observar o actual plano de estudos, não parece inspirado por qualquer pensamento pedagógico ou científico. Em nosso entender, haveria que distinguir três grupos de disciplinas na Faculdade de Direito: as disciplinas destinadas à *preparação* do espírito para o estudo do Direito (estudo da organização político-social, criação do sentido histórico, apreensão das primeiras noções de direito), as disciplinas de *formação* técnico-jurídica, e as disciplinas de *aplicação, correcção* e *síntese crítica*.
O 1.º ano seria destinado às disciplinas de preparação: *Economia Política, Teoria geral do Estado, Introdução à Ciência do Direito, História geral do Direito romano, peninsular e português*.
Nos 3 anos seguintes ministrar-se-iam as disciplinas que laboram o direito positivo, não esquecendo que o Direito Penal, lidando com os fenómenos rudimentares da vida jurídica e apresentando uma dogmática excelentemente elaborada, deve ser colocado no 2.º ano, enquanto que o Direito

Administrativo, por constituir hoje todo um sistema jurídico em que há matérias correspondentes às obrigações, aos direitos reais, ao processo..., só pode ser ensinado honestamente por alturas do 4.º ano.

O 5.º ano seria destinado a corrigir o que de excessivo formalismo ou tecnicismo o ensino tivesse criado no espírito dos alunos, bem como a desfazer as perplexidades que porventura houvessem nascido das diferenças de conceitos e de orientação do ensino das diversas cadeiras. Seria a missão, por exemplo, da *Filosofia do Direito*, do *Direito Civil comparado*, da *Administração Colonial* e da *História do Direito privado*.

De facto, a História do Direito privado só pode ser seguida conscienciosamente por quem conheça já as instituições. Claro que o ensino da História do Direito deve ser feito, para cumprir a sua missão educativa e correctiva, estudando as circunstancias em que nasceram, se desenvolveram e transformaram ou morreram as instituições no seu ambiente temporal próprio e não à luz da dogmática contemporânea.

*O respeito da legalidade e a justiça das leis** **

1. A legalidade moderna

Na nossa lida diária de profissionais do Direito é nas leis positivas, *vigentes*, que vamos procurar a solução jurídica para os casos que se nos deparam. O Direito decorre das leis em vigor. E a confiança com que compulsamos a legislação resulta da segurança de que as suas normas serão também observadas e, em caso de necessidade, coercivamente impostas, pelas autoridades administrativas e pelos tribunais.

O Direito positivo é pois um Direito eficaz. Não digo agora que esta eficácia consista num resultado sempre justo na composição dos interesses em conflito: mas é eficaz no sentido de assegurar uma solução para esse conflito, melhor ou pior, temporã ou serôdia, bem ou mal recebida, em todo o caso uma solução.

A nossa primeira ideia do Direito casa-se deste modo com a própria legalidade. E o que é a legalidade? No Estado moderno, ainda informado pelo espírito das revoluções liberais do século XIX, a legalidade exprime-se por três proposições:

1.ª – Ninguém pode ser obrigado a fazer ou a deixar de fazer alguma coisa senão em virtude da lei.

2.ª – A lei vincula todas as autoridades encarregadas de aplicar o Direito – sejam administrativas, sejam judiciais – e os próprios órgãos que a elaboraram e impuzeram.

3.ª – Contra os actos das autoridades que, contràriamente ao disposto na lei ou sem autorização legal, obrigarem os cidadãos a fazer ou deixar de fazer alguma coisa, deve haver recurso que proteja os direitos lesados.

---

* Publicado in *O Direito*, ano 81 (1949), 1, pp. 5-23.
** Texto da Conferência lida na Ordem dos Advogados em Lisboa, na noite de 23 de Outubro de 1948. Publica-se tal como foi proferida, embora a necessidade de não exceder o tempo normal de uma conferência tenha levado o autor a não desenvolver os vários pontos focados.

Estes princípios não são, de resto, invenção do século XIX. Sempre se considerou a definição dos direitos e das obrigações dos indivíduos numa norma geral, impessoal e permanente, como o mais seguro paládio das liberdades civis.

A Idade-Média foi a era do privilégio: num período de lenta e árdua organização da Europa os direitos só eram atribuídos a quem os merecesse pela função exercida ou pelos serviços prestados. Por isso a legalidade foi concedida como um privilégio, – o privilégio característico dos concelhos. A pôr termo ao arbítrio do Rei ou do senhor na exigência de prestações ou na aplicação de sanções aos membros de uma comunidade local surgia o *foral* que definia precisamente quais os deveres dos vizinhos e como se haviam de desquitar deles, ao mesmo tempo que assegurava a justiça na repressão. Embora outorgado pelo Rei ou pelo senhor da terra, o foral assumia o carácter de um pacto que as duas partes deviam respeitar lealmente; e quando os agentes de autoridade quebravam os foros, logo os povos agravados reclamavam à Coroa. Os capítulos das Cortes constituem um dos mais eloquentes documentos da vida social do povo português na Idade-Média: e o desassombro das reclamações dos concelhos encontra franco acolhimento na justiça real que em resposta manda guardar as liberdades populares, coibindo abusos e corrigindo desvarios.

A multiplicação das leis gerais vai estender a todo o país, e não apenas às regiões cobertas pelos privilégios municipais, a garantia da norma escrita. Mas a centralização legislativa denota o advento do absolutismo e no prefácio das Ordenações Afonsinas os compiladores não deixam de reproduzir o texto de Ulpiano – *princeps legibus solutus est* – afirmando que o Rei, tendo recebido de Deus o seu poder, é «absolto da observancia de toda lei humana». Logo, porém, a lição do «Digesto» é temperada pela glosa de Sto. Tomaz de Aquino segundo a qual o príncipe só está solto dos vínculos da lei por não poder ser coagido a cumpri-la: mas não fica dispensado em consciência de voluntàriamente a acatar[1]. E assim, o prólogo das Ordenações acrescenta que o Rei, embora não obrigado ao cumprimento da lei, todavia «… por ser criatura racionável e subjugada à razão natural se honesta e submete sob governança e mandamento dela…».

Não pretendo traçar agora a evolução do princípio da legalidade atravez da História do Direito português. Basta que recordemos como a Revolução liberal retomou a ideia, a afeiçoou aos novos princípios e a desenvolveu em termos novos.

O liberalismo quis eliminar do sistema jurídico toda a dependência dos homens em relação a outros homens e restaurar a velha concepção republicana da submissão exclusiva dos cidadãos às leis. Assim, toda a autoridade deve decorrer da lei. Mas quem elabora as leis? Para que vigore a verdadeira liberdade, é preciso

---

[1] *Summa Theologica*, I.ª-II.ae, quaest. XCVI, art. V, ad tertium.

que a lei seja a expressão da vontade geral; a elaboração das leis pertencerá, portanto, ao povo, directamente ou por intermédio dos seus representantes eleitos, prevalecendo o voto da maioria. Em última análise cada um dos cidadãos só obedecerá a si próprio, visto ser interveniente na feitura das leis e os magistrados e funcionários se limitarem a aplicar as normas aprovadas pelo povo, depois de um debate público e contraditório.

Para garantia de que os agentes do Estado não serão mais do que dóceis executores da letra da lei, instaura-se então a separação dos três poderes, legislativo, executivo e judicial, «independentes e harmónicos entre si», que recìprocamente se fiscalizavam e equilibravam de modo a impedir o abuso de qualquer deles.

Mas eis que a experiência de um século abriu brecha também neste sistema. A democracia directa era impossível nos grandes Estados modernos e foi forçoso adoptar o regime representativo. Como assegurar uma exacta e honesta representação do povo no órgão dotado do Poder legislativo? A composição do corpo eleitoral constitui um problema; a manifestação efectiva do eleitorado, evitando as abstenções e as burlas, origina outro não menor. Não se foge a que em nome do povo se pronuncie uma minoria e a que, dividida esta em correntes diversas, prevaleça a vontade da maioria relativa que corresponderá à ínfima minoria popular. E depois, qual a legitimidade do número? e porventura não poderá surgir a tirania de muitos em vez da tirania de um só? e mais, quem assegura que o exercício do mandato representativo durante os anos de uma legislatura corresponde à vontade dos eleitores?

Por outro lado é fatal que o órgão legislativo soberano haja de tender para a supremacia governativa: se faz as leis deve ter o poder de fiscalizar a sua aplicação e de punir os agentes que não sejam fiéis intérpretes da sua intenção. Assim se caíu lògicamente no parlamentarismo, onde os governos são simples expoentes da opinião que prevalece nas assembleias legiferantes. As assembleias terão, portanto, uma função política à qual consagrarão o melhor do seu tempo e das suas atenções. Enquanto as transformações sociais e económicas forçam o Estado ao desempenho de um papel cada vez mais activo em toda a vida nacional, requerendo novas leis e a pronta adaptação da legalidade existente ao espírito novo, as assembleias continuam com os seus métodos lentos de trabalho, com a sua preferência pelas discussões políticas, com a tumultuosa dialéctica dos partidos do Governo e da oposição.

Deste modo se chegou a uma época de crise em que vimos levantarem-se de vários campos duras ofensivas contra o estrito critério da legalidade. O processo solene e público de elaboração das leis cedeu lugar ao trabalho de comissões de peritos; de manifestação política da representação popular, a legislação converteu-se em tarefa técnica do Governo. No domínio científico começaram a pulular as teorias tendentes a conferir ao executor maior liberdade na interpretação da lei, chegando-se a reivindicar para o Juiz o direito de criar normas quando não julgasse as existentes ajustadas à exigência de justiça do caso a resolver. Mesmo no direito penal, onde de há muito constituia dogma a regra *nullum crimen sine lege*, se formou forte corrente favorável à possibilidade da incriminação por analogia, do mesmo passo que se atacava a «dosimetria penal» e se reclamava a «pena indeterminada». No direito administrativo multiplicaram-se as normas atribuitivas de competências vagas, amplas, cheias de «válvulas de segurança», destinadas a garantir uma larga discricionaridade à Administração, que a isenta da fiscalização contenciosa salvo quando se prove o sempre melindroso e subtil desvio do poder. Enfim, as revoluções de intenção social profunda, como a bolchevista e a nacional-socialista, não hesitaram em permitir expressamente aos órgãos do direito revolucionário a preterição da lei escrita sempre que assim o exigissem os interesses do proletariado na sua «missão histórica» do aniquilamento da burguesia e da fundação da sociedade sem classes, ou os interesses da «comunidade nacional do povo alemão».

No fundo, esta crise corresponde, não à crise da legalidade em si, mas da Justiça que uma certa legalidade se destina a realizar. Todo esse afan de mudar de leis, e de processos de as elaborar, e de métodos de aplicar as velhas normas ainda vigentes, resultou da convicção de que os ideais expressos pelo direito liberal e individualista do século XIX não satisfaziam já as aspirações do presente. Mas conquanto assim fosse, certo é que a própria ideia da legalidade se viu em risco.

2. A Justiça e as leis

É que a doutrina liberal exaltara de tal modo a lei que quase a divinisara. Da legalidade democrática saíra o *positivismo jurídico* que identifica o Direito com a lei, negando-se a reconhecer qualquer manifestação jurídica fora da legislação positiva. Assim a Justiça, como valor jurídico eficaz, esgota-se nas leis do Estado em vigor. A Justiça está na lei, é a própria lei.

Na reacção suscitada contra a estrita observância pelo intérprete do pensamento reconstituido do legislador, o positivismo jurídico não podia ficar indemne. Negou-se uma vez mais, na sequência de ideias com tradição milenária, que a Justiça, de que o magistrado é o sacerdote, se contivesse exaustivamente na lei. A Justiça reapareceu como valor absoluto, como ideia pura para a qual tendem ideais tão vigorosos e irresistíveis que podem impor ao intérprete o desrespeito da letra da lei...

E aqui tocamos um dos mais melindrosos problemas da Ciência do Direito, – o de saber se será lícito nalguma hipótese aos executores da lei ou aos simples cidadãos desobedecer-lhe em nome de uma Justiça superior...

Sabe-se como o problema tem sido versado desde a mais alta antiguidade e foi objecto de páginas clássicas, já na tragédia e na filosofia gregas. A propósito dele recorda-se sempre o drama da *Antígona* e o diálogo, porventura não menos dramático, em que Platão nos conta como Socrates, depois da sua condenação, repele a proposta de Criton para fugir à execução da pena.

Todos se lembram da tragédia de Sofocles: Políníces, filho de Edípo, expulso de Tebas, é morto quando procurava entrar na cidade em som de guerra; pelo crime de lutar contra a própria Pátria, Creonte, o rei seu tio, proíbe a quem quer que seja que o chore ou lhe dê sepultura. Mas Antígona, a irmã do príncipe vencido, não se conforma com tal ordem e piedosamente o enterra. Presa e conduzida à presença do soberano, ao ouvir perguntar como ousou desrespeitar a lei, responde:

«É que nem Jupiter, nem a Justiça, concidadã dos deuses infernais, nenhum desses deuses que deram leis aos homens, a promulgaram; e eu não pensava que os vossos decretos tivessem tal força que pudessem fazer prevalecer as vontades de um homem sobre as dos imortais, sobre as leis que não estão escritas e que não podem ser abolidas. Não é de hoje, não é de ontem que essas leis existem: são de todos os tempos e ninguém pode dizer quando nasceram. Não devia eu, pois, sem temer fosse que mortal fosse, submeter-me às ordens dos deuses?...»[2].

Antígona portanto crê numa ordem divina, válida por toda a Eternidade, que se impõe aos legisladores e contra a qual nada podem os decretos ímpios. O conflito assume assim um carácter religioso: há que escolher entre os imperativos dos deuses e os dos homens. O respeito pelos laços de sangue, a piedade para com os defuntos, são leis naturais que a divindade impôs na própria condição humana e que seria sacrilégio desacatar.

Vejamos agora o diálogo de Platão. Socrates foi condenado à morte pelo comício popular sob a acusação de corruptor da juventude. Enquanto aguarda na prisão a execução da pena é visitado por Críton, seu discípulo, que lhe vem propor a fuga. Mas Socrates recusa-se a fugir, e o diálogo põe em presença as razões com que o discípulo procura persuadir o Mestre e as que este lhe opõe para persistir na sua resolução.

Numa primeira parte, Socrates ocupa-se em desfazer a preocupação de Críton de que é preciso dar uma satisfação à opinião pública. Perante a indiferença do mestre em face da condenação, o discípulo notara-lhe que a opinião do povo não era de desprezar, já que os acontecimentos estavam a mostrar como a multidão que votava nos comícios podia causar os piores males a um homem perseguido pela calúnia. A isto responde Socrates:

[2] *Théatre de Sophocle*, trad. fr., ed. Flamarion.

«Prouvera aos deuses, Críton, que o povo fosse capaz de praticar os piores males se em compensação pudesse também fazer os maiores bens! Isso seria óptimo! Mas não pode fazer nem uma coisa nem outra, porque não depende dele tornar os homens prudentes ou insensatos: daí o proceder ao acaso!»[3].

Assim Socrates não está disposto a fazer depender o critério do justo e do injusto dos caprichos mutáveis e não esclarecidos do sentimento popular. Para ele o que conta é ter ou não ter razão, estar ou não estar com a Verdade: o juizo dos outros não afecta a realidade na sua feição objectiva. E após longa discussão conclui:

«É preciso portanto, meu caro Críton, não nos afligirmos com o que dirá de nós a multidão, e sim com o que pensará quem conhecer o justo e o injusto, e este único juiz é a Verdade. Vês pois que não tinhas razão ao pretender de entrada que nos devamos preocupar com a opinião pública sobre o justo, o bem, o belo e os seus contrários! Só o que se pode dizer, talvez, é que a multidão tem o poder de nos fazer morrer... Mas isso, caro Críton, não destroi o nosso raciocínio. Responde: o princípio de que o importante não é viver, mas viver bem, subsiste ou não?... E o de que viver bem é viver segundo as leis da honestidade e da justiça, subsiste ou não?... Então, se aceitamos esses princípios, examinemos se à face deles é ou não justo que eu tente sair daqui sem o consentimento dos atenienses...»[4].

O problema agora vai passar a ser encarado sob outro aspecto. Socrates considera os seus deveres de cidadão para com a Pátria, entre os quais figura como um dos primeiros o da veneração e acatamento das leis.

«Se no momento de fugirmos ou sairmos daqui, não importa o nome dado à acção, as leis e a República viessem apresentar-se à nossa frente e nos dissessem: – «Socrates, que vais tu fazer? Que outro fim pode visar o acto que praticas senão o de, na medida em que de ti depende, nos destruires a nós, as Leis, e connosco à República inteira? Ou julgas possível que o Estado subsista e não seja subvertido quando as sentenças proferidas fiquem sem efeito e os simples particulares as privem na sequência e da sanção que devem ter?» – Ora que poderíamos responder a esta censura, Críton, e a outras parecidas?... Diríamos às Leis que a República foi injusta para connosco e que não julgou bem?... «O quê, Socrates – retorquiriam as Leis – então foi isso que combinámos contigo? Ou não estava antes assente entre nós que os julgamentos proferidos pelo Estado seriam executados?»[5].

---

[3] *Oeuvres de Platon*, col. Garnier: *Criton*, III *in fine*.
[4] *Idem*, VIII *in fine* e IX.
[5] *Idem*, XI *in fine* e XII.

Segue-se a longa argumentação das Leis que termina por uma vibrante exortação:

«Por conseguinte, Socrates, rende-te aos conselhos das leis que te têm sustentado: não ponhas os teus filhos, nem a tua vida, nem seja o que for, acima da justiça a fim de que ao chegar ao outro mundo possas alegar todas essas razões perante os que aí comandam; porque neste mundo, se cederes ao que te propõem, não tornarás a tua causa melhor, mais justa e mais santa nem para ti nem para nenhum dos teus e quando chegares ao outro também será impossível melhorá-la. Ao contrário se morreres agora, morres vítima da injustiça praticada não pelas leis mas pelos homens...»[6].

A lição deste formosíssimo diálogo parece-me ser esta: vale mais sofrer em silêncio uma injustiça individual do que pôr em causa o respeito devido a uma legalidade que assegure a Ordem social. A justiça que encarna nas leis pode não ser perfeita; falível é sempre a que decorre da execução delas, quer nos tribunais, quer na administração do Estado. Mas, esgotados os recursos legais proporcionados para obter a mais justa solução possível, segundo uma jurisdição regular, não há, para o cidadão consciente dos seus deveres cívicos, outra atitude a tomar senão a de acatamento.

Socrates, desdenhando de mudar a opinião pública, recusa-se também a opôr a sua decisão à sentença do tribunal competente. Para ele o julgamento foi injusto: mas sofrerá a injustiça de preferência a pôr em cheque a legalidade.

Assim, a «Antígona» e o «Críton» colocam-nos perante duas faces diferentes do problema. Em Sofocles assistimos ao conflito entre a Ordem divina e a Ordem humana; em Platão ao conflito entre a Ordem formal resultante das leis civis e o sentimento da injustiça resultante da sua aplicação iníqua a um caso concreto. Mas Socrates pensa ser a existência de um ordenamento legislativo no Estado, elemento essencial da Ordem divinamente imposta aos homens; e não se furta à ideia de um desígnio providencial na marcha dos acontecimentos, ideia que transparece no final do diálogo, quando diz: «Deixemos esta discussão, Críton, e sigamos o caminho por onde Deus nos conduz!» Assim a sua aceitação da legalidade é, no fundo, a aceitação da providência divina.

Como ordenar estes dois diferentes aspectos da questão? Quer pelo seu valor em si, quer pela enorme influência exercida durante séculos, convém conhecer a maneira como Sto. Tomaz de Aquino faz a exposição do conjunto do problema nessa monumental síntese cristã do pensamento antigo que é a Suma Teológica.

---

[6] *Idem*, XVI.

O Doutor Angélico estuda a questão não sob um ângulo jurídico, mas como teólogo: o que lhe importa é apurar se a lei humana se impõe necessàriamente ao homem no foro da consciência (I.ª II.ᵃᵉ, q. XCVI, art. 4). E é para este fim que distingue as leis justas das leis injustas.

As leis são justas quando ordenadas para o bem comum, quando não excedam o poder de quem as promulgue e quando respeitem o princípio da equitativa distribuição dos encargos entre os cidadãos. Às leis justas é devido acatamento em consciência, como expressão legítima que são de um poder instituído por Deus, de tal modo que resistir ao poder o mesmo é que resistir à ordenação divina: reencontramos, como se vê, o fundo do pensamento socrático.

A injustiça das leis, essa, pode ser considerada sob dois aspectos: relativamente aos interesses dos homens ou relativamente aos direitos de Deus. As leis são humanamente injustas quando não obedeçam aos requisitos indicados para a sua justiça, isto é, quando visem interesses particulares em vez do bem comum, quando exorbitem do poder do legislador ou quando distribuam desigualmente os encargos entre os cidadãos. Nestes casos, que correspondem em geral nos nossos dias aos casos de inconstitucionalidade, as leis não obrigam em consciência e podem ser desacatadas se a desobediência não importar escândalo ou perturbação.

Note-se que Sto. Tomaz é extremamente cuidadoso, neste como noutros passos, em precisar que a desobediência a tais leis injustas só será admissível quando não constitua de per si um mal maior do que a realização da injustiça da lei.

Mas há outra categoria de leis injustas relativamente às quais a consciência não tem de hesitar em negar-lhes acatamento e respeito: são as leis que negam Deus e a sua revelação, como por exemplo as prescrições tirânicas que induzam à idolatria. Quanto a estas, Sto. Tomaz ensina, de acordo com toda a tradição cristã selada pelo sangue de numerosos mártires, que de nenhuma maneira é permitido observá-las, pois segundo rezam os «Actos dos Apóstolos», tem de se obedecer a Deus mais do que aos homens: *obedire oportet Deo magis quem hominibus.*

Eis pois ordenada e sistematizada a doutrina da antiguidade com as luzes da revelação cristã: deve-se respeito às leis humanas como fruto do ordenamento natural das sociedades resultante da criação divina; pode-se em consciência recusar acatamento às leis humanamente injustas quando da desobediência não provenha maior mal do que da execução; mas não é possível acatar as leis que ofendam a Verdade de Deus, ainda que isso custe o preço da própria vida.

O tema será versado e glosado pela escolástica em todos os tons, como um dos problemas capitais – senão o mais importante da filosofia do Direito... Que longe nos levaria o acompanhá-la... Temos, pois, de abandonar a excursão pela literatura filosófica para consagrarmos os últimos minutos desta palestra à tarefa de extrair dos elementos reunidos algumas conclusões, sem originalidade decerto, mas talvez não de todo inoportunas.

Estes assuntos versados constantemente desde há milénios têm de resto essa grande vantagem para os conferencistas de hoje: a sua actuação é perene e ninguém pode estranhar que, depois de virados e revirados por todos os grandes nomes da antiguidade e da modernidade, já não haja coisas novas a dizer sobre eles...

Valha-me isso para escusa perante os críticos menos indulgentes!

3. O valor da lei

Não pertenço ao número dos que identificam o Direito e a lei positiva. Creio que o princípio primeiro da obrigação jurídica, aquele que nos leva a acatar as normas fundamentais do Direito mesmo quando não temos um polícia ao pé de nós, é anterior e superior a todas as prescrições legislativas do Poder. Embora com a ressalva da forma, pelo que ela possa induzir no erro de nos fazer pensar que o legislador é simples instrumento de forças naturais, não vou longe de pensar, como Georges Renard, que «a lei ou o contrato não são mais que o canal construido pela mão dos homens para explorar um princípio de energia jurídica cuja fonte está acima dos homens. Os legisladores e os juristas não criam a energia jurídica, a potência de dever em consciência, exactamente como os engenheiros não criam as quedas de água nas montanhas; o direito positivo e a hulha branca são dados da natureza aproveitados pelos homens»[7].

Eu preveni que as expressões de Renard eram ousadas... Mas é preciso penetrar-lhes bem o sentido: não se trata de fazer crer que cada artigo de lei seja uma onda de energia jurídica natural captada pela receptividade privilegiada do legislador... O que se quer dizer é que toda a legislação há-de assentar num princípio racional e natural de Justiça, ainda quando, pela aparência de simples regulamentação técnica, se nos afigure muito afastada de toda a preocupação metafísica ou moral.

Pois bem: apesar disso, sou partidário do respeito da legalidade pelos cidadãos, pela Administração pública, pelos tribunais, pelo próprio legislador.

Uma lei, mesmo quando seja má, é preferível à ausência de lei nos casos em que da sua falta resulte o capricho nas resoluções da autoridade e a incerteza dos direitos dos indivíduos.

A lei, estabelecendo critérios gerais e abstratos para a solução dos casos concretos, é sempre uma garantia de igualdade e portanto de Justiça, ainda que esta Justiça seja meramente relativa e formal.

A sua observância rigorosa, a sua interpretação exacta, são o penhor da equanimidade na solução das sucessivas hipóteses que caiam sob o seu domínio, que

---

[7] *La valeur de la loi*, p. 13.

já não existirá se cada intérprete se considerar senhor de aplicar seu método ou de fazer vergar a letra dos preceitos à sua concepção pessoal de Justiça.

Evidentemente que não estou a preconizar a aplicação das leis em termos de tal modo rígidos que desprezem as circunstâncias do caso a resolver e desumanizem a solução, fazendo do *summum jus* a *summa injuria*.

Não me lembro já onde li que a forma mais perversa de comprometer a acção de uma autoridade não é a resistência passiva às suas ordens: está antes na execução estrita destas, sem inteligência, sem adoçamento de arestas, sem contemplação de lugares nem de ocasiões. Grande verdade! Livre Deus os legisladores dos executores estúpidos ou de má fé, que funcionem como autómatos sem compreenderem e sem viverem as normas a aplicar!

Mas esta interposição de uma inteligência e de uma consciência entre a majestade inerte da lei e o tumulto pluriforme da vida, é uma coisa; e outra a sobreposição do arbítrio pessoal do executor à vontade universal da norma.

O poder discricionário da Administração pública pertence à primeira categoria e não à segunda. A discricionariedade administrativa, segundo a doutrina ensina e o espírito que informa o Estado de Direito, é uma faculdade toda impregnada de sentido jurídico, visando ùnicamente a melhor adequação dos princípios normativos da lei à fecundidade imprevisível de situações que a Vida possui em si.

A autoridade não é pois senhora de decidir a seu grado, como lhe apetecer, arbitràriamente: apenas lhe é permitido escolher entre duas ou mais soluções possíveis aquela que as circunstâncias indicarem como mais adequada para no caso concreto se realizar òptimamente o fim visado pela lei.

Faculdade derivada da lei, que a lei orienta e que para cumprimento da lei deve tender, o poder discricionário não dispensa portanto da contemplação, da compreensão, da penetração da letra e do espírito da regra legal. Como em toda a aplicação do Direito, o titular do poder discricionário tem de ser um intérprete.

E é nas regras clássicas da interpretação da lei que ùnicamente devemos procurar os meios de tornar equitativas as soluções extraídas do preceito geral para o caso concreto. No meu ensino tenho dado constantemente, por isso mesmo, uma importância primacial ao estudo da hermeneutica legislativa. É da experiência de todos nós a verificação de que os grandes embaraços no entendimento das leis nascem dos ignorantes pretensiosos; como as grandes divergências de interpretação resultam, na maior parte das vezes, do emprego imperfeito da técnica. Quanto mais rigorosa e uniforme for, num meio de juristas, a prática da interpretação, menor será a probabilidade dos desvios quanto ao sentido de um mesmo texto.

Nutro uma grande desconfiança por todas as modernas doutrinas que visam a alargar a liberdade do intérprete quanto à maneira de entender a norma legal. Em geral parecem-me tentativas de originalidade conseguidas à custa do exagero de uma verdade comesinha e relativa, destas que andam no seu lugar há muitos séculos, desde o Digesto ou mesmo desde o tempo das XII tábuas: toma-se a ideia, hipertrofia-se, reveste-se de vistosa roupagem verbal com muitos termos arrevesados e põe-se ao serviço de uma conveniência profissional ou científica quando não de um interesse político. Está feita a doutrina; o que nem sempre está é triunfante o senso comum.

Doutrina que exalte a opinião do intérprete, permitindo-lhe afastar-se, além de certos limites tradicionalmente fixados, do sentido ostensivo da lei é doutrina perigosa. Que passa a prevalecer em vez desse sentido? O critério do cidadão? Quem nos diz a nós, quem lhe dirá a ele, que o seu juízo acerca da justiça da lei, formulado à luz dos seus preconceitos e dos seus interesses, é melhor do que o do legislador presumidamente inspirado no Bem comum? Trata-se do critério do juiz ou da autoridade administrativa? Quem nos garante que, entrados pelo caminho dos sentimentos ou das opiniões individuais, não se cairá na iniquidade, recebendo casos iguais soluções diferentes e passando-se do sentimento ao capricho até se cair no arbítrio? Trata-se do critério da própria autoridade donde dimana a norma? Ai de nós se não é ela a mais rigorosa observante da lei que elaborou! Se o legislador não está satisfeito com a lei feita, altere-a, melhore-a, revogue-a: mas não queira violá-la, a não ser que um imperativo de salvação pública faça da necessidade uma nova lei!

Num regime de legalidade pode cada um saber quais os seus direitos, ter a segurança das suas situações, marcar o rumo da sua conduta e assim, mesmo quando as leis não correspondam a um alto ideal ético, subsistirá essa relatividade de posições e de encargos entre os indivíduos, esse critério de proporção e de medida das contribuições e retribuições que constitui a forma primária da Justiça e em que assenta a Ordem.

4. Justiça e ordem

Esta palavra – Ordem – não soará porventura bem aos ouvidos daqueles jovens a quem pareça evocar a consolidação de todos os interesses criados, mesmo os mais injustos, e a repulsa de todos os anseios generosos, mesmo os mais legítimos... Mas não tem razão a sua desconfiança. A Ordem é a harmonia das partes dentro do todo. Imprescindível à vida social, não pode ser produto de uma mecânica, há-de resultar antes do desenvolvimento natural de um princípio orgânico segundo o qual constantemente se operem as transformações e adaptações necessárias à harmoniosa composição e existência da sociedade.

A imperfeição da natureza humana faz com que não consigamos nunca senão equilíbrios instáveis, a todo o momento solicitados pelas duas forças que se disputam em cada um de nós e, portanto, na vida social: uma, luminosa e irradiante; sombria e recôndita, a outra. É a instabilidade desse equilíbrio, e, portanto, da harmonia na sociedade, que obriga a uma constante correcção de desvios mediante os imperativos das normas jurídicas e a imposição das suas sanções.

Sem este desvelo permanente por que as acções humanas se conformem com um padrão superior de moralidade, de justiça, de mútuo respeito de bens e interesses, não seria possível conter as forças tumultuosas dos nossos instintos inferiores, nem impedir que o mundo fosse pasto da violência. Se a Justiça é alimento essencial da Ordem, a Ordem não é menos condição fundamental para que possa instaurar-se e respeitar-se a Justiça.

Bossuet escreveu, por isso, que: «Le gouvernernent est établi pour affranchir tous les hommes de toute pression et de toute violence... Et c'est ce qui fait l'état de parfaite liberté; n'y ayant dans le fond rien de moins libre que l'anarchie qui ôte d'entre les hommes toute prétention légitime et ne connait d'autre droit que celui de la force»[8].

E foi decerto a pensar nesta interdependência entre a Justiça e a Ordem que o nosso Fr. Heitor Pinto escreveu, com não menor eloquência do que o orador francês: «A corrupção que tem um corpo sem alma tem o povo sem justiça porque, faltando ela, alevanta-se a dissensão e cai por si a concórdia, falta a liberalidade e cresce a cobiça, vive a traição e é sepultada a lealdade, ensenhoreia-se a força e é abatida a paz, é atrevida a mentira e anda acovardada a verdade, anda solto o apetite e jaz presa em ferros a razão, prevalecem os maus, são oprimidos os bons e finalmente entram de tropel os vícios e são destruidas as virtudes[9].

A conhecida frase de Goethe – «prefiro a injustiça à desordem» – não faz sentido se não for entendida à luz destas ideias. A Ordem tem sempre em si um princípio de justiça: é preferível aceitar um ordenamento social que, embora não correspondendo a um perfeito ideal de Justiça, assegure a cada um aquilo que adquiriu e permita o comércio natural entre os homens, a viver numa inconstância incessante, a destruir todos os dias, o que se compôs na véspera para procurar realizar neste mundo a fórmula confusa e inalcançável de uma justiça ideal, visionada pelos sonhos de cada um. E por isso, porque a legalidade é a expressão actual da Ordem estabelecida, é que Socrates optou por acatar a injustiça de que era vítima a pôr em perigo, com a sua revolta, a Ordem ateniense.

O salmista, para significar esta inseparabilidade dos dois valores sociais, figurou o ósculo da Justiça e da Paz: «*Justitia et Pax osculatae sunt*». Nem a paz pode viver sem justiça, nem a justiça sem paz. Daqui a necessidade de pugnarmos

---

[8] *Politique...*, liv. VIII, art. 2, propos. 2.
[9] *Imagem da vida cristã*, diálogo sobre a Justiça, cap. 1 *in fine*.

constantemente por leis mais justas, procurando afeiçoar as arestas de injustiça que a legalidade ofereça, mas sem atentarmos contra a Ordem em que a Justiça se desenvolve, não vá a nossa insatisfação criar a injustiça total ao procurarmos instaurar uma Justiça perfeita. No desenrolar harmonioso da Ordem jurídica importa que o legislador dê o mais alto exemplo de submissão às suas próprias leis e não recuse audiência a todos os anseios de mais justas normas; em contrapartida, todos quantos devem obediência aos decretos do Poder aceitarão em consciência os imperativos da legalidade enquanto se inspirem no Bem comum, cumprindo os seus preceitos, sem embargo de procurarem contribuir para que dela desapareçam as manchas de iniquidade.

Há assim como que um pacto tácito entre os cidadãos e o Poder: as leis deste serão tanto mais respeitadas por aqueles quanto mais observadas e prestigiadas por ele próprio.

5. *Fiat Justitia...*

Ao cabo de uma existência longa e fecundamente vivida, o grande Ihering foi conduzido à revisão integral da sua filosofia jurídica, enquanto escrevia o livro célebre que intitulou «O fim no Direito» (*Zweck im Recht*). A ideia da finalidade como lei da vida e a do Direito como sistema de funções, foram para ele os princípios unificadores de todos os fenómenos jurídicos. E por isso concebeu aquela formosa passagem em que diz: «É conhecida a máxima *fiat justitia, pereat mundus*. Ela sôa como se o mundo existisse para a justiça quando a verdade é que é a justiça que existe para o mundo. Se o mundo e a justiça se erguessem um contra o outro deveria dizer-se: *pereat justitia, vivat mundus*. Mas, longe disso, a justiça e o mundo caminham *pari passu* e a divisa deve ser *vivat justitia ut floreat mundus*»[10].

Tenho às vezes meditado nestas fórmulas em cujo encadeamento Ihering reflecte um espírito meramente utilitário segundo o qual a Justiça nunca tem outra feição senão a do valor relativo da vida social. E choca-me sobretudo a hipótese: «Se o mundo e a justiça se erguessem um contra o outro...». Pois valeria verdadeiramente a pena subsistir o Mundo se dele desaparecesse a justiça? e poderá conceber-se uma justiça que torne impossível a convivência no mundo? A justiça inimiga do mundo, eis o que só é concebível num ambiente de satanismo universal, em que a verdadeira justiça, imagem da perfeição divina, cedesse o lugar numa paródia demoníaca.

---

[10] Ihering, *A evolução do Direito*, trad. port. de Abel de Azevedo, n.º 177, p. 281.

Como poderia viver o Mundo – *vivat mundus!* – sem uma regra espiritual aceite pelos homens e imposta aos homens em nome de um princípio transcendente? Como poderiam viver os homens depois de trucidada a justiça?

A justiça não é apenas a combinação de interesses concertada na sociedade para efeitos práticos de paz e de segurança: é também um Valor Absoluto, a tal energia que a lei positiva se limita a captar e aproveitar mas que actua na consciência de todos nós, superior à nossa vontade e independente das nossas concepções.

A sua fórmula quotidiana, relativa, contingente, falível, aquela que praticamos nas leis, nos tribunais, nas repartições e nos consultórios, a justiça humana, existe para que floresça o Mundo; mas ela é apenas o reflexo de outra Justiça mais alta, «*vera lex, recta ratio, naturae congruens, diffusa in omnes, constans, sempiterna* (Cicero) que vive na Eternidade e que, se deixar de ser respeitada e acatada pelos homens, determinará o extermínio do Mundo.

Para essa Justiça que julga o Mundo e que não transige segundo as frágeis conveniências ou as breves oportunidades humanas, para essa Justiça perfeita e perene, arquetipo de todos os nossos conceitos e ideais justos, vai a nossa contemplação e o nosso anseio. Ela nos solicita e empolga e foi em Seu nome que no sermão da Montanha se proclamou: «Bemaventurados os que têm fome e sêde de Justiça…».

*A situação actual dos municípios portugueses** **

I. Portugal tem, como a Espanha, uma antiquíssima tradição municipal.

Foi sobretudo na Idade-Média, após a Reconquista, que os municípios se multiplicaram com seus forais, – leis que fixavam os direitos e deveres dos vizinhos entre si e relativamente à Coroa, firmando um regime de legalidade particular e instituindo o que com felicidade se tem denominado «senhorios colectivos».

Mas esta época áurea do municipalismo, em que foros e justiça pertenciam privativamente aos concelhos, não durou muito. Já no meio do século XIV o Rei começa a reivindicar para si o direito de nomear juizes locais; no século XV acentua-se a centralização legislativa, as leis gerais sobrepõem-se aos foros particulares; e logo nos alvores do século XVI a reforma dos forais deixa estes diplomas sem conteúdo jurídico, reduzidos a meras pautas fiscais.

O município ficou a ser um processo de administração local, sim, mas restrito à rotina das pequenas preocupações quotidianas. A história municipal portuguesa não mostra sinais de grandes iniciativas cívicas, nem atesta a formação de grandes riquezas comunais: não há, na doçura do meu país rural, os monumentos que noutros países fazem o orgulho das burguesias urbanas, nem memória de rasgos de cultura de escolhidas aristocracias concelhias que tenham tirado partido do convívio local e do governo autónomo. O português, com seu feitio individualista, desconfiado e um tanto preguiçoso para as coisas do espírito, não vivificou nem engrandeceu a tradição municipal do século XVI para cá.

Foi preciso que chegasse o Romantismo e a Revolução liberal para que a nostalgia das liberdades medievais, tão concretas, se apossasse dos doutrinadores novecentistas. Herculano é o primeiro e o mais eloquente desses teóricos nostálgicos do municipalismo medievo, que ele historiou e exaltou em linguagem eloquente. A falência da liberdade revolucionária fê-lo voltar os olhos para a

---

* Publicado in *O Direito*, ano 81 (1949), 2, pp. 129-144.
** Conferência realizada no Instituto de Estudios de Administración local, em Madrid, no dia 26 de Abril de 1949, sob a presidência do Ministro de la Gobernación, D. Blas Pérez Gonzalez.

forma tradicional do Estado português em que a monarquia enfeixava as pequenas repúblicas municipais.

E Herculano fez escolha; uma escola infelizmente cada vez mais retórica, mais imprecisa, mais historicista, mais divorciada das realidades modernas. Todo o século XIX em Portugal decorreu sob o signo não cumprido de «restaurar as liberdades municipais», – fórmula obrigatória do programa de todos os partidos politicos que, para agradarem à clientela provinciana, prometiam uma descentralização local sempre negada no governo... A República, em 1910, anunciou novamente o advento desse arrebol redentor e cercou de carinho a figura de José Jacinto Nunes, patriarca do municipalismo e autor de um projecto de lei administrativa rasgadamente liberal... que não se converteu em lei.

A própria Ditadura Nacional, em cuja orientação doutrinária tanto influiram os integralistas – também defensores, com António Sardinha, da restauração da plena autonomia do município e confessados discípulos, nesse ponto, da lição de Herculano – a própria Ditadura Nacional anunciou os seus propósitos de revigorar os concelhos e, de facto, deu incentivo e meios para que por toda a parte se executasse um vasto plano de melhoramentos materiais...; mas ficou por aí.

À Ditadura sucedeu o Estado Novo. E com o Estado Novo veio o estatuto municipal que consta do Código Administrativo de 1936 (revisto em 1940). Vejamos, em breves palavras, as linhas gerais desse estatuto.

II. O Código administrativo de 1936-40 (texto provisório de 1936 novamente publicado depois de revisto e ampliado em 31 de Dezembro de 1940) classificou os concelhos em urbanos e rurais, distinguindo três ordens de importância em cada uma destas classes.

Temos assim sete categorias de concelhos, visto que as grandes cidades de Lisboa e Porto gosam de regime jurídico especial.

Para que é tão grande variedade de classificação?

O intuito do legislador foi o de fazer um estatuto municipal flexível, quanto possível adaptado às circunstâncias particulares de cada circunscrição municipal. Tal preocupação fez ainda com que no Estatuto dos Distritos autonomos das ilhas adjacentes dos Açores e da Madeira (que completa o Código) se estabelecessem normas especiais para os municípios das pequenas ilhas.

A ideia geral a que obedece a orgânica municipal, assim variada, é, porém, a seguinte: combinar no concelho, de acordo com as velhas tradições portuguesas, os dois princípios da autoridade delegada do Poder central e da representação local; nos concelhos mais pequenos e mais pobres, de administração simples, conceder maior intervenção aos representantes dos vizinhos (*vereadores*) na acção executiva, mas acentuar, à medida que a gestão se vai tornando mais complexa, o papel dirigente do presidente da Câmara.

Em todos os concelhos (salvo os de Lisboa e Porto) existe um Conselho municipal, – assembleia que reune duas vezes no ano, apenas, e onde estão organicamente representados os elementos da comunidade municipal, famílias, paróquias, proprietários, organismos gremiais e sindicais, instituições beneficentes...

Esse Conselho elege os *vereadores* por quatro anos e em número variável conforme a ordem dos municípios (2, 4 ou 6). Os vereadores constituem a *Câmara Municipal* que tem funções deliberativas e cujo presidente é nomeado pelo Governo na qualidade de seu delegado.

A execução das deliberações da Câmara compete ao presidente. Porém, o presidente só é remunerado nos concelhos de 1.ª ordem, e nos urbanos de 2.ª e nestes, portanto, como quase-profissional, a sua autoridade adquire verdadeira supremacia *de facto* na gestão municipal.

Essa supremacia é-lhe reconhecida *de direito* nos concelhos de Lisboa e do Porto onde o Código confere aos presidentes a competência para resolverem sòzinhos a maior parte dos assuntos administrativos; não há nessas cidades conselho municipal; a Câmara tem doze vereadores eleitos por sufrágio orgânico e directo, competindo-lhe apenas acompanhar e fiscalizar a administração municipal e deliberar em certas matérias de maior gravidade; o presidente é auxiliado na preparação, resolução e execução dos assuntos por altos funcionários técnicos denominados «directores de serviços».

Assim, nos concelhos menos importantes é fácil ver-se a preferência pelo sistema da *comissão*; ao passo que nos mais importantes se optou tendencialmente pelo *city-manager*.

Todavia, em toda a orgânica municipal portuguesa a preocupação dominante foi a de conciliar as necessidades actuais da administração local com as tradições peninsulares de participação efectiva dos vizinhos na gestão dos interesses comunais.

III. Teria este estatuto dado satisfação às aspirações dos municípios portugueses?

Vejamos, em primeiro lugar, alguns números demonstrativos do desenvolvimento da administração municipal nos últimos 20 anos.

O Orçamento geral do Estado para 1929-30 previa um total de despesas no montante de 2.033.000 contos; em 1948 a previsão montava a 5.550.000 contos. Quer dizer que em vinte anos os gastos do Estado aumentaram um pouco mais de duas vezes e meia (1929 = 100; 1948 = 272).

Somando os orçamentos dos 302 concelhos portugueses, obtinha-se em 1929 uma previsão de gastos de 244.000 contos; e em 1948 nada menos de 1.443.000 contos. Isto significa que o aumento de despesas atingiu seis vezes o que era há vinte anos! (1929 = 100; 1948 = 591).

A administração municipal, a avaliar pelos gastos, desenvolveu-se em vinte anos muito mais do que a administração estadual.

Mas procuremos outro índice: a dívida.

Em 1929 o Estado português devia à roda de 10.000.000 de contos; vinte anos depois, com uma política financeira exemplar que operou sucessivos reembolsos e conversões, a dívida pública não passa dos 12.5000.000 contos, ou seja um insignificante aumento de 25%, com a contrapartida da desvalorização da moeda. Eis um resultado brilhante de gestão, que ainda mais é para aplaudir quando se verifica que os encargos da dívida (amortização e juros) aumentaram apenas 15% (324.000 contos em 1929 e 375.000 contos em 1948).

O conjunto dos municípios portugueses devia, em 1929, a importância de 136.000 contos; deve, em 1948, 446.000 contos, ou seja mais de três vezes o que devia há vinte anos (1929 = 100; 1948 = 327).

O capital em dívida representava, porém, em 1929, 55 das receitas gerais dos municípios; ao passo que hoje representa apenas 31% dessas receitas.

Os encargos da dívida dos municípios montavam em 1929 a 13% do capital da mesma dívida e a 7,3% do total das despesas; e em 1948 eram apenas de menos de 10% do capital e de 3% do total das despesas!

Quer dizer que embora os municípios se tenham endividado mais do que o Estado, todavia as condições gerais da dívida são melhores do que há vinte anos. E essa vantagem aumenta ainda se levarmos em conta a depreciação interna do escudo, sempre benéfica para os devedores, que recebem maior poder de compra do que retribuem e restituem.

IV. Donde resulta a verificada expansão das despesas municipais?

Desde já excluiremos das causas a apreciar o aumento do número e dos vencimentos do funcionalismo. Na verdade, esse aumento nunca foi superior ao do Estado; e como as despesas nacionais em vinte anos só aumentaram, segundo vimos, *duas vezes e meia*, enquanto as despesas municipais aumentavam *seis vezes* resulta daí que, mesmo atribuindo nestas a esse factor (e dado o maior peso relativo das despesas com pessoal nos pequenos orçamentos) metade do acréscimo, ainda fica por justificar larga parte do excesso verificado.

Também não foi, como alguns pensam, o alargamento da administração municipal das grandes cidades em detrimento dos pequenos municípios rurais: as despesas dos municípios de Lisboa e Porto não excediam em 1948 os 2/5 do total que já representavam em 1929. Isto é: o peso das grandes cidades em relação à soma global das despesas municipais portuguesas tem-se mantido constante.

Tal aumento só pode ser pois resultante de maior incremento da administração municipal, sobretudo através da febril actividade de obras públicas e da multiplicação dos serviços públicos municipalizados. Os adormecidos concelhos rurais do século XIX, acordaram agora. Novas tarefas os solicitaram; tarefas caras, de complexa execução técnica, exigindo gestão eficiente e assídua que transformaram as câmaras municipais de meros centros de política vicinal em activos laboratórios do bem comum.

Naturalmente a estrutura municipal ressentiu-se, e muito, da novidade das funções e da aceleração do ritmo do trabalho. Adeus românticas assembleias populares e longas discussões dos corpos deliberativos! Adeus plácidas tradições folclóricas dos tempos em que os interesses económicos dominantes andavam à roda do pastoreio e da agricultura! Adeus quadros naturais da aristocracia rural e dignidade honorífica do «Senhor Presidente da Câmara», com papel meramente representativo!

Tudo isto vai a passar. A administração municipal de dia para dia se funcionariza, se tecniciza, se especializa mais. O peso das suas atribuições cresce constantemente; a administração central, impaciente, intervém a cada passo, estimula, comparticipa, fiscaliza e quando vê a máquina municipal impotente para cumprir capazmente as tarefas que o público dela exige – como no caso das estradas – chama a si o encargo de as realizar.

Os municipalistas-saudosistas, a ler ainda os períodos rotundos de Herculano, escandalizam-se e gritam que o Município está a sossobrar. Decerto que a centralização do Estado autoritário e a incompreensão dos técnicos a respeito das autonomias não favorecem a manutenção de clima jurídico e social prestigiante das liberdades municipais. E esse é, sem dúvida, um grave aspecto político da questão. Mas se olharmos às realidades veremos que nunca os concelhos portugueses desempenharam papel tão activo na vida da Nação como actualmente.

De que se queixam então os municípios portugueses? No fundo, de não poderem ir tão depressa quanto desejariam no caminho dos progressos e melhoramentos locais; queixam-se por não estarem apetrechados e habilitados para a realização da obra de tamanha magnitude como a que lhes coube agora.

São frequentes essas reclamações, nem sempre formuladas com a perfeita consciência do «lugar onde doi», nem sempre apontando precisamente o mal e a causa do mal. A mais expressiva formulação dessas reclamações, nos últimos tempos, foi feita em vivo e demorado debate travado no parlamento durante o mês de Janeiro de 1947.

Nessa discussão intervieram numerosos deputados que fizeram depoimentos nem sempre felizes, nem sempre justos, nem sempre correspondendo a exacta visão dos fenómenos (mas um parlamento não é uma academia…) mas em todo o caso reveladores de vários aspectos de questões candentes.

Em resumo, podem-se extrair da discussão as seguintes críticas ao regime administrativo vigente:

1.º Os municípios não têm as receitas necessárias para fazer face às atribuições a seu cargo;

2.º A lei obriga-os a pagar despesas públicas que não são municipais e cuja realização é independente das câmaras;
3.º Existe uma tutela excessiva por parte do Estado.

Como se vê, não se pode dizer que o espólio do debate, que durou quatro dias, seja abundante...

V. A *escassez de receitas* é mal de que, aliás, se queixam presentemente os municípios de todo o Mundo e sobretudo naqueles países onde se verificou a desvalorização da moeda.

As despesas públicas aumentaram, e, geralmente, as receitas não as acompanham no mesmo ritmo. Sempre que o Estado carece de aumentar impostos e taxas, fá-lo pelo mínimo e proibe os municípios de sobrecarregar o contribuinte. Como a fonte das receitas para o Estado e para os municípios é a mesma, o Estado colhe primeiro as suas, deixa os sobejos para os outros e, mesmo assim, limita-lhes as pretensões.

Não é só a necessidade de poupar o contribuinte que conduz à política restritiva da tributação municipal: é também a conveniência de não dispersar receitas em demasia. E por esta razão vai-se generalizando o sistema de, em vez de permitirem aos municípios que tributem por autoridade própria, os Estados concederem, dos seus erários, *subsídios, subvenções, comparticipações* às autarquias locais.

Claro que não é a mesma coisa. O Município, ao lançar os seus impostos, ao cobrar as suas taxas, afirma a *sua* autonomia, tem as *suas* receitas. Ao passo que o subsídio, a subvenção, a comparticipação, são dons do Governo, solicitados, rogados, condicionados e cuja concessão justifica, naturalmente, a fiscalização do doador.

Sempre que os apertos financeiros levam a pedir assistência alheia, o município sofre a restrição, de direito ou de facto, da sua autonomia pois quem dá dinheiro deve ter a faculdade de saber se o dinheiro que deu foi bem ou mal empregado.

Em Portugal o processo normal de assistência financeira do Estado aos municípios é o da *comparticipação* em melhoramentos públicos. Estudada uma obra para cuja efectivação a Câmara possui apenas uma parte do custo, os serviços do Ministério das Obras Públicas examinam o projecto, melhoram-no e podem conceder o subsídio necessário que vai até 75% do valor total.

A assistência financeira completa-se pela assistência técnica, pois que os engenheiros das Obras Públicas não só intervêm no projecto como acompanham e fiscalizam a execução dos trabalhos.

Graças a estas comparticipações tem sido possível executar numerosos e importantes melhoramentos locais: o Município toma a iniciativa, dá os primeiros passos e algum dinheiro, e o Estado faz o resto.

Apesar dos benefícios do sistema de comparticipação os Municípios queixam--se. Queixam-se das demoras da burocracia do Ministério das Obras Públicas; queixam-se das exigências técnicas dos serviços centrais; queixam-se da carestia das obras cujos projectos são remodelados ou elaborados pelos engenheiros do Estado; queixam-se enfim dos incómodos da fiscalização, durante a execução dos trabalhos...

Mas, com todos esses inconvenientes, o sistema das comparticipações, inaugurado em 1930, oferece inegáveis vantagens, e representa uma fórmula feliz de colaboração que, embora de criação portuguesa, é também aquela para que se tende nos Estados Unidos da América do Norte.

Efectivamente, nos Estados Unidos os municípios sofrem de males muito semelhantes aos acusados pelos concelhos portugueses e por motivos análogos. Por essa razão, os diversos Estados da União tiveram de subsidiar as autarquias locais e esses subsídios, só em 1942, atingiram 1.800.000.000 de dólares! Por outro lado, em cada Estado federado foram criadas repartições especializadas de assistência técnica e administrativa aos serviços subvencionados das autarquias locais que têm estendido a sua acção mesmo aos restantes serviços[1].

Noutros países o mesmo clamor se eleva da parte dos municípios sobre a exiguidade das suas receitas: o que nem sempre se verifica é ter o Estado encontrado uma fórmula eficiente de os ajudar sem maior sacrifício do contribuinte.

VI. Do que expusemos quanto à assistência financeira e técnica do Estado, em Portugal, já se deduz com facilidade em que consiste a *«apertada tutela administrativa»* sobre os municípios. Não se trata de uma atitude meramente política, se bem que a forma autoritária do Estado seja fortemente integradora de todos os poderes e avessa às francas autonomias. Estamos antes perante uma necessidade inelutável de intervenção orientadora e fiscal, imposta sobretudo por motivos de ordem financeira e técnica.

De ordem financeira. A conveniência de não sobrecarregar em excesso o contribuinte, o cuidado de não deixar contrair dívidas demasiadas e o interesse de zelar pela boa aplicação dos subsídios concedidos, levam o Estado a inspeccionar assiduamente a vida das autarquias locais e a regular a gestão dos seus dinheiros.

O novo Estado português, de mais a mais, assentou toda a sua estrutura administrativa no saneamento financeiro e não se compreenderia que, sendo assim, deixasse que pelo País fora outras entidades públicas pudessem permanecer no regime de desordem condenado no plano nacional.

---

[1] *VII Congrés International des Sciences Administratives, Compte-Rendu: The Relations of Central and Local authorities in the United States*, por W. ANDERSON, p. 377 e s.

Mas a par destas razões, outras existem. O alargamento das atribuições municipais obrigou a empreender iniciativas cuja execução exige acurados projectos e a intervenção de técnicos especializados. Vai longe o tempo em que caminhos, fontes, cadeias, tudo se fazia com os conhecimentos comuns dos homens bons da terra. Hoje há que recorrer constantemente a engenheiros, a arquitectos, a médicos sanitários, a veterinários, a agrónomos, a juristas... Mas como há-de cada um dos 302 municípios do País ter ao seu serviço todo o corpo de técnicos especializados necessário à segurança e eficácia dos trabalhos de interesse colectivo que lhes cabe levar a cabo?

Como há-de um pequeno concelho rural dispor de um engenheiro de estradas, de outro para as pontes, de um engenheiro especializado em águas, de um engenheiro para as construções de cimento, de um arquitecto para os hospitais e de outro para as prisões... – o pobre concelho que na maior parte dos casos nem recursos tem para manter um mestre de obras permanente...

Ora se o Governo tem a preocupação de que o dinheiro dos municípios seja bem gasto há-de desejar que as obras sejam úteis e duradouras, e daí as providências legais adoptadas para evitar os improvisos dos amadores, os arranjos dos profanos, e para cercar de garantias de eficiência as deliberações das câmaras envolvendo execução técnica.

Assim certas resoluções municipais não são executórias sem prévia aprovação do Governo, após intervenção dos serviços técnicos competentes. Para satisfazer as exigências da tutela os municípios têm de recorrer a uma de duas soluções: ou federar-se e criar serviços de obras públicas comuns (e nalgumas regiões do País surgiram, efectivamente, nos termos facultados pelo Código Administrativo, estas federações de municípios) ou pedir a assistência técnica dos serviços do Estado pelo processo já descrito das comparticipações.

Um outro ponto existe ainda em que a administração central intervem na autonomia local: é no tocante ao recrutamento e selecção do pessoal administrativo.

A este respeito, em 1936, a quando da publicação do Código Administrativo, a situação quase podia dizer-se caótica. As autarquias locais recrutavam os seus funcionários livremente, dentro de amplas normas de concurso, o qual se realizava para cada vaga ocorrida. A autonomia de cada município era, de facto, total. O pessoal de um concelho era privativo desse concelho, onde começava, decorria e findava a sua carreira. No recrutamento predominavam em geral considerações locais de pequena política. O empregado admitido não tinha mais estímulo nem horizonte.

O Código alterou todo este estado de coisas, inovando rasgadamente. Distinguiram-se os quadros privativos de cada município – com as mais baixas categorias da hierarquia –, do quadro comum a toda a Administração local.

E neste quadro comum, constituido por seis classes, o recrutamento e a promoção dependem de concursos gerais de habilitação celebrados periòdicamente no Ministério do Interior. Esses concursos, obrigando o funcionalismo a constante preocupação teórica e profissional, têm elevado o seu nível cultural e permitiram o estabelecimento de uma carreira administrativa em que, pelo seu esforço e pelos seus méritos, o funcionário pode ascender dos lugares obscuros dos pequenos concelhos rurais até à chefia das secretarias de grandes concelhos urbanos.

Tal intervenção da administração central impunha-se e os resultados demonstram quanto é vantajosa. Embora os municípios não a tivessem reclamado e fosse, como tantas outras inovações do Código Administrativo vigente, da exclusiva iniciativa do autor do projecto desse diploma, não consta que haja suscitado resistências e descontentamentos, salvas algumas inevitáveis deficiências do período de adaptação.

VII. Ao chegar ao termo do balanço da situação presente dos municípios portugueses, posso agora perguntar: estará em crise o municipalismo em Portugal? Terá essa forma institucional, que arranca as suas raízes dos primeiros séculos da nacionalidade, entrado num período crepuscular?

Como a propósito de tantas outras coisas, ocorre-nos comparar a nossa época com a fase de decadência do Império Romano. Também então as dificuldades financeiras dos municípios justificaram a intervenção do poder imperial, inspectores de finanças – os *correctores* – fiscalizam a gestão autónoma das cidades. Depois, *curatores* nomeados pelos Imperadores, concentram em si, pouco a pouco, a maior parte da jurisdição municipal. Por fim, a antiga e honrada *curia* tinha ùnicamente o encargo de responder solidàriamente pelo pagamento do imposto, sem correspondente intervenção nos negócios públicos. E foi o fim...

Mas não. Por muitas analogias formais que possamos encontrar entre a orgânica do município de hoje e a do município do Baixo Império, eu creio que a situação não é idêntica. Estamos apenas perante uma necessidade de ajustamento ou de adaptação das instituições às circunstâncias da época e às novas funções que elas requerem.

A Tradição – quantas vezes é preciso repeti-lo! – não é a imobilidade, mas, pelo contrário, a viva adequação das instituições às necessidades temporais. O princípio tradicional é válido enquanto encontrar em si potencialidades energéticas que permitam soluções ajustadas e oportunas para as exigências justas das gerações sucessivas. A Tradição é vida. A Vida que sem deixar de ter identidade sabe encontrar recursos de adaptação.

O princípio municipal consiste essencialmente na administração de certos interesses locais por quem representa a própria colectividade titular desses interesses. Mas é evidente que o grau de independência com que no século XII esses interesses podiam ser geridos não se compara com o de hoje em dia, – neste século sem distâncias, sem localismo, podíamos dizer sem intimidade, o século das comunicações instantâneas, das energias telecomandadas e de sobrepopulação universal.

Eu não digo se estamos, como «homens autênticos», melhor ou pior do que na Idade-Média; nem discuto se o sistema municipal do século XII era mais ou menos perfeito que o de hoje; apenas verifico factos que me levam a não poder desejar, num mundo onde cada vez mais todos os interesses se encadeiam, todas as vontades são interdependentes e todas as acções se solidarizam e interpenetram, que se mantenham ilhas de jurisdição administrativa, abroqueladas em direitos egoístas, tão autónomas como nos tempos em que, de longe em longe apenas, surgia do meio do matagal intenso onde dominava o urso, uma povoação cerrada sobre si, que a agricultura, o pastoreio e a caça tornavam ciosamente comunitária.

O Município pode e deve subsistir na linha tradicional, mas tem de tornar-se o município do século XX, nas novas funções que lhe incumbem e na estrutura que para as cumprir se requere. Respeitado pelo Estado na autonomia que a lei lhe consente, decerto: respeitado pelo que representa e pelo que vale. É cada vez mais necessário que o Estado tenha a consciência dos seus limites, e que nos convençamos de que a unidade e a força do Estado não implicam a negação do pluralismo social. Quando um governo esquece que na Nação existem valores sagrados, a família, o município, as corporações reais (como as universidades e a judicatura), as igrejas, esse governo está caindo no pendor perigosíssimo do totalitarismo. Por isso, quando digo que o Município não pode mais ter a autonomia da Idade-Média não estou a defender a supressão da autonomia municipal.

Cada comunidade local sente, melhor do que estranhos, as suas necessidades e deficiências; deve-se respeitar esse sentimento de conveniência ou valoração administrativa, deixá-la graduar a oportunidade de prover a cada um dos seus interesses, permitir-lhe a disposição dos seus bens. Sobretudo, deve-se dar a cada autarquia local a sensação de que, exprimindo a colectividade dos habitantes de uma circunscrição, é respeitável por todos os Poderes na medida em que o Poder deve sempre veneração e consideração ao homem que na terra se fixa e nela forma família para trabalhar, sofrer, lutar e cumprir o seu destino cristãmente.

Há entre o homem e a terra uma aliança indestrutível que imprime nas almas todo o segredo dos horizontes e dá às paisagens a feição peculiar das actividades que a gente exerce. Terra e homem, os dois ingredientes fundamentais do município, as duas grandes realidades que para além das abstrações jurídicas e dos formalismos administrativos eu vejo como constantes da História, sobranceiras a todos os regimes, resistentes a todas as revoluções...

Quando quero o Município respeitado no seio do Estado, sem embargo da estreita colaboração das duas administrações, central e local, é, afinal o homem mesmo, na sua continuidade familiar e na sua fidelidade à terra, que desejo acatado pelo Poder. Porque o Município é uma expressão dos sentimentos, das necessidades e da liberdade do homem, – e o Direito, como o Estado, como a Administração pública, existem para cumprir as finalidades humanas, para tornar possível a vida humana em convívio, para procurar, afinal, dulcificar o fardo pesado que o homem arrasta na sua jornada terrena e assim lhe permitir que pense também um pouco em alcançar o Céu…

Em torno do conceito de expropriação por utilidade pública* **

SUMÁRIO: *1. Razão de ser deste estudo. 2. Primeira noção de expropriação: a expropriação como facto extintivo. 3. Expropriação, confisco, apreensão e destruição. 4. Ocupação temporária de terrenos. 5. Requisição. 6. Resgate de concessões por interesse público. 7. Novos elementos para definir a expropriação. 8. Expropriação de direitas e expropriação de coisas. 9. A declaração de utilidade pública: forma, natureza e efeitos. 10. A expropriação como relação jurídica. 11. A relação jurídica nos casos em que o expropriante não é o Estado. 12. A expropriação por necessidade pública: o estado de necessidade em Direito administrativo. 13. Conclusão: define-se a expropriação por utilidade pública.*

1. A expropriação por utilidade pública era, ainda há poucos anos, um procedimento excepcional, cauteloso e solene pelo qual o Estado sacrificava o direito que à disposição dos bens tem o respectivo proprietário, forçando-o, em nome de imperiosas razões de interesse geral publicamente reconhecidas, a abrir mão deles.

Mas o tempo correu, subiu a febre das obras públicas que o desafogo do Tesouro tornou possíveis, multiplicaram-se as necessidades colectivas, enfraqueceu o espírito individualista e com ele o respeito pela propriedade privada: e a expropriação foi perdendo os seus caracteres antigos à medida que ia sendo usada com mais frequência e que as preocupações de eficácia e de celeridade iam dominando a Administração.

Agora um, depois outro, foram sendo publicados decretos a regular aspectos parciais do instituto, quase sempre para simplificar trâmites processuais, para diminuir garantias do proprietário, para facilitar à Administração a posse mais

---

* Publicado in *O Direito*, ano 81 (1949), 3, pp. 179-213.
** Desenvolvimento da lição de encerramento do curso complementar de Direito Administrativo, no 5.º ano jurídico de 1948-49, na Faculdade de Direito de Lisboa. Este curso foi regido no regime de seminário descrito nesta revista, ano 72, pág. 162. Trata-se de um trabalho de investigação em que, portanto, interessa mais sugerir problemas, relacioná-los, amadurecê-los, do que precipitar conclusões.

rápida dos prédios necessários. Desta legislação avulsa e dispersa, elaborada nos gabinetes ministeriais muitas vezes sob a pressão de casos a resolver imediatamente, não se pode dizer que prime pela harmonia dos princípios e pela correcção da técnica. À falta de um Conselho de Estado administrativo onde os projectos dos Ministérios sejam examinados e aperfeiçoados, ou ao menos de um serviço na Presidência do Conselho que apure a linguagem e uniformize ou harmonize a técnica legislativa, estamos perante um monte de diplomas que tornam singularmente difícil apurar uma teoria da expropriação, separando-a dos instintos afins.

A lei n.º 2030 de 22 de Junho de 1948 representou certo progresso, mas não resolveu as dúvidas todas. O seu regulamento não deve tardar em sair. A ocasião parece pois oportuna para procurarmos debater uns tantos problemas que ao redor do instituto da expropriação por utilidade pública na sua feição actual preocupam o jurista.

2. Partamos de uma noção de expropriação elaborada sobre os textos principais do Direito positivo, para nos servir de hipótese de trabalho.

O Código Civil refere-se apenas incidentalmente à expropriação; no art. 2171.º diz que «a propriedade absoluta é a que, pelo título da sua constituição, não pode ser revogada senão por consentimento do proprietário, excepto no caso de expropriação por utilidade pública...» e ao tratar do direito de alienação, considera-o inerente à propriedade, especificando que ninguém pode ser obrigado a alhear ou a não alhear senão nos casos e pela forma declarados na lei (art. 2359.º). Como sequência deste princípio, dizia-se no texto primitivo do art. 2360.º que o proprietário *pode ser privado* da sua propriedade em cumprimento de obrigações contraídas para com outrem, «ou ser expropriado dela por motivos de utilidade pública». A nova redacção dada pelo dec. 19.126 substituiu esta frase por outra «ou ser expropriado dela ou privado da sua fruição, no todo ou em parte, por motivos de utilidade pública, mediante a correspondente indemnização».

O que parece digno de notar-se nestes preceitos do Código Civil é o conceito de expropriação como extinção do vínculo que liga o proprietário às cousas apropriadas. O art. 2171.º vê a expropriação como uma forma de *revogação* da propriedade; o art. 2360.º não diz que o proprietário pode ser obrigado a alienar as coisas por força da expropriação, como parecia lógico na sequência do art. 2359.º, mas coloca a expropriação, a par de outras formas de *privação* da propriedade.

É certo que no art. 1620.º se preceitua para o caso da *transmissão resultar de expropriação por utilidade pública*; mas o facto de a transmissão ser um resultado, não quer dizer que seja a *essência* da expropriação. Não me parece duvidoso, que, na técnica do Código Civil, expropriar é fazer cessar um direito de propriedade.

E não é outro, afinal, o conceito consagrado no art. 13.º do Estatuto do Trabalho Nacional onde se diz: «O vínculo que liga o proprietário ao objecto da propriedade é absoluto, sem prejuízo porém da faculdade de expropriação a qual só poderá ter lugar mediante a garantia de uma justa indemnização...».

Assentemos, pois, numa primeira noção de expropriação em sentido geral: *a extinção, determinada pela autoridade, do vínculo que liga determinados bens ao seu legítimo proprietário, mediante justa indemnização atribuída a este*[1].

3. Posta esta primeira noção, importa agora aperfeiçoá-la distinguindo a expropriação dos institutos afins.

Desde logo podemos afastar aqueles casos em que a autoridade pública pode privar um proprietário dos seus bens, mas sem ter de o indemnizar: tais são os de *confisco* e de *apreensão*.

O *confisco* era uma pena acessória que no velho Direito criminal se aplicava aos condenados por crimes graves, importando a passagem de todo o seu património para o Fisco[2]. A Constituição de 1822 aboliu-o (art. 11.º) e nessa orientação se manteve a Carta Constitucional (art. 145.º, § 19). A actual Constituição, no art. 8.º n.º 12, considera direito dos cidadãos portugueses «não haver confisco de bens, nem transmissão de qualquer pena da pessoa do delinquente».

A *apreensão* de bens tem igualmente caracter penal ou, quando não constitua um efeito de pena (Cód. Penal, art. 75.º), traduz uma medida preventiva de caracter policial, quase sempre ligada, de resto, à repressão das contravenções.

Uma figura semelhante a estas é a da *destruição por utilidade pública* (demolição de construções que ameacem ruína ou que façam perigar a salubridade pública, nos termos do n.º 18 do art. 51.º do Cód. Adm., destruição de animais doentes, arranque de plantas, etc.). Nestes casos o proprietário é obrigado a sacrificar os bens extinguindo-se o seu direito de propriedade por desaparecimento do objecto, e a própria Administração operará, por execução directa, se o particular não obedecer às suas cominações. Não há expropriação porque, por um lado, a

---

[1] No nosso Direito tem-se falado em expropriação por utilidade pública e por utilidade particular. O Código Civil não emprega esta ultima designação, mas o Código do Processo Civil de 1876 estabeleceu, nos arts. 544 e seguintes, um processo especial para «aquele que pretender tornar efectiva *alguma das expropriações* admitidas pelos arts. 456, 457, 460, 463 e 2309 do Código Civil...» e regulou, como expropriação, a constituição forçada das servidões a que tais artigos se referiam. Veio depois a lei das Águas de 1919 que substituiu os preceitos dos arts. 456, 457, 460 e 463 do Cód. Civ. e o processo de constituição das servidões, abstendo-se novamente de empregar o termo «expropriação». Mas o novo Código do Processo Civil, nos arts. 1051 e 1055 trata das «acções de arbitragem», entre as quais enumera as de «expropriação por utilidade particular», considerando-se nesta classe as propostas para execução dos arts. 2309 e 2266 do Cód. Civ. Assim, a expressão «expropriação por utilidade particular» é de origem processual.

[2] Ord. Man., liv. V, tits. 2 e 3 (crimes de heresia e lesa majestade), 6 (moeda falsa), 7 (falsificação de selos ou documentos públicos), etc.; Ord. Fil., liv. V, tits. 1, 6, 8, 11, 12, etc.

Administração actua também por motivos de polícia e em regra sem indemnizar; por outro, porque a expropriação incide sobre bens úteis ao passo que nestes casos os bens devem ser destruídos por se terem tornado socialmente prejudiciais ou perigosos, em si mesmos.

Acentuo «prejudiciais ou perigosos em si mesmos», para afastar os casos em que o prejuízo ou o perigo não vêm dos bens mas da função a que estão afectos. Por exemplo, na hipótese de haver fábricas de mais, causadoras de sobreprodução e de concorrência excessiva, essas unidades supérfluas não são prejudiciais por si mesmas, mas em virtude das condições em que a indústria se encontra em certo país. E por isso, a concentração industrial que exija a supressão delas terá que operar por expropriação e não por destruição gratuita.

4. Mas, eis que nos surge agora um instituto que aparenta próximo parentesco com a expropriação: é o da *ocupação temporária*.

Um dos primeiros textos legais que se lhe refere é a lei de 23 de Julho de 1850 que, no art. 48.º, sob a rubrica de «Servidões», enumera entre as obrigações dos proprietários de terrenos confinantes com as estradas ou canais a de «sofrer a ocupação da parte dos mesmos terrenos que for necessária, e enquanto o for, para obras ou para habitação dos que fiscalizarem a conservação das estradas e canais, e dela forem encarregados...» (n.º 7). O § 1.º do art. 49.º explica: «A ocupação temporária equivale a um arrendamento forçado e a sua indemnização consiste no pagamento de uma renda anual, paga adiantadamente aos semestres, que todos os proprietários, que podem fazer tal contrato, podem estipular amigàvelmente». E o § 2.º: «Se a ocupação temporária não cessar no fim de cinco anos e o proprietário a não quizer sofrer por mais tempo, pode requerer, e obrigar a autoridade, empresa, companhia ou indivíduo encarregado da obra, a que lhe exproprie a respectiva propriedade».

Depois deste diploma outros vieram em termos análogos dar à Administração o direito de ocupação temporária de terrenos em todos os casos em que a realização de obras públicas exija o estabelecimento de estaleiros ou de depósitos de materiais e a construção de barracões para habitação de pessoal e instalação de escritórios.

Ora esta ocupação de terrenos é um *facto* que a Administração tem o direito de praticar, mediante simples notificação ao proprietário e subsequente indemnização. Não há, em rigor, requisição, como para utilizar prédios urbanos, porque aqui não se exige qualquer prestação do proprietário (o consentimento e a chave, no caso do prédio urbano): a Administração instala-se, *ocupa*, como se de coisa sua se tratasse. E daí a ideia que a alguns autores acorreu, e que se encontra afinal na lei de 1850, de se estar perante uma *servidão*, embora em muitos casos só pudesse ser de caracter pessoal, por não haver *prédio dominante*, mas, quando muito, simples hipótese dele...

É um caso em que se manifestam evidentemente as duas prerrogativas da Administração: a iniciativa e a execução prévia, esta sob a forma de execução directa e imediata da vontade administrativa. Só depois se acorda com o proprietário a indemnização a pagar ou, no caso de se não chegar a acordo, se procede à avaliação da justa renda por louvados escolhidos como para a expropriação.

Por tudo isto há na doutrina, e até nas leis, frequente confusão da ocupação temporária com a expropriação de direitos reais menores ou com a constituição forçada de servidões.

Pondo mesmo de parte a inexistência de servidões pessoais no nosso Direito, falta porém para se admitirem essas teses a verificação de uma extinção de direitos do proprietário ou da sua translação definitiva: estamos perante a utilização episódica pela Administração de um prédio alheio, cujo proprietário mantém íntegros os seus direitos embora seja obrigado a sofrer uma restrição de utilidade pública ao exercício deles.

E assim definiremos ocupação temporária,

– *a utilização directa e imediata pela Administração pública, independentemente de acto administrativo e da intervenção dos proprietários, mas mediante indemnização, de terrenos particulares, para fins determinados de interesse público e durante o tempo estritamente necessário à sua prossecução.*

5. A distinção entre *expropriação* e *requisição* é mais difícil. Na verdade, trata-se de duas espécies de um género único. Em ambos os institutos a Administração força o proprietário dos bens de que necessita para fins de interesse público a colocá-los à sua disposição. Em ambos o proprietário tem direito a indemnização correspondente à diminuição patrimonial resultante da satisfação da vontade administrativa.

Então onde está a diferença?

Em primeiro lugar deparamos com a diferença do *processo*. Na expropriação há uma declaração de utilidade pública seguida das formalidades para a avaliação dos bens, devendo, sempre que possível, pagar-se a indemnização *antes* de o expropriante entrar na posse do prédio, – princípio este, porém, que as leis, por motivos de urgência, vão postergando cada vez mais. Na requisição o processo é muito mais simples: dadas as circunstâncias de que a lei faz depender o direito de requisição (estado de guerra ou de emergência, sinistro ou cataclismo, greve ou dificuldades económicas) a autoridade competente ordena aos proprietários dos bens de que a Administração carece que os ponham à disposição desta, fixando-lhes ela própria a indemnização a pagar posteriormente[3].

---

[3] O único diploma legal que regula minuciosamente o direito de requisição é o «regulamento para o serviço de requisições militares» aprovado pelo dec. n.º 97 de 27 de Agosto de 1913 (alterado pelo dec. n.º 2482-F de 28 de Junho de 1916).

Mas a diferença não pode reduzir-se a simples formas de processo. Porque é que a expropriação exige um processo mais solene do que a requisição?

Parece que a resposta a dar é esta: a expropriação, em princípio, dizia respeito a *bens imóveis*, cuja propriedade foi sempre rodeada de cautelas e garantias especiais, dependendo a sua transmissão de formas solenes, ao passo que a requisição versava sobre *bens móveis* e *serviços*, que o Direito Civil está longe de tratar com o mesmo desvelo.

Dispõe o regulamento para o serviço de requisições militares: «O Estado pode exigir, por via de requisição aos particulares, *a prestação de objectos e serviços* indispensáveis para satisfazer as necessidades da força armada em determinadas circunstância de serviço público» (art. 1.º). E quais são esses *objectos* e *serviços*? Di-lo o art. 30.º: alojamento ou aboletamento, alimentação, víveres, forragens, combustível, meios de iluminação, palha, meios de transporte, moinhos, fornos, materiais, ferramentas, máquinas e aparelhos, objectos de vestuário, serviços de transporte, guias, portadores, condutores e operários...

Isto é: o direito de requisição compreende toda a sorte de bens móveis e semoventes, e de serviços.

Repare-se, porém, que no regulamento de 1913 a requisição traduz-se na *exigência de uma prestação positiva* da parte dos proprietários, arrendatários ou usuários das coisas necessárias.

Já aparecia a possibilidade de requisitar o alojamento (velho direito, aliás, que tem os seus antecedentes na obrigação que desde os primeiros tempos da monarquia assistia aos vizinhos de dar aposentadoria ao monarca, aos senhores e aos oficiais que em nome deles fossem em serviço às terras); mas essa requisição dizia respeito às casas habitadas, era mais um *serviço* exigido dos habitantes do que a reivindicação do direito de uso dos imóveis.

Posteriormente, porém, apareceu a requisição de imóveis, isto é, do direito de usá-los para fins de interesse público sem tocar na propriedade: o arrendamento forçado. Tal modalidade de requisição praticou-se esporàdicamente até que o decreto-lei n.º 36.284 de 17 de Maio de 1947 veio consagrá-la em termos genéricos[4].

Este decreto refere-se a imóveis no corpo do art. 1.º, mas do contexto dos seus vários preceitos conclui-se que só diz respeito a *edifícios*, isto é, a prédios

---

[4] «Art. 1.º – Em caso de urgente necessidade é autorizada a requisição de imóveis para instalação de serviços públicos, mediante justa indemnização.

§ 1.º – A urgente necessidade só pode ser reconhecida pelo Conselho de Ministros.

§ 2.º – A ocupação dos edifícios requisitados não pode exceder cinco anos. No caso de se manter a necessidade de ocupação além desse tempo, o Estado, antes de findo aquele prazo, promoverá a expropriação.

§ 3.º – Não podem ser requisitados edifícios que há mais de um ano estejam habitados pelo seu proprietário ou arrendados».

urbanos. Quererá isto significar que a diferença entre *requisição* e *ocupação temporária*, quando se trate de imóveis, está em a primeira ser relativa a *edifícios*, isto é, prédios urbanos, e a segunda a *terrenos* ou seja a prédios rústicos?

Em meu entender, não é assim. Nada impede que se requisite um prédio rústico para ensaiar, por exemplo, certa cultura nova para a qual a terra dele possua aptidão especial. Mas haveria requisição e não ocupação, desde que a Administração exigisse do proprietário que pusesse o prédio ao seu dispor, e não se limitasse ao *facto* de nele se instalar. A ocupação, de resto, supõe um preenchimento de espaço com materiais ou construções ligeiras, que se distingue da fruição pròpriamente dita: a utilização da terra para cultura, por exemplo, que só por via de arrendamento ou *de requisição* se poderá fazer.

Em conclusão: a requisição hoje em dia pode ter por objecto,

a) a aquisição de coisas móveis e semoventes;
b) a utilização de serviços;
c) a utilização temporária de bens, tanto móveis e semoventes como imóveis.

Os bens e serviços têm de ser imperiosamente necessários à Administração pública e em conjuntura tal que seja inconveniente ou impossível aos agentes administrativos procurar obtê-los pelos meios habituais do comércio jurídico. Não pode desprezar-se este elemento externo da requisição, pois são as circunstâncias que justificam e explicam o emprego da via autoritária.

Não faltam na nossa legislação diplomas a permitir a *exproriação de móveis*. Trata-se, nuns casos, de adquirir instalações completas necessárias ao funcionamento de certo serviço e que compreendem edifícios, mobiliário e utensílios: o que então se expropria é um conjunto, uma instalação, uma universalidade de facto tratada como imóvel. Noutros casos é que se visa móveis especificados, (v.g. objectos artísticos) e que, na verdade, faltando as circunstâncias características do direito de requisição – a premente necessidade e a inconveniência de recorrer a mercado – não faria sentido que fossem requisitados; resta saber se deveriam ser expropriados. A utilidade pública da expropriação de certo móvel, coisa infungível, portanto, só rarìssimamente se verificará (veja-se o Dec.-lei n.º 20.985 de 7 de Março de 1932, art. 9.º). Em geral o que existe é gosto, capricho, conveniência ou impaciência da Administração que não quer transigir com o proprietário ou aguardar que ele se resolva a alienar. A declaração de utilidade pública é então um abuso que a teoria jurídica não pode aceitar e sancionar: pode constar de lei que tem de ser acatada, mas nem mesmo o mais ardoroso positivista jurídico decreto se prestará a venerar como Direito esse autêntico *desvio de poder*.

Por isso continuaremos a pensar que as coisas móveis devem ser requisitadas quando se verifiquem as circunstâncias legalmente exigidas para o exercício do poder de requisição, e não expropriadas. À expropriação de móveis de valor artístico, arqueológico ou numismático deteriorados, cujo proprietário se recuse a restaurá-los, é uma hipótese excepcional, que como tal deve ser tratada.

Claro que não vamos discutir aqui se a distinção entre coisas móveis e imóveis tal como foi feita nos tempos em que a economia agrária era dominante, a vida estável e a terra a principal riqueza, não estará inadequada aos tempos de hoje e já muito comprometida nos seus lineamentos clássicos por forçosas transigências do legislador. Porventura estaria na revisão dela a resolução de muitas dificuldades deste problema, como de vários outros problemas do Direito moderno.

Dissemos atrás que segundo o regulamento das requisições militares de 1913 a requisição surge como exigência de uma prestação positiva da parte das pessoas que a recebem. Esse traço não se mantém na legislação posterior como se vê, sobretudo pelo Decreto-lei n.º 31.564 de 10 de Outubro de 1941, cujo art. 3.º diz:

«A requisição pode ter os efeitos seguintes:
1.º – Transferir para o organismo ou serviço público a propriedade da mercadoria;
2.º – Determinar a sua entrega à entidade pública ou particular que fôr designada;
3.º – *Suspender temporàriamente o direito de livre disposição da mercadoria*».

Quer dizer que o proprietário dos bens requisitados pode ver-se reduzido a uma condição passiva, limitando-se a sofrer a transferência ou suspensão do seu direito de propriedade sem qualquer prestação positiva da sua parte.

Definiremos, pois, a requisição nos seguintes termos:

O acto administrativo pelo qual a Administração pública impõe aos particulares, nas circunstâncias previstas na lei, mediante indemnização, a obrigação de prestar serviços, de lhe ceder coisas móveis ou semoventes ou de consentir na utilização temporária de quaisquer bens que lhe sejam necesssários e que não convenha procurar no mercado.

6. É fácil de confundir a expropriação com o *resgate das concessões*, e até as leis ajudam à confusão quando tratam do resgate por interesse público de mistura com a expropriação (v.g. lei de 26 de Julho de 1912, arts. 3.º e 12.º e lei n.º 2030 de 22 de Junho de 1948, art. 12.º, n.º 2, al. *c*).

Note-se desde já que é sobretudo com o resgate por interesse público que tal perigo se verifica. É sabido que uma concessão pode ser resgatada nos termos previstos no seu acto constitutivo (*resgate particular* ou *especial*[5]) ou por força de

---

[5] A designação desta forma de resgate ainda não está assente. Propuz, no *Manual*, 2.ª ed., p. 139, a denominação de *resgate particular* para significar que este resgate é regulado para cada caso pelas

disposições genéricas da lei, precedendo declaração de utilidade pública (*resgate legal ou de interesse público*).

Esta última modalidade do resgate é que se aparenta com a expropriação. Mas enquanto a expropriação corresponde ao exercício de um poder inerente à Soberania sobre quaisquer bens sitos no território de um Estado e atinge relações jurídicas universais (as da propriedade)[6], o resgate é um direito do concedente que, nesta modalidade, está condicionado pela declaração de interesse público, mas sempre ligado à existência anterior de uma relação jurídica singular (a da concessão).

No fundo o resgate não é mais do que a revogação do acto administrativo ou a denúncia do contrato de concessão, que a lei permite em certos casos mediante justa indemnização.

Dessa revogação ou denúncia resulta, primeiramente, a reversão[7] ao concedente dos poderes que pela concessão haviam sido transferidos e, com eles, do acervo de bens indispensáveis ao exercício regular da actividade correspondente ao desempenho desses poderes (o *estabelecimento da concessão*)[8]. Esse estabelecimento («conjunto de bens fixos afectos a determinada exploração de tipo industrial») forma uma universalidade que, logo na vigência da concessão se considera parte integrante desta.

Mas por ocasião do resgate pode acontecer que, além dos bens pertencentes ao estabelecimento, existam outros, objecto da propriedade privada do concessionário mas que pela sua situação e utilidade convenha que continuem ligados à actividade que serviam. Relativamente a tais bens *que não fazem parte da concessão* pode exercer-se o poder *genérico* de expropriar por ocasião do resgate mas independentemente dele, limitando-se as leis a considerar essa conveniência como um fim de utilidade pública (v.g. Dec.-lei n.º 21.880 de 18 de Novembro de 1932 e Lei n.º 2030, arts. 3.º e 15.º, n.º 3).

Fixemos, pois, que o resgate de interesse público é

o acto administrativo pelo qual a entidade concedente, fundada na lei geral e autorizada por prévia declaração de interesse público, revoga ou denuncia o acto ou contrato de concessão antes do seu termo mediante justa indemnização paga ao concessionário.

---

cláusulas do acto da concessão respectiva. Fugi ao *resgate contratual* em que veio a cair o legislador da lei n.º 2030 por ter apurado antes que o facto constitutivo das concessões tanto pode ser um contrato como um *acto administrativo*, em que pode também estar clausulado (e efectivamente está, geralmente) o resgate (*Manual*, 2.ª ed., p. 119).

[6] V. *Tratado elementar*, 1, p. 118.
[7] *Manual*, 2.ª ed., p. 114.
[8] *Idem*, p. 123.

7. Podemos agora reunir o pecúlio das conclusões extraídas desta indagação preliminar sobre a distinção entre a expropriação e os institutos afins:

a) A expropriação resulta da conveniência em fazer nascer em certos bens maior utilidade social do que aquela que estão a prestar no domínio do proprietário: não é, pois, uma pena, nem o efeito de uma pena e por isso se distingue do confisco ou da apreensão.

b) A expropriação é assim a consequência de um juízo de valor: a colectividade ganhará mais com a afectação dos bens a fins e a domínio diversos daqueles a que estão afectados; portanto, implica uma hierarquia de utilidades, só pode respeitar a bens úteis, o que afasta a sua confusão com a destruição de bens nocivos ou inúteis.

c) Fundando-se em mera utilidade pública, numa conveniência da colectividade, a expropriação implica o pagamento ao expropriado do justo valor dos bens de que foi privado — a *justa indemnização*.

d) A expropriação só tem por objecto bens imóveis ou direitos imobiliários e implica uma erradicação desses direitos, extintos definitivamente (salva a hipótese de caducidade ou nulidade da expropriação) no primitivo titular e substituídos por outros atribuídos a novo sujeito: e assim se afastam a requisição, que ou respeita a bens móveis e serviços ou a uso temporário de imóveis, e a ocupação temporária de terrenos.

e) Enfim, a expropriação corresponde a um poder inerente à soberania do Estado a que estão sujeitos todos os proprietários só pelo facto de o serem, não dependendo da existência de anteriores relações jurídicas singulares constituídas por acto ou contrato entre expropriante e expropriado, como tem de suceder no resgate.

8. Posto isto, vejamos agora se a noção proposta de início, para base das nossas investigações, corresponde satisfatòriamente às realidades jurídicas.

Seguindo a lição do Código Civil, puzemos o acento tónico do conceito de expropriação na *extinção do vínculo que liga a propriedade ao proprietário*.

Mas esta ideia, sendo exacta, não é suficiente. Se ficássemos nela seríamos inclinados a pensar que a expropriação visa transformar bens apropriados em *res nullius*, — uma espécie de antítese da ocupação. Ora a verdade é que por efeito da expropriação se substitue um titular dos direitos por outro. Notar-se-á que não dizemos que se verifique uma *transferência de direitos*, menos ainda que haja *sucessão*. Para haver transferência era necessário que os *mesmos* direitos passassem de um para outro património, e não é assim. Pode haver, e há em regra, *transferência dos bens*, mas os direitos que o expropriante passa a exercer sobre eles são os que derivam do acto de expropriação, não recebidos do expropriado.

Os direitos do antigo proprietário são extintos e, portanto não poderiam transferir-se. Temos então de distinguir duas hipóteses: a *mera expropriação de direitos* (casos da expropriação de patentes de invenção[9], de direitos de autor[10], do direito de propriedade quando o expropriante seja usufrutuário, do senhorio directo quando o expropriante tenha o senhorio útil de um prédio enfitêutico...), e a *expropriação de coisas*, isto é, extinção de direitos privados que tem por objecto obter para o expropriante o domínio efectivo de certa coisa.

No primeiro caso, o expropriante adquire simplesmente um direito, no sentido de liberdade de querer ou de agir; no segundo há uma transferência de coisas corporeas em relação às quais, por efeito da extinção dos direitos privados que sobre elas se exerciam, o expropriante passa a ter poderes, – de propriedade privada ou pública, mas, no caso de lhe ser atribuída a propriedade privada, com fortes restrições consequentes do fim de utilidade pública justificativo da expropriação.

Temos assim por conveniente distinguir a *expropriação de direitos*, da *expropriação de coisas*.

Na expropriação de direitos é suficiente mencionar na definição a circunstância de à extinção dos poderes expropriados se seguir a constituição de outros novos com o mesmo objecto, embora de diferente amplitude, no património do expropriante.

Quanto à expropriação de coisas tem de se fazer referência à transferência de bens que acompanha essa substituição de titulares dos direitos sobre eles exercidos[11].

---

[9] Código da Propriedade Industrial, art. 26.º.
[10] Dec.-lei n.º 13.725, de 3 de Junho de 1927, art. 31.º.
[11] Na doutrina italiana e alemã discutiu-se se a aquisição dos bens expropriados revestia para o expropriante caracter originário ou derivado, ou por outras palavras se a eficácia da expropriação era translativa ou constitutiva. Para ZANOBINI (*Corso di Diritto Amministrativo*, vol. IV, Il regime amministrativo dei beni, 1.ª ed., p. 286, podendo ver-se na página seguinte, notas 1 e 2 a bibliografia da contenda) o argumento decisivo a favor do caracter originário da aquisição está no facto de «a validade da aquisição pelo expropriante não ficar subordinada à subsistência do direito do expropriado: mesmo quando se demonstre que este não era o verdadeiro proprietário da coisa, a expropriação é válida e o proprietário poderá fazer valer os seus direitos ùnicamente à indemnização devida ao expropriado e da mesma forma quanto aos direitos de gôzo ou de garantia que terceiros possam reivindicar sobre a coisa que com a expropriação caducam e passam a recair, quando seja possível, sobre a indemnização. É sabido como o direito derivado de outro, quando adquirido *a non domino* fica exposto à caducidade por falta de validade do título de aquisição, e como, por outro lado, o próprio direito é sempre caracterizado pela identidade de conteúdo relativamente ao exercício do anterior titular. Faltando no nosso caso uma e outra condição, parece justo qualificar a aquisição do expropriante como *aquisição por título originário*».
Este argumento é procedente no nosso Direito onde, para mais, como mostrámos, os textos fundamentais apresentam a expropriação como um facto extintivo, não se admitindo, lògicamente, que se transfiram direitos extintos.

Convém ainda aqui esclarecer um ponto. Os bens transferidos passarão de património a património? Os novos direitos nascidos da expropriação serão patrimoniais?

A dúvida resulta de, em muitos casos, as expropriações serem feitas por necessidade de aumentar o domínio público e, portanto, com destino a este.

Não esqueçamos, porém e em primeiro lugar, que nem sempre o Estado é a entidade expropriante. O Estado, pelos seus órgãos, é o único competente para declarar a utilidade pública de uma expropriação e por via desse acto extinguir o direito de propriedade privada. Mas em muitos casos, numa Ordem social que reconhece as vantagens da iniciativa particular como propulsora do progresso e do interesse público, o Estado admite que a expropriação seja requerida por outras pessoas colectivas de direito público ou por empresas privadas que assumam o encargo de prosseguir os fins de utilidade pública protegidos por lei. Assim, na expropriação pode haver três possíveis figurantes:

– o *Estado*, sempre árbitro da conveniência da expropriação atravez da declaração de utilidade pública;
– o *expropriado*;
– e o *expropriante*, quando a entidade que se propõe afectar os bens expropriados ao fim de utilidade pública não seja o Estado.

Em qualquer caso penso que os bens expropriados, ou os direitos resultantes da expropriação, imediatamente depois desta, são patrimoniais. E só depois é que o Estado ou a pessoa competente, por efeito da afectação prevista na lei, os transformará, se fôr caso disso, em bens dominiais.

9. Atravez da legislação portuguesa sobre expropriações encontramos diversos sistemas de declarar a utilidade pública: a declaração por *lei especial* (lei de 1850, art. 2.º, § 1.º); a declaração por *decreto especial* (*idem*, art. 3.º, § 3.º e dec. 17.508 de 22 de Outubro de 1929, art. 2.º); a declaração por *deliberação do Conselho de Ministros* (lei n.º 2030, art. 12.º); a declaração resultante da aprovação dos projectos de obras públicas a executar, quando visem fins prévia e genèricarnente declarados por lei como de utilidade pública, e que se opera por simples *despacho ministerial*.

A tendência actual é para fazer a declaração por simples despacho ministerial de aprovação de projecto sempre que a entidade expropriante seja o Estado e não haja que empregar o processo especial de urgência adotando-se a lei ou o decreto para os casos em que a entidade expropriante não é o Estado ou em que se queira utilizar o processo especial de urgência.

Qual é a natureza do acto de declaração?

Em primeiro lugar, enquanto que a lei ou o decreto (notando-se que em geral a declaração em Conselho de Ministros toma esta forma) são actos creadores de direito, actos legislativos integrados na função política ou governamental, o despacho ministerial é um acto de simples aplicação de lei anterior a casos concretos que sem dúvida tem de considerar-se *acto administrativo discricionário*.

Sendo um acto administrativo que a lei não exclui da competência contenciosa, tem de admitir-se em princípio a susceptibilidade de recurso por desvio de poder.

Mas a lei e o decreto são actos de declaração *expressa*; ao passo que a declaração resultante da aprovação do projecto de obras públicas está apenas *implícita*. Quer isto dizer que para recorrer de uma declaração administrativa de utilidade pública haveria que discutir o próprio projecto, entrando em domínios técnicos vedados por natureza à fiscalização contenciosa: é o próprio princípio da obra ou a sua utilidade, é a extensão e a orientação dos trabalhos projectados, que haveria que discutir. Ligado este aspecto à dificuldade da prova do desvio do poder, logo se compreende a quase impossibilidade prática do recurso.

Mas a declaração de utilidade pública, feita por via política ou administrativa, expressa ou implícita, será um simples acto-condição relativamente à expropriação? será um momento da expropriação? ou será a própria expropriação?

Já se terá notado que empregamos sempre a expressão *declaração de utilidade pública* no sentido de acto de reconhecimento da necessidade de obtenção, por certa entidade que visa fins de interesse colectivo qualificados de primaciais, de determinados bens de que outra pessoa é proprietária.

A declaração não é, pois, o enunciado genérico dos tais fins de interesse geral cuja utilidade tem primazia sobre a utilidade social comum da propriedade privada; mas o acto da sua definição concreta em relação a certos bens.

Ora essa declaração parece não ter outro efeito senão autorizar os órgãos administrativos interessados ou os particulares promotores das iniciativas protegidas a usar do processo expropriativo. E nesse caso teríamos a declaração de utilidade pública como simples acto-condição do emprego dos meios especiais de aquisição de bens por via de autoridade que formam a expropriação. Isto é: a expropriação de coisas, pròpriamente, consistiria na transferência forçada dos bens mediante o pagamento da indemnização, mas para que essa transferência se opere é necessário estar verificada uma condição constituída pelo acto chamado «declaração de utilidade pública»[12].

Em que consiste, porém, o carácter *forçado* da transferência de bens? Consiste, parece-me, numa imposição de alienação, primeiro sob a forma de coacção

---

[12] Daqui por diante referir-nos-emos sempre expropriação de coisas, implicando transferência de imóveis, por comodidade de raciocínio, já que essa é a forma mais corrente da expropriação.

psicológica que, a não ser suficiente, tomará a forma de coacção material. É por isso que há expropriação mesmo nos casos em que todos os termos da transferência são regulados amigàvelmente entre expropriante e expropriado. A *expropriação amigável* não é uma contradição de termos, porque o alienante não cedeu os seus bens de livre vontade (embora livremente consentisse no montante da indemnização e nos demais pormenores da transferência) e sim por ser forçado. Forçado por quê? Pela declaração de utilidade pública, cujas consequências ele conhece. Mas se assim é, se na expropriação há um *género* que é transferência e uma diferença específica que é o *caracter forçado* dessa transferência, e se este caracter provém exclusivamente da declaração de utilidade pública, não seria mais correcto e mais simples dizer que a expropriação se contém no acto declarativo, em relação ao qual o acordo da expropriação amigável ou as fases do processo administrativo e judicial não passam de actos de mera execução?

Aprofundemos ainda mais. Vimos inicialmente que na expropriação há uma extinção de vínculo jurídico e que a transferência dos bens corresponde à substituição por um novo vínculo desse vínculo extinto. Ora a declaração de utilidade pública extingue de per si algum direito? A palavra «declaração» diz-nos que o órgão competente se limita a verificar a concorrência em determinados bens das circunstâncias adequadas para quanto a eles se exercer o direito de aquisição autoritária.

Mas não esqueçamos aqui um ponto muito importante; é que este aspecto activo – «aquisição forçada» – tem um reverso, – «supressão do direito de livre disposição, ou de alienação, do proprietário». Ora a partir da declaração de utilidade pública esta supressão verificou-se, o proprietário ficou adstrito à obrigação de ceder os bens ao expropriante logo que este lhos exija cumprindo as condições legais.

Poderá objectar-se que se o expropriante demorar a exigir a entrega efectiva dos bens nada impede que estes mudem de dono. É certo. Mas nesse caso o que o proprietário transfere a outrem não é já um direito de propriedade plena e sim, em rigor, um mero direito precário de uso e fruição acompanhado do direito a receber a indemnização que há-de ser paga quando se efectivar a prevista e inevitável transferência para o expropriante[13].

---

[13] A lei n.º 2.030, no seu art. 6.º, veio alinhar ao lado da *expropriação* de *zonas* tradicional no nosso Direito, a *expropriação por zonas* que designa uma faculdade até aqui só concedida nalgumas leis especiais. Na *expropriação por zonas*, que o Sr. Dr. Carlos Zeferino Pinto Coelho criticou em judicioso artigo nesta revista, ano 80, pág. 301, declara-se de utilidade pública a expropriação de uma larga área destinada a urbanização mas estabelecendo-se que a transferência dos bens se fará por zonas, num prazo logo fixado, mas não excedente a 12 anos.

O n.º 6 do artigo (que saudades da técnica legislativa tradicional, com *corpo do artigo* e §§) fala mesmo em *reserva para expropriação*. É pois evidente que a declaração de utilidade pública a não

Qual é pois a conclusão a deduzir? Julgo provado que a declaração de utilidade pública é mais do que simples condição da expropriação, pois que produz a extinção do direito de livre disposição do proprietário e assim cria a coacção psicológica específica do caracter forçado da transferência. Mas por outro lado, não me parece que isso seja suficiente para esgotar o conceito de expropriação, visto como não basta, para que ela se verifique, extinguir um direito: é preciso operar uma transferência de bens ou uma substituição de titulares, com novação de poderes.

10. E eis-nos lançados noutro problema de grande interesse cuja resolução nos ajudará a achar a solução do anterior: a expropriação exprime-se num acto? ou é mais pròpriamente uma relação?

Creio termos já reunidos elementos suficientes para a resposta. *A expropriação não se traduz num só acto e só se compreende como relação jurídica.*

Nessa relação jurídica, a declaração de utilidade pública não é o primeiro acto do «drama expropriativo». Este inicia-se com os estudos técnicos da obra a realizar ou com o pedido formulado ao Governo pela pessoa colectiva de direito público estranha ao Estado ou pelos particulares empreendedores da iniciativa protegida. Mas estas diligências preliminares são, digamos, meros elementos de instrução ou preparação sem relevância jurídica, que não vinculam o Governo nem terceiras pessoas pois que, submetidas à apreciação do órgão competente conduzirão, ou não, à declaração de utilidade pública. Esta que pela primeira vez cria alguma coisa de novo no mundo jurídico, ao tolher o direito de livre alienação do proprietário dos bens escolhidos e ao autorizar o expropriante a promover o necessário para, mediante indemnização, se apropriar desses bens. O expropriado viu-se adstrito a um dever que não tinha antes; o expropriante senhor de um poder que não possuía até aí.

Depois da declaração, segue-se por parte do expropriante o exercício dos seus direitos com o cumprimento dos seus deveres (sobretudo, o pagamento da indemnização) e para o expropriado o desempenho das obrigações com a

---

consuma. Mas no n.º 5 diz-se que «os prédios continuam na posse e propriedade dos seus donos enquanto não estiver pago ou depositado o preço da expropriação». Ora esta propriedade é que, como já notou o Sr. Dr. Pinto Coelho, fica singularmente enfraquecida ou minorada, pois o proprietário não pode mais, sem perda total do capital que investir, transformar, aumentar ou beneficiar o prédio, salvo quanto às bemfeitorias que além de necessárias sejam urgentes. – É claro que isso é uma consequência do efeito jurídico da declaração de utilidade pública na expropriação e por isso não concordamos com o Sr. Dr. Pinto Coelho quando vê na lei uma ofensa nova ao direito de propriedade: o que se pode discutir é se é legítimo fazer estar o proprietário dos bens, reduzido a mero usufrutuário, tanto tempo à espera da indemnização, isto é, se podem separar-se tão dilatadamente os dois momentos capitais da expropriação.

faculdade de defesa dos direitos que lhe são reconhecidos (nomeadamente à percepção de justa indemnização). Se os interesses opostos se não compõem nesta fase por modo *amigável*, há que determinar por *avaliação pericial* o valor dos bens expropriados e porventura, quando a lei o consinta, que recorrer aos tribunais para resolver as contestações surgidas.

Paga ou consignada em depósito a indemnização ajustada, arbitrada ou judicialmente fixada, e empossado de direito o expropriante nos bens adquiridos, extinguiu-se a relação jurídica: a transferência *jurídica* dos bens é o momento final da expropriação, que consumou a extinção do primitivo vínculo de caracter real e a constituição de poderes em benefício do novo dono.

Assim, nem a declaração de utilidade pública opera a expropriação sem os actos subsequentes, nem estes seriam possíveis sem aquela.

11. Quando o Estado é a entidade expropriante, a relação jurídica de expropriação não oferece particularidade digna de nota. A declaração de utilidade pública pode, então, sem dificuldade, ser tomada como facto constitutivo da relação, e, portanto, elemento e momento dela. O Estado é o sujeito activo que, por autoridade própria, aplicando a lei, priva o proprietário do seu direito de disposição e o obriga, depois, a entregar-lhe os bens visados, mediante o pagamento de indemnização.

Mas a questão complica-se, e não pouco, nos casos em que a entidade expropriante é pessoa diferente do Estado. Assente que só ao Estado compete a declaração de utilidade pública, que papel desempenha este acto na relação? entre quem se estabelece esta? quem é o seu sujeito activo?

A entidade expropriante, uma vez declarada a utilidade pública, é quem pode exigir do proprietário expropriado a entrega dos bens e quem deve pagar o respectivo valor. Parece, pois, que o vínculo da relação jurídica, portanto os poderes e deveres recíprocos em que se traduz, têm por sujeitos o expropriante e o expropriado. Mas então a declaração de utilidade pública é estranha à relação, mera *condição* do seu nascimento, e o Estado figura apenas como governante e legislador, não como elemento da relação.

Ora é estranho que nuns casos a declaração de utilidade pública nos surja como elemento da relação – o seu facto constitutivo – e noutros como simples condição extrinseca do seu aparecimento, passando aqui o facto constitutivo a ser outro, possivelmente o acto pelo qual o expropriante notifica o expropriado da sua vontade de entrar na posse dos bens.

Para se manter a doutrina que faz da declaração de utilidade pública o facto constitutivo da relação de expropriação sugeriram-se duas soluções:

– Uma, a de construir, nestes casos, a relação jurídica de expropriação como uma relação complexa ou triangular, à semelhança da processual: o Estado, declarando a utilidade pública de certa expropriação, vincularia primeiro a si o expropriante e o expropriado e por via desses vínculos criaria um terceiro entre os dois. O expropriado contrai com o Estado o dever de entregar os bens ao expropriante; este obriga-se com o Estado a pagar a indemnização ao expropriado; e ao cumprirem reciprocamente as obrigações contraídas com o Estado, expropriante e expropriado encontram-se em relação também. Deste modo, a declaração de utilidade pública é na mesma o facto constitutivo de uma relação complexa.

– A outra solução é a de considerar a relação de natureza simples e tendo o Estado por único sujeito activo; a entidade expropriante actua então como sua concessionária, digamos assim, isto é, exerce direitos que, pertencendo só ao Estado, este lhe delega com o encargo das correspondentes obrigações. Assim, a declaração de utilidade pública é o facto constitutivo de uma relação que se desenvolve por intermédio da entidade para quem o Estado transfere a situação de sujeito activo da relação. E seria esta delegação ou transferência que estaria contida nas «autorizações» que impròpriamente são dadas nos diplomas legislativos em que se declara a utilidade pública da expropriação a favor de entidades estranhas ao Estado.

Qualquer das soluções é satisfatória. A segunda afigura-se-me porém mais singela e mais adequada às realidades da nossa vida jurídica.

Concluiremos, portanto, que a expropriação forma objecto de uma relação jurídica na qual a declaração de utilidade pública desempenha a função de facto constitutivo.

12. Mas no conceito de expropriação por utilidade pública teremos de abranger a chamada expropriação por necessidade pública ou, como diz o art. 16.º da lei n.º 2030, por «urgentíssima necessidade»?

Em meu entender, nesses casos há mero sacrifício de bens por virtude da verificação do estado de necessidade que nada tem que ver com o instituto da expropriação por utilidade pública.

O que caracteriza este instituto é a existência da declaração de um órgão do Estado por efeito da qual o proprietário fica obrigado a entregar certos bens à entidade expropriante mediante justa indemnização calculada por meios previstos na lei. Trata-se, pois, de um instituto jurídico creado e regulado pelo Direito objectivo, e o expropriante, seguindo o processo legal, desenvolve uma conduta lícita.

Ora a chamada expropriação necessária é, não uma espécie da expropriação assim concebida, e sim um caso de justificação de conduta ilícita por estado de necessidade.

Na verdade, quando um perigo imminente e actual o exige para prevenção de um mal maior, viola-se o direito de propriedade independentemente de expropriação ou de requisição, sem declarações prévias de utilidade pública, sem formalidades legais, sem processo. E isto, que seria ilícito noutras circunstâncias, fica justificado se fôr provado o estado de necessidade.

O estado de necessidade em direito administrativo é invocado justamente para esse efeito: o de tornar regulares os factos praticados com preterição das formalidades exigidas normalmente por lei para a sua licitude.

É certo que o sacrifício de direitos patrimoniais justificado por estado de necessidade dá lugar a indemnização. Mas nesse caso estamos perante a aplicação dos princípios da responsabilidade administrativa.

O estado de necessidade em Direito administrativo. – O estado de necessidade consiste na actuação sob o domínio de um perigo iminente e actual para cuja produção não haja concorrido a vontade do agente. O problema jurídico suscitado pelo estado de necessidade é um problema de colisão de interesses: para evitar que o perigo faça perecer determinado valor, o agente terá de sacrificar um outro valor jurídico de que não é senhor.

A salvação do interesse ameaçado exige então um procedimento contrário às regras normalmente orientadoras da conduta jurídica. Em princípio entende-se que esta conduta ilegal representa um mal menor do que a perda que se pretende evitar. Mas é muito difícil fazer um juízo de apreciação objectiva ácerca dos dois males em presença. Se algumas vezes estamos perante critérios radicados na moral colectiva – uma vida humana vale mais do que as riquezas materiais –, noutras ocasiões a escala dos valores não é tão evidente, ou os valores confrontados equivalem-se.

Em todo o caso, o efeito do reconhecimento do estado de necessidade, na Ordem jurídica, é o de justificar uma conduta que produzida sem essas circunstâncias seria ilícita; é equiparar a acção ilícita às acções praticadas de acordo com o Direito. Não vamos agora pesquizar o fundamento de tal justificação, e perguntar se há uma lei da necessidade, um *Notrecht*.

Por muito paradoxal que pareça, o estado de necessidade pressupõe certa liberdade de resolução do agente: é mesmo o que o distingue do caso de força maior.

A força maior é o facto imprevisível e não querido pelo agente *que o impossibilita absolutamente de agir segundo as resoluções da vontade própria*, quer paralizando-o, quer transformando-o em cego instrumento de forças externas irresistíveis.

Ao passo que o estado de necessidade se caracteriza como um facto estranho ao agente *que o impele a resolver uma conduta ilegal para evitar a produção de um mal maior*.

Isto é: a força maior é uma *causa*, o estado de necesidade é um *motivo*. O agente necessitado podia escolher a produção do mal maior, podia deixar de agir ilegalmente: mas houve um motivo – instinto de conservação, espírito de solidariedade, dever moral... – que o levou a preferir violar as normas estatuídas para as circunstâncias ordinárias.

O fundamento da justificação por estado de necessidade talvez possa pois procurar-se no valor maior do fim a atingir, relativamente aos meios preteridos. Mas o valor dado ao fim não pode deixar de ser considerado tendo em atenção as circunstâncias em que o agente operou, pois elas muitas vezes são de molde a alterar a hierarquia dos valores calmamente ordenada pelos moralistas ou consagrada em termos frios pelos legisladores.

Ora para atingir os fins administrativos, para obter a realização do interesse colectivo, não há por vezes outro remédio senão preterir as leis estatuídas para as condições normais, e adotar soluções inspiradas pelas circunstâncias de momento.

É o que se passa com certos *funcionários* ou *agentes de facto* que constituem a classe dos *agentes necessários*.

Em geral a teoria dos funcionários de facto não faz distinção entre eles; e mesmo na excelente exposição de Jèze[14] apenas se distingue, ao tratar do «valor jurídico dos actos praticados pelos funcionários de facto», entre situações em «período normal» e situações em «períodos anormais» (revolução, guerra civil ou contra inimigo estrangeiro, etc.).

Mas sob a designação genérica de «funcionários de facto» encobrem-se, na realidade, duas categorias distintas para as quais tenho proposto as designações de *agentes necessários* e *agentes putativos*.

O *agente putativo* é o indivíduo que, embora investido irregularmente na função administrativa goza, enquanto permanece na situação ilegal, da reputação pública de possuir uma investidura regular. Tal é o caso do funcionário em cuja nomeação há um vício determinante da anulação contenciosa quando arguido nos tribunais, vício que o comum das pessoas ignora, mesmo na hierarquia administrativa.

É inteiramente diverso o caso do *agente necessário*.

Trata-se de um indivíduo que, num momento de calamidade ou de aflição pública, perante a carência das autoridades legalmente constituídas, assume as funções administrativas por escolha dos concidadãos ou por iniciativa própria. Quantas vezes, durante uma guerra, isto sucede, quando, por exemplo, tropas invasoras entram em povoações donde saíram todas as autoridades, tornando necessário que alguém, de entre os habitantes que ficaram, assuma a representação colectiva para minorar o flagelo da ocupação O agente necessário não se confunde, portanto, com o agente de investidura regular: sabe-se que foram as circunstâncias que o levaram ao desempenho das funções, por um processo anormal, à margem da lei; mas respeita-se a sua autoridade enquanto corresponde à necessidade pública.

---

[14] *Les principes généraux...*, 3.ª ed., vol. 2.º, pág. 285 e seguintes.

O mesmo se passa nos períodos imediatos à libertação de um território das tropas inimigas, ou em épocas de insurreição.

A situação é esta: dada a impossibilidade de escolher os agentes administrativos segundo as normas legais vigentes, há que optar entre um de dois males, – instituir agentes sem observância do processo legal ou deixar a administração pública sem pessoal que assegure a prossecução dos interesses colectivos. O mal menor está em proceder à margem da lei para que se não interrompa o funcionamento dos serviços administrativos. Daí, o aparecimento dos *agentes necessários*.

A necessidade apaga a mancha original de ilicitude. Verificada a intenção real e eficaz de agir em benefício da colectividade, tais agentes deverão ser tratados como verdadeiros agentes de direito relativamente ao período da sua gestão.

Mas as hipóteses mais interessantes de actuação em estado de necessidade na vida administrativa surgem quando se trata do procedimento dos agentes da Administração relativamente aos bens.

É o que se passa nos casos de incêndio, calamidade pública, inundação, defesa militar em estado de guerra... ocasiões em que os imperativos da salvação de pessoas ou de outros bens podem obrigar as autoridades administrativas a ocupar edifícios e terrenos, a utilizar águas particulares, a transformar e até a destruir coisas valiosas pertencentes a patrimónios particulares.

Para certas destas eventualidades a lei prevê a acção extraordinária da administração pública: é o que acontece relativamente aos incêndios quanto aos bombeiros, que estão autorizados, sem mais forma de processo, a praticar actos que noutras condições seriam criminosos: violação de domicílio, apropriação de águas particulares, destruições e demolições nos prédios contíguos ao incendiado, ocupação de terrenos vizinhos, etc.[15].

Quanto às outras, porém, a lei, ou se limita a admitir vagamente a sua produção[16] ou não lhes faz qualquer referência, deixando aos governos e aos tribunais a resolução dos problemas que venham a suscitar-se.

Ora o principal problema é o de saber se os prejuízos causados nos patrimónios particulares por mandado das autoridades, em estado de necessidade, a fim de impedir maior dano de terceiros, devem ou não ser indemnizados.

Se o princípio geral é o de que a verificação do estado de necessidade torna lícita a acção praticada com preterição das formalidades normalmente exigidas por lei, claro está que se não podem aplicar as regras clássicas da responsabilidade civil

---

[15] Cód. Adm., art. 162.º.
[16] Lei de 26 de Julho de 1912, art. 20.º; Dec. de 15 de Fevereiro de 1913, art. 24.º; Lei das Águas (Dec.-Lei n.º 5787-IIII), art. 7.º; Lei n.º 2030 de 22 de Junho de 1948, art. 16.º. Note-se que, embora previstos na lei sobre expropriações, os casos regulados no art. 20.º da lei de 1912 e no art. 24.º do regulamento de 1913 são de mera ocupação temporária, embora esta possa nesses casos ter lugar relativamente a prédios urbanos que em circunstancias normais deveriam ser requisitados.

que fazem depender a reparação do dano da prévia verificação de um prejuízo causado por facto ilícito atribuído a culpa de um imputável.

Mas no estado de necessidade administrativa o que se passa, em geral, como temos notado, é praticar-se um acto ilegal que seria legal se fossem observadas determinadas formalidades, isto é, se fosse seguido certo rito processual.

A autoridade civil poderia, para evitar a extensão da inundação, penetrar com os seus agentes num prédio, e aí abrir valas, erguer diques, aproveitar materiais de muros e casas... – tudo regularmente, se o prédio fosse primeiro expropriado por utilidade pública...

No momento de um desastre a rápida improvisação de um hospital de sangue em casa fechada cujas portas são arrombadas por mandado da autoridade, nada teria de irregular se fosse possível prèviamente ter requisitado a utilização do imóvel.

Quer dizer: o estado de necessidade justifica a preterição das fórmulas regulares da actividade administrativa; nestes casos, legitima o sacrifício dos direitos do proprietário sem que preceda expropriação ou requisição.

Mas a expropriação e a requisição implicam a compensação pecuniária do sacrifício imposto aos proprietários; portanto, se o estado de necessidade *apenas* autoriza que se dispense o processo regular de expropriar ou de requisitar, há desde logo que admitir a indispensabilidade de indemnização posterior.

Outras razões, porém, nos conduzem à mesma solução. É sabido como modernamente o conceito jurídico de responsabilidade tem sido alargado, desprendendo-se cada vez mais da noção que exigia a concorrência dos três elementos clássicos – dano, facto ilícito e culpa.

Pode dizer-se que a responsabilidade *latu sensu* se verifica sempre que sobre uma pessoa impende a obrigação de indemnizar o dano sofrido por outra pessoa. É frequente nas leis hodiernas empregar-se o termo *indemnização* independentemente da existência da responsabilidade clássica, ou até falar-se de *responsabilidade* sem que haja culpa ou facto ilícito.

No campo do Direito Público, efectivamente, admite-se que o Estado ou as autarquias tenham o dever de indemnizar danos causados no património de particulares, mesmo quando esses prejuízos resultem de factos lícitos da Administração, ou de factos materiais de produção casual.

Assim, enquanto em França a jurisprudência do Conselho de Estado ia admitindo, numa série de casos, a *responsabilidade administrativa baseada no mero risco do funcionamento dos serviços*[17], em Itália a doutrina construia a doutrina da *responsabilidade do Estado por actos legítimos*[18].

---

[17] Ver a evolução em WALINE, *Manuel de droit administratif*, 1.ª, págs. 624 e segs.
[18] Cf. ZANOBINI, *Corso di Dirito Amministrativo*, vol. I, 1.ª ed., pág. 375.

Por um lado admite-se que a Administração pública deva indemnizar os prejuízos causados pela actividade dos seus serviços, independentemente de haver ou não culpa na sua produção, mas apenas pelo princípio de que havendo perigo nessa actividade é quem a exerce que tem de correr os respectivos riscos. Por outro, estabelece-se que o prejuízo causado a um direito individual por acto concreto da Administração a fim de realizar o interesse público deve ser ressarcido mediante compensação pecuniária, para que não haja desigualdade na distribuição dos encargos colectivos.

Abriu-se, pois, novo campo à doutrina da responsabilidade nos domínios do Direito administrativo, que, embora vizinho da zona que na esfera civilista está tomada pelas modernas concepções da responsabilidade objectiva, se aparta dela todavia. É que são outros os interesses e diferentes os fundamentos que justificam a posição e resolução do problema no Direito público.

Aqui prevalece a ideia de que tudo quanto se faça para benefício da colectividade ou por causa do interesse colectivo deve ser por todos os interessados equitativamente repartido: é o princípio da igualdade na distribuição dos encargos públicos.

Seja o encargo resultante do funcionamento normal da Administração ou seja produto de culpa dos agentes, caso fortuito ou força maior, não devem aqueles indivíduos que o acaso colocou na vizinhança dos acontecimentos sofrer maior dano do que o resto da colectividade interessada.

Presume-se que a Administração age sempre em benefício da colectividade; e que, portanto, a colectividade é sempre beneficiária dos actos ou dos serviços administrativos. Assim, é a colectividade quem deve correr os riscos do funcionamento da Administração e é ela quem deve reparar os danos sofridos por aqueles a quem a sua actividade sacrifique, quando não haja motivo para responsabilizar outrem.

Aplicada esta doutrina aos prejuízos causados pela Administração em estado de necessidade, conclui-se que os prejudicados para salvação de interesses julgados dignos da protecção administrativa têm direito a ser indemnizados por conta do património colectivo.

De resto é o princípio que o Código Civil Português já consagrou em 1867 no seu art. 2397.º, cujo texto resa assim: «Quando o benefício se estender a uma povoação inteira *ou quando o dano fôr ordenado pela autoridade pública no exercício das suas atribuições*, a indemnização será paga pelas pessoas em favor das quais o dano fôr feito sendo distribuída e paga na conformidade dos regulamentos administrativos».

Temos, pois, reunidos os elementos suficientes para esboçar uma teoria do estado de necessidade administrativa. Em resumo, ei-la aqui:

1.º – *Em caso de perigo imminente e actual que ameace interesses colectivos protegidos pelo Direito, é lícito, para o esconjurar ou para atenuar os seus efeitos, proceder com preterição das regras jurídicas normalmente reguladoras da Administração pública, se por outra forma não puder ser alcançado o mesmo resultado.*

2.º – Quando da acção administrativa exercida à margem da lei em estado de necessidade resultarem prejuízos para particulares, deve a Administração indemnizá-los na parte excedente à justa contribuição de cada um para os encargos públicos.

13. Podemos agora avançar uma conclusão.

A expropriação por utilidade pública deixou de ser, no Direito português, um procedimento excepcional para ser um modo normal de aquisição de bens por via de autoridade.

Sempre que esteja em causa o interesse público e que o Poder julgue não ser possível realizá-lo sem prejuízo da colectividade pelos meios do comércio privado, o Estado dispõe de processos autoritários de arrancar aos seus donos os bens repudiados indispensáveis à realização desse interesse e de os transferir para quem se proponha ou tenha por missão realizá-lo.

Hoje em dia já nem se é exigente quanto à definição de tais fins, e, todavia, reside aí a última defesa da propriedade privada: em que o seu sacrifício ocorra sòmente quando o exija uma razão de indiscutível e proveitosa utilidade pública.

Vimos que nem sempre a expropriação visa adquirir bens para o património de uma pessoa colectiva de direito público: por vezes, esses bens são confiados pelo Estado a um particular, mas este não pode, nesses casos, deixar de ser considerado uma espécie de *fideicomissário* ou de *concessionário*, simples instrumento da realização de fins prosseguidos pela Administração e que perante esta deverá responder pelo emprego dos bens, sem o que se transformaria em sujeito de uma iníqua expropriação por utilidade particular. Por isso se afigura que o Estado deve continuar a ocupar, no instituto da expropriação, o papel principal, já que só aos seus órgãos competirá, em rigor, declarar a utilidade pública e, com isso, extinguir os poderes do proprietário expropriado, constituindo os novos poderes do expropriante caracterizados essencialmente pelo seu caracter funcional.

Os poderes nascidos da expropriação são, na verdade, poderes funcionais[19] visto como os respectivos sujeitos não podem ser considerados senão como servidores de interesses transcendentes, fins superiores a que ficam adstritos, que tem o dever de cumprir sob pena de sanções jurídicas, a primeira das quais será a *retrocessão dos bens ou dos direitos ao primitivo titular*. Esta retrocessão, tendo carácter punitivo, deveria fazer-se sem a restituição da indemnização recebida pelo expropriado, ao menos da totalidade, atendendo às penas e danos sofridos. E se não há retrocessão ao expropriado, deve então, ao menos, fazer-se a substituição do expropriante.

---

[19] *Vide* a definição que demos destes poderes no *Tratado elem. de Direito Administrativo*, 1, pág. 169.

A *expropriação de coisas* corporeas, concebida como relação, poderia pois definir-se como:

> *a relação jurídica pela qual o Estado, considerando a conveniência de utilizar determinados bens imóveis em um fim específico de utilidade pública, extingue direitos privados constituídos sobre eles e determina a sua transferência definitiva para o património de pessoa a cujo cargo esteja a prossecução desse fim, cabendo a esta pagar ao titular dos direitos extintos uma indemnização compensatória.*

Na *expropriação de direitos* não há transferência material de bens, pelo que teremos de a definir diversamente:

> *a relação jurídica pela qual o Estado, considerando a conveniência de afectar à utilidade pública as faculdades decorrentes de certos direitos privados, os extingue mediante indemnização compensatória paga ao respectivo titular, ficando «ipso facto» o expropriante investido nos poderes necessários ao uso das mesmas faculdades.*

Esta segunda definição é mais ampla do que a primeira. Não a pode porém suprir porque, como do seu confronto resulta e tendo em conta quanto anteriormente se disse para distinguir a expropriação dos institutos afins, a segunda definição é mais vaga e imprecisa, já que a expropriação de direitos não obedece a princípios rigorosos, não é determinada por motivos concretos de utilidade pública e pode até considerar-se uma simples para-expropriação, um instituto afim da expropriação, afinal. Outro tema que conviria versar com detença…

Irrevogabilidade da intervenção tutelar do Governo concebida como condição de validade de um contrato promessa*

1. Publicamos adiante dois interessantes acórdãos do Supremo Tribunal Administrativo sobre o caso de Ernesto Empis que versam a hipótese seguinte:
Um organismo de coordenação económica negociou com determinados particulares a aquisição de um imóvel para instalação dos seus serviços. Tendo-se chegado a acordo, com aceitação formal da proposta de venda acompanhada de determinação de preço e especificação de coisa, considerou-se firmado um contrato-promessa, mas ficando a celebração do contrato de compra e venda dependente da autorização do Ministro da Economia, tornada necessária pela alínea *b*) do art. 2.º do Decreto-Lei n.º 36.865 de 12 de Maio de 1948. Em 16 de Março de 1949 o referido Ministro despachou autorizando a celebração do contrato e logo se deu começo de execução à promessa, com o pagamento da sisa e o registo predial provisório. E quando tudo se preparava para a celebração da escritura, novo despacho ministerial, de 8 de Abril, revogou a autorização anterior.
O que se discutiu depois no tribunal, foi, essencialmente, se o despacho de 16 de Março era ou não constitutivo de direitos e se, por isso, era ou não revogável pelo seu autor? É sobre esses pontos que emitiremos a nossa opinião.

2. Em primeiro lugar: poderia o organismo concluir o contrato-promessa em relação a um contrato definitivo que não sabia se lhe seria possível celebrar?
Sem dúvida. O organismo é dotado de personalidade jurídica, e tem, portanto, capacidade geral para contratar (Decreto-Lei n.º 26.757, de 8 de Julho de 1936, art. 2.º). Pode dizer-se assente a doutrina de que sendo o contrato-promessa um contrato diferente do contrato definitivo não se requere para a sua celebração válida a capacidade que porventura em especial seja exigida para a celebração do contrato definitivo (conf. Prof. Guilherme Moreira, *Instituições*, vol. I, pág. 443; Prof. Galvão Teles, *Dos Contratos em Geral*, pág. 148, e Pedro

---

* Publicado in *O Direito*, ano 85 (1953), 1, pp. 3-8.

de Ascenção Barbosa, *Do Contrato-Promessa*, in «O Direito», n.º 80, pág. 278 e seguinte). Portanto bem podia o organismo comprometer-se, como se comprometeu, a celebrar o contrato de compra do imóvel, *com a condição de a tal ser autorizado pelo Ministro da Economia.*

3. Tal autorização pode ser considerada requisito da capacidade do organismo, ou simples condição de eficácia da sua manifestação de vontade.

Não nos parece que se trate de requisito de capacidade. É a lei que determina a capacidade das pessoas colectivas e não se deve confundir a susceptibilidade genérica de gozar ou exercer certas categorias de direitos e de contrair certas espécies de obrigações, com a apreciação em concreto da oportunidade e da conveniência de, num determinado caso, se exercerem tais direitos ou assumirem tais obrigações.

Trata-se antes de uma intervenção tutelar, expressa num acto de tutela correctiva do tipo preventivo (meu *Manual*, 3.ª ed., pág. 158) e que é apenas condição de validade e eficácia do acto que o órgão tutelado pretende praticar.

4. Em tais termos, será constitutivo o acto de autorização tutelar?

Se se tratasse de um requisito da capacidade, indubitàvelmente estaríamos na presença de um acto constitutivo.

Tratando-se de um acto de tutela preventiva só deverá, normalmente, considerar-se constitutivo em relação aos actos praticados pelo órgão tutelado à sombra da autorização dada, porque só quando essa autorização seja usada é que se terá produzido a aquisição, modificação, transferência ou extinção de um poder jurídico.

Na verdade, a autorização em si não dá nem tira direitos: limita-se a tornar possível, em certas circunstâncias futuras, o exercício de um direito ou de um poder já existentes.

Praticado o acto autorizado então a autorização amálgama-se nele e é inseparável da sua essência.

5. Na hipótese vertente estamos porém em face de uma situação diversa. Há um contrato-promessa pelo qual o órgão tutelado se comprometeu a comprar um imóvel *se fosse autorizado pelo órgão tutelar*. A autorização só é requerida para o contrato-definitivo e só para este pode ser dada, visto que tem de ser pedida quando já possa ser submetida ao órgão tutelar uma informação completa àcerca da coisa a adquirir e do último preço estipulado.

Relativamente ao contrato-definitivo a autorização tutelar não é constitutiva enquanto a escritura não for celebrada. Mas o mesmo se não poderá dizer quanto ao contrato-promessa.

Este último foi concluído só sob a condição de ser autorizado o contrato-definitivo. Essa condição, embora consistindo na manifestação da vontade de terceira pessoa, é de natureza *casual*. E portanto, verificado o facto, este é irrevogável, verificou-se também a condição.

O contrato-promessa ficou perfeito na data em que foi proferido o despacho ministerial autorizando o contrato-definitivo. Tal despacho é, quanto ao contrato preliminar, um acto constitutivo.

6. Que consequências jurídicas resultam da doutrina exposta?

É sabido que, nos termos do art. 1.548.º do Código Civil, a promessa recíproca de compra e venda constitui uma mera convenção de prestação de facto. Ora *nemo potest precise cogi ad factum* e, portanto, qualquer dos promitentes pode deixar de cumprir aquilo a que se obrigou, pode recusar-se a celebrar o contrato-promessa sujeitando-se, nos termos do art. 711.º do mesmo Código, a responder por perdas e danos. Tal é a doutrina pacífica (vid. por todos, Guilherme Moreira, *Inst.* I, pág. 443; Prof. Galvão Teles, *Dos Contratos em Geral*, pág. 150).

Portanto, se o Ministro não poderia com a invocação da mera conveniência administrativa dar por inexistente a condição já verificada de que dependia a validade e eficácia do contrato-promessa, pode, sem dúvida, ordenar ao organismo de coordenação económica sujeito à sua tutela que não preste o facto a que se comprometeu e arroste com a responsabilidade daí decorrente.

7. Parecerá à primeira vista que, chegando-se a esta conclusão, se aprova pràticamente a revogação do acto de autorização tutelar para o contrato definitivo.

A questão resumir-se-ia apenas à interpretação do despacho ministerial: onde este diga «revoga-se a autorização dada» há que entender «não cumpra a promessa feita porque as consequências daí resultantes são preferíveis aos inconvenientes que podem advir da sua efectivação».

Mas posto assim mesmo o problema teria a maior importância para os promitentes-vendedores.

Estes após a revogação da autorização tutelar ficaram na seguinte posição: se demandassem judicialmente o organismo de coordenação económica para efectivação da responsabilidade proveniente da inexecução do contrato-promessa, o réu poderia responder-lhes que sempre tinha tido e mantido a intenção de cumprir, apenas tolhida por um obstáculo exterior à sua vontade: o despacho ministerial revogatório da autorização.

E assim, caso no recurso contencioso se entendesse que o despacho revocatório era válido, nos termos e com o conteúdo que o Governo lhe atribuiu, o contrato-promessa ficava transformado num logro e os direitos dos promitentes vendedores encontrar-se-iam sem garantia.

A anulação do despacho de revogação, por respeitar a um acto constitutivo do contrato-promessa, pelo contrário, permitiu ao Governo rever a situação para, caso entendesse que se mantinham as circunstâncias que o levaram a não deixar prosseguir a compra, proferir novo despacho ordenando ao organismo comprador que tomasse, *ele* como instituto autónomo, a decisão de não cumprir a promessa.

A questão, portanto, não era indiferente. E a ilegalidade do despacho revogatório, por respeitar a acto constitutivo, ressalta então a todas as luzes, como por grande maioria de votos veio a reconhecer o Tribunal Pleno.

8. No caso comentado, a par da questão de direito estrito, existe um aspecto moral não menos importante; pois impressiona nele a posição indefesa dos promitentes-vendedores em risco de se verem repelidos de todos os tribunais, sem garantia eficaz para os seus direitos.

Mas não impressiona menos a situação crítica em que, por efeito da revogação da autorização ministerial ficava colocado o organismo de coordenação económica e, de maneira geral, a organização corporativa.

Os organismos corporativos e de coordenação económica têm hoje um papel da mais larga influência na vida nacional: celebram milhares de contratos de todas as espécies, movimentam milhões de contos, recorrem ao crédito de todos os estabelecimentos bancários.

Se vingasse a doutrina de que depois de corridas todas as formalidades legais (e em geral não são poucas...), assentes todos os pormenores de um negócio, firmadas todas as promessas recíprocas, os Ministros podiam voltar atrás com a palavra dada pela simples consideração de que «agora não convém», – que perturbações não resultariam daí para a vida jurídica? e que repercussões não iria isso ter nas relações com os organismos?

O nosso tempo é propício às liberdades do Poder e à primazia das razões de Estado: respeitando o que nessa tendência haja de justo e de necessário, importa mais do que nunca fazer o possível para a conter dentro dos limites razoáveis, lutando pela supremacia do Direito já que este mais não é senão um sistema de harmonia de interesses legítimos. Saibam os tribunais desempenhar nessa luta o seu papel de serenos mantenedores da Justiça.

O significado das Cortes de Leiria* ** ***

Nos primeiros dias de Fevereiro de 1254 chegava a Leiria, pequena vila murada que se aninhava na vertente do monte à sombra protectora do castelo, toda a corte do soberano inteligente e renovador que era D. Afonso III.

Vinham de Santarém para onde pouco tempo antes se tinham deslocado de Lisboa. Nesses tempos eram constantes as andanças dos reis. Capital, como hoje a entendemos, sede dos órgãos do governo e dos seus serviços, não a havia então. O monarca percorria o reino, pousando aqui e além, para informar-se das necessidades dos povos, para coibir abusos dos senhores, para ordenar providências oportunas, para dar aos vassalos os sinais da sua justiça e do seu poder – e às vezes, apenas, para consumir os frutos e as vitualhas dos seus reguengos.

Em Maio de 1253 ainda estava D. Afonso em Chaves onde, para pôr termo à querela acerca da conquista do Algarve que levara à abertura das hostilidades com Afonso X de Castela, celebrara um acordo em que desposava D. Beatriz, filha do rei castelhano. Um conselheiro lembrou ao Conde de Bolonha que era casado e que os novos esponsais implicavam bigamia. Mas Afonso III, apesar da educação recebida na devota corte francesa de Branca de Castela onde floriu a santidade do seu primo S. Luís, pensava que os deveres do homem de Estado estavam acima das restrições da moral individual. Respondeu desprendidamente que pouco lhe importava ser bígamo desde que tal era necessário para consolidar a posse do Algarve: e que se com outro casamento pudesse acrescentar ao reino outro tanto território, não hesitaria fazê-lo. A Idade Média está cheia de episódios assim e não devemos chocar-nos com eles: cada época tem as suas virtudes e os seus defeitos, a sua mentalidade e o seu clima moral.

---

* Publicado in *O Direito*, ano 86 (1954), 4, pp. 249-262.
** Discurso proferido na Igreja de S. Pedro, em Leiria, na sessão comemorativa do sétimo Centenário das Cortes de 1254, sob a presidência do Chefe do Estado.
*** Os elementos documentais, alguns deles inéditos, e as razões críticas em que foram fundadas as afirmações desta conferência, constam da memória que a Academia Portuguesa da História simultâneamente publicou, do mesmo autor, sob o título *As Cortes de Leiria de 1254*.

Meses depois da estadia em Chaves é no Alentejo que se encontra o soberano a ocupar-se do repovoamento de Beja. Daí passa a Lisboa onde em Dezembro de 1253 ouve os seus conselheiros, alguns mercadores do reino e representantes das principais cidades e vilas acerca do tabelamento de certas mercadorias para travar a desabalada alta dos preços. Porventura dessas conferências resultaria a resolução de reunir uma assembleia plenária da cúria, no fim de Fevereiro do ano seguinte, em Leiria.

Para onde ia o rei ia a sua família, iam os conselheiros privados, iam os dignitários palatinos, iam os ministros de despacho, iam os clérigos da chancelaria, iam os criados, os servidores, os guardas, com as mulheres, os filhos e as bagagens. A deslocação da corte era um acontecimento que nem por ser corrente deixava de impressionar profundamente os povos das localidades percorridas nesses tempos em que a vida corria lenta e calma.

O cortejo real alongava-se em coluna de extensa profundidade, caminhando a passo ao ritmo sonoro do tropear dos cavalos pelas velhas estradas romanas ou pelos atalhos praticáveis nesse final ainda inseguro do inverno estremenho. Com o rei, cuja posição dois escudeiros assinalavam, um portador do perdão real e outro das suas armas, vinha a luzida comitiva dos ricos homens, dos infanções e dos cavaleiros trazendo à garupa os donzéis. Em mulas de sela, que palafreneiros conduziam à arreata, seguiam a rainha menina e as suas donas. Montados, também, acompanhavam os soberanos todos os que junto deles exerciam cargos ao seu serviço, os sobrejuízes e os clérigos, o escanção, o saquiteiro, o adegueiro, o cevadeiro, o monteiro, os falcoeiros, os açoreiros, o copeiro, o alfaiate e os jograis... E no fim as montadas de reserva para quando o rei e os senhores quisessem mudar, e a longa teoria das azêmolas de carga, conduzidas pelos azeméis e pelos moços, sob a guarda dos besteiros, transportando o bragal da liteira, os apetrechos da cozinha, os provimentos da copa, as alfaias da capela, os rolos da chancelaria...

Na pequenez da povoação de Leiria a centena de pessoas que formava a comitiva régia com as dezenas de animais de sela e carga em que se transportava é fácil de depreender quantos problemas de alojamento e de sustento suscitaria.

Não bastava o castelo, nem bastavam as casas que eram do rei para albergar tanta gente: havia que aposentar nobres e vilões nos conventos e nas igrejas e nas próprias casas dos particulares. Era uma congestão geral que extravasava da vila murada para os subúrbios e que dentro em pouco se agravaria todos os dias com a chegada sucessiva de novas comitivas vindas de vários pontos do país a submeter as suas pretensões a el-rei. Calcule-se o que seria de animação pelas ruas estreitas, pelos adros, pelos rossios de fora da vila, sobretudo nas horas em que afluía também a gente dos arredores vinda a negociar produtos da terra ou na simples mira de ver o rei e a corte!

D. Afonso III anunciara com antecedência por todo o reino a sua intenção de demorar algum tempo em Leiria e de aí ouvir os seus súbditos para examinar com eles problemas da administração e da justiça.

Na sua deambulação incessante o monarca ia tomando providências ao sabor do itinerário. Mas era preciso de vez em quando assentar arraiais com o fito exclusivo de decidir casos litigiosos ou de ponderar problemas de governo comuns a toda uma classe, a todo o reino. Então tornava-se necessário que se soubesse onde o rei parava para que do país inteiro se lhe pudessem dirigir todos quantos dele pretendessem justiça, mercês ou amparo.

Nas tarefas do regimento do reino carecia o rei de ser assistido de conselheiros e de auxiliares. Em princípio a velha tradição senhorial, em que havia laivos profundos da ordem feudal, impunha a todos os imediatos vassalos do monarca, ricos homens de pendão e caldeira, bispos, abades dos grandes mosteiros de padroado real, mestres das ordens militares, o dever de acompanhar e aconselhar o seu soberano.

Habitualmente, porém, o rei andava apenas acompanhado dos seus conselheiros pessoais ou privados e dos altos dignitários por quem haviam sido distribuídos os encargos do governo e da administração: o alferes-mor ou chefe do estado maior general, como hoje diríamos, o mordomo-mor, chefe da casa civil e superintendente em toda a fazenda real, o chanceler a cujo cargo estava o expediente dos diplomas régios, os sobrejuízes que instruíam os pleitos submetidos à decisão do monarca e propunham as sentenças, e outros ministros, auxiliados pelos clérigos de el-rei, antepassados dos actuais funcionários burocráticos dos serviços das secretarias de Estado.

Quando o rei, na rotina quotidiana da sua acção de chefe supremo, tinha de resolver qualquer questão de direito ou que envolvesse algum melindre consultava habitualmente o núcleo permanente de dignitários e funcionários que formava a sua *cúria* ou *corte*, ou então aconselhava-se com os seus conselheiros privados, não faltando os casos em que reunia conjuntamente a cúria e o conselho.

Mas se havia que tratar questão de mais largo âmbito ou que dar expansão a queixas generalizadas, então o rei dava audiência a todos os interessados que tivessem por costume acesso junto dele. À cúria plena vinham então todos os bispos, abades e mestres, como aconteceu na corte de 1250 em Guimarães, ou os nobres de todo o país, como sucedeu numa outra de 1251 a que estiveram presentes 33 fidalgos.

Fazer corte era, pois, celebrar formalmente a audiência régia, cercado o rei dos seus conselheiros e ministros e com a assistência de quantos, tendo direito a vir junto do seu soberano, quisessem assistir para formular pretensões ou dar conselhos.

E como a cada audiência se chamava uma corte, daí resultou que dispondo-se o rei a atender em dias sucessivos, dentro de certo período os seus vassalos, a essa série de sessões destinadas a ouvir queixas e pedidos e a resolver solicitações e querelas se desse correntemente o nome de *cortes*.

A estadia do rei em Leiria em Fevereiro e Março de 1254 não teria, pois, nada de extraordinário se não se houvesse produzido uma novidade: a de terem sido convocados às cortes não apenas os prelados e os fidalgos, mas também os principais concelhos do reino.

Não era a primeira vez que Afonso III consultava os procuradores das mais importantes cidades e vilas: os documentos dão-nos a certeza de que já o tinha feito, pelo menos em Dezembro de 1253. Mas até aí parece que não se passara das conversas privadas, talvez mesmo de consultas isoladas, ao passo que nesta oportunidade o rei chamara os municípios do mesmo modo que convocara os seus vassalos nobres e eclesiásticos usualmente participantes da corte.

Todos os municípios? Decerto que não. Apenas algumas cidades e vilas seriam chamadas à audiência, por o monarca precisar delas ou porque precisassem de especiais atenções dele. De momento interessavam sobretudo as povoações acasteladas da fronteira terrestre, cuja guarnição e povoamento tinham de ser objecto de atentos cuidados pela sua missão de cobertura contra eventuais agressões dos vizinhos, e as cidades e vilas da faixa costeira onde se destacara uma rica, próspera e empreendedora burguesia mercantil.

O Conde de Bolonha estava, em 1254, num momento crítico do seu ainda incipiente reinado. Lançara o país, ao começo, numa guerra civil. Concluída esta, empreendera a conquista do Algarve que acarretara a guerra com Castela. Firmada a paz era preciso liquidar o passado e abrir os caminhos do futuro, aproveitando o ensejo para organizar a ainda rudimentar administração do reino e para fomentar o desenvolvimento económico do país, tão atrasado em comparação com outras terras onde o rei e os seus conselheiros tinham passado a juventude. Mas para isso o monarca precisava de apoio e de dinheiro, e um e outro havia de consegui-los junto de uma classe nova, interessada nessa renovação e nesse progresso e conhecedora dos meios de o realizar: essa classe era a dos mercadores.

Nas povoações principais do litoral, portos do mar ou vilas que em fácil ligação com eles serviam de entrepostos para o comércio interno, existiam já então muitos homens de negócio, bastantes dos quais eram armadores de embarcações de longo curso para o trato do norte da Europa, especialmente dos portos da França e da Flandres. Levavam para lá alguns produtos daqui e traziam muitos dos de lá, especialmente tecidos. O tabelamento de 1253 dá fé de que se vendiam com grande apreço em Portugal os panos brancos e tintos, as escarlatas, as sarjas, os véus e as rendas de Gand, de Ruão e de Ypres, de Grisay, de Commines e de Abbeville, de Lille, de Bruges e de St. Omer, da Normandia, de Chartres e de Arras, de Caen, de Tournay e de Mompilher...

Será de admirar que estes mercadores, interessados fundamentalmente na fruição de condições de paz, de segurança e de prosperidade pública, se colocassem no partido adverso ao do fraco D. Sancho II por cuja culpa os barões em todo o reino dispunham a torto e a direito, violentando as pesoas e apropriando-se dos bens? E não será lógico supor que nos seus assíduos contactos com a França se tivessem posto em comunicação com o Conde de Bolonha incitando-o e ajudando-o na satisfação das suas ambições ocultas? Não terá de ligar-se a este incitamento e apoio o facto de o infante português ao dirigir-se ao reino vir direita e confiadamente ao porto de Lisboa, e de aqui desembarcar logo, e logo ser bem acolhido, enquanto pelo resto do país a nobreza detentora das alcaidarias dos castelos se apegava aos seus deveres de lealdade e de fidelidade para não acatar as ordens pontifícias?

Tudo indica ter a burguesia dos núcleos urbanos do litoral português, em especial a de Lisboa, de Santarém e de Guimarães, abraçado calorosamente a causa do Conde de Bolonha e isso por influência dos mercadores. Estes aparecerão depois do novo reinado em posição de destaque até aí desconhecida. E também serão chamados a contribuir monetàriamente para as despesas do reino em proporções desusadas...

Estava pois indicado que o rei chamasse os concelhos mais importantes sob esse aspecto a tomar parte nas Cortes de Leiria onde, verosìmilmente, se decidiu a entrega do imposto que segundo os costumes europeus se devia pagar de sete em sete anos em homenagem ao direito real de quebrar a moeda...

Não era hábito ainda, fora da península, admitir representantes das cidades e vilas nas reuniões plenárias da cúria: nem em França, nem em Inglaterra, nem noutras partes isso se usava... Mas iniciara-se a prática no reino de Leão nos finais do século anterior e daí passara recentemente a Castela. Afonso III tinha exemplo em que se estribar para argumentar contra algum conselheiro descontente com a inovação. Convocara, pois, para Leiria alguns dos Concelhos, convidando-os a enviar os seus procuradores ou mensageiros.

Repousado da jornada e instalada a comitiva, o rei lança-se ao trabalho. Deseja abrir a série das cortes por um acto solene que remate uma das obras por ele tidas mais a peito: a da restauração e repovoamento da velha cidade de Beja. Antes mesmo de terem chegado a Leiria aqueles que de todas as partes do reino aí eram esperados, celebra em 16 de Fevereiro audiência da corte com a presença dos seus próprios domésticos, para fazer outorga do foral ao novo concelho alentejano. Assistiram provàvelrnente a este acto alguns dos repovoadores, como o alcaide Ermígio Fernandes, vizinho de Lisboa, e aquele João Estêvão de Leiria que figura entre os primeiros homens bons de Beja restaurada.

Decorrem após este acto doze dias de que não temos notícias e só em 28 de Fevereiro são despachados os agravamentos do concelho de Santarém, a tolher abusos contra o foral da terra e a reforçar a autoridade municipal. A partir dessa data e até 23 de Março há bastantes documentos da actividade da Cúria, embora nenhuma acta haja sido lavrada, ou pelo menos tenha chegado até nós, para provar que se celebrou alguma reunião plenária em que se discutissem e assentassem resoluções de interesse geral.

Nos dias 5, 6 e 7 de Março o rei ocupou-se do concelho de Lisboa e das reclamações de alguns vizinhos dele. Entretanto é por volta de 8 ou 9 que deve ter chegado a Leiria uma personagem já então ilustre e que mais havia ainda de ilustrar-se ao ascender 22 anos depois ao sólio pontifício, onde cingiria a tiara sob o nome de JOÃO XXI: trata-se de Mestre Pedro Julião, o português esclarecido já ao tempo conhecido na Europa culta por Pedro Hispano.

Médico, filósofo, teólogo, cursara com brilho fulgurante a Universidade de Paris e decerto nessa ocasião se aproximara do seu príncipe que então residia na corte francesa, e havia depois de ser Afonso III de Portugal. Ensina em Paris de 1240 a 1245. Em 1245 é chamado a ler numa das prestigiosas cátedras da Universidade de Siena. Volta, após longa ausência, a Portugal em 1250 onde o Conde de Bolonha o acolhe e faz agraciar largamente: na Cúria celebrada em Guimarães nesse ano ostenta já os títulos, decerto bem prebendados, de Deão da Sé de Lisboa e de Arcedíago na diocese de Braga. A partir dessa data até 1258 encontrá-lo-emos várias vezes na corte de el-rei, voltando a ensinar, desta vez medicina, em Paris, no ano de 1260.

Em Leiria, aonde o acompanha um clérigo estrangeiro, Ricardo Guilherme, provàvelmente seu companheiro desde Siena a quem teria feito dar um lugar de Chantre na catedral lisbonense, Pedro Julião figura pela primeira vez nos dois actos de 11 de Março que satisfazem pretensões do concelho de Guimarães, deixando suspeitar que tivesse sido ele o procurador do município ou ao menos o seu advogado e protector.

Segue-se em 14 de Março a confirmação da doação da herdade de Samonde e da igreja de Santa Marta de Portuzelo ao Mosteiro do Bouro e em 18 a confirmação do foral da Guarda. Nos dias 17, 18 e 19 é anunciada a resolução dos graves diferendos existentes entre a Coroa, senhora do reguengo de Gaia na margem esquerda do Douro, e a Sé do Porto que tinha o senhorio da margem direita. Ficou assente que as barcas e os barcos vindos pelo Douro abaixo com vinho, madeiras ou outras coisas necessárias descarregariam dois terços da carga no Porto e um terço na vila de Gaia; e quanto aos navios que chegassem de França, da Rochela ou de outros lugares com panos, com madeira, com ferro ou com qualquer outro metal descarregariam metade em cada margem e do mesmo modo tomariam carga. Era um arranjo razoável em que os interesses das duas partes em litígio, o rei e o bispo do Porto, ficavam contemplados, ainda que provàvelmente não satisfeitos.

Havia outros motivos de discórdia. O bispo não deixava que os barcos de Gaia descarregassem sal na margem direita para o venderem no Porto e o soberano, em represália, proibira em todo o reino que se vendesse ou comprasse sal aos mercadores portuenses. Nas cortes chegou-se a acordo também neste ponto: o bispo, que aliás não estava presente e se fez representar pelo seu vigário, autorizou os barqueiros de Gaia a descarregar o sal no Porto e o rei em troca levantou a proibição anterior.

O cabido do Porto era dono de umas azenhas em Gaia, nas terras da Coroa, e recusara-se a pagar ao rei o foro que lhe era devido como senhor do reguengo por se considerar isento dessa obrigação fiscal. O soberano não hesitara em penhorar-lhe as azenhas e em entrar na posse delas. Em consequência do acordo de Leiria as azenhas foram restituídas à Sé portuense com os respectivos rendimentos depois de deduzidas as prestações em dívida ao rei mas com a condição de no prazo de ano e dia serem vendidas a um leigo que não levantasse questões para satisfazer o foro à Coroa, sob pena de reveterem definitivamente para o Fisco.

Este acordo entre Afonso III e o vigário da diocese do Porto é, pela extensão das questões resolvidas e pela importância que revestia a paz com a Igreja, o facto mais relevante ocorrido nas Cortes de Leiria de que possuímos provas documentais. Não se sabe, porém, se o acordo foi negociado em conferências privadas com a presença apenas dos interessados e dos medianeiros por eles escolhidos (entre os quais estaria por certo Pedro Julião que já em 1250, em Guimarães, desempenhara papel de vulto no apaziguamento da Coroa com o clero) ou se foi precedido de discussão pública em assembleias plenárias onde o vigário do bispo e os letrados de el-rei houvessem debatido as suas razões. De qualquer modo a decisão foi por acordo, conforme se afirma numa das três cartas régias em que ele se formulou.

Com a arrumação da contenda entre a Coroa e a Sé do Porto acaba, pràticamente, à roda de 20 de Março, a actividade das Cortes de Leiria. Antes de seguir para o Norte D. Afonso III limitar-se-á a arrumar as suas contas com o mosteiro de Alcobaça, mas isso apenas por intermédio do seu mordomo-mor.

Afonso II deixara no testamento 2.000 morabitinos ao Mosteiro, mas D. Sancho II não cumprira nunca o legado que o Conde de Bolonha manda agora escrupulosamente satisfazer. E ele mesmo, quando durante a guerra civil pusera cerco a Óbidos, comprara ao Mosteiro 343 módios de vinho para dar às tropas, à razão de 9 libras o módio, e que ainda não estava pago: por isso ordenou ao Almoxarife de Santarém que satisfizesse as 3.087 libras em dívida pelos rendimentos da pesca da baleia e outros cobrados nos portos de Salir e da Atouguia.

Durante quase um mês o rei atendera os seus vassalos e ocupara-se das questões mais instantes. Se os 21 documentos que dessa actividade chegaram até nós tivessem sido os únicos expedidos e correspondessem rigorosamente a tudo quanto se passou, teríamos de concluir que o governo do reino em 1254 não era complexo nem trabalhoso. Mas não é lícito ajuizar tão precipitadamente. A chancelaria de D. Afonso III não estava ainda ao tempo organizada e só no reinado seguinte foi escriturado o livro onde se encontram registados os diplomas existentes. Decerto alguns documentos se perderam e muitos dos actos ocorridos nas Cortes, porventura dos mais importantes, não ficaram documentados.

O espólio de que dispomos é, pois, magríssimo. Segundo ele apenas quatro concelhos apresentaram as suas queixas e as suas petições nas Cortes e esses foram Santarém, Lisboa, Guimarães e Guarda. O município de Beja teve aqui o seu berço. Quanto a Leiria bastou-lhe a honra de ser a sede da Corte e – terra feliz!! – não tinha problemas a resolver nem graças a solicitar.

Não se sabe quantos concelhos estiveram presentes além destes; não se conhece o nome dos seus procuradores; ignora-se como se comportaram na assembleia, se reuniram, se discutiram e se tomaram decisões.

Mas o simples facto de haver a certeza de que foram admitidos no conselho régio até aí restrito aos fidalgos e ao alto clero tem um significado que transcende muito o acontecimento em si.

É, primeiro, a afirmação da importância da burguesia que rompe os quadros da sociedade senhorial com as novas concepções de vida que nela os mercadores representam. É, depois, a passagem das cidades e vilas para o plano em que se considera e provê ao interesse geral, para além do horizonte restrito em que se fechava o particularismo municipal com as suas leis privativas, os seus privilégios exclusivos e as suas reivindicações egoístas. É finalmente uma Nação que começa a tomar consciência da sua individualidade e da sua unidade ao dialogar com o Rei, chefe militar e paternal soberano, e ao ensaiar nesse diálogo as cláusulas de um pacto em que as liberdades populares buscam o apoio da autoridade suprema que enfeixa, equilibra e concilia interesses.

Daí por diante é certo que os concelhos não faltarão mais nas grandes assembleias do reino. Pouco a pouco desenhar-se-á cada vez com mais vigor o conceito de representação dos três estados e o que era na véspera dever de alguns privilegiados segundo os usos feudais, transformar-se-á em direito reivindicado pelas ordens para nas questões fundamentais resolver com o rei segundo o brocardo corrente *quod omnes tangit ab omnibus debet comprobari*.

1254 não é a mutação instantânea da corte de el-rei nas cortes gerais: a vida medieval ia muito com a Natureza e, como ela, não fazia saltos. As instituições surgiam progressivamente das necessidades, evoluíam ao sabor das circunstâncias, afeiçoavam-se às oportunidades. As cortes de Leiria são ainda reuniões da cúria régia e conservam, segundo tudo indica, o aparato formal destas. Em nada se assemelham a um parlamento e debalde nelas se procurará encontrar realizado o princípio da representação política. Mas o elemento novo que nelas se introduz e os imperativos a que obedece tal introdução não deixarão mais de actuar como factores irresistíveis de evolução e isso basta para ver na data que hoje comemoramos um marco miliário da história das nossas instituições políticas.

Porventura haverá quem pense que seja descabida a celebração deste centenário, relativo a facto tão remoto e de significado tão longínquo das nossas preocupações de hoje em dia. Haverá mesmo quem entenda que é desviar as atenções da Nação, agora concentradas na defesa da sua integridade no Mundo, para uma insignificante efeméride de valor pouco mais que arqueológico.

Mas quem assim pensar engana-se redondamente. É nos momentos críticos do presente que devemos rememorar tudo o que desde o mais distante passado comum nos une e distingue na comunhão nacional. E o facto de em 1254, vão decorridos setecentos anos, um século apenas sobre a data da nossa independência política, já os portugueses de todas as classes e condições se encontrarem junto do seu príncipe a ajustar no plano governativo os interesses particularistas no esforço de definição e de prossecução do bem comum, não pode deixar de revestir um profundo significado: o significado de que desde cedo os portugueses buscaram na irmandade de sentimentos e na hierarquia de funções a estruturação social adequada ao respeito dos justos interesses de cada um e ao mesmo tempo à subordinação de todos aos ideais e aos interesses colectivos sem a qual não teria sido possível formar um Povo e marcar um lugar, já agora inapagável, na História da Humanidade.

Em boa hora, pois, o meu prezado amigo Dr. José Hermano Saraiva lançou a ideia desta comemoração, pronta e generosamente acolhida pelo município de Leiria para o efeito representado não apenas pela sua ilustre Câmara mas também por tudo o que nele tem valor e projecção social. E nunca serão demais os louvores tributados ao Governo por logo ter querido que as cerimónias tivessem carácter nacional, numa exacta compreensão da projecção do acontecimento.

Esse carácter imprime-o a presença de V. Exa., Senhor Presidente da República, símbolo da vontade de todos os portugueses esparsos pelo mundo de continuarem fiéis ao espírito de unidade e de independência afirmado em Ourique, confirmado em Aljubarrota e depois ratificado nas mil ocasiões em que soldados, marinheiros, colonos e nativos no Brasil, em África, na Ásia e na Oceania cobriram com os seus peitos e tingiram com o seu sangue a terra portuguesa para que nela não flutuasse outra bandeira, não se falasse outra linguagem e não se adorasse outro Deus.

Temos, na Europa, a felicidade, que em confronto com as desgraças alheias constitui uma graça vedadeiramente preciosa, de desde o princípio do século XIX não havermos visto o território nacional invadido pelo estrangeiro. Durante muitos e muitos anos conservou o povo, na sua prodigiosa e fidelíssima memória colectiva, a recordação magoada dos horrores da invasão francesa com o cortejo de mortes, saques, incêndios, violações, destruições e rapinas que sempre trazem essas dramáticas horas de guerra. Mas com a lembrança dos males sofridos vinha no romance popular a crónica heróica da reacção, dessa resistência tenaz e implacável que feriu de morte as águias napoleónicas. A Nação soube responder à força pela força e vingar nas guerrilhas o que não podia evitar nas batalhas.

Pois bem: o instinto de defesa da liberdade nacional oprimida que reagiu nos primeiros anos do século de oitocentos está vivo e desperto nos portugueses de hoje; e o mesmo espírito de solidariedade que através dos tempos tem ligado todas as classes sociais e todas as parcelas territoriais na comunhão nacional faz com que no momento presente sejam sentidas na carne e na alma de cada português as ameaças e as violências opressoras de irmãos nossos na longínqua Índia.

Parece-me, Senhor Presidente da República, parece-me ver presentes nesta igreja, presentes no meio de nós, os prelados e os nobres, os legistas e os homens bons dos concelhos, que aqui estiveram há sete séculos. São os ascendentes dos navegadores e dos soldados do Oriente cuja enorme gesta tornaram possível ao definirem por uma vez com a conquista do Algarve o território metropolitano e ao firmarem, pelo entendimento recíproco, a vontade de prosseguirem, unidos através de tudo, a realização de uma obra e de um ideal comuns. Sim, estão aqui connosco as suas sombras silenciosas e amigas. Creio que não desconhecerão nas nossas feições, nos nossos sentimentos e nas nossas almas o carácter que há sete séculos os trouxe a este lugar para afirmarem a vontade de serem uma força no mundo e de traçarem a rota de um destino próprio.

Pois também nós os não engeitamos, pois também a nós não é estranho o seu semblante, nem causa espanto a sua linguagem, nem parecem bizarras as suas ideias, as suas preocupações e os seus propósitos. Se agora um sacerdote subisse aquele altar todos ajoelharíamos a seguir familiarmente os mesmos ritos e a pronunciar as mesmas orações.

É que, portugueses de hoje, vivem em nós os nossos mortos cujas vozes escutamos claras no mistério do sangue, nesse mesmo mistério onde se confundem os murmúrios das gerações futuras num rumor indistinto de falas pressentidas de espantoso vigor imperativo. Entre o comando dos mortos e o apelo dos vindouros – que outra atitude nos resta senão conservar do Passado o que deva servir de base à construção do Futuro? Nação é continuidade: é comunhão de almas no espaço e no tempo. Sete mil quilómetros não dissociam umas das outras as suas províncias, nem setecentos anos separam os homens na sua História. Constituímos uma unidade pelo sangue, pela vontade e pelo espírito: com a vontade, com o espírito e com o sangue a preservaremos e nada mais fácil, nem mais doce, porque essa unidade se chama – Portugal!

*O exclusivo dos transportes colectivos nos concelhos suburbanos do Porto**

Parecer

1. Foi-me presente o Acórdão da 1.ª Secção do Supremo Tribunal Administrativo de 26 de Março de 1954, proferido no recurso interposto por Oliveira Fernandes & Ribeiro, Ltd.ª, em que foi decidido que o Serviço de Transportes Colectivos do Porto goza do exclusivo dos transportes colectivos em toda a área que o Código Administrativo considera sob a jurisdição da Federação obrigatória dos Municípios do Porto.
Pergunta-se-me se estou de acordo.
Não estou.

2. A data do resgate da concessão da Companhia Carris de Ferro do Porto a situação jurídica pelo que respeita a transportes colectivos na cidade do Porto e nos concelhos limítrofes era a seguinte: a Companhia era detentora do exclusivo dos transportes colectivos por meios mecânicos dentro de toda a área da cidade do Porto (embora esse exclusivo não fosse de facto respeitado) e além disso explorava certas linhas de carros eléctricos que, em prolongamento das vias urbanas, penetravam nos concelhos suburbanos.
Estas últimas linhas haviam sido estabelecidas e eram exploradas em consequência de licenças, autorizações e concessões próprias de cada uma, caso por caso, não estando portanto compreendidas na concessão relativa à cidade do Porto (nem o podendo estar, visto esta ser uma concessão municipal) nem dotadas de privilégio exclusivo e beneficiando unicamente do monopólio de facto específico, por ser meramente de itinerário, resultante da impossibilidade de outra empresa ocupar com novos carris a mesma via pública (cf. meu *Manual*, 3.ª edição, pág. 553).

---
* Publicado in *O Direito*, ano 87 (1955), 4, pp. 291-300.

Quando a Exma. Câmara Municipal do Porto avisou em 1936 a Companhia Carris da sua intenção de resgatar a concessão, surgiu para o concessionário o grave problema do destino das linhas suburbanas.

O signatário foi então consultado e reduziu o seu estudo do assunto a um Parecer, que a Exma. Câmara do Porto imprimiu (aliás sem autorização do autor) no volume *O Resgate da Concessão de 1906 à «Carris» do Porto*, vol. I, pág. 396.

3. Cremos que é nesse Parecer que pela primeira vez se fala da «unidade de exploração». Interessa ver em que termos.

Dizia-se então:

> «Por um lado não há dúvida que a Câmara só pode resgatar a concessão que fez em 1906 a Paiva e Lugan (hoje explorada pela Carris) e que apenas diz respeito às linhas assentes nas vias públicas municipais dentro dos limites do concelho do Porto (art. 1.º do contrato).
>
> «Mas por outro, não se pode esquecer que as linhas extra-urbanas são complementares da rede urbana, eminentemente úteis para a cidade, formando a sua exploração uma indivisível unidade, e que foram assentes e abertas à exploração com manifesto conhecimento e assentimento da Exma. Câmara concedente.
>
> «Portanto: se é certo que o Município do Porto só tem competência para resgatar a concessão das linhas estabelecidas nos limites do seu território (pois que só essas concedeu) também é certo que não pode ignorar a existência de uma rede complementar, indivisivelmente com ela explorada e por cuja perda irreparável tem de responder para com a Carris.»

A ideia exposta é clara. A rede de viação eléctrica em carris rompera os limites da cidade do Porto e lançara algumas vias radiais a penetrar subúrbios que, embora contíguos ao concelho portuense, se encontram já incluídos em diferentes circunscrições municipais.

Como o concelho do Porto só podia resgatar a rede urbana, se os troços extra-urbanos não fossem simultâneamente resgatados eles ficariam, na falta de acordo, desprovidos de qualquer utilidade prática, com prejuízo das populações servidas e da concessionária.

Embora os títulos jurídicos da concessão urbana e das licenças extra-urbanas fossem diversos, chamava-se a atenção para o facto de o sistema das linhas de viação eléctrica formar uma indivisível unidade de exploração que devia, portanto, ter todo o mesmo destino (resgate simultâneo) e, até, continuar no futuro no mesmo regime.

Foi também nessa altura que se sugeriu que a solução do resgate conjunto e da futura exploração unitária (como até aí) se obtivesse mediante a intervenção da Federação de Municípios que o Código Administrativo criara.

4. Ao aproximar-se a data cm que devia ser efectivado o resgate (22 de Dezembro de 1941) nada, porém, estava assente a esse respeito. Levado o assunto ao conhecimento do Ministro Duarte Pacheco, este repudiou imediatamente a solução da intervenção da Federação dos Municípios (às quais, como presidente da Câmara de Lisboa, se revelara abertamente hostil por serem dirigidas por comissões administrativas em que a grande cidade só tem um voto e pode ficar à mercê da maioria constituída pelos representantes dos outros concelhos federados) e visionou planos mais amplos de reforma do serviço, chamando a questão ao Governo e preparando por outro modo o resgate do conjunto da rede.

Foi daqui que saiu o Decreto-Lei n.º 31:677, de 22 de Novembro de 1941, que suspendeu a execução do resgate por dois anos.

Do relatório desse diploma importa extrair o seguinte:

«Mas a Companhia Carris de Ferro do Porto não explora apenas a rede de linhas de que é concessionária na área do concelho do Porto por força do contrato celebrado com a respectiva Câmara em 22 de Dezembro de 1906. Essa rede estende-se aos concelhos anexos de Matosinhos, Maia, Valongo, Gondomar e Vila Nova de Gaia onde utiliza vias sob a jurisdição municipal e estradas nacionais, por efeito de licenças e autorizações conferidas, respectivamente, pelas Câmaras Municipais e pelo Estado.

«A questão da caducidade da actual concessão e daquelas licenças e autorizações tem de ser consequentemente estudada num plano de conjunto, *relativamente a toda a rede em exploração* e aos interesses de todos os concelhos por ela abrangidos, sem perder de vista a situação do Estado no que respeita às linhas estabelecidas em estradas nacionais.»

Sublinhamos a frase que mostra que se continuava a ter em vista o problema da rede explorada pela Carris, isto é, pelo sistema de vias férreas em que circulavam os seus carros eléctricos.

5. No art. 2.º do Decreto autorizava-se o Governo a negociar uma concessão única, «abrangendo todo o serviço público de transportes colectivos terrestres de passageiros, por meios de tracção mecânica (com exclusão dos caminhos de ferro) no interior da zona de influência da cidade do Porto, dentro ou fora dos seus actuais limites».

Repare-se que a nova concessão (que como se sabe veio depois a ser posta de parte) não abrangeria toda a área dos concelhos federados, mas ùnicamente a *zona de influência* da cidade do Porto a fixar em momento oportuno.

Importa também ter em atenção o art. 3.º: «No caso de vir a efectivar-se o resgate da actual concessão, serão simultâneamente canceladas todas as licenças e autorizações conferidas à Companhia Carris de Ferro do Porto pelo Estado e pelas Câmaras Municipais para a instalação e exploração de linhas de carros eléctricos nos concelhos limítrofes, abandonando a Companhia a exploração de toda a rede, tanto na área da cidade do Porto como fora dela. Em tal caso, o Governo decidirá sobre o funcionamento do serviço público de transportes colectivos terrestres de passageiros, por meios de tracção mecânica, na zona de influência da cidade do Porto podendo, se assim o julgar conveniente, dispensar a realização de concurso público para a adjudicação de nova concessão.»

6. Sabe-se o que ocorreu depois: Duarte Pacheco morreu e todo o seu plano de remodelação da área da cidade do Porto, determinação da respectiva zona de influência e nova concessão do serviço público de transportes colectivos se frustrou.

É duvidoso, de resto, que mesmo a ter sobrevivido o pudesse levar por diante.

A opinião dominante no Porto era a favor da municipalização. Nomeada uma comissão para estudar definitivamente as questões suscitadas pelo resgate e o regime subsequente de exploração, veio por fim a ser publicado o Decreto-Lei n.º 35:717, de 24 de Junho de 1946, que o signatário referendou como membro do Governo que era ao tempo.

No relatório que precede o articulado escreveu-se que «a circunstância de *a rede* abranger a área dos concelhos limítrofes... tornaria indispensáveis, *sempre em respeito ao postulado da unidade de exploração*, fixar normas reguladoras da gestão do serviço».

Afigura-se claríssimo que se trata sempre da unidade de exploração da rede formada pelas «linhas de carros eléctricos» da cidade com prolongamentos ou ramais extra-urbanos.

O art. 1.º desse diploma ordena a execução do resgate da concessão do serviço público de transportes colectivos *do Porto*.

Pelo art. 2.º determina-se que a Câmara Municipal do Porto explore esse serviço (isto é, os serviços de transportes colectivos do Porto) em regime de exclusivo.

E pelo § único desse artigo acrescenta-se: «Em sequência e para cumprimento do disposto no art. 3.º do Decreto-Lei n.º 31:677, de 22 de Novembro de 1941 a exploração abrangerá toda a rede em que a Companhia Carris de Ferro do Porto tem dado realização ao serviço dentro e fora da cidade do Porto.»

7. Importa analisar cuidadosamente o transcrito § único do art. 2.º do Decreto-Lei n.º 35:717:

Ao invocar o art. 3.º do Decreto-Lei n.º 31:677, determinou o cancelamento, simultâneo ao resgate da concessão na cidade do Porto, de todas as licenças e autorizações de linhas nos concelhos limítrofes.

Fica disposto que a exploração pela Câmara Municipal do Porto, a qual, segundo o art. 2.º, dentro da cidade do Porto respeita ao *serviço público de transportes colectivos em regime de exclusivo*, se estende –

a toda a *rede* em que a Companhia Carris de Ferro do Porto tem dado realização ao serviço dentro e fora da cidade do Porto.

Isto é, o exclusivo da Câmara do Porto, fora da cidade, já não abrange todos os transportes colectivos e a área total dos concelhos suburbanos: fica restrito à rede (de viação eléctrica), e *só àquela até aí servida pela Carris*.

Esta disposição, destinada a assegurar a *unidade da exploração da rede de viação eléctrica sobre carris, do Porto e arredores*, está, com se viu, na sequência lógica de todos os trabalhos preparatórios.

8. É à luz destas disposições que, como o Venerando Tribunal bem entendeu, importa interpretar os preceitos do Decreto-Lei n.º 38:144, de 30 de Dezembro de 1950.

O art. 1.º diz que «a exploração dos transportes colectivos do Porto continuará a cargo da Câmara Municipal do Porto e será exercida pelo Serviço de Transportes Colectivos do Porto (S. T. C. P.) em regime de exclusivo».

Nenhuma alteração se produziu no sistema que estava em vigor, portanto. Todos os transportes colectivos por meios mecânicos dentro da cidade do Porto constituem exclusivo do serviço municipalizado que sucedeu à Companhia Carris.

O § 2.º do referido art. 1.º preceitua a seguir: «O Serviço de Transportes Colectivos do Porto continuará, dentro do sistema de unidade de exploração, a assegurar o serviço de transportes colectivos nos concelhos limítrofes.»

Neste preceito lê-se, pois, que não há invocação: o S. T. C. P. *continua* a agir nos concelhos limítrofes.

Em que condições? «Dentro do sistema da unidade de exploração.» Que sistema é esse que se *continua* a seguir? O da exploração da rede de viação eléctrica.

A consideração de todos os antecedentes cremos não poder deixar dúvidas a este respeito. Nos concelhos limítrofes o S. T. C. P. não tem o exclusivo dos transportes colectivos na área das respectivas circunscrições: apenas exerce a sua actividade na medida em que ela é necessária para assegurar a exploração unitária da rede de viação eléctrica.

Restarão dúvidas? O relatório do próprio Decreto as dissipará.

No sexto período desse relatório lê-se efectivamente o seguinte:

«No mesmo diploma, em obediência ao princípio da unidade de exploração e consoante as directrizes inicialmente fixadas pelo Decreto-Lei n.º 31:677, promoveu-se o resgate da rede suburbana a fim de que o aparelho da exploração passasse a constituir no seu todo um património com autonomia administrativa e financeira, a gerir pela Câmara Municipal do Porto no plano de uma actividade industrial sob a designação de Serviço de Transportes Colectivos do Porto.»

Está bem claro, uma vez mais, o pensamento do legislador: a *unidade de exploração* respeita à rede constituída pelas linhas urbanas e suburbanas dantes a cargo da Carris.

Pretende-se que essas diversas linhas deixem de ter regimes jurídicos diversos, que deixem de estar dependentes do Estado ou dos concelhos cujo domínio público utilizam e que formem um único património a cargo de um só Serviço, sucessor universal do concessionário anterior.

9. Estende-se o exclusivo existente na cidade do Porto aos concelhos limítrofes?

Nenhuma disposição legal o estabelece.

O legislador tem sempre o cuidado de separar, bem separados, o preceito em que confere o exclusivo de todos os transportes colectivos dentro da cidade do Porto, daquele outro em que estende a competência da entidade exploradora aos concelhos suburbanos para explorar a *rede* neles existentes, na medida necessária à unidade da respectiva exploração.

Pelo que respeita a essa rede, é correcto admitir o monopólio de facto, ou de itinerário, relativo à viação eléctrica sobre carris.

Mas nada mais.

Os exclusivos, como excepção que formam ao regime jurídico normal do exercício da indústria, não se presumem. Existem por lei ou por factos de que necessàriamente a lei permita deduzi-los, – ou não existem.

Não é lícito, pois, inferi-los de critérios mais ou menos incertos como por exemplo do facto de o Código pressupor unidade de regime dos serviços públicos concedidos, ou até municipalização comum, nas áreas das Federações obrigatórias de municípios.

A exploração federal foi sugerida para o caso vertente, mas não foi adoptada. O Serviço de Transportes Colectivos do Porto é um serviço municipalizado a cargo da Câmara Municipal do Porto (Dec.-Lei n.º 38:144, de 30 de Dezembro de 1950, art. 1.º).

Do seu conselho de administração faz parte um representante da Federação dos Municípios mas cujo papel é o de aí ser a voz dos utentes de serviço pertencentes aos concelhos limítrofes.

Não está concedido o serviço pela Federação; o serviço não foi intermunicipalizado pela Federação.

O exclusivo dos transportes colectivos determinaria, não só o monopólio da rede de viação eléctrica, como a posse pelo Município do Porto de todas as carreiras de camionagem de passageiros e carga nos concelhos de Matosinhos, Maia, Valongo, Gondomar e Vila Nova de Gaia.

Ora se teve justificação a exploração unitária da rede em que se incluem as vias que ligam o centro do Porto aos subúrbios pertencentes a esses concelhos – que razão há-de fundamentar que fiquem à discrição de serviços exclusivamente portuenses os transportes colectivos internos dos concelhos limítrofes, os que asseguram as comunicações entre eles ou que servem as suas zonas especìficamente rurais?

A adoptar-se tal regime, isso implicaria novos estudos e, possìvelmente, nova estrutura do serviço, que foi concebido apenas para suceder e continuar a exploração da Carris.

Não discutimos se a exploração devia ser feita pela Federação dos Municípios e se na sua área se devia ter posto em execução o regime estabelecido pelo Código Administrativo.

Pertence-nos a autoria dessa fórmula de Federação e continuamos convicto de que a sua efectivação seria de grande utilidade e alcance.

Mas por motivos que não vêm ao caso (e parte dos quais já atrás desvendámos) o facto é que os preceitos do Código têm sido letra morta.

As Federações existem… na lei. E da sua existência meramente jurídica não podem extrair-se exclusivos que a lei não confere.

10. Do que fica exposto parece-nos legítimo concluir:

1.º A Companhia Carris de Ferro do Porto, concessionária do serviço de transportes colectivos por meios mecânicos em regime de exclusivo dentro da cidade do Porto, explorou, em consequência de licenças e autorizações diferentes e específicas, várias linhas nos concelhos suburbanos que integrou na sua rede, mas nunca obteve o exclusivo dos transportes colectivos nesses concelhos.

2.º O Serviço de Transportes Colectivos do Porto, sucessor da Carris, tem, por lei, o exclusivo desses transportes dentro da cidade e, além disso, explora os elementos da rede de viação eléctrica que a Carris possuia nos concelhos suburbanos.

3.º Nenhuma disposição legal conferiu ao S. T. C. P. a exploração dos transportes colectivos em toda a área dos concelhos de Matosinhos, Valongo, Maia, Gondomar e Vila Nova de Gaia, em regime exclusivo.

4.º A ideia de *unidade de exploração* repetida nas leis e nos documentos referentes ao caso anda indissolùvelmente ligada à ideia de uma *rede* de viação eléctrica sobre carris existente no Porto e concelhos limítrofes.

5.º Portanto, a dar-se à expressão *unidade de exploração* um sentido amplo que compreenda a própria unidade de regime jurídico, esse regime só é comum à rede referida, como de resto está expresso na lei e sempre foi intenção legislativa.

6.º Consequentemente, o Serviço de Transportes Colectivos do Porto não é detentor do exclusivo do serviço público de transportes colectivos em camionagem fora do concelho do Porto.

Tal é o parecer, salvo melhor opinião, de

MARCELO CAETANO

Outubro de 1954.

*A inclusão da mais valia na indemnização por expropriação por utilidade pública**

I – Evolução da teoria da mais-valia

1. Foram os economistas ingleses do final do século XVIII – sobretudo MALTHUS e RICARDO, na sequência de outros de menos nomeada – que puzeram em evidência a valorização gratuita das terras de cultura que se verifica quando, por insuficiência dos terrenos férteis e bem localizados para produzirem tudo quanto é necessário à subsistência duma população, é forçoso recorrer a terras menos férteis ou mais distantes, cujo custo de produção fica mais caro do que nas primeiras. Como a necessidade que determina a procura força a pagar os produtos pelo preço bastante para estimular a cultura das terras piores, segue-se que os proprietários das melhores terras verão a sua produção valorizada, arrecadando uma maior valia devida ùnicamente à qualidade ou situação privilegiada dessas terras, sem que o seu esforço para aí contribuísse de qualquer maneira.

É a célebre *teoria da renda* sobre a qual STUART MILL construiu uma doutrina tributária (nos *Princípios de Economia Política*, liv. 5.º, cap. 2.º, § 5.º).

Escreveu S. MILL: – «Suponhamos que existe uma espécie de rendimento que tende constantemente a aumentar, sem esforço nem sacrifício da parte dos respectivos proprietários; que esses proprietários constituem na sociedade uma classe que o curso natural das coisas enriquece sem que eles façam nada para isso. Nesse caso o Estado poderia, sem violar os princípios sobre os quais assenta a propriedade privada, apropriar-se da totalidade ou duma parte desse acréscimo de riqueza à medida que ele se vá dando. Seria afinal chamar a si o que não pertence a ninguém e empregar em proveito da sociedade um aumento de riqueza criado pelas circunstâncias, em vez de o abandonar sem trabalho a uma classe particular de cidadãos».

«Pois bem: é o caso da renda. O movimento ordinário duma sociedade na qual a riqueza aumenta, tende constantemente a empolar o rendimento dos

---

* Publicado in *O Direito*, ano 91 (1959), 2, pp. 81-106.

proprietários, a dar-lhes uma soma mais considerável e uma maior proporção nas riquezas da sociedade sem que para isso façam esforço nem despeza. Enriquecem a dormir, de certo modo, sem trabalhar, sem correr riscos, sem poupar...».

É a doutrina do *unearned increment*, que abrange todo o aumento de valor da propriedade que não seja devido à inteligência, à diligência ou ao trabalho do proprietário.

Esta doutrina não foi aceite em toda a sua amplitude. Mas há um caso especial em que os princípios fundamentais onde se alicerça se impuzeram como expressão irrecusável de justiça: é no caso da valorização de terrenos de propriedade privada por virtude de obras ou melhoramentos públicos.

Nessa hipótese, terrenos de cultura de baixo rendimento e, portanto, de escasso valor venal podem de um momento para o outro ver esse valor multiplicado pelo facto do traçado de uma rua ou da ampliação de uma cidade os converter em terrenos aptos para construção.

A valorização assim produzida deve-se então ao próprio facto social da expansão urbana e concretamente às obras que o Estado ou o município vão custear com recursos obtidos por contribuição de todos os cidadãos, deste modo sacrificados em proveito de alguns apenas.

É um aumento de valores obtido pelos proprietários «a dormir», como dizia STUART MILL. E daí resultou a convicção de que tais proprietários deviam contribuir especialmente para o erário público, na medida dos benefícios recebidos.

Nuns casos, pediu-se-lhes que pagassem eles o melhoramento a fazer, e a contribuição de melhoria (como se diz no Direito brasileiro) não pode no seu total, para cada caso, exceder o custo do melhoramento que lhe haja dado origem, aproximando-se, deste modo, pelo seu espírito (cobertura das despezas de uma obra pelos seus beneficiários directos) das derramas e das fintas desde longa data admitidas e praticadas na administração local portuguesa. Poderia neste caso admitir-se que tal contribuição tenha o carácter de *taxa*, por ser devida pelos beneficiários da obra na proporção do benefício recebido.

Noutros casos foi-se directamente para a tributação das maiores valias, independentemente do custo das obras, podendo a importância total arrecadada ser muito superior a esse custo, já que o objectivo visado não seria o de fazer pagar o melhoramento pelos directos beneficiários, mas sim dar participação ao Estado num enriquecimento devido a causas sociais ou administrativas e que, portanto, pertence à colectividade. E, nessa hipótese, estamos perante um verdadeiro imposto, pois não se trata de retribuir um serviço recebido mas de entregar ao Fisco uma prestação devida por todos aqueles que vejam o seu património enriquecido em determinadas condições, exactamente como acontece, por exemplo, no caso do imposto sobre sucessões e doações.

2. Fizemos referência às origens doutrinárias da tributação da mais valia porque o seu conhecimento é indispensável para compreensão exacta das várias formas da sua manifestação ou dos institutos e práticas e derivaram dos seus princípios fundamentais.

Um desses institutos é o da expropriação de zonas.

Constitui princípio fundamental, em todos os países cuja estrutura jurídica assenta no direito de propriedade, o de que a expropriação por utilidade pública deve em cada caso incidir sobre os bens estritamente indispensáveis à realização dos fins que lhe deram causa.

Mas se o Estado, ou a autarquia que vai fazer a obra ou melhoramento público, tem direito a cobrar dos particulares por ela beneficiados um imposto sobre as maiores valias, porque não substituir o cálculo da matéria colectável e o difícil processo de lançamento e cobrança desse imposto, pela expropriação, simultâneamente com a dos terrenos indispensáveis, dos outros terrenos valorizáveis?

Corresponderia essa expropriação, afinal, a uma cobrança em terrenos do imposto a que a Administração tem direito.

Deste modo se começou a admitir que, no caso das expropriações destinadas à abertura ou alargamento de ruas ou avenidas, a Administração pudesse adquirir por essa forma autoritária não só os terrenos destinados à construção do leito das vias públicas, como as faixas marginais, de um e de outro lado, onde se haveria de proceder à construção de prédios urbanos pelos particulares.

Essa expropriação das faixas marginais impunha-se ainda pelo facto das novas ou renovadas vias urbanas deverem ser orladas de edifícios condignos, o que seria incompatível com a liberdade de construção deixada aos primitivos proprietários rurais. Só uma acção estimulante da Administração poderia alcançar o objectivo da valorização urbana, procedendo ela própria à divisão dos terrenos marginais em talhões, para os alienar sob a condição de neles se virem a edificar prédios de certa importância em prazo determinado.

Por outro lado, o simples anúncio das obras e melhoramentos públicos determina imediatamente manobras de especulação com os terrenos valorizáveis, provocando, à custa da actividade pública, enriquecimentos injustos e logros deploráveis que só há conveniência em evitar.

A elaboração de grandes planos de urbanização e expansão dos principais núcleos populacionais veio transpor esse problema para zonas mais amplas que as simples faixas marginais, visto estar em causa não já a abertura ou alargamento de uma rua ou de uma avenida, mas a própria edificação ou remodelação de todo um bairro, ou até de uma série de bairros. Assim foi necessário expropriar largas zonas rurais por completo, com suas quintas, fazendas e quintais, para ser possível urbanizá-las, projectando não só o sistema rodoviário como todo o conjunto de edificações de acordo com um critério de zonagem urbanística.

As grandes despezas que tais planos de urbanização traziam consigo seriam então amortizáveis, senão cobertas, pela venda da parte dos terrenos que ficava disponível para construção e cuja maior valia era arrecadada pelo Município por conta de quem haviam sido feitos os investimentos valorizadores.

Nesta fórmula da expropriação de zonas (expressão que tomamos em sentido amplo, abrangendo a simples expropriação das faixas marginais das vias públicas) surgiu, porém, quanto à indemnização dos expropriados, uma natural preocupação de justiça. Na verdade, se o imposto sobre a maior valia dos prédios beneficiados pelas obras públicas não representasse a apropriação pelo Fisco da totalidade da valorização produzida, mas apenas de uma parte dela, seria justo que, optando a Administração por expropriar os terrenos valorizáveis pelo seu preço anterior à valorização, arrecadasse a totalidade desse acréscimo de valor, sem deixar aos proprietários expropriados uma fracção?

Foi esta consideração que levou a admitir que, postos em praça pela Administração os lotes de terreno destinados a construção depois de feitas as obras que haviam justificado a expropriação de zonas, os proprietários expropriados partilhassem das maiores valias na hasta pública.

O sistema apresentava dois inconvenientes para os proprietários expropriados: 1.º terem de esperar por vezes largos anos até receberem a sua comparticipação nas mais valias; 2.º só receberem essa comparticipação os proprietários dos terrenos aptos para serem divididos em lotes destinados à construção, o que privava dela os proprietários de terrenos vizinhos que por sorte fossem absorvidos em ruas, largos, praças ou espaços verdes.

Daqui, à ideia de atribuir a todos, na própria indemnização, uma percentagem da presumível maior valia a produzir pelo conjunto dos terrenos expropriados que estivessem compreendidos na zona a urbanizar, vai, como se vê, um passo.

Mas sempre dentro da mesma direcção: a de regular equitativamente o sistema de partilha da valorização dos terrenos que, por obra do Estado ou das autarquias locais, passassem de terrenos de cultura a ser terrenos aptos para construção e, como tais, susceptíveis de venda a particulares.

II – Legislação portuguesa anterior à Lei n.º 2 030

3. No direito positivo português encontram-se as três formas que pode revestir a partilha das maiores valias entre os particulares e a Administração autora ou promotora das obras públicas que as determinam:
 a) Taxas de amortização do custo das obras ou melhoramentos;
 b) Imposto sobre mais valia;
 c) Expropriação das zonas valorizáveis.

4. As taxas de amortização do custo das obras foram sobretudo adoptadas para os melhoramentos hidráulicos e hidro-agrícolas.

Já o § 2.º do art. 8.º do Decreto n.º 8, de 1 de Dezembro de 1892 estabelecia, a propósito desses melhoramentos:

> – «Os proprietários, usufrutuários ou rendeiros dos prédios por onde passarem os aquedutos podem aproveitá-los, pagando uma parte do custo da obra feita no seu prédio para a passagem da água e contribuindo para a conservação dessas obras, tudo na proporção da utilidade que tiverem».

Esse preceito foi regulamentado pelo artigo 117.º do Regulamento dos Serviços Hidráulicos de 9 de Dezembro de 1882.

A Lei n.º 1 949, de 15 de Fevereiro de 1937, na sua base VI, determinava o reembolso ao Estado das despesas efectuadas com os estudos, organização dos projectos e execução das obras de fomento hidro-agrícola mediante uma anuidade fixa por hectare, denominada taxa de rega e beneficiação, cujo valor actual nunca poderia, porém, exceder a mais valia resultante das obras efectuadas para o prédio tributado.

Esta base foi regulamentada pelos artigos 53.º e seguintes do Decreto n.º 28 652, de 16 de Maio de 1938, fixando o art. 55.º, no seu § único, a forma de calcular a mais valia.

Como se vê, a taxa tem por objecto, fundamentalmente, obter a comparticipação dos beneficiários no custo da obra, na medida em que é presumível que dela venham a beneficiar, funcionando o cálculo da mais valia apenas para determinar o limite máximo da contribuição.

É este, como já ficou dito, o tipo a que pertence no Brasil a contribuição de melhoria admitida no art. 30.º da Constituição Federal de 1946 e regulada pela Lei federal n.º 854, de 10 de Outubro de 1949 e o que os escritores norte-americanos chamam *special assessment*. (BILAC PINTO, *Contribuição de melhoria*, s/d; OSWALDO ARANHA BANDEIRA DE MELO, *A contribuição de melhoria e a autonomia municipal*, 1952; *Revista de Direito Administrativo* (brasileira), vol. IX, pág. 396; vol. XII e XIII, pág. 1; vol. XVIII, pág. 1, texto da Lei n.º 854).

A experiência portuguesa quanto a estas taxas não foi de molde a encorajar a sua extensão. Na verdade, pràticamente as taxas de rega e beneficiação não têm sido cobradas na maior parte dos aproveitamentos hidro-agrícolas.

5. Quanto à tributação directa das mais valias só foi consagrada a partir da Lei de 26 de Julho de 1912.

A Lei de 23 de Julho de 1850 já incidentalmente se referia às mais valias ao determinar aos louvados, no § 13.º do art. 27.º, que na avaliação dos prédios expropriados tomassem em conta «se a parte dos bens expropriada fica valendo mais pelo uso da expropriação».

Tratava-se aqui da compensação entre o dano causado pela expropriação de uma parte do seu prédio a um proprietário, com a valorização que da obra a realizar proviria para o resto do prédio que continuava na sua posse. Esta recuperação indirecta da mais valia foi introduzida no Direito francês pelo art. 51.º da Lei de 3 de Maio de 1841, que resa assim:

– «Si l'éxecution des travaux doit procurer une augmentation de valeur immédiate et spéciale au restant de la propriété, cette augmentation sera prise en considération dans l'évaluation du montant de l'indemnité».

(Cf. LE SOURD, *L'expropriation des plus-values indirectes résultant des travaux publics*, 1930; DUEZ et DEBEYRE, *Traité de Droit Administratif*, 1952, pág. 949 e seg.; M. WALINE, *Traité elem. de Droit adm.*, 6.ª ed., pág. 501).

Mas em Portugal, o débil traço da influência da lei francesa de 1841 na nossa lei de 1850 não obteve, mesmo assim, o aplauso da doutrina que escandalizadamente considerava a recuperação do maior valor pelo Estado «um princípio insustentável em face dos princípios da filosofia do direito» (A. A. MORAIS DE CARVALHO, *Da expropriação por utilidade pública*, 1878, pág. 25).

A Lei de 26 de Julho de 1912 é que, portanto, pela primeira vez consignou em termos genéricos a recuperação directa das mais valias, no seu art. 10.º, que diz:

– «Quando a abertura, o alargamento ou a regularização duma via pública determinar o aumento do valor locativo dos prédios que utilizarem desse melhoramento, os donos desses prédios pagarão, por uma só vez ou em anuidades, à sua vontade, uma importância igual a 30 por cento do aumento do valor dos mesmos prédios».

Como se vê referia-se à hipótese apenas da valorização pelas vias públicas nos casos incluídos na expressão que sublinhamos.

Não consta que deste preceito fosse feito largo uso pelas Câmaras Municipais.

Assim, é preciso chegar a 1935, já em pleno desenvolvimento da política de fomento do Estado Novo, para encontrar um caso de tributação das mais valias em grande escala e desta vez com resultados práticos: foi o caso da Lei n.º 1 909, de 22 de Maio desse ano, que lançou as bases da urbanização da zona denominada «Costa do Sol» para a qual iam ser construídas a autoestrada e a estrada marginal, a partir de Lisboa.

No art. 8.º dessa lei estabelece-se que «poderá ser cobrado um imposto de valorização, na forma a determinar, sobre as propriedades que beneficiarem com a execução do plano ou planos aprovados».

O Decreto n.º 26 762, de 9 de Julho de 1936, que criou o Gabinete de Urbanização da Costa do Sol, deu à respectiva comissão competência para «fixar e propor ao Governo o imposto de valorização a cobrar pelo aumento de valor que vierem a ter as propriedades que beneficiarem com a execução do plano ou planos aprovados» (alínea 9 do art. 9.º).

Mais tarde, o Decreto-Lei n.º 33 921, de 5 de Setembro de 1944, veio elevar a 50% do valor para construção o montante do imposto de maior valia que, por virtude da execução de planos de urbanização e expansão, poderia ser cobrado, pelas entidades executoras, dos proprietários dos terrenos não abrangidos nas expropriações mas que constituíssem lotes para construção ou se destinassem a sê-lo (art. 27.º).

Ver-se-á adiante o que são tais planos: mas não se afastou o legislador da orientação anterior. O plano de urbanização em vez de uma só via pública implica a abertura de um sistema de vias públicas (avenidas com ruas paralelas e transversais ou confluentes, largos, praças, parques e jardins) marginadas pelas zonas de edificação, a maior parte das quais se destina a prédios destinados a habitação e, portanto, de rendimento.

6. Quanto à apropriação das mais valias pela entidade pública que realize as obras, mediante a expropriação das zonas valorizáveis, a primeira vez, segundo parece, que o sistema foi posto em prática foi na Lei de 9 de Agosto de 1888 destinada a permitir a construção, em Lisboa, da Avenida da Liberdade e das avenidas que a haviam de prolongar até ao Campo Grande, bem como das «ruas adjacentes, paralelas ou incidentes».

A fórmula foi ensaiada com todas as precauções, visto permitir-se aos proprietários dos terrenos a realização das obras por conta deles; mas quando não exercessem esse direito de preferência, seriam então expropriados os prédios «pelo seu valor actual» e posteriormente postas em praça as parcelas sobrantes das obras, pertencendo à Câmara, além do primitivo preço da expropriação, 5% do aumento do valor obtido em praça e 25% ao proprietário expropriado.

Na Lei de 26 de Julho de 1912 este sistema aparece consagrado em termos gerais.

Pelo seu art. 6.º estabelecia-se a regra de que «a extensão dos terrenos a expropriar será a estritamente necessária às obras e empreendimentos que determinem a expropriação».

Mas a esta regra abria uma excepção o § 2.º do mesmo artigo:

— «*As expropriações necessárias à abertura, ao alargamento e à regularização de vias públicas* poderão abranger, além dos perímetros estritamente marcados àqueles fins, mais uma faixa, anexa e exterior, de largura não superior a 50 metros».

Vimos antes que, pelo art. 10.º, se o expropriante não exercesse a faculdade de expropriar as zonas marginais das vias públicas a abrir, alargar ou regularizar, o proprietário guardava 70% da maior valia, pois só tinha de pagar 30%.

E se o expropriante exercesse essa faculdade?

Pareceu então de equidade atribuir também uma parcela da maior valia ao proprietário expropriado, e assim o estabeleceu o art. 7.º:

– «As faixas de que trata o § 2.º do artigo 6.º, uma vez expropriadas, serão postas à venda em hasta pública, talhadas em chão, regulares de dimensões e confinações, acomodadas às exigências duma boa edificação urbana, pertencendo ao expropriante, além do primitivo preço de expropriação, uma percentagem sobre o aumento de valor obtido em praça, e aos expropriados o restante.

Contudo os expropriados poderão, na acto da praça, usar do direito de preferência, restituindo ao expropriante o preço da expropriação e cedendo-lhe também a importância que lhe competiria do aumento do valor obtido em praça sobre esse preço.

§ único. A percentagem que compete às entidades expropriantes é de 85 por cento nos prédios urbano de Lisboa e Porto e de 80 por cento nos prédios rústicos de Lisboa e Porto e de 50 por cento nos restantes».

Como se vê, continuamos perante o caso das faixas marginais dos terrenos expropriados para abertura, alargamento ou regularização de vias públicas e destinadas à edificação urbana.

7. É sempre nessa orientação que prossegue o Decreto-Lei n.º 33 921, de 5 de Setembro de 1944, ao regular a elaboração pelos Municípios de planos gerais de urbanização e expansão dos principais aglomerados populacionais.

Nos arts. 21.º e seguintes encontram-se disposições relativas às expropriações necessárias à execução desses planos. E aí se admite (art. 22.º) a expropriação de zonas e a venda, em hasta pública, «dos terrenos sobrantes destinados à construção de prédios».

A expressão «terrenos sobrantes» está aqui empregada no sentido de terrenos que, na expropriação de uma zona, excedem a área estritamente necessária para a realização da obra que justificou a declaração de utilidade pública.

Quando se trata da elaboração de um plano de urbanização não é possível restringir a expropriação às áreas indispensáveis à abertura das vias de comunicação acompanhadas dos 50 metros de faixas marginais. Na verdade, o plano abrange (alínea d) do art. 18.º do cit. Decreto n.º 33 921), «ruas, praças, alamedas, jardins e parques, espaços livres a utilizar e localização dos principais edifícios públicos, mercados, matadouros, gares, embarcadouros, cemitérios, instalações de interesse social ou económico, campos de jogos, etc.».

Terrenos sobrantes eram, pois, sòmente os que fossem, segundo o art. 22.º, «destinados à construção de prédios». E nesses, depois de vendidos em hasta pública, determinava o art. 26.º que se desse aos expropriados, «como única indemnização a título de valorização», uma participação de 20% da diferença entre a indemnização anteriormente paga pela expropriação, acrescida da quota que lhe coubesse nos encargos da urbanização, e o preço obtido na venda dos lotes para construção.

Repare-se como em toda esta legislação há o cuidado de especificar que a percentagem da mais valia a entregar ao expropriado é determinada, não sobre uma valorização hipotética ou eventual, mas sobre a diferença apurada em relação ao preço do prédio expropriado, a quando da *venda dos lotes em hasta pública*.

Deste modo, o expropriado não tem direito a um benefício calculado subjectivamente, e porventura sob a influência de factores de especulação, mas a *uma parte da mais valia efectiva*, isto é, produzida de facto pela venda de terrenos não utilizados na obra pública.

III – O sistema da Lei n.º 2 030

8. Assim chegamos à Lei n.º 2 030, de 22 de Junho de 1948 que recolhe e sistematiza toda a experiência anterior.

No art. 17.º sujeita ao *encargo de mais valia* «os prédios rústicos não expropriados quando, por virtude de obras de urbanização ou abertura de grandes vias de comunicação, aumentam consideràvelmente de valor pela possibilidade da sua aplicação como terrenos de construção urbana...».

Esse encargo é pago à medida que vai sendo requerida licença para construção em cada talhão (cit. Lei, art. 17.º, n.º 6.º).

O Decreto n.º 39 043, de 18 de Dezembro de 1952 regulou a cobrança do «encargo» que é mais pròpriamente um imposto.

Quanto à indemnização a pagar pelos prédios, a Lei estabelece que deve ser calculada «com base no valor real dos bens expropriados» (art. 10.º, n.º 1), fixado por acordo entre os interessados ou mediante avaliação por louvados (art. 14.º, n.º 2) sem que possa tomar-se em consideração a mais valia resultante de obras ou melhoramentos públicos realizados nos últimos 5 anos, ou da própria declaração de utilidade pública da expropriação ou ainda de quaisquer circunstâncias ulteriores a essa declaração, dependentes da vontade do expropriado ou de terceiro.

A este princípio geral abre o art. 11.º uma excepção relativa ao valor do terreno no caso de expropriação de prédios rústicos destinados a obras de urbanização ou abertura de grandes vias de comunicação.

É como se vê a hipótese prevista no artigo 17.º para fundamentar a cobrança da contribuição de mais valia.

Nesse caso, a indemnização terá por base o valor real, aumentado de 20 por cento da mais valia resultante do novo destino permitido pelas obras ou melhoramentos projectados, sendo essa mais valia calculada em relação ao conjunto dos terrenos expropriadas, quer se destinem à própria obra, quer se destinem a construções adjacentes (art. 11.º, alíneas *a*) e *c*)).

A lei exige que se trate de terrenos que hajam sido avaliados como de cultura, e não como terrenos para construção (n.º 2) e admite que a previsão inicial da mais valia seja corrigida pelos resultados médios obtidos pela venda em praça (n.º 1, alínea *f*)). Esta última regra é muito importante, pois embora se admita uma correcção inicial da indemnização com base na *mais valia presumida ou hipotética*, mostra que a lei não se afastou da regra de que não se pagam aos expropriados mais valias especulativas ou ideais, apenas se lhe concedendo partilha no maior valor efectivamente produzido na venda dos terrenos. A percentagem inicial, é assim, fixada por conta do que se apurar depois.

Importa, porém, para compreender as inovações do artigo 11.º acompanhar os trabalhos preparatórios da Lei n.º 2 030.

9. No relatório da proposta de lei apresentada pelo Governo à Assembleia Nacional na sessão de 4 de Fevereiro de 1948 (*Diário das Sessões*, número 132, pág. 280) expunham-se detidamente os princípios dominantes do novo regime legal em matéria de indemnização.

E aí se dizia:

– «O princípio da igualdade dos cidadãos perante os encargos que à sociedade incumbem exige a reparação integral dos prejuízos suportados pelo expropriado.

«Mas o mesmo princípio deve impedir que o expropriado receba mais do que efectivamente dá. Ora este enriquecimento sem causa verifica-se quando o expropriado recebe como indemnização, não o valor do prédio expropriado anterior aos trabalhos públicos que o beneficiaram, mas o valor que passará a ter em virtude dos melhoramentos públicos que fudamentam a expropriação ou até da expectativa do novo destino económico dos bens, só possível pela realização de grandes obras públicas.

«Nem sempre a mais valia indirecta, ou mais valia resultante da efectivação de obras ou trabalhos públicos, tem consistência bastante para que a sua destrinça seja possível ou contrabalance os inconvenientes da sua determinação.

«Há circunstâncias, porém, que a tornam tão visível que renunciar a ela seria defraudar injustamente o interesse público, fazendo recair sobre os cidadãos em geral encargos extraordinàriamente graves.

«Assim acontece no que respeita aos terrenos conquistados para a urbanização por novos planos de obras ou de comunicações.

«O sistema adoptado pela proposta de lei não pretende uma recuperação integral das mais valias indirectas. Quer sòmente fixar um princípio insuficientemente expresso na actual legislação e evitar os casos mais nítidos de especulação *à custa dos melhoramentos públicos, isto é, do dinheiro de todos* impedindo que o progresso geral do País seja entravado pela necessidade de pagar em duplicado os melhoramentos efectuados.

«O critério da indemnização para os *terrenos transformados por obras de urbanização em terrenos de construção* procura combinar os princípios expostos com a conveniência de fornecer um método prático de determinação do seu valor.
.... [1].

De harmonia com os princípios assim expostos o Governo propunha, na Base XVI, a tributação das mais valias dos prédios rústicos que «por virtude dos trabalhos de urbanização ou construção de grandes vias de comunicação alcancem relevante mais valia pela possibilidade da sua aplicação como terrenos de construção urbana... quando aqueles terrenos não devam ser expropriados».

E na Base X, em que regulava o modo de calcular a justa indemnização dos bens a expropriar, dispunha no n.º 3.º:

– «No caso dos terrenos que, por virtude de trabalhos de urbanização ou construção de grandes vias de comunicação, devam ser destinados a edificações... a justa indemnização será calculada pela soma do valor matricial dos terrenos e 20 por cento da mais-valia resultante do novo destino económico permitido pelas obras ou melhoramentos públicos projectados; a avaliação no processo de expropriação incidirá, por isso, sobre a mais valia dos terrenos, pela sua transformação em terrenos de construção, e será corrigida quando os terrenos sejam vendidos em hasta pública, em função do valor obtido em praça».

Como se vê, os pressupostos da aplicação destes preceitos eram os seguintes:

a) Haver obras públicas (trabalhos de urbanização ou construção de grandes vias de comunicação) cuja realização, por força da Base XVI, daria lugar à produção de maiores valias nos terrenos vizinhos e à cobrança da respectiva contribuição;

b) Fazer-se a expropriação de zonas que, além dos terrenos indispensáveis à realização dos melhoramentos, compreendesse a de outros terrenos destinados a construção por particulares, depois de vendidos por lotes em hasta pública.

---

[1] Os itálicos são da responsabilidade do autor.

Neste caso, a Administração reservava-se 80% da mais valia dos terrenos vendidos para construção e dava 20% ao proprietário expropriado, cujos prédios seriam pagos pelo valor da matriz.

Este pormenor é importante, sabido que as matrizes prediais, nos concelhos onde ainda não vigora o cadastro geométrico, registam rendimentos colectáveis baixos os quais por sua vez conduzem a determinar baixos valores para os prédios.

10. A Câmara Corporativa, no Parecer emitido em 31 de Março de 1948 e publicado no *Diário das Sessões da Assembleia Nacional* n.º 140, de 1 de Abril, aplaude em princípio a orientação do Governo neste ponto, observando no n.º 27:

– «Mas se a expropriação de faixas adjacentes se justifica por fortes razões de técnica urbanística, não pode negar-se que uma consideração de ordem jurídico-económica vem robustecer o seu fundamento e impô-la como prática corrente. Referimo-nos à *maior valia*... ou seja, aquele aumento de utilidade que aos terrenos vizinhos advém do próprio melhoramento público.

«Como é óbvio, o proprietário não contribuiu, por sua acção, para a valorização do terreno, antes esta decorreu directamente de acto da entidade promotora do empreendimento: não é justo que ele se torne beneficiário exclusivo do aumento do valor.

«O proprietário cujo prédio beneficiado pela obra de urbanização poderia ter sofrido a sorte do vizinho que viu o seu terreno totalmente afectado à realização da obra: bastava que a implantação do melhoramento tivesse sofrido uma deslocação de alguns metros.

«Este aspecto põe em evidência a falta de justiça da tese dos que defendem, dentro de um critério rigidamente individualista, que na maior valia não deve a municipalidade ter participação».

....

Ocupou-se a Câmara especialmente da disposição do n.º 3 da Base X da proposta governamental, que sugeriu se transformasse numa nova base, a X-A (Parecer n.º 56).

E aí, o que antes lhe aparecera como doutrina pacífica, é agora tratado como questão litigiosa em consequência de «representações dirigidas à Câmara por colectividades de repeitável tradição».

«Trata-se (escreve-se no Parecer), precisamente daquele aspecto em que o instituto da expropriação mais se liga à causa da habitação, pois visa transformar terrenos de cultura em áreas urbanizadas, abrindo-se ruas, praças e jardins ou grandes vias de comunicação que serão outros tantos incentivos a uma ampla obra de edificação. É nos próprios terrenos, dizem uns, que reside o potencial económico que vem a consentir a sua transformação; é tão sòmente no empreendimento promovido pela entidade pública, aduz-se *ex-adverso*, que se encontra a chave da valorização e, por isso, os proprietários expropriados não têm direito a qualquer compensação que não seja o preço corrente do prédio na sua graduação actual.»

Nesta questão, a Câmara toma partido no sentido de que se deve afastar «o apuramento directo do valor real» dos prédios a expropriar, para procurar esse valor «através de uma decomposição nos elementos estruturais: o valor, descarnado e objectivo, do actual, e o *quantum* de maior valia a atribuir ao prédio por aquilo que deve ser-lhe imputado como comparticipação na melhoria do conjunto».

Esta comparticipação na mais valia vem a ser, afinal, a quota que a lei sempre consentiu que ficasse em poder do expropriado quando autoriza a tributação.

Dos trechos transcritos resulta claramente que a Câmara não se afastou, porém, do pensamento inicial do Governo quanto às circunstâncias em que se produzem as maiores valias: transformação de terrenos de cultura em terrenos para construção de casas de rendimento, por virtude de obras públicas de urbanização ou de abertura de grandes vias de comunicação.

A essa ideia volta a Câmara no n.º 74 do Parecer:

– «A declaração de utilidade pública tendente à realização dum melhoramento determina, em relação aos terrenos necessários à obra pròpriamente dita e, por vezes, aos trabalhos complementares – caso das faixas adjacentes para construção – a expropriação dos mesmos, mas pode o reflexo da própria obra ir beneficiar prédios diferentes dos expropriados, por forma tão particularmente relevante que se justifique a incidência sobre eles de um encargo de maior valia. Na verdade, o desenvolvimento dos trabalhos de urbanização é para eles fonte de importante valorização em virtude de poderem ser adaptados à edificação urbana.

«Quando tal circunstância se dê, os princípios já expostos a respeito da expropriação de faixas anexas conduzem, *mutatis mutandis*, à justificação do encargo a cobrar dos proprietários uma vez que *é só por efeito da obra de urbanização ou da abertura duma grande via de comunicação* e, portanto, sem qualquer diligência dos donos, que se operou a melhoria na categorização dos prédios».

Em conclusão do seu estudo, a Câmara Corporativa, aceitando em geral nesta matéria os princípios da proposta governamental, sugeria quanto ao cálculo da indemnização, a nova base X-A, relativa à «expropriação de prédios rústicos destinada a obras de urbanização ou abertura de grandes vias de comunicação».

Nesses casos a justa indemnização compreenderia:

a) O valor do terreno, na base do seu rendimento matricial, corrigido pelo rendimento líquido efectivo. «Não se atenderá a quaisquer factores relativos ao valor venal ou potencial do terreno»;

b) Uma parcela igual a 20 por cento da maior valia «resultante do novo destino económico permitido pelas obras ou melhoramentos públicos projectados», calculada em relação ao conjunto dos terrenos expropriados, quer se destinem à própria obra, quer se destinem a construções adjacentes.

11. Na discussão parlamentar, a nova base X-A sugerida pela Câmara Corporativa suscitou vivo debate. É que o deputado ANTUNES GUIMARÃES propôs uma emenda à alínea *a)*, nos seguintes termos:

– «A indemnização terá por base o valor real aumentado de 20 por cento da maior valia resultante do novo destino permitido pelas obras ou melhoramentos projectados.»
(*Diário das Sessões da Assembleia Nacional*, n.º 149, de 26 de Abril de 1948, pág. 541).

O deputado proponente não compreendia que se procurasse determinar o valor dos prédios por outra forma que não fosse a avaliação directa consagrada nas outras bases da proposta de lei. A sua oposição visava a avaliação calculada a partir do rendimento.

Apesar dos argumentos que foram opostos a esta emenda, a maioria da Câmara aprovou-a numa votação contrastada em contra-prova e depois feita nominalmente.

E assim veio a ficar, na Lei n.º 2 030, o artigo 11.º com a redacção que tem e onde a indemnização no caso de expropriação de prédios rústicos, *destinada a obras de urbanização ou abertura de grandes vias de comunicação*, terá por base o *valor real* aumentado de 20 por cento da mais valia.

Esse valor real é o determinado por avaliação directa, nos termos do artigo 14.º, e tendo em atenção os preceitos do artigo 10.º entre os quais figura o do n.º 3: não pode tomar-se em consideração a valorização resultante da própria declaração de utilidade pública da expropriação e, portanto, do destino dado aos bens.

12. Para dar execução à primeira parte da Lei n.º 2 030 foi publicado em 22 de Fevereiro de 1950 o regulamento do processo de expropriação por utilidade pública constante do Decreto n.º 37 758.

Tratando-se de um regulamento não há que esperar que nas suas disposições se encontrem normas substancialmente diferentes das que constam da lei regulamentada.

Assim, o art. 33.º limita-se a repetir que nas expropriações de prédios rústicos destinados a obras de urbanização ou abertura de grandes vias de comunicação o valor real do prédio será calculado em função do seu destino e rendimento como prédio rústico, sem tomar em consideração quaisquer maiores valias especificadas no § único do art. 32.º, adicionando-se-lhe depois 20 por cento da mais valia resultante do novo destino permitido pelas zonas ou melhoramentos projectados. O computo da mais valia é norteado pelo § 2.º do mesmo art. 33.º.

Convém completar o estudo do sistema da Lei n.º 2 030 com a referência ao projecto do decreto que o Governo apresentou em Dezembro de 1958 à Câmara Corporativa, para substituir este regulamento das expropriações (*Actas da Câmara Corporativa*, VII Legislatura, 1958, n.º 33).

Embora ainda sujeito a exame na Câmara a análise do projecto nos pontos que nos interessam e sem esquecer o seu carácter regulamentar, poderá elucidar àcerca da persistência da orientação até aqui seguida pelo legislador ou da manifestação de alguma tendência em sentido diverso.

Ora no art. 41.º, n.º 2, lê-se:

– «A justa indemnização não visa compensar o benefício alcançado pelo expropriante, mas ressarcir o prejuízo que ao expropriado causa a expropriação; o prejuízo do expropriado mede-se pelo valor real e corrente dos bens expropriados, e não pelas despesas que haja de suportar para obter a substituição da coisa expropriada por outra equivalente».

E no art. 42.º, que indica os factores a tomar em conta para determinar o valor real do prédio, prescreve o n.º 2:

«Não se tomará em consideração, para o efeito a que se refere o número anterior, a mais valia resultante das obras ou melhoramentos públicos realizados nos últimos cinco anos ou da própria declaração de utilidade pública da expropriação ou ainda de quaisquer circunstâncias ulteriores a essa declaração, dependentes da vontade do expropriado ou de terceiro».

Quanto ao art. 43.º, trata das expropriações de prédios rústicos destinados a obras de urbanização ou abertura de grandes vias de comunicação e manda adicionar, ao valor actual do prédio, 20 por cento da mais valia resultante do novo destino permitido pelas obras ou melhoramentos projectados.

E ainda os arts. 78.º e seguintes se ocupam do encargo de mais valia «a que ficam sujeitos os prédios rústicos não expropriados que, em virtude de obras de urbanização ou da abertura de grandes vias de comunicação ou de simples aprovação de planos de urbanização ou projectos, aumentem consideràvelmente de valor, pela possibilidade da sua imediata aplicação como terrenos de construção urbana».

Como se vê, por conseguinte, não há qualquer alteração na orientação há muito seguida pelo legislador:

a) Só *obras públicas* ou *melhoramentos públicos,* isto é, feitos por entidade pública com recursos obtidos do imposto, dão origem a mais valias tributáveis;

b) O encargo ou imposto incide nas mais valias produzidas em prédios rústicos *não expropriados* que, em virtude de obras de urbanização ou abertura de grandes vias de comunicação, aumentem consideràvelmente de valor;

c) Esse encargo ou imposto absorve apenas parte da mais valia, deixando o restante ao proprietário do prédio;

d) Quando os prédios rústicos sejam *expropriados* pelos mesmos motivos que dão origem a mais valias tributáveis considera-se justo que a indemnização compreenda uma parcela da mais valia correspondente ao que seria deixado ao proprietário se o prédio não fosse expropriado e viesse a ser tributada a mais valia.

IV – Haverá lugar a pagamento de mais valia no caso de expropriação destinada a facilitar a instalação de indústrias de interesse nacional?

13. Suponhamos agora o caso de expropriações feitas nos termos do art. 1.º do Decreto n.º 36 824, de 9 de Abril de 1948 que regulamentou a matéria das bases XXII e XXIII da Lei n.º 2 005, de 14 de Março de 1945.

A base XXII faculta às empresas que explorem indústrias de interesse nacional o direito de expropriação por utilidade pública dos imóveis indispensáveis à sua conveniente instalação e acesso.

Esse direito já anteriormente fora conferido pelo Decreto-Lei n.º 33 502, de 21 de Janeiro de 1944.

Quais as razões que levaram o legislador a admitir a expropriação nestes casos?

Fundamentalmente duas:

1.ª Para instalar numa zona rural densamente povoada e onde, portanto, predomina a pequena propriedade, uma grande indústria de interesse nacional e que convenha localizar fora de um meio urbano, é necessário quase sempre adquirir dezenas, senão centenas de prédios, de modo a obter a área necessária. Ora basta encontrar um proprietário renitente no meio dessa área ou que haja prédios cuja disposição depende de inventário orfanológico ou pertencentes a vários comproprietários dos quais alguns estejam ausentes, para que essa aquisição se protele por anos com prejuízo grave do interesse da colectividade.

2.ª Por outro lado, a notícia espalhada numa região de que aí vai instalar-se uma empresa poderosa a qual tem necessidade de larga área para a sua fábrica, origina imediatamente um movimento geral de especulação com os terrenos, pelos quais os proprietários passam a pedir somas desproporcionadas ao seu valor real.

Portanto, o legislador concede às indústrias de reconhecido interesse nacional (e são raras) a faculdade de requerer a expropriação por utilidade pública, primeiro *por uma razão de celeridade*, e, em segundo lugar, *para combater a especulação* assegurando às empresas a aquisição dos terrenos pelo valor que eles tenham, independentemente da efectiva ou imaginária mais valia resultante do próprio facto da iniciativa do adquirente.

Seria, na verdade, chocante que a empresa industrial tivesse de pagar aos proprietários dos terrenos, além do valor real dos terrenos, o preço da sua própria iniciativa.

E se pensarmos que se trata de empresas de interesse nacional e que o custo de todos os factores produtivos vai repercutir-se no próprio preço dos produtos a fabricar, logo se verifica tratar-se de verdadeira providência de defesa colectiva, que evita o locupletamento dos proprietários sem mérito nem esforço próprio e, afinal, à custa dos consumidores que hão-de pagar os produtos.

14. A expropriação dos terrenos destina-se, neste caso, apenas à instalação da indústria com suas dependências e acessórios e restringe-se aos imóveis indispensáveis a esse fim.

Não há lugar a revenda dos terrenos expropriados para construção de edifícios destinados a exploração lucrativa, única hipótese em que está prevista a partilha das mais valias entre expropriantes e expropriados.

Deste modo, a adição de uma percentagem de mais valia à indemnização a pagar pelos prédios expropriados para implantação de uma indústria é contrária à lei e ao espírito da lei.

À *letra* porque bem claramente estabelece o artigo 11.º da Lei n.º 2 030 que tal adição só tem lugar *no caso da expropriação de prédios rústicos destinada a obras de urbanização ou abertura de grandes vias de comunicação*.

Na hipótese que consideramos trata-se da implantação de um conjunto industrial e não de obras de urbanização ou da abertura de grandes vias de comunicação.

Só nesse caso – de urbanização de uma zona ou de construção ou alargamento de uma grande via de comunicação – há lugar a expropriação, não só de terrenos necessários à obra, como de outros que ficarão adjacentes às vias públicas e que são destinados a posterior alienação para construção por particulares de edifícios de rendimento.

E então aplica-se a alínea e) do n.º 1 do art. 11.º que manda calcular a mais valia em relação ao conjunto dos terrenos expropriados, quer se destinem à própria obra, quer se destinem a construções adjacentes.

Portanto, a letra da lei não permite a aplicação da regra do art. 11.º a outros casos que não sejam esses: obras de urbanização e abertura de grandes vias de comunicação.

Mas o *espírito* da lei conduz à mesma conclusão.

O admitir-se que à indemnização da expropriação acresça uma percentagem da mais valia resultante da diferença entre o valor do terreno como prédio rústico e aquele que lhe corresponde como terreno de urbanização (§ 2.º do art. 33.º do Decreto n.º 37 758), é a contrapartida do princípio de que, se o prédio não fosse expropriado e viesse a ser beneficiado pelas obras, seria tributado pela mais valia, mas deixando uma parcela desta em poder do proprietário.

Ora na expropriação para fins industriais não há valorização tributável, só pelo facto da implantação da fábrica, dos prédios confinantes. Não há expropriação de terrenos valorizáveis, a mais dos necessários para o estabelecimento da indústria, a fim de os empresários se apropriarem das mais valias. Não há razão, por conseguinte, para invocar a equidade a fim de dar aos expropriados um benefício igual ao que teriam os não expropriados.

E o sobrecarregar a indemnização com mais valia seria contrariar o princípio, bem claramente consignado no nosso Direito, de que no cálculo da indemnização não pode tomar-se em consideração a valorização resultante da própria declaração de utilidade pública da expropriação.

V – Conclusões

Em conclusão:

1. O conceito da mais valia da propriedade nasceu da verificação do aumento gratuito do valor venal dos prédios, por virtude de factos sociais, sem que para tal aumento contribuísse a inteligência, a diligência ou o esforço dos proprietários.

2. As mais valias surgiram como matéria colectável sobre a qual podem ser lançadas *taxas* para pagamento da obra ou melhoramento que lhes dá origem em proporção do benefício recebido pelo proprietário, ou *impostos* destinados a fazer reverter à colectividade todo ou parte do valor acrescido a um património por efeito de obras públicas custeadas com dinheiros públicos.

3. No Direito Português só são tributáveis por imposto as mais valias produzidas pela transformação de terrenos de cultura em terrenos para construção,

dos prédios beneficiados pela abertura ou alargamento de grandes vias de comunicação ou pela execução de um plano de urbanização e expansão.

4. A tributação das mais valias no Direito Português é parcial, isto é, deixa uma parcela da matéria colectável no património tributado.

5. O Estado ou a autarquia local que tenha a seu cargo a abertura da via de comunicação ou a execução de um plano de urbanização pode expropriar, não apenas os terrenos indispensáveis à realização da obra, mas também os terrenos que ela vá valorizar e que depois revenderá, apropriando-se desse modo das mais valias em vez de deixar esses terrenos em poder dos particulares e de tributar as mais valias.

6. Quando assim suceda (expropriação de zonas compreendendo terrenos a revender) a legislação portuguesa consagrou, por equidade, o princípio de que o expropriado deve também receber uma parcela da mais valia obtida no conjunto da zona, tal como acontece se não tivesse havido a expropriação dos terrenos não imprescindíveis à obra.

7. Mas a expropriação de terrenos para implantação de estabelecimentos fabris de indústrias de interesse nacional está completamente excluída de todo este sistema.

8. Tal implantação não pode incluir-se no conceito de abertura ou alargamento de grande via de comunicação (como é óbvio); nem de obra de urbanização, expressão cujo conceito técnico está perfeitamente determinado e se enquadra legalmente na definição dos planos dada pelo art. 18.º, alínea *d*) do Decreto-Lei n.º 33 921.

9. Só podem ser expropriados os terrenos indispensáveis ao estabelecimento do conjunto industrial, não sendo admissível que nele se incluam outros previamente destinados a revenda para utilidades que impliquem maior valorização.

10. E sendo assim, não pode dar-se ao expropriado partilha numa maior valia que não terá expressão efectiva, nem poderá ser determinada afinal na forma prevista na alínea *f*) do art. 11.º da Lei n.º 2 030.

11. Tão-pouco subsiste a razão de equidade que leva a incluir na indemnização uma parcela da mais valia por consideração do benefício deixado ao proprietário não expropriado a quem só parcialmente a tributação capta a mais valia produzida no seu prédio.

12. Contrariar-se-ia ainda o propósito da lei ao admitir a expropriação de terrenos para instalação de indústrias, e que é libertá-las de especulações que encareçam os investimentos iniciais e a produção futura, e os preceitos legais que proíbem que na avaliação dos prédios a expropriar se tomem em conta as valorizações especulativas determinadas pela simples notícia da declaração de utilidade pública da expropriação.

O interesse como condição de legitimidade no recurso directo de anulação*

1. O problema da legitimidade das partes no recurso directo de anulação é um dos mais delicados do contencioso administrativo suscitando a cada passo dificuldades que nem sempre a jurisprudência e a doutrina têm podido vencer com felicidade, isto é, à luz de princípios lógicos susceptíveis de aplicação coerente.

Há muitos anos que ele me interessa. Em 1933 publiquei nesta revista, ano 65.º, págs. 162 e 194, um estudo *Sobre o problema da legitimidade das partes no Contencioso Administrativo português* em que expunha os antecedentes da questão na legislação e na jurisprudência pátrias e os seus aspectos à luz dos textos vigentes nessa época e das tendências dos tribunais de então.

Muito tempo passou sobre essa data, mudaram as leis, mudaram os tribunais, mudaram os critérios. Saíram entretanto quatro edições do *Manual de Direito Administrativo* nos quais a matéria foi exposta. Mas eram tantos os capítulos virgens, ou quase, do nosso Direito Administrativo, que só pouco a pouco tem sido possível analisar com alguma profundidade alguns deles. Na matéria da legitimidade das partes o Manual tem-se limitado a reproduzir a orientação jurisprudencial do Supremo Tribunal Administrativo, sistematizando-a à luz da doutrina francesa que a inspirou.

Recentemente foram publicados dois volumes que tocam no assunto. Um, do Sr. Dr. ANTÓNIO RATO, distinto inspector administrativo do Ministério do Interior, intitula-se *Da legitimidade das partes no recurso contencioso de anulação*[1], procura explorar os aspectos doutrinários antes de resumir as resoluções jurisprudenciais; outro, do Sr. Dr. ALFREDO MENDES DE ALMEIDA FERRÃO, sobre *Questões prévias e prejudiciais no Contencioso Administrativo*[2], apresenta-se com carácter intencionalmente utilitário, espécie de reportório prático de jurisprudência

---

* Publicado in *O Direito*, ano 91 (1959), 3, pp. 169-199.
[1] Coimbra, 1958. É separata da *Revista de Direito Administrativo*.
[2] Coimbra, 1959.

do Supremo Tribunal Administrativo, que ignora toda a doutrina nacional e estrangeira embora dela aproveite os conceitos e as conclusões.

A leitura destes trabalhos suscitou-me o desejo de rever o problema da legitimidade. Sobretudo quando, ao chegar à pág. 76 do livro do Sr. Dr. FERRÃO, encontrei as suas referências à jurisprudência do Supremo Tribunal Administrativo relativa à admissibilidade dos recursos em matéria de condicionamento industrial.

«Esta doutrina (comenta o autor) não se contém rigorosamente na definição dada pela doutrina dos requisitos exigidos ao interesse para assegurar a legitimidade das partes. Com efeito, parte-se do pressuposto de que as empresas que exercem as indústrias autorizadas pelos despachos impugnados tem, por isso mesmo, interesse em atacar contenciosamente os despachos.

«Tal interesse não pode, porém, considerar-se nem directo, nem legítimo.

«Não pode considerar-se *directo*, porque o cerceamento dos lucros ou a diminuição de clientela que porventura possam vir a sofrer os recorrentes com a autorização da instalação ou de reabertura de novo estabelecimento (*sic*) nem são certos, porque podem não verificar-se, nem, a dar-se resultam directamente do acto de autorização, mas sim de actos de terceiros.

«Não pode considerar-se *legítimo* porque os recorrentes só estariam investidos numa situação jurídica, oponível à Administração e aos terceiros beneficiados com os actos impugnados, se tivessem a concessão, em regime de monopólio ou exclusivo, da indústria autorizada.

«No entanto, é de aplaudir esta jurisprudência por dever alargar-se o conceito de legitimidade de modo a permitir às partes acautelar interesses que são dignos de protecção, posto não revestirem as características que a doutrina e a jurisprudência exigem para assegurar a legitimidade do recurso.»

Quer dizer: o autor reconhece que o conceito de legitimidade expresso mais de uma vez em acórdãos do Tribunal está em crise. Porque é difícil de admitir que o Tribunal continue a aceitar as definições dos atributos ou requisitos do interesse tais como as tem formulado, para as pôr de banda quando em certos casos concretos verifique que «não permitem às partes acautelar interesses que são dignos de protecção». Se nestes casos a doutrina não serve, é porque está mal definida, – a não ser que, como tantas vezes tem sido insinuado a respeito da atitude do Supremo Tribunal Administrativo em matéria de condicionamento industrial, este tenha aqui, mais do que uma simples jurisprudência, uma verdadeira *política* cujos critérios sobrepõe aos do Governo e até aos da própria lei...

O Conselho Ultramarino solicitado a julgar questões idênticas, tem-se mantido na ortodoxia doutrinária, rejeitando por ilegitimidade das partes os recursos interpostos de autorizações em matéria de condicionamento industrial por simples interessados, quer hajam reclamado no processo administrativo gracioso quer não.

Não há dúvida que se levantam aqui algumas questões dignas de exame. Primeiro a dos atributos do interesse requeridos para a legitimidade. Em segundo lugar a das relações entre o processo contencioso e o processo gracioso que o haja precedido.

2. Muito antes de no Direito positivo português se exigir, como condição de legitimidade, a posse de um interesse directo, pessoal e legítimo no provimento do recurso, já a jurisprudência do antigo Supremo Tribunal Administrativo, primeiro, e do Supremo Conselho de Administração Pública, a seguir, definiam nesses termos o interesse formal que o recorrente devia demonstrar, conformando-se desse modo com a doutrina francesa.

Interesse formal, isto é, interesse processual, interesse digno de obter a atenção dos órgãos jurisdicionais, porque justamente essa concepção da legitimidade surge como um progresso relativamente à orientação, mais estreita, em que o Supremo exigia que o recorrente se apresentasse como titular de um direito subjectivo cuja violação alegasse[3].

O autor francês neste particular consultado e seguido pela jurisprudência portuguesa foi, sem dúvida, HAURIOU, mais de uma vez expressamente citado nos arestos dos tribunais.

Ora, ao tratar do recurso por excesso de poder perante o Conselho de Estado francês, eis como se exprimia o professor de Toulouse:

«É preciso... que o reclamante tenha na anulação do acto um interesse. Este interesse, que o acto prejudica e que, segundo a expressão consagrada, *il a froissé*, não é necessàriamente extraído de um direito, é na maior parte dos casos um simples interesse administrativo, o interesse, por exemplo, em obter uma concessão do domínio público ou em não se ver privado dela. Daí resulta a máxima de que o recurso por excesso de poder é proporcionado *pelo simples interesse ferido* sem que exija um direito violado.

Este interesse não é necessàriamente pecuniário, nem necessàriamente importante, pode ser um simples interesse moral (por exemplo, o de um corpo constituído que deseja fazer respeitar as suas prerrogativas) ou um fraco interesse pecuniário – *de minimis curat praetor*.

«Mas este interesse deve apresentar qualidades essenciais, deve ser directo, pessoal do reclamante, e legítimo.

«a) *Directo e imediato*, quer dizer que o interesse não deve ser eventual, mas actual, e que a anulação do acto deve acarretar uma satisfação imediata ao reclamante, não uma satisfação longínqua; assim, o reclamante que não seja senão

---

[3] Veja-se esta evolução no cit. artigo de O Direito, ano 5.º, págs. 162 e 194.

herdeiro presuntivo de um proprietário, não teria qualidade para interpor recurso contra um acto que imponha encargos à propriedade.

«b) *Pessoal ao reclamante*, significa que o recurso por excesso de poder não é uma *actio popularis* aberta a qualquer um: o interesse que justifica o recurso *deve derivar duma situação jurídica particular em que se ache o reclamante relativamente ao acto atacado e que este tenha podido lesar.*

....

«c) Além disso, é preciso que o interesse seja *legítimo*, isto é, que resulte duma *situação jurídica definida* em que o interessado se encontre face à Administração. – Bem entendido, o interesse é legítimo se resulta de direitos adquiridos do administrado oponíveis à Administração, como por exemplo, os direitos do administrado ou do comerciante; mas o interesse é ainda legítimo quando resultante de decisões anteriores da própria Administração que coloquem o administrado em certa categoria sujeita a encargos precisos e limitados (contribuinte inscrito na matriz) ou de decisões anteriores da Administração de que o administrado tenha tirado ou possa esperar vantagens legítimas (concessionário do domínio público, pessoa nomeada para um emprego, eleitor inscrito no recenseamento, concorrente a uma adjudicação se se tratar de atacar a decisão que a aprove, candidato admitido a um concurso ou a um exame se atacar o acto homologatório dos resultados do concurso ou que os anule).

«Pelo contrário, uma simples situação de facto que não fosse devida a decisões administrativas anteriores, nem ao exercício de um direito individual ou que resulte de mera tolerância da Administração não confere, por si só, interesse legítimo para contestar os actos da Administração»[4].

Foi longa a citação de HAURIOU: mas importava reproduzir o mais fielmente possível o seu pensamento, já que é destas páginas que parte a doutrina que temos de analisar.

3. Na exposição de HAURIOU é relativamente claro o que diz acerca do *interesse* em si mesmo e do seu carácter *directo*. O mesmo se não pode dizer quanto à pessoalidade e à legitimidade dele.

Está bem que se diga que o interesse tem de se verificar concretamente na pessoa do recorrente, sem que se confunda com o interesse geral da legalidade ou duma colectividade ou de um grupo. Mas HAURIOU exige mais: exige que derive duma situação jurídica, o que imediatamente acarreta o exame de um outro atributo com o qual este passa a confundir-se, o do carácter *legítimo* do interesse.

Ao tratar deste último atributo, o autor francês fá-lo assentar numa *situação jurídica definida, face à Administração*, excluindo as situações de facto criadas

---

[4] *Précis de Droit Administratif et de Droit Public*, 10.ª ed., págs. 437 a 440.

independentemente de anteriores resoluções administrativas ou à sombra de actos de mera tolerância. Esta maneira de pôr a questão parecia exigir desde logo o exame pelo tribunal de certos aspectos de fundo como no caso, já ventilado no foro português, de o recorrente pretender ver reconhecidos os efeitos jurídicos duma situação de facto mantida por largos anos sem reacção da Administração. E seria justo ter recusado o recurso nesse caso? Por outro lado, quando é que existe essa situação jurídica definitiva? HAURIOU limitou-se a expor alguns exemplos que mostram não dar à expressão «decisão administrativa» o seu sentido técnico, pois bastaria a inclusão de alguém na matriz das contribuições directas, por exemplo, para legitimar o recurso em matéria fiscal.

O falecido Prof. FEZAS VITAL recusou-se, talvez por tudo isto, a aceitar esta noção de interesse legítimo, entendendo que bastava ao Tribunal português verificar «se o interesse invocado pelo recorrente é directo e pessoal *e se resulta duma situação permitida pelo Direito objectivo*. Nada mais.» «... teórica e racionalmente nada nos impede e, pelo contrário, tudo nos leva a afirmar que o legislador deve garantir contenciosamente a livre realização dos interesses resultantes de situações legitimamente criadas contra os ataques e ofensas ilegais da Administração, quer essas situações sejam jurídicas, quer não»[5].

Esta fórmula do Prof. VITAL levantava, porém, novas dificuldades: o que são situações, jurídicas ou não, legìtimamente criadas? Aquelas que a lei não proíbe? Mas em Direito público a licitude não basta: é necessária a legalidade.

Tudo isto porque, segundo me parece, se aceitou como expressão dogmática uma simples tentativa de sistematização teórica da jurisprudência do Conselho de Estado francês, jurisprudência que deliberadamente se mantém fluída e foge a conceitos precisos.

4. É de resto nessa orientação, de preservar a sua liberdade de apreciação casuística e de evolução oportuna, que o Conselho de Estado continua a manter-se. Todos os autores franceses contemporâneos sublinham o carácter maleável, a flexibilidade da sua jurisprudência em matéria de legitimidade, juntamente com a preocupação de abrir o mais possível o acesso aos meios contenciosos, de tal modo que, embora sem chegar à «acção popular», todos quantos possam alegar interesse na anulação sejam recebidos a pugnar pela legalidade[6].

LAUBADÈRE, actualmente o mais fiel dos expositores do direito administrativo francês, resume assim essa posição: «A solução adoptada pela jurisprudência

---

[5] No artigo: «Apreciação contenciosa dos regulamentos», na *Revista de Legislação e de Jurisprudência*, vol. 57.º, pág. 289.
[6] Não vale a pena especificar autores e lugares porque todos os tratados e manuais de Direito administrativo francês tocam as mesmas teclas.

francesa é a do *interesse ofendido* (*intérêt froissé*). O recorrente deve justificar certo interesse na anulação do acto. Esta noção de um interesse ofendido é muito diferente da de um direito de que a acção judicial fosse a realização. Trata-se simplesmente de exprimir a ideia de que não se quis, por motivos de ordem prática, abrir o recurso a todos sem distinção. Daqui resulta que a definição do interesse exigido é muito relativa e sujeita a evolução. O Conselho de Estado exige um interesse *pessoal*: é um dado empírico que não pode definir abstractamente, nem sequer pretender traçar um quadro das suas ilustrações jurisprudenciais, que são múltiplas, sendo possível, quando muito, destacar as suas linhas gerais com a ajuda dos exemplos mais típicos da jurisprudência.

«Duma maneira geral, pode-se dizer que o Conselho de Estado se mostrou progressivamente mais liberal na determinação do interesse considerado suficiente; todavia, em certos domínios particulares e para evitar que se encaminhasse para a acção popular, voltou a uma noção mais estreita do interesse exigido. Tais tendências devem assinalar-se no que respeita à natureza do interesse exigido do recorrente, ao seu *grau de intensidade, enfim às suas relações com o interesse que a lei violada tinha precisamente por fim proteger.*»

O autor passa depois a precisar a orientação seguida a respeito de cada um destes pontos:

«*Natureza do interesse invocado.* O Conselho de Estado mostra-se largo no que respeita à natureza do interesse invocado. Admite, assim, ao lado do *interesse material e individual*, o interesse *moral* e o interesse *colectivo*»[7].

....

«*Grau de interesse invocado.* Para ser pessoal o interesse pelo recorrente deve comportar um *grau de individualização* de que só alguns exemplos particularmente típicos nos podem dar conta.

«Um dos exemplos mais simples, e que demonstra ao mesmo tempo a evolução liberal da jurisprudência, é dado pelos recursos dos contribuintes contra as deliberações de assembleias que respeitem *às finanças duma colectividade pública*.

....

«Outro exemplo típico é fornecido pelos recursos de actos que tenham por objecto a *nomeação* dum indivíduo para um cargo. Tem interesse em atacar a nomeação o indivíduo que prove que poderia ter sido nomeado para o cargo, em lugar daquele que o foi, por exemplo, quando se trate de empregos reservados aos titulares de um diploma quem seja titular desse diploma, ou, quando tenha havido concurso, aquele que participar nas provas dele.

....

---

[7] Para não alongar a citação omitimos os desenvolvimentos em que o Autor demonstra com espécies jurisprudenciais as suas afirmações.

«*Relações entre o interesse invocado e o interesse protegido pela lei*. Não basta que o recorrente prove ter interesse na anulação do acto. É preciso ainda que esse interesse coincida com aquele que a lei pretendeu proteger, por outras palavras, que a regra violada tenha sido editada no interesse dos administrados (ou das pessoas públicas recorrentes) mas não no interesse exclusivo da Administração e dos seus serviços públicos.

«A questão é, portanto, de saber no interesse de quem foi formulada a regra legal. É naturalmente um problema que não pode ser resolvido por um critério geral...[8].

5. Conhecidos assim o caminho andado e a posição actual da jurisprudência francesa que em certa fase influenciou a nossa doutrina e, através desta, a legislação portuguesa em matéria de legitimidade, vamos a ver onde estamos nós.

Como o nosso contencioso administrativo não tem tido a mesma liberdade de concepção e de evolução que teve o contencioso francês, havemos de partir sempre dos textos legais que, como ficou dito, recolheram nos seus preceitos as lições da doutrina.

A lei considera fundamentalmente idóneos para recorrer dos actos administrativos definitivos e executórios os que forem «titulares de interesse directo, pessoal e legítimo no provimento do recurso», como diz o artigo 821.º, n.º 2, do Código Administrativo ou então, na fórmula do Regulamento do Supremo Tribunal Administrativo, aprovado pelo Decreto n.º 41:234, de 20 de Agosto de 1957, «os que tiverem interesse directo, pessoal e legítimo na anulação do acto administrativo...» (art. 46.º, n.º 1.º).

Por outro lado, devem ser citadas para o recurso aquelas «pessoas a quem a procedência deste possa directamente prejudicar e que por isso nele sejam interessadas» (Cód. Adm., art. 835.º, § 2.º, Reg. do Sup., art. 48.º).

Pelo que respeita ao Ultramar, a regra relativa à legitimidade está contida no artigo 684.º da Reforma Administrativa Ultramarina, segundo o qual «são partes legítimas para... recorrer contenciosamente dos actos, decisões e deliberações que podem ser objecto de apreciação ou julgamento pelos tribunais administrativos... 1.º As entidades directamente interessadas nos actos, deliberações e decisões».

E no artigo 688.º exige-se que na petição de recurso se requeira «a citação ou notificação das partes interessadas».

O artigo 752.º, ao estabelecer a competência do Conselho Superior das Colónias (hoje Conselho Ultramarino) como tribunal supremo do contencioso administrativo, incumbe-o de julgar os «recursos dos actos, despachos ou decisões dos governadores gerais ou de colónia... que os *interessados* interpuserem...».

---

[8] LAUBADÈRE, *Traité élémentaire de Droit Administratif*, n.º 635 a 643.

6. Temos, pois, que tal com em França, a condição básica de legitimidade que a lei exige para a intervenção no recurso contencioso administrativo é o *interesse*.

Sistema que, aliás, não é aberrante no Direito Processual português pois o artigo 27.º do Código de Processo Civil coloca em termos análogos o conceito de legitimidade:

«O autor é parte legítima quando tem interesse directo em demandar; o réu é parte legítima quando tem interesse directo em contradizer.

«O interesse em demandar exprime-se pela utilidade derivada da procedência do pedido; o interesse em contradizer pelo prejuízo causado por essa mesma procedência».

O artigo 27.º dá-nos uma noção de interesse, que, se for ajustável ao Direito Administrativo não vejo razão para substituir por outra. Tem sido, de resto, essa a orientação por mim seguida: aproximar a técnica do Direito Administrativo tanto quanto possível, da dos outros ramos do Direito Português na medida em que essa técnica respeite a realidades idênticas ou a institutos afins. Há peculiaridades da Administração e do Direito público irredutíveis a noções comuns, mas a par delas existem muitos pontos em que a comunidade de princípios e de nomenclatura é perfeitamente possível. Nestes últimos casos, por que motivo se há-de fechar o Direito administrativo a essa comunidade, transformando-o numa província completamente independente dos outros domínios da Enciclopédia jurídica e tornando-o inacessível a quem não haja professado na sua religião esotérica?

Acusaram-me, por via desta atitude, de ter *civilizado* o Direito Administrativo, querendo dizer com isto que aproximei, em Portugal, a técnica administrativa da técnica civilista. Mas ainda ninguém provou que eu não me tivesse limitado a, nalguns capítulos, procurar dar aos institutos de Direito administrativo uma estrutura jurídica de que eles andavam carecidos, e cujas semelhanças com a do Direito privado vêm apenas de num e noutro caso nos encontrarmos nos domínios do... Direito.

Vinha isto a propósito de ser ou não lícito utilizar a segunda parte do artigo 27.º do Código de Processo Civil para a definição do interesse em recorrer. Se a *utilidade* se traduz numa *vantagem* ou *satisfação* obtida mediante a anulação do acto recorrido, por que não?

É isso justamente que importa no interesse. Tem interesse na anulação de um acto administrativo quem espera do desaparecimento do imperativo contido num acto uma vantagem pecuniária, uma vantagem de posição profissional ou de carreira, uma vantagem económica ou uma satisfação moral ligada ao seu bom nome e reputação, ao prestígio duma função exercida ou outra análoga. O interesse pode, pois, ser material ou moral.

7. Mas não basta que o recorrente mostre que da anulação do acto administrativo resulta para ele uma utilidade, um benefício, uma vantagem qualquer: a lei exige que esse interesse seja *directo, pessoal e legítimo*.

Como determinar a existência ou inexistência desses atributos? Em que consistem eles?

Dois caminhos poderiam ser seguidos pelos nossos tribunais: um, o de fugir a todos os critérios e definições para, à maneira do Conselho de Estado francês, conservar a maior liberdade de decisão perante cada caso, mantendo-se no domínio das ideias vagas, dos simples esboços da orientação; outro, o de se fixarem conceitos precisos que dêem aos particulares a garantia de uma certeza de jurisprudência cujas variações ficariam assim limitadas às inevitáveis diferenças de interpretação no enquadramento dos casos concretos.

Os tribunais portugueses pode dizer-se que optaram por este último caminho, trilhado mais rìgidamente no Conselho Ultramarino do que no Supremo Tribunal Administrativo mas que este não abandonou também, salvo no caso, a que já nos referimos, dos recursos em matéria de condicionamento industrial.

Se, porém, o que se considera fundamental é a *certeza* dada aos interessados quanto à recepção ou rejeição dos seus recursos, o que convém é que o critério de determinação dos atributos do interesse seja fácil de entender e de aplicar, e susceptível de abranger todos os casos que merecem a protecção jurisdicional.

É esse critério que vamos procurar.

Temos de partir da ideia de que a actividade processual dos tribunais administrativos é, nestes casos, solicitada para efeitos de recurso, ou seja, da impugnação da legalidade de um acto administrativo definitivo e executório cuja anulação se pretende obter.

Na base do recurso está, por conseguinte, uma decisão que, pondo termo à fase graciosa da actividade administrativa em dado caso, define situações jurídicas: a da Administração e a de certo ou certos particulares.

Deste modo, parece impor-se que, ao apreciar a existência e a natureza do interesse exigido por lei para legitimar o recurso, se olhe apenas para *a posição de certa pessoa em relação ao acto cuja anulação pretende obter*.

Apenas essa posição há que ter em conta. Tratando-se de simples condição de admissibilidade do recurso ou, como outros dizem, de mero pressuposto processual, em todo o caso de uma indagação que precede qualquer exame do fundo da questão, importa que os critérios de determinação da legitimidade não envolvam mais elementos do que os aparentes no acto e na posição que o recorrente tem relativamente a ele.

Aqui, ressalta, porém, a necessidade de aprofundar o papel dos antecedentes administrativos do recurso contencioso, pois que este não surge inopinadamente, não representa o primeiro contacto do recorrente com a Administração, o que significa que a legitimidade não pode ser considerada sem ter em atenção as relações de que o recurso constitui o prolongamento na fase contenciosa.

8. Na verdade, existirá alguma ligação entre o recurso contencioso e o processo administrativo na sua fase graciosa?

Duas concepções são possíveis. Na primeira, a que chamaremos *dualista*, o processo administrativo gracioso e o processo contencioso são independentes. Deste modo, quando se interpõe recurso para os tribunais administrativos *inicia-se* uma actividade processual. O que está para traz reduz-se a meras negociações e atitudes das partes, que apenas contam na medida em que permitam esclarecer as suas posições para o efeito da declaração jurisdicional do direito pelos tribunais. É a concepção civilista do contencioso administrativo, que equipara as autoridades a simples particulares, colocando-as em pé de igualdade com estes perante os juízes os quais, relativamente aos diferendos administrativos, exerceriam uma função idêntica à desempenhada nos pleitos civis ou criminais.

Para a outra concepção, que poderemos designar por *monista*, o processo administrativo é um só, embora possa compreender duas fases, uma graciosa e outra contenciosa.

Iniciada a actividade processual na ordem burocrática, se esta culmina pela prática de um acto definitivo e executório estamos perante uma decisão revestida de autoridade semelhante à das sentenças judiciais: tal acto define situações jurídicas (a da Administração e as das pessoas que com ela estão ou pretendem estar em relação de direito) e define-as em termos obrigatórios que poderão ser impostos coercivamente por força do privilégio de executoriedade de que a Administração goza. Deste modo, o particular que apela desse acto para um órgão jurisdicional não vai solicitar uma definição autoritária do direito em relação controvertida: vai *recorrer*, no sentido próprio do termo, de uma decisão já revestida de autoridade e de executoriedade, pedindo ao tribunal que examine de novo o problema jurídico a fim de manter ou revogar a decisão recorrida. O recurso contencioso é, pois, a *continuação* da fase graciosa do processo administrativo, tendente a permitir nova análise e nova decisão, por um órgão competente, da questão já anteriormente decidida[9].

Esta concepção é a que mais se harmoniza com as realidades histórica e actual do recurso administrativo, que nasceu como um *recurso hierárquico jurisdicionalizado* interposto para o Chefe de Estado e que este resolvia por decreto, sob consulta de um conselho perante o qual o processo era instruído com as necessárias garantias processuais.

---

[9] Cf. meu *Manual*, págs. 679 e 715.

Mas mesmo depois de passada esta fase de *jurisdição reservada*, ainda por toda a parte se teve a preocupação de acentuar sempre que nos recursos contenciosos a autoridade administrativa não estava presente como parte, menos ainda como ré. O recurso contencioso de anulação, em Direito Administrativo, visa certo *acto*, em si mesmo, as condições da sua produção, a sua conformidade com a lei. O titular do órgão que praticou esse acto pode mudar durante o recurso sem que este seja afectado e o órgão limita-se a *responder* às razões jurídicas invocadas pelo recorrente, nada obstando a que lhe reconheça razão, se a tiver.

ROGER BONNARD, no seu livro, ainda hoje fundamental, sobre *Le contrôle juridictionnel de l'Administration* era levado, por isso, a aceitar a existência de situações jurisdicionais em que se não encontra contestação entre as partes. «*Il est bien ainsi généralement pour le contentieux de la légalité des actes administratifs; c'est le cas en France pour le recours pour excès de pouvoir devant le Conseil d'État. Dans ce recours, le requérant est seul partie au procès. L'administration n'y est pas partie. Elle ne va pas devant le juge pour affirmer et soutenir une prétention contre celle du requérant. Elle présente bien des observations en réponse à la requête. Mais en cela elle ne formule pas vraiment des prétentions, car l'administration ne se pose pas devant le juge comme partie au litige...*» (pág. 23).

Quer dizer: no recurso contencioso de anulação encontra-se essencialmente a impugnação da legalidade de um acto administrativo definitivo e executório, já praticado. E desde que esse acto tenha tido lugar após um processo gracioso, está claro que o processo do recurso não pode deixar de ser considerado uma sequência dele. Por isso mesmo o tribunal para o qual é interposto o recurso contencioso, logo requisita o processo gracioso (Regimento do Conselho Ultramarino ap. pelo Dec. n.º 39:908, art. 80.º, § 5.º e Reg. do Supremo Tribunal Administrativo, ap. pelo Dec. n.º 41:234, art. 61.º, § único).

9. Foi para a concepção monista que o Supremo Tribunal Administrativo pendeu, a partir do célebre Acórdão, proferido em Tribunal Pleno, de 26 de Maio de 1942, no Caso da Companhia de Moagem Harmonia (*Col. de Acórdãos*, Pleno, vol. III, pág. 78).

Nesse processo discutiu-se a natureza do prazo fixado na lei para interposição do recurso contencioso e emitiram o seu parecer sobre o problema processualistas e administrativistas. Se o recurso contencioso dá inicio à actividade processual, fazendo-se tábua rasa de quanto se passa até aí, o prazo seria de direito substantivo, como o de propositura das acções. Mas se, como sustentaram os administrativistas, se tratava de verdadeiro e próprio recurso, interposto de um acto equiparável a sentença, e pressupondo actividade processual anterior (ainda que em certos casos rudimentar), então o prazo tinha carácter processual e deveria ser regido pelas normas da lei de Processo.

Foi esta última doutrina que vingou. O tribunal ponderou, na larga fundamentação do seu julgado, que o recurso administrativo «pressupõe, como os recursos judiciais, a existência de uma decisão cuja legalidade (os juízes) vão averiguar, como também fazem os tribunais comuns de recurso, não podendo os interessados vir pedir à secção *ab initio*, como não podem pedir aos aludidos tribunais, que se lhes reconheça ou acautele ou torne efectivo um direito, pois este pedido só pode ser feito e satisfeito através da apreciação da decisão recorrida»; essa decisão pressupõe certa actividade preliminar pois «embora não haja uma acção que tenha seguido os trâmites do referido Código (do Processo Civil), há contudo um processo instrutor em que o interessado fez as suas alegações e juntou documentos, ouvindo-se por vezes, as pessoas a quem os assuntos interessam, tudo apreciado pelos respectivos serviços por meio de informações, pareceres, etc., sendo depois o assunto decidido pelo respectivo Ministro em harmonia com as disposições legais aplicáveis».

Assim se assentou na unidade e continuidade do processo administrativo que, sendo normalmente processo gracioso, pode, após a decisão com carácter definitivo e executório, transformar-se em processo contencioso perante um órgão administrativo jurisdicional.

Explicámos, nesta revista[10] as razões por que entendemos que o órgão jurisdicional perante o qual decorre o processo contencioso conserva o carácter administrativo, não sendo, portanto, por simples comodidade e para referir, apenas, uma especialidade de jurisdição que se chamam administrativos os tribunais.

E o Supremo Tribunal Administrativo tem-se mantido fiel à orientação estabelecida em 1942, como pode verificar-se, por exemplo, no Acórdão da 1.ª secção, de 6 de Dezembro de 1957, proferido no caso do Dr. Açucena (*Col.*, vol. XXIII, pág. 488).

A dispersão da jurisprudência do Conselho Ultramarino, infelizmente perdida nas páginas do *Diário do Governo*, não permite que se faça para esse alto tribunal pesquisa análoga à que proporciona a Colecção dos Acórdãos do Supremo Tribunal Administrativo. Julgo, porém, não errar se afirmar que o Conselho, nesse ponto, não se tem afastado da orientação seguida na Metrópole e que aceita, nas suas linhas gerais, os princípios atrás definidos.

10. A concepção unitária do processo administrativo, aceite no Direito português, vem pois trazer um elemento novo, de importância fundamental, para a determinação dos atributos do interesse exigido por lei como condição de legitimidade para a interposição do recurso contencioso.

---

[10] *O Direito*, ano 84.º, pág. 200.

Quer dizer: ao apurar as condições de legitimidade, não pode deixar de se tomar em conta a existência anterior do processo administrativo, principalmente nos casos em que esse processo, sendo de interesse particular ou misto[11], esteja regulamentado nos seus termos e admita a participação de várias pessoas, desde então interessadas todas na legalidade dele, embora possa dar-se o caso de só algumas serem interessadas principais.

É assim que o Supremo Tribunal Administrativo definiu a doutrina de que «o interesse, para efeitos de legitimidade, resulta da relação jurídica de que se diz sujeito (o recorrente) e provêm normalmente de um processo administrativo gracioso em que o recorrente haja sido parte, como requerente ou como concorrente».

Esta passagem encontra-se no Acórdão de 30 de Junho de 1954 (*Col.*, XX, pág. 399) em que se julgou que todos os concorrentes preteridos num concurso de provimento têm interesse em impugnar contenciosamente o despacho que nomeou um de entre eles.

E nela se cita o Acórdão de 20 de Abril de 1945 (*Col.*, XI, pág. 291) em que o Tribunal considerou parte ilegítima o estudante que prestara uma prova escrita e que recorria do despacho proferido sobre o requerimento formulado por seu pai para examinar essa prova, em virtude de o processo gracioso ter sido estabelecido entre a Administração e o pai, e não com ele.

Deste modo o Supremo reconheceu expressamente um corolário da concepção monista do processo administrativo que antes perfilhara: o de que quem participa na fase graciosa tem legitimidade para recorrer contenciosamente do acto que lhe haja posto termo, uma vez que mostre interesse na respectiva anulação[12].

11. Examinados os pressupostos doutrinários da resolução do problema, passemos agora à determinação, à luz desses princípios, do sentido dos requisitos do interesse exigidos por lei como condição de legitimidade no recurso directo de anulação.

Comecemos pelo carácter directo do interesse no provimento do recurso. O Sr. Dr. Ferrão resume assim a jurisprudência do Supremo Tribunal Administrativo: «O interesse é directo quando é actual e certo, e não eventual ou diferido, ou seja quando da anulação do acto impugnado resulta um proveito imediato para o recorrente» (n.º 103).

---

[11] Cf. meu *Manual*, págs. 68 e segs.
[12] O interesse na anulação é imprescindível. E é a sua existência ou inexistência que decide da legitimidade. Por isso o problema, sobre o qual o Supremo tem hesitado tanto, de saber se os concorrentes mal classificados têm ou não legitimidade para recorrer da classificação dos bem classificados, parece-me de fácil solução: se impugnam a nomeação com fundamento em irregularidade do concurso e da classificação, são interessados na anulação e partes legítimas, mas se apenas alegam vícios do próprio acto de nomeação, de tal modo que anulado este seriam nomeados outros concorrentes que não os recorrentes, carecem estes últimos de legitimidade por não terem interesse na anulação.

E exemplifica os interesses a que falta este requisito: «O interesse que só indirectamente pode aproveitar ao recorrente ou que lhe traz uma vantagem dependente de actos de terceiros ou de acontecimentos imprevisíveis ou que se traduz num simples receio de prejuízo ou que ainda não nasceu ou já desapareceu».

Creio, porém, que há nestes exemplos alguma confusão. *Directo* é mero atributo de *interesse* e a primeira condição, portanto, para que o atributo intervenha é que o interesse exista.

Por conseguinte, o interesse *que ainda não nasceu* não pode ser directo porque não é interesse; o interesse que já desapareceu também não é directo porque... já não é interesse.

Por sua vez dizer que não é directo «o interesse que só indirectamente pode aproveitar ao recorrente» não adianta coisa nenhuma: claro está que o benefício indirecto não é directo...

Ficam os restantes casos, cuja liquidez é também duvidosíssima.

O recurso de anulação tem por objecto a declaração de que um acto administrativo definitivo e executório é nulo, por estar inquinado de ilegalidade. Mas na maior parte dos casos é a Administração activa que tem de executar a sentença do tribunal e de praticar os actos que hão-de dar satisfação às pretensões dos recorrentes, ficando assim esta dependente de uma actividade posterior à sentença.

Suponha-se a hipótese do Acórdão do Supremo Tribunal Administrativo de 13 de Março de 1953 (*Col.*, XIX, pág. 174). Felismino, empreiteiro de obras públicas, concorreu a um concurso de empreitada aberto por uma Câmara Municipal que, afinal, a adjudicou ao concorrente Álvaro. Felismino interpôs recurso da deliberação com fundamento em que no processo do concurso tinham sido violadas as normas que o regiam.

Na Auditoria foi Felismino considerado parte ilegítima porque «não podendo ele ser declarado adjudicatário da referida empreitada a anulação da deliberação recorrida não lhe proporcionaria um benefício concreto carecendo, por isso, de interesse directo e pessoal no provimento do recurso».

Esta decisão foi revogada pelo Supremo, que entendeu, em primeiro lugar, não lhe ser permitido decidir qual dos concorrentes devia ser o adjudicatário: «O contencioso de anulação não é um contencioso de plena jurisdição e daí o caber-lhe tão-sòmente declarar, à face da lei, que a deliberação recorrida é válida ou nula, competindo à Administração no caso de anulação, a reintegração da ordem jurídica violada».

Em seguida o Tribunal definiu dois importantes pontos de doutrina:

> 1.º «... o concurso é uma operação administrativa, um complexo de actos ou factos que se condicionam mùtuamente, de sorte que a legalidade do acto que culmina o concurso está dependente da regularidade do mesmo concurso.

Isso quer dizer que o recurso interposto da decisão final submete à fiscalização contenciosa toda a operação do concurso. A simples violação das regras do concurso pode, portanto, ser causa de nulidade da deliberação recorrida».

....

2.º «Torna-se evidente que, a admitir-se a doutrina que vingou na primeira instância, nenhum concorrente, quer se tratasse de concurso de nomeação, quer de adjudicação de empreitada de obras de interesse público, teria legitimidade para pedir a anulação do mesmo concurso, porque, nestes casos também, o primeiro não podia ser nomeado e o segundo não seria adjudicatário.

«Ora assim como tem legitimidade para recorrer o indivíduo que foi ao concurso, conforme se julgou, por exemplo, no Acórdão de 27 de Julho de 1950, assim também por idêntica razão tem legitimidade para recorrer do acto da adjudicação de uma empreitada de obras, levada a efeito por concurso público, o concorrente a esse Concurso.»

Como se vê o problema estava posto assim na 1.ª instância: o tribunal não pode decidir que o adjudicatário é F. e não A. mas apenas anular a adjudicação. Sendo assim, anulado o concurso, F. e A. ficam sendo dois industriais como quaisquer outros que poderão, se quiserem, concorrer a novo concurso que a Câmara Municipal venha eventualmente a abrir e no qual a adjudicação poderá outra vez ser feita a A. ou a um terceiro. Portanto F. não retira vantagem certa e imediata da anulação, carecendo de interesse directo no provimento do recurso.

Em contrário, o Supremo entendeu e bem que a possibilidade de tornar a lutar, dessa vez em condições regulares, pela obtenção da empreitada, era um interesse suficiente para legitimar o recurso do concorrente excluído que viesse alegar e provar irregularidade no processo do concurso.

E concluiu: «Efectivamente, o recorrente, ora agravante, mostra-se titular dum interesse *directo*, pois implica a satisfação imediata e não diferida do interesse do recorrente à anulação do concurso...».

Está este Acórdão firmado também pelo Cons. ALMEIDA FERRÃO e não representa caso único na jurisprudência do Supremo. Como se vê, porém, encontra-se a sua doutrina em completa desharmonia com aquela que o mesmo Cons. apresenta no seu reportório, segundo a qual não será directo o interesse que traga ao recorrente «uma vantagem dependente de actos de terceiros ou de acontecimentos imprevisíveis».

Repito: na maior parte dos casos julgados no contencioso administrativo em que a anulação é decretada, a «Vantagem» procurada materialmente pelo recorrente fica dependente de actos da Administração e, como no caso da abertura de novo concurso, também de acontecimentos imprevisíveis (ser a proposta do recorrente a mais favorável de todas as apresentadas, por exemplo).

O defeito desta maneira de pôr a questão reside na confusão entre o *interesse material* do particular (ser nomeado, ser adjudicatário, ser liberto de novos concorrentes) e o *interesse formal* do recorrente, único que é exigido para desencadear a actividade jurisdicional.

Neste sentido *formal*, o interesse do concorrente é o de que a competição em que o concurso se traduz decorra legalmente; como o interesse do industrial admitido a reclamar no processo do condicionamento é o que este seja instruído regularmente e que as suas razões sejam examinadas e sobre elas se profira uma resolução justa.

No citado Acórdão de 13 de Março de 1953 o Supremo Tribunal Administrativo aproximou-se, embora numa expressão defeituosa, deste conceito formal de interesse directo ao concluir que o recorrente procurava «a satisfação imediata e não diferida, do interesse do recorrente na anulação do concurso».

Em termos que se me afiguram mais exactos, o interesse será directo, *quando o provimento do recurso implique a anulação de actos jurídicos que constituam obstáculo à satisfação de pretensão anteriormente formulada pelo recorrente ou que sejam causa imediata de prejuízos infligidos pela Administração.*

Assim: todo o concorrente a um concurso formulou uma pretensão à Administração. O acto jurídico que decide o concurso é, para os concorrentes não favorecidos, o obstáculo à satisfação dessas pretensões. Se puderem alegar e provar a existência de ilegalidade que inquine esse acto de modo a repetir-se o concurso, o interesse de todos os concorrentes na anulação é directo, pois se o concurso for anulado poderão fazer valer novamente os títulos das suas candidaturas em nova competição.

Aquele que requereu uma licença cuja concessão seja discricionária e vem alegar vício de forma no processo em que foi proferida a decisão que lha recusou, tem interesse directo na anulação, muito embora o tribunal não possa ordenar que lha concedam e seja quase certo que em processo regularmente organizado a decisão discricionária seja idêntica à anulada, porque se trata de remover um obstáculo ao exercício regular da sua pretensão.

O funcionário punido em processo disciplinar tem interesse directo na anulação do acto punitivo por vício de forma, muito embora a sentença do tribunal apenas conduza à renovação dos termos do processo anulados o que deixa a vantagem procurada pelo recorrente dependente de «actos de terceiros» e até de «acontecimentos imprevisíveis» (pode a pena vir a ser agravada!), porque a anulação do acto remove o obstáculo ao exercício regular da sua pretensão de justiça.

O interesse não será directo, porém, em casos como o julgado pelo Acórdão de 25 de Maio de 1956 (*Col.*, XXII, pág. 428). Tendo um Hotel sido declarado de utilidade turística, os proprietários dum estabelecimento instalado no edifício do referido hotel recorreram do despacho de declaração, cuja ilegalidade aduziram e fundando-se o seu interesse no facto de, por virtude da utilidade turística o hotel ficar habilitado a requerer a expropriação por utilidade pública das dependências arrendadas que existissem no seu edifício.

O tribunal ponderou que «a declaração de utilidade turística limita-se a atribuir aos estabelecimentos hoteleiros ou similares uma qualificação que, em si mesma, não lesa nem é susceptível de lesar seja quem for, não ofende directamente interesse de quem quer que seja».

«... admite-se, já por muito conceder que, podendo a expropriação por utilidade pública lesar o interesse do expropriado a declaração de utilidade turística seja causa de uma ameaça de lesão de interesses de terceiros. Porém as simples ameaças de lesão não legitimam o recurso contencioso administrativo...»

E finalmente: «... esse interesse não é directo porque a satisfação pretendida pelos recorrentes não resultará imediatamente da anulação do acto impugnado».

Ora o que se verifica é que do acto recorrido não resultavam prejuízos para os recorrentes, e que ele era apenas condição de outro acto que os podia causar.

Isto é: se não se trata de pretensão antes formulada pelo recorrente à Administração, caso em que é directo o seu interesse em ver afastado o acto que constitua obstáculo à satisfação dessa pretensão, tem o acto recorrido de ser causa *imediata* do prejuízo alegado por quem recorre.

Claro que se tal prejuízo não existir o interesse não é directo, nem indirecto: não é interesse...

12. Quanto ao entendimento do carácter *pessoal* do interesse, não surgem grandes divergências. Todos estão de acordo em que se trata de distinguir o direito de acção de interessado do direito de acção popular. O recorrente não é então um paladino da colectividade, um mantenedor da legalidade, um defensor do interesse geral: mas alguém que vai pugnar por um benefício para a *sua* carreira, para o exercício da *sua* profissão, para o desenvolvimento da *sua* actividade, para a reintegração ou defesa do seu património. Quer dizer que tem de haver uma relação de titularidade entre a pessoa (singular ou colectiva) do recorrente e a pretensão por cuja vitória se pugna ou o prejuízo causado pelo acto cuja anulação se requer.

Essa relação não se estabelece sempre entre um interesse e uma só pessoa. Pode acontecer que o mesmo acto lese simultâneamente interesses de várias pessoas. Desde que o prejuízo seja individualizável para cada uma, esta é interessada e titular de um interesse pessoal na anulação do acto. Isto é: interesse pessoal não quer dizer interesse exclusivo de uma só pessoa, mas sim interesse de pessoas determinadas. O interesse deixa de ser pessoal quando é genérico, abstracto, da colectividade em geral ou de uma comunidade inteira.

Claro que o interesse colectivo pode ser pessoal se for prosseguido por uma pessoa colectiva que o tenha entre os seus fins especiais. Para a pessoa colectiva, então, a ofensa desse interesse assume carácter subjectivo ou particular que a habilita a pugnar contenciosamente por ele. É o caso do interesse corporativo[13].

13. Finalmente, o interesse tem de ser legítimo e aqui têm surgido as maiores dificuldades por falta de unanimidade na doutrina e de certeza na jurisprudência.

Vimos atrás que para HAURIOU, introductor desta nomenclatura, a legitimidade do interesse equivale à sua juridicidade mas concebida subjectivamente, como proveniente duma situação jurídica em que o recorrente se encontrasse em face da Administração. Não seriam legítimos os interesses decorrentes de simples situações de facto ou criados à sombra de actos de mera tolerância do Poder.

FEZAS VITAL contentava-se com que o interesse resultasse duma *situação permitida pelo Direito objectivo*, admitindo que houvesse situações de facto dignas de protecção contenciosa, decerto a pensar em situações como as dos agentes de facto, pois estes, como tais, podem ser admitidos a reivindicar nos tribunais administrativos os direitos que sejam efeito do exercício por largo tempo, de modo contínuo, pacífico e público, duma função ilegalmente ocupada em virtude de um acto inexistente: assim decidiu a primeira secção do Supremo Tribunal Administrativo no célebre Acórdão de 3 de Junho de 1938 (Caso de Barreto de Araújo – *Col*., V, pág. 772 e em especial a questão da legitimidade a pág. 778).

Eu próprio, depois de na 1.ª edição do *Manual* (pág. 634) ter perfilhado, com a corrente jurisprudencial, a definição de HAURIOU, quando, no *Tratado elementar de Direito Administrativo*, ensaiei a construção dogmática alicerçada na teoria geral da relação jurídico-administrativa, concebi a legitimidade do interesse como ligada à posição do recorrente como sujeito de relação jurídica com a Administração, ainda que essa relação jurídica fosse apenas do tipo que qualifico de universal concreto, isto é, cujo sujeito activo pode exigir de todos os membros da mesma comunidade jurídica o respeito dos poderes que individualmente lhe pertencem, como sucede com o proprietário de certa coisa (cit. *Tratado*, págs. 393 e 167).

Esta fórmula passou para as sucessivas edições do *Manual*, mas ao mesmo tempo ia-me dando conta da unidade do processo administrativo e do carácter próprio do recurso contencioso, em que já não partimos, como na acção, de uma relação jurídica material visto ser a continuação de uma relação processual.

E na explanação do critério de aferição deste carácter do interesse, nota-se que, acompanhando a evolução jurisprudencial, me tornei menos exigente, pois enquanto até à 3.ª edição do *Manual* dizia ser necessário verificar que a situação

---

[13] Ver o estado actual da questão no nosso Direito em RATO, *loc. cit.*, págs. 11 e segs.

de que derivava o interesse não era «mera situação de facto não tutelada pelo Direito ou só reflexamente protegida, quando não por ele reprovada (3.ª ed., pág. 737), já na última edição registava bastar poder concluir-se «que a situação não é reprovada pelo Direito ou por ele ignorada, e que se justifica portanto a indagação jurisdicional» (4.ª ed., pág. 732).

Veremos adiante como assim reflectia a jurisprudência do Supremo Tribunal Administrativo. Esta, se deu acolhimento por largo tempo à fórmula de HAURIOU e também aceitou a que apresentei, nunca atendeu, ao menos expressamente, ao conceito de interesse legítimo elaborado pela doutrina italiana e a que faz agora apelo, na sua monografia, o Sr. Dr. ANTÓNIO RATO (págs. 17 e 53).

A esse conceito me referi no já citado artigo que sobre o problema da legitimidade escrevi em 1933 n'*O Direito*. Aí resumo a doutrina italiana nos termos seguintes:

«O direito objectivo contempla certo e determinado interesse em si, pelo valor social que lhe reconhece, concedendo-lhe a garantia judiciária para a própria defesa? Origina um direito subjectivo.

«Pelo contrário – o interesse individual só é admitido pela lei na medida em que se ajusta ao interesse geral, isto é, recebe uma simples protecção indirecta por virtude da imediata consideração de outros interesses? Não haverá então direito subjectivo.

«Usando a linguagem corrente entre os escritores italianos, o interesse legítimo que na Itália o recurso administrativo tutela é um interesse protegido ocasionalmente por uma norma ditada pela utilidade pública ou que deixa à Administração um poder discricionário, ao passo que o direito é um interesse protegido intencionalmente pelas normas que regulam com precisão a actividade administrativa sem lhe deixar qualquer margem de discricionariedade»[14].

Esta distinção em Itália foi cultivada como indispensável para determinar a competência relativa dos tribunais judiciais (aos quais cabe a defesa dos direitos) e administrativos (que curam dos interesses legítimos). Mas ergueu-se à categoria de conceito doutrinal, independentemente das necessidades do direito positivo, como se pode ver em ZANOBINI[15].

O eminente autor italiano diz que o direito subjectivo é o «interesse reconhecido pela ordem jurídica como exclusivamente pertencente ao seu titular e como tal por ela protegido por modo directo e imediato». Mas no Direito Público são raros os direitos subjectivos conferidos com tal vigor, pois os

---

[14] *O Direito*, ano 65.º, pág. 196.
[15] *Corso di Diritto Amministrativo*, 1.º vol. Utilizamos a 7.ª ed., de 1954, onde a matéria é versada de pág. 183 em diante.

interesses individuais aparecem, por via de regra, conexos com o interesse geral. São numerosos, ao contrário, os casos em que a lei, embora considerando em primeiro lugar o interesse público, toma em conta os interesses individuais que com ele não sejam incompatíveis concedendo-lhes protecção na medida dessa compatibilidade: aí está, então, o *interesse legítimo* definido como «um interesse individual estreitamente conexo com um interesse público e protegido pela ordem jurídica através da tutela jurídica deste último».

«Entre as normas de Direito administrativo (escreve ZANOBINI) são pouquíssimas as que se destinam a regular as relações entre o Estado e os cidadãos individualmente considerados e portanto para estabelecer direitos subjectivos a favor de um ou de outro: a maior parte tem por fim organizar a Administração por si própria, distribuir as várias funções pelos seus órgãos, regular o processo da sua actividade, o conteúdo e a forma dos seus actos. Todas estas normas actuam unilateralmente sobre a administração apenas criando para ela limitações e deveres a que não correspondem direitos de outros sujeitos.

«Como as normas desta categoria são estabelecidas no interesse geral têm interesse na sua observância todos os cidadãos como componentes da sociedade política, o Estado: todos têm, na verdade, interesse no regular desenvolvimento da actividade administrativa. Este interesse genérico, justamente como comum a todos, não dá lugar a nenhuma relação específica entre os indivíduos e o Estado. Trata-se do interesse geral ou colectivo cuja tutela está a cargo do Estado, da comuna ou de outra entidade à qual estejam confiados os interesses da colectividade em questão.

«Mas, entre os cidadãos, pode dar-se o caso que haja algum com interesse pessoal na observância dessas normas, o qual se adiciona ao interesse geral que todos têm... tais interesses são diferentes do interesse geral, embora com ele conexos: não recebem da lei uma protecção directa e por isso não constituem direitos subjectivos, mas os seus titulares podem pôr em movimento recursos destinados a anular ou modificar os actos produzidos com violação das normas estabelecidas para tutela do interesse geral, de tal forma que desapareça a lesão que tais actos produziram nos referidos interesses individuais.

Como se vê, a doutrina é clara e dela se está a aproximar o Conselho de Estado francês quando, como atrás ficou notado, reduz a legitimidade do interesse ao apuramento do fim da norma violada: o interesse só não será legítimo se a lei visar ùnicamente a protecção dos interesses da Administração.

14. A evolução da jurisprudência portuguesa reflecte as mesmas preocupações e acusa a mesma tendência liberal da dos outros países.

Como se sabe, o plenário do Supremo Tribunal Administrativo entendeu, a partir de 1938 e até à publicação da lei orgânica de 1956, que as questões de legitimidade dos recorrentes, por serem de índole processual, excediam a sua função de revista. De modo que, salvo erro, o último caso em que o tribunal pleno se pronunciou sobre o assunto foi o do Acórdão de 17 de Julho de 1947 (*Col.*, Pleno, vol. V, pág. 263), onde reafirmou a doutrina mais ou menos nos termos empregados por HAURIOU.

É na 1.ª secção que se vai encontrar, portanto, a evolução dos conceitos, sobretudo a propósito de recursos interpostos de despachos ministeriais proferidos em processos de condicionamento industrial. São típicos os Acórdãos de 25 de Março de 1949 – Caso da Standard Eléctrica (*Col.*, XV, pág. 148) e de 9 de Janeiro de 1953 – Caso das Fábricas de cerveja de Lourenço Marques (*Col.*, XIX, pág. 5). Em ambos o Tribunal decidiu que os industriais do mesmo ramo da actividade a que respeitasse a autorização concedida tinham interesse legítimo no provimento do recurso, fundado no direito que possuíam a exercer a indústria, mesmo em regime de liberdade condicionada.

E se no caso das fábricas de cerveja estas tinham já deduzido a sua oposição no processo gracioso em que o novo candidato a industrial requerera autorização para exercer a indústria, no caso da Standard não se dera tal intervenção nessa fase do processo.

O Tribunal num e noutro caso invocava a fórmula de HAURIOU: os recorrentes encontravam-se em situação jurídica definida em face da Administração na medida em que eram titulares de autorizações para exercer indústria condicionada.

Mas a solução jurisprudencial francesa ou a doutrina italiana esclareceriam melhor a posição dos juízes. Na verdade, para o caso das fábricas de cerveja, a própria intervenção no processo gracioso revela que a lei reconhece a existência de interesses particulares dignos de protecção, na medida em que permite e até promove a sua manifestação através de reclamações num processo de tipo misto. Em ambos os casos, o interesse público da manutenção do equilíbrio económico por meio de uma concorrência regrada que não leve a investimentos desproporcionados com a importância do sector industrial e com as dimensões do mercado, nem a limitações de actividade prejudiciais ao pleno emprego da mão de obra e à amortização normal dos equipamentos, este interesse público, dizíamos, não só não é incompatível como manifestamente coincide com os interesses particulares das empresas autorizadas. Serão essas na verdade as primeiras a sentir os efeitos da multiplicação dos elementos produtivos para além das possibilidades do mercado, não falando na diminuição dos lucros, no abrandamento do ritmo do trabalho, no envelhecimento dos maquinismos não amortizados, na redução dos dias de actividade fabril, etc.

E, por isso mesmo, porque as empresas estão directamente interessadas em que o condicionamento se mantenha dentro das suas funções de mantenedor do equilíbrio entre o mercado e a produção e de regulador da concorrência, é que elas são convidadas a pronunciar-se a propósito de cada novo pedido de autorização.

Só me restam muitas dúvidas sobre se não deveria entender-se que aceitou de antemão o deferimento desses pedidos a empresa que, podendo fazê-lo, não apresentou as suas razões na altura própria do processo de condicionamento.

Em conclusão, afigura-se-me que se pode traduzir a orientação do Supremo Tribunal Administrativo, tal como ela resulta das realidades da sua jurisprudência, dizendo que considera legítimo *todo o interesse decorrente do facto do seu titular ter sido desfavorecido no processo em que foi praticado o acto recorrido ou que se mostre ser objecto de protecção jurídica, mesmo indirecta.*

15. Chegamos, assim, ao termo da pesquisa feita com o objectivo de congraçar as fórmulas doutrinais respeitantes ao interesse exigido como condição de legitimidade no recurso contencioso-administrativo com as realidades da jurisprudência do Supremo Tribunal Administrativo, de modo a evitar que um dos mais ilustres ornamentos deste alto corpo tenha de vir declarar *coram populo* que as soluções dadas a certos casos estão em desacordo com os princípios admitidos nos outros.

Se esta revisão conduzisse a resultados dignos de aprovação dos tribunais, tanto metropolitanos como ultramarinos, de molde a pôr-se termo a uma discordância que sendo fundada, nem por isso é menos chocante, dar-se-ia por bem empregado todo o esforço posto em esclarecer este assunto, muito maior do que pode parecer à primeira vista...

Vamos resumir esses resultados.

Depois de termos assentado em que tem primeiramente de apurar-se a existência do *interesse*, isto é, se o provimento do recurso traz utilidade ou vantagem, mesmo que só funcional ou moral, ao recorrente, ocupamo-nos dos atributos que o interesse tem de ter, segundo a lei em vigor na Metrópole.

Verificámos que dado o carácter do recuso directo de anulação que apenas visa a declaração da nulidade de um acto jurídico mas sem daí tirar as consequências que dêem efectiva satisfação ao interesse cuja reparação ou reposição o recorrente visa, esse interesse tem de ser considerado *directo* quando o provimento do recurso implique a anulação de acto jurídico que constitua obstáculo a pretensão anteriormente formulada pelo recorrente (quer essa pretensão seja positiva, quer negativa) ou que seja causa imediata de prejuízos infligidos pela Administração.

O interesse será *pessoal* quando o recorrente seja o próprio titular dele, isto é a pessoa em cujo património, em cuja carreira, em cuja esfera jurídica ou actividade se vá produzir especialmente o efeito da anulação pretendida.

Finalmente o interesse é *legítimo* se decorrer do facto do seu titular haver sido desfavorecido no processo em que foi praticado o acto recorrido ou se for objecto de protecção jurídica, mesmo indirecta.

Aplicando estes critérios ao caso dos recursos interpostos de despachos proferidos em processos do condicionamento industrial, chegar-se-á à conclusão de que é parte legítima para recorrer do despacho que autorize uma empresa a exercer certa indústria, quem exercer a mesma indústria e haja sido admitido, nos termos da lei, a formular no processo gracioso a pretensão de que a autorização não seja concedida, uma vez que possa alegar vício do acto.

Na verdade: é indiscutível que a recorrente terá interesse em que a autorização seja anulada e é titular desse interesse; o acto recorrido é obstáculo à realização da pretensão já formulada no processo gracioso; essa pretensão foi legìtimamente formulada nesse processo e, portanto, o interesse continua a ser legítimo na fase contenciosa.

Algumas notas para a interpretação da Lei n.º 2105*

SUMÁRIO: *I – Objectivos da Lei. II – Âmbito da sua aplicação no espaço (art. 1.º, § 3.º). III – Corpos gerentes. IV – Sociedades concessionárias ou arrendatárias de bens do domínio público [art. 1.º, al. a)]. V – Conceito de «diploma legal» [art. 1.º, al. b)]. VI – Actividades em regime de exclusivo ou com benefício ou privilégio não fixados em lei geral [art. 1.º, al. d)]. VII – Sociedades que beneficiem de financiamentos feitos pelo Estado [art. 1.º, al. e)]. VIII – Empresas de navegação de interesse nacional [art. 1.º, al. e)]. IX – Despesas de representação [art. 2.º, al. b)]. X – Sociedades subsidiárias doutras abrangidas [art. 3.º, al. a)]. XI – Sociedades que entre si mantêm relações comerciais [art 3.º, al. e)]. XII – Acumulação de cargos (art. 4.º). XIII – Representantes eleitos, não portugueses, de organizações económicas estrangeiras (art. 7.).*

I – **Objectivos da Lei**

1. A Lei n.º 2 105, de 6 de Junho de 1960, forma um todo em que se integram as suas diversas disposições. Quer isto dizer que não é possível tomar alguma destas isoladamente das outras e interpretá-la fora do sistema de que faz parte e do espírito que o inspira.

Qual é o objectivo fundamental da lei?

É a criação de um estatuto especial, quanto a vencimentos, incompatibilidades e acumulações, para os membros dos corpos gerentes dos estabelecimentos do Estado e de certa classe de empresas que poderão desde já denominar-se «empresas quase públicas».

Se a determinação dos «estabelecimentos do Estado» não tem oferecido dificuldade de maior, já o mesmo se não pode dizer das «empresas quase públicas», até porque as oportunidades do seu aparecimento e as modalidades que reveste a sua integração, maior ou menor, no Direito Público, são função do desenvolvimento da intervenção do Estado na vida económica nacional.

* Publicado in *O Direito*, ano 93 (1961), 2, pp. 81-134.

Que é, porém, a estas empresas que a lei exclusivamente se aplica no campo da iniciativa privada, não podem restar dúvidas. Não só tal intenção resulta do exame cuidadoso da enumeração das empresas incluídas no artigo 1.º, como foi expressa repetidas vezes no decurso da discussão na generalidade na Assembleia Nacional.

Logo a abrir essa discussão o Sr. Deputado Camilo de Mendonça perguntava:

«Onde está o socialismo, a tendência socializante da medida proposta?

«Na limitação de remunerações dos corpos gerentes de certas *empresas dependentes do Estado ou dos seus favores, em grau diverso*, ou na própria situação dessas empresas, situação preexistente?»

(*Diário das Sessões da Assembleia Nacional*, 1960, n.º 162, pág. 556, 1.ª col.).

Dias depois, o Sr. Deputado José Saraiva delimitava assim o problema em discussão:

«O problema que está na ordem do dia resume-se, tal como o entendo, ao seguinte: o estatuto fundamental dos vencimentos do funcionalismo civil contido no Decreto-Lei n.º 26 115 consagrou um conjunto de princípios ordenadores e basilares que, de modo geral, se encontram em vigor. Entre esses princípios – e precisamente como um dos mais vigorosamente inovadores – estava o de que o limite das remunerações pagas pelo Estado aos seus servidores deveria ter aplicação não apenas dentro do Estado, em sentido restrito, *mas também no sector marginal das empresas públicas e semi-públicas.*

....

«E é este o problema sobre o qual há que tomar posição: o princípio afirmado há 25 anos e as razões que o ditaram mantêm a sua validade – e, portanto, deve manter-se o limite então estabelecido, depois da sua indispensável correcção em vista das circunstâncias actuais – ou, pelo contrário, a preterição do preceito é consequência de forças que não devem ser ignoradas e tem precisamente o significado de que o critério limitativo perdeu inteiramente a sua oportunidade e justificação?

«O projecto de lei n.º 27 pretende constituir uma resposta para essa pergunta.»

(*Diário*, cit., n.º 167, pág. 615, 1.ª col.).

Da mesma forma o Sr. Deputado Águedo de Oliveira veio dizer:

«*A limitação de vencimentos nas empresas públicas e quase-públicas* toca, mexe, sacode outros problemas correlacionados ou próximos de que não vale a pena dar noção de maior rigor.»

(*Diário*, cit., n.º 169, pág. 708, 2.ª col.).

E um outro sr. Deputado, que desempenhou papel de relevo na discussão, António Carlos Lima, ao marcar a distinção entre as actividades puramente privadas e a das «empresas enquadráveis no projecto de lei» acentuava:

> «*As ligações destas com o Estado dão a esses rendimentos uma nota específica* a qual, por sua vez, exige também um tratamento legislativo próprio.»
> (*Diário*, cit., n.º 169, pág. 715, 1.º col.).

Como o Sr. Deputado Amaral Neto também entendia, ao falar nos «postos administrativos» multiplicados «à custa de favores, concessões ou dinheiros públicos ou comandados pelo Poder público» e ao afirmar:

> «... entendo poderem e deverem os órgãos do Estado intervir limitativamente nas retribuições dos *administradores das empresas que vivem na dependência directa do mesmo Estado*... Em suma, sendo o respeito a essência da autoridade, esses administradores devem respeitar a autoridade do Estado *de que efectivamente dependem*, para poderem por si mesmos esperar fazerem-se respeitar.
> «E o condicionamento que desejamos revigorar deve ser contado no preço da *protecção ou participação especial do Estado de que gozam as empresas onde o queremos aplicado.*»
> (*Diário*, cit., n.º 169, pág. 719, 1.ª e 2.ª cols.).

Poderiam ainda acrescentar-se outras citações. Mas as que ficam transcritas, nas quais sublinhámos os passos mais significativos da intenção dos oradores, já parecem suficientes em número e autoridade para demonstrar o que afirmámos: a Lei n.º 2 105, além dos estabelecimentos do Estado, só se aplica às *empresas quase-públicas*.

II – Âmbito da sua aplicação no espaço (Artigo 1.º, § 3.º)

2. A Lei n.º 2 105 vigorará no Ultramar português, isto é, constitui «legislação para o Ultramar», a que se aplique o artigo 150.º da Constituição?
Não cremos que assim seja. O âmbito da aplicação da lei está definido no § 3.º do artigo 1.º, que diz:

> «O disposto neste artigo aplica-se a todas as sociedades, companhias ou empresas, independentemente do local em que tenham a sua sede social, em relação aos membros dos seus corpos gerentes que residam na Metrópole ou nesta exerçam actividade.»

A técnica de toda a lei é deplorável. Porque o mais pequeno rigor na redacção do § 3.º faria pôr o acento tónico nos *membros dos corpos gerentes*, que são os sujeitos da oração do corpo do artigo – verdade seja que, também lá, com bastante incorrecção gramatical.

Quer dizer: o corpo do artigo 1.º estabelece uma limitação de vencimentos para *os membros dos corpos gerentes* de certas sociedades.

O § 3.º acrescenta que essa limitação vigora para *os membros dos corpos gerentes* das empresas abrangidas no artigo 1.º, independentemente do local onde tenham a sua sede social, desde que tais membros *residam na Metrópole ou nesta exerçam actividade*.

A lei não se aplica a empresas, mas *a membros dos corpos gerentes*.

E o que faz com que certo indivíduo fique sob a alçada da lei, é a concorrência das seguintes condições:

a) Pertencer aos corpos gerentes de uma sociedade, companhia ou empresa abrangida nos artigos 1.º e 3.º;

b) Residir na metrópole ou nela exercer actividade;

c) Não ser estrangeiro ou apátrida que beneficie da excepção do artigo 7.º.

O facto de uma sociedade ter a sua sede no estrangeiro ou no Ultramar é irrelevante – segundo a lei – para o efeito da aplicação desta, uma vez que os membros dos seus corpos gerentes residam na Metrópole ou aqui exerçam actividade.

Mas a circunstância de a lei não atender ao lugar onde as sociedades têm a sua sede, não significa que se aplique nesses lugares – no Ultramar ou no estrangeiro.

Ela aplica-se no território metropolitano, apenas, em relação às pessoas, com certas qualificações, que nele residam ou exerçam actividade.

Inversamente, os membros dos corpos gerentes de empresas com sede na Metrópole que residam ou exerçam actividade no Ultramar ou no estrangeiro, estão isentos da aplicação da lei (*a contrario sensu*).

Logo, a Lei n.º 2 105 não constitui legislação para o Ultramar.

3. Como acabámos de dizer, infere-se *a contrario sensu*, da letra do § 3.º do artigo 1.º, que a Lei n.º 2 105 não se aplica aos membros dos corpos gerentes das empresas por ela abrangidas que não residam na Metrópole ou que exerçam fora dela a sua actividade.

Esta interpretação está autorizada também pelo Parecer n.º 28/VII da Câmara Corporativa (*Actas*, VII Legislatura, 1960, n.º 90), que assim o entende no n.º 37. E também não se levantou voz que a impugnasse, na Assembleia Nacional, tendo a fórmula sido reproduzida na proposta de substituição do artigo 1.º.

Mas se é relativamente fácil determinar quando é que alguém reside no território metropolitano (continente e ilhas adjacentes), no Ultramar ou no estrangeiro, já se torna mais difícil definir a alternativa: «ou nesta (Metrópole) exerçam a sua actividade».

Que deve entender-se por «exercício da actividade»?

Trata-se evidentemente da actividade *como membros dos corpos gerentes*. Quer dizer, nesse caso, que o membro de um Conselho de Administração residente em Espanha que venha uma vez por mês às reuniões do Conselho a Lisboa, *exerce actividade como tal* no território português metropolitano.

Só ficariam portanto exceptuados os membros dos corpos gerentes que estejam à testa de delegações ou filiais ou tenham poderes de gerência fora da Metrópole. Sem falar nas sociedades que tenham sede no Ultramar e nos administradores ou conselheiros fiscais que, embora possuindo residência na Metrópole, nessa sede assistam ou a ela se desloquem com regularidade periódica para o exercício das suas funções.

Há ainda a hipótese dos membros dos corpos gerentes que, por obrigação estatutária, passem alguns meses do ano no Ultramar, podendo estar o tempo restante na Metrópole. A lei não exige, porém, que os membros dos corpos gerentes exerçam *toda a sua actividade* na Metrópole para serem abrangidos: basta que nela «exerçam actividade», mesmo só em parte do ano.

III – Corpos gerentes

4. Que deve entender-se pela expressão «membros dos corpos gerentes» usada no artigo 1.º da Lei n.º 2 105?

O problema tem a sua dificuldade. Na verdade, a expressão «corpos gerentes» não é usada no Código Comercial. Aparece na legislação subsequente (cremos que na Lei n.º 394, de 6 de Setembro de 1915 que impôs às sociedades sujeitas a fiscalização do Estado pelo artigo 178.º do Código Comercial a obrigação de organizarem os seus corpos gerentes com maioria de cidadãos portugueses), consagrando uma expressão já então de uso comum.

No artigo 1.º da Lei n.º 2 105 há um início de definição legal.

Na verdade, diz-se aí:

> «Os membros dos corpos gerentes... quer se revistam da forma de administração, direcção, comissão executiva, fiscalização ou qualquer outra...».

Deixando de lado os defeitos de redacção, temos que, nos termos da lei, são *corpos gerentes* as administrações, direcções, comissões executivas e conselhos fiscais.

Mas o legislador, ao empregar a expressão *corpos gerentes*, tinha em mente o sentido comum da expressão, não sendo a enumeração que faz mais do que simples exemplificação, rematada por um «ou qualquer outra», destinado a não permitir subterfúgios por meras diferenças de nomenclatura.

Ora na acepção comum, corpos gerentes são ùnicamente os *órgãos colegiais designados por eleição de entre os accionistas duma sociedade*. A cooptação permitida com frequência pelos estatutos para preenchimento das vagas que ocorram, é uma solução provisória que só a confirmação subsequente pela assembleia geral transforma em definitiva.

Assim, em primeiro lugar, o corpo gerente é um órgão colegial, consoante resulta do sentido corrente da palavra corpo que se depreende de expressões tais como *corpo administrativo, corpo docente, corpo diplomático, corpo redactorial, corpo de baile*... Um único gerente não é um corpo gerente[1].

Em segundo lugar, tem de entender-se que não são *corpos gerentes* de uma sociedade os órgãos directivos não constituídos por accionistas.

O facto de se chamar «direcção» a um órgão cujos titulares sejam simples empregados, designados para exercerem funções de gerência por mandato e sob as ordens e fiscalização de um Conselho de Administração ou dos administradores delegados, não converte esse órgão num *corpo gerente*.

Abrange a lei na designação de *corpos gerentes* aqueles que «se revistam da forma de... fiscalização». Esta incorrecta maneira de dizer significa manifestamente a intenção de abranger os conselhos fiscais, como acontece na acepção vulgar em que a expressão costuma ser empregada.

A única dúvida que subsiste é a de saber se as mesas das assembleias gerais também devem ser abrangidas – considerando-se incluídas na frase «ou qualquer outra», já referida.

---

[1] Em sentido contrário, observou-se já que não fazendo o Código Comercial exigência de colegialidade para a administração das sociedades, pode havê-las com um único administrador, não havendo motivo para nesse caso o excluir da aplicação da Lei n.º 2 105. Há aqui duas coisas a distinguir. Em primeiro lugar, admitindo que o Código Comercial consente na administração das sociedades anónimas por um único administrador – o que não parece exacto, pois embora não haja para a administração preceito semelhante ao artigo 275.º que fixa o número mínimo dos membros do Conselho Fiscal em três, a verdade é que nos artigos 172.º, 173.º, 174.º, 177.º, 179.º, § único, n.º 2.º 188.º se faz sempre referência aos «directores» no plural, ao contrário do que sucede nos artigos 205.º e 206.º em que fala do «gerente» das sociedades em comandita – haveria que ponderar não pertencer a esse diploma a designação de «corpos gerentes», pelo que esta não pode definir-se exclusivamente em função das suas disposições e abstraindo do sentido corrente da expressão. E na Lei n.º 394 de 6 de Setembro de 1915 em que pela primeira vez, segundo parece, a fórmula é legislativamente consagrada, ela tem o sentido inequívoco de órgão colegial, pois a lei destina-se a impor que a *maioria dos seus membros* seja de cidadãos portugueses, como português deve ser o respectivo presidente. Em segundo lugar, da justiça ou injustiça do tratamento desigual dado ao administrador único pode resultar uma interpretação por analogia ou não, – nunca a determinação do sentido próprio ou literal da frase que se tem de interpretar.

Embora tais mesas não sejam rigorosamente «gerentes», é verdade que na linguagem comum são considerados corpos gerentes e que, além disso, correspondem à noção que encontrámos: órgão colegial da empresa constituído por accionistas.

Mas a Câmara Corporativa, no Parecer n.º 28/VII, emitido sobre o Projecto de lei n.º 27 (*Actas da Câmara Corporativa*, VII, 1960, n.º 90), observou no n.º 31:

> «Convém dizer que a Câmara entende – e igual foi certamente o propósito dos autores do projecto – que a referência a corpos gerentes não pode abranger os membros das mesas das assembleias gerais das sociedades por acções. Este ponto de vista baseia-se, quanto às sociedades anónimas, no artigo 171.º do Código Comercial, que atribui a administração das mesmas sociedades a uma direcção e a fiscalização desta a um conselho fiscal; por outro lado, o artigo 183.º atribui ao presidente da assembleia geral ou a quem as suas vezes fizer, e aos secretários, funções que estritamente se dirigem ao funcionamento da assembleia. A mesma conclusão é fundada, quanto às sociedades em comandita por acções e às sociedades cooperativas por acções, nos artigos 201.º e 207.º do Código Comercial, que afinal remetem para as disposições aplicáveis às sociedades anónimas.»

Não foi este modo de ver impugnado na Assembleia Nacional durante a discussão, quer na generalidade, quer na especialidade, do projecto de lei: pelo que deve ser considerado expressão autêntica da vontade legislativa.

IV – Sociedades concessionárias ou arrendatárias de bens do domínio público [Artigo 1.º, alínea *a*)]

5. No projecto de lei n.º 27 o artigo 1.º referia-se na alínea *a*), a «sociedades, companhias ou empresas... concessionárias ou arrendatárias», sem mais especificação, por precipitada análise do artigo 27.º do Decreto-Lei n.º 26 115, sem se reparar que neste diploma essas sociedades, para serem abrangidas, tinham de obedecer concomitantemente a outros requisitos que as individualizavam.

E na alínea *d*) do mesmo artigo do projecto mencionavam-se as sociedades, companhias ou empresas,

«em que se verifique o previsto no artigo 2.º do Decreto-Lei n.º 40 833.»

Logo a Câmara Corporativa, no Parecer n.º 28/VII (*Actas*, VII Legislatura, 1960, n.º 90) observou que, sendo pensamento dos autores da iniciativa abranger apenas as empresas que mantivessem relações com o Estado, a alínea *a*) do artigo 1.º só poderia referir-se às «empresas beneficiárias de concessões ou arrendamentos de serviços públicos ou de bens do domínio público» (Parecer, n.º 32), as quais, todavia, se encontravam incluídas no artigo 2.º do Decreto--Lei n.º 40 833, a que se referia a alínea *d*), pelo que numa das alíneas haveria «ociosa repetição» (n.º 35).

Em consequência desta crítica, na sessão da Assembleia Nacional de 26 de Abril de 1960 o sr. Deputado Camilo de Mendonça e outros, apresentaram uma proposta de substituição do artigo 1.º do projecto de lei n.º 27 em que à alínea *a*) é dada a forma actual, referindo-se às sociedades, companhias ou empresas,

«*a*) concessionárias ou arrendatárias de serviços públicos ou de bens do domínio público.»

6. A fonte da alínea *a*) do artigo 1.º da Lei n.º 2 105 é, pois, confessadamente, o artigo 2.º do Decreto-Lei n.º 40833, de 29 de Outubro de 1956, que reza assim:

«Pode o Governo nomear delegados seus junto das sociedades concessionárias de serviços públicos ou da utilização de bens do domínio público....»

Consagra-se aí uma *faculdade*, que o Governo só exerce quando à concessão ou ao arrendamento dos bens estejam directamente ligados interesses públicos fundamentais.

O legislador, ao redigir o artigo 2.º do Decreto-Lei n.º 40 833, tinha em mente, pelo que toca à utilização de bens do domínio público, as empresas que a Constituição Política considera *de interesse colectivo* no seu artigo 59.º:

«São considerados de interesse colectivo e sujeitas a regimes especiais de administração, concurso, superintendência ou fiscalização do Estado, conforme as necessidades da segurança pública, da defesa nacional e das relações económicas e sociais, todas as empresas que visem ao aproveitamento e exploração das coisas que fazem parte do domínio público do Estado.»

As empresas que a Constituição permite, pois, que sejam sujeitas a regimes especiais de *superintendência e fiscalização do Estado* são as que *visem* o aproveitamento e a exploração dos bens do domínio público.

Visar o aproveitamento e exploração, quer dizer ter essas actividades por *objecto principal*.

Só em tal caso se justifica a nomeação de delegados do Governo para fiscalizarem a gestão normal das empresas.

Conclui-se pois, que uma empresa cujo objecto principal é diferente, embora para o desempenhar careça, acessória e incidentalmente, de arrendar bens do domínio público ou de obter a concessão da sua utilização, não está abrangida na alínea *a*) do artigo 1.º da Lei n.º 2 105.

São efectivamente numerosos os casos em que empresas com os mais variados objectivos pedem e obtêm concessão, na Metrópole ou no Ultramar, de terrenos ou águas do domínio público apenas para instalação de armazéns ou depósitos, fundeadouro de embarcações, etc.

Essas relações, constituídas nos termos da lei geral por simples actos administrativos, nas mesmas condições em que quaisquer particulares podem estabelecer com as entidades que administram o domínio público, não são as contempladas na Lei n.º 2 105.

É preciso que do arrendamento ou concessão de bens do domínio público resulte para a empresa concessionária o carácter de interesse colectivo, pois a lei só se destina a «empresas públicas e semi-públicas» como começámos por demonstrar.

7. É típico o caso das concessões de terrenos no porto de Lisboa, cuja Administração-Geral é um instituto público (Cf. meu *Manual de Direito Administrativo*, 3.ª edição, pág. 13), dotado de autonomia mas fazendo parte do Ministério das Comunicações (Decreto-Lei n.º 36 976, de 20 de Julho de 1948, artigo 1.º).

Como sucede com as restantes entidades autónomas que têm a seu cargo a exploração de portos, está-lhe afecta uma área de jurisdição necessária à exploração comercial e à execução e conservação das obras do porto, na qual exerce a sua competência (Lei n.º 2 035, de 30 de Julho de 1949, Lei n.º 32 842, de 11 de Junho de 1943, artigo 1.º, § 1.º; e Decreto-Lei n.º 36 976, citado, artigo 2.º).

Essa *zona de jurisdição* não é um território autárquico, como as circunscrições do município, da freguesia ou do distrito, nem as exclui, pois delas faz parte; mas participa de muitos dos seus caracteres.

O porto comercial é um instrumento económico a usar para desenvolvimento da riqueza nacional, ao serviço das actividades marítimas, comerciais e industriais de natureza privada. E quanto mais nele se estabelecerem essas actividades, quanto mais elas concorram para o valorizar com as suas obras e instalações, mais completamente o porto corresponderá à sua finalidade e se apresentará movimentado, utilizado e, portanto, próspero.

Por isso, no relatório do Decreto-Lei n.º 32 842 se frisava a necessidade de facilitar o aproveitamento das zonas portuárias pelos particulares:

«... a solução, no momento, para se conseguir desenvolver a importante função comercial e de fomento dos portos estará na simplificação das formalidades de posse, na concessão de garantias de utilização e na avaliação prudente dos preços de aluguer que devem ser conferidas à fruição dos terrenos portuários de interesse comercial ou industrial, valorizados pela sua contiguidade aos acostadouros na navegação, *os quais o Estado só deve reter em propriedade para regular e orientar o seu equilibrado aproveitamento pelos interesses privados, no sentido do acrescentamento da riqueza pública.*»

E mais adiante acentua-se:

«Para remediar as insuficiências verificadas no actual regime administrativo dos portos, *libertando as actividades que neles se exerçam de excessos e acumulações de burocracia e polícia que entravem o seu normal exercício e desenvolvimento e, do mesmo passo, impulsionar a expansão económica dos portos,* se publica o presente diploma.»

Assim, a zona de jurisdição de um porto não é um espaço do domínio público exclusivamente reservado à entidade que o administra e onde os particulares só tenham intervenção mediante o exercício de poderes especiais que lhes sejam transferidos pela Administração para serem usados em lugar dela e como se ela fosse.

A zona de jurisdição está no domínio público como o estão as estradas, as ruas ou os rios: para serem utilizados por todos livremente, e por quantos mais melhor, embora essa utilização tenha de ser sujeita a normas reguladoras e a uma fiscalização disciplinar e coordenadora.

8. Estabelece o Decreto-Lei n.º 32 842, no seu artigo 10.º, que «compete exclusivamente às administrações portuárias», entre outros poderes, conceder licenças para a ocupação de terrenos e para a construção de edifícios ou outras instalações na zona do porto, em harmonia com o «plano de arranjo e expansão aprovado, e autorizar a realização na área da sua jurisdição de quaisquer obras ou trabalhos necessários à realização do referido plano [alíneas *c*) e *d*)].

E no Decreto-Lei n.º 36 976, de 20 de Julho de 1948, artigo 5.º, preceitua-se:

«Dentro da área da sua jurisdição só a Administração Geral do Porto de Lisboa pode conceder licenças para a execução de obras e para a ocupação de terrenos ou qualquer outra utilização do porto e cobrar taxas às mesmas inerentes.»

Entendeu a Procuradoria-Geral da República, conforme se vê, em especial, do seu Parecer de 16 de Março de 1953 (*O Direito*, ano 86.º, pág. 144), que esta competência exclusiva substitui a das Câmaras Municipais em matéria de polícia das construções, quanto à sua segurança, salubridade e estética, pertencendo às administrações portuárias igualmente a respectiva fiscalização.

Tal entendimento vem confirmar o que já ficou acentuado: embora a área de jurisdição de um porto não seja circunscrição territorial de uma autarquia, todavia as coisas passam-se, sob muitos aspectos, como se fosse. Nessa área desenvolvem-se actividades privadas por livre iniciativa dos particulares, sujeitas apenas a licenças ou autorizações policiais destinadas a acautelar os interesses geralmente protegidos pelas leis e regulamentos e os que em especial digam respeito ao arranjo, utilização e expansão do porto.

Consequentemente, as licenças e autorizações para obras, dadas pela Administração-Geral do Porto de Lisboa, são simples actos de polícia administrativa (cf. meu *Manual*, 5.ª ed., págs. 629 e segs.) que não criam nenhumas relações especiais atinentes ao domínio público, do tipo do arrendamento ou da concessão, sobretudo quando a autorização é concedida sem prejuízo dos direitos do Estado aos terrenos onde as obras vão ser feitas.

9. Quanto à ocupação de terrenos do domínio público na área de jurisdição do porto, pode, nos termos do artigo 7.º do Decreto-Lei n.º 32 842, revestir a forma de arrendamento ou de concessão.

Será a esses arrendamentos e concessões que se quererá referir a alínea *a)* do artigo 1.º da Lei n.º 2 105?

Tenho sustentado que não, e quanto mais estudo a lei mais me persuado de que estou na razão.

Os problemas do domínio público têm sido relativamente pouco versados em Portugal e a verdade é que a elaboração da teoria, em Direito Administrativo, depende muito da riqueza dos «casos» que permitam ver os diversos aspectos da realidade.

Ora, por um lado, a legislação sobre coisas públicas emprega o termo «concessão» em vários sentidos.

Por outro lado, é necessário distinguir, como aliás resulta do próprio sistema jurídico português, entre *exploração* das coisas públicas e simples *utilização* delas.

A *exploração* das coisas públicas implica, no caso da concessão, a sua transferência total para a posse do concessionário, que actua em nome e em lugar da Administração pública, nos termos com esta pactuados e sob a sua fiscalização.

É o que se passa com as minas. É o que pode passar-se com a exploração de uma ponte cuja construção haja sido concedida, ou de uma auto-estrada ou de um porto. Esteve neste regime o porto de Lisboa durante a concessão Hersent, como estiveram os portos da Beira e de Mormugão.

Neste caso encontra-se a concessão pròpriamente dita, tal como a definimos no *Manual de Direito Administrativo*, 5.ª edição, pág. 520.

Mas destas concessões é preciso distinguir as de mera utilização da coisa pública, que apenas têm por objecto facilitar o aproveitamento directo ou o uso privativo de parcelas de certos bens do domínio público destinados a serem utilizados pelos particulares. A esas concessões, de mistura com as outras cujas diferenças não me haviam até agora chamado tão nìtidameate a atenção, me refiro no *Manual*, pág. 69.

As concessões de utilização não envolvem transferência de poderes públicos: são simples permissões de uso, dadas pela administração do domínio mediante o pagamento de taxas e nas condições estabelecidas por lei ou especialmente clausuladas.

Como do Decreto-Lei n.º 32 842 resulta, artigo 7.º, são mera espécie de «licenciamento das instalações de carácter privado na zona do porto».

E no relatório desse decreto, considerando o licenciamento, quanto aos terrenos, como fazendo parte genèricamente da locação, afirma-se que «a locação deve garantir apenas as vantagens de reserva de espaço para um determinado fim, num certo período de tempo».

Por isso o artigo 9.º dispõe que:

«A afectação de terrenos ou instalações da zona do porto ao regime de arrendamento ou de concessão não confere às mercadorias ou aos seus donos qualquer posição especial relativamente aos sistemas fiscal e tarifário que vigorarem no porto, mas tão-sòmente reservam ao arrendatário ou concessionário a exclusividade da utilização, para determinado fim, do lote ou parcela que lhe for alugado ou concedido.»

Está, pois, claro que a concessão de utilização das coisas públicas é uma simples cedência de uso a título privativo, que não implica transferência de poderes públicos, correspondendo a simples modalidade de fruição das coisas pela entidade que delas for administradora – entidade que pode ser, até, um concessionário da exploração.

10. Ora é manifesto, pelo exame das disposições da Lei n.º 2 105 e dos seus trabalhos preparatórios (sobretudo da discussão parlamentar), que o legislador não quis submeter a regime especial os membros dos corpos gerentes de empresas que, no exercício de direitos conferidos pela lei geral, fizessem uso das coisas do domínio público de acordo com a natureza e destino delas.

O que se pretende é definir uma classe de empresas quase públicas, as empresas de interesse colectivo a que se refere o artigo 59.º da Constituição, entre outras. Empresas que, por explorarem serviços ou bens públicos, estão no lugar do Estado e das entidades de direito público e devem, consequentemente, participar de certos aspectos da disciplina da Administração.

Empresas que «visem ao aproveitamento e exploração das coisas que fazem parte do domínio público do Estado», diz a Constituição. E *visar é ter por fim*, é contar com essa actividade entre os seus principais objectivos.

Foi nesse espírito que a Lei n.º 1 994, de 13 de Abril de 1943 (lei de nacionalização de capitais), na sua base I, restringiu às empresas nacionais a *gestão* de bens do domínio público através *de estabelecimentos* por elas fundados, adquiridos, possuídos ou explorados.

E quando o Decreto-Lei n.º 40 833, de 29 de Outubro de 1956 deu ao Governo *a faculdade* de nomear delegados seus junto das sociedades «concessionários... da utilização de bens do domínio público», era dentro dessa tradição legislativa que se inseria, estando longe, certamente, do espírito do legislador admitir que o Governo fosse utilizar essa faculdade para nomear um delegado junto de qualquer sociedade, pelo simples facto de ela ser utente do domínio público, embora nas condições de uso privativo que lei chama também «concessão.

V – Conceito de «diploma legal» [Artigo 1.º, alínea *b*)]

11. Nos termos da alínea *b*) do artigo 1.º da Lei n.º 2 105, ficam abrangidas no âmbito da sua aplicação as sociedades, companhias ou empresas,

> em que o Estado tenha participação nos lucros ou seja accionista, desde que tais posições estejam previstas em diploma legal, em contrato ou nos respectivos estatutos.

O despacho que, de acordo com a legislação sobre condicionamento industrial, autoriza a instalação de uma fábrica, pode ser considerado «diploma legal»?

A resposta pressupõe uma questão prévia: saber o que se deve entender por «diploma legal».

A fonte remota deste preceito é o artigo 27.º do Decreto-Lei n.º 26 115, de 23 de Novembro de 1935, cuja letra é a seguinte:

> «Fica expressamente proibida a atribuição de vencimentos superiores aos dos Ministros, aos directores e administradores de estabelecimentos do Estado, de sociedades, companhias ou empresas concessionárias ou arrendatárias em que o Estado tem direito a participação nos lucros ou é accionista *por força do diploma legal a que a constituição das mesmas entidades está sujeita.*»

Na frase que sublinhámos o sentido da expressão «diploma legal» é claro: trata-se do *acto legislativo* que regule a constituição das sociedades, companhias ou empresas.

Se dúvidas houvesse, o relatório desse decreto-lei as tiraria, quando diz (cap. VIII, último período):

> «Este mesmo princípio de hierarquia social e limitação de honorários se achou razoável aplicar-se aos corpos gerentes de empresas em cujos lucros o Estado participa ou de que possui acções *por efeito da lei especial da sua constituição*.»

Sublinhou-se também a frase que demonstra que no Decreto-Lei n.º 26 115 *diploma legal* quer dizer lei em sentido amplo (lei da Assembleia Nacional, decreto-lei, diploma legislativo do Ultramar).

E foi na mesma acepção que a expressão passou para o artigo 1.º do Decreto-Lei n.º 40 833, de 29 de Outubro de 1956:

> «O Estado pode participar, por meio de administradores nomeados pelo Governo, na administração das sociedades de que seja accionista ou em que tenha participação de lucros, desde que tais posições estejam previstas *em diploma legal* ou nos respectivos estatutos...»

E no § 1.º acrescenta-se:

> «O número de administradores por parte do Estado será o estabelecido nos *diplomas aplicáveis* ou nos estatutos...»

Portanto, as hipóteses previstas no Decreto-Lei n.º 40 833 eram duas: a de haver *lei* que impusesse a presença de administradores por parte do Estado na empresa; ou a de essa presença ser consignada nos *estatutos*. Fora dessas hipóteses, o Estado só como accionista comum poderia actuar nas assembleias gerais, e os administradores para cuja eleição concorresse ou que o peso dos seus votos elegesse não teriam o estatuto de «administradores por parte do Estado».

Não tem a expressão «diploma legal» um significado técnico fixado por lei ou admitido pela doutrina, ao contrário do que sucede com a expressão «diploma legislativo».

Daí que se torne necessário entendê-la de acordo com as circunstâncias em que seja empregada, circunstâncias estas que serão determinadas segundo a técnica da interpretação das leis: o contexto, o espírito ou intenção da norma, o sistema legislativo, a história do preceito...

E é por esse motivo que, em nossa opinião, o despacho que, no uso de poderes administrativos conferidos por lei geral para o licenciamento do estabelecimento de instalações industriais, condiciona a licença pela imposição de certas exigências, entre as quais a entrega de determinada percentagem de acções da empresa autorizada, não é *diploma legal* para o efeito da alínea *b*) do artigo 1.º da Lei n.º 2 105.

VI – **Actividades em regime de exclusivo ou com benefício ou privilégio não fixados em lei geral [Artigo 1.º, alínea *d*)]**

12. Como entender a alínea *d*) do artigo 1.º, referente às empresas «que explorem actividades em regime de exclusivo ou com benefício ou privilégio não fixados em lei geral»?

Conforme se deduz do n.º 7.º do artigo 8.º da Constituição, há *exclusivo*, em sentido amplo, sempre que uma actividade é subtraída por lei ao domínio da liberdade de comércio e indústria (condicionada ou não) para ser permitida apenas a uma empresa determinada.

O termo *benefício* não tem um significado técnico rigoroso. Mas da comparação do artigo 1.º do Decreto-Lei n.º 40 833, de 29 de Outubro de 1956, fonte directa da disposição que estamos a interpretar com o n.º 3.º do artigo 90.º da Constituição de 1933 e o artigo 21.º da Constituição de 1911, além do artigo 1.º do Decreto-Lei n.º 15 538, de 1 de Junho de 1928, fontes, por sua vez, daquele, extrai-se que o legislador entende por benefício o compromisso, tomado em lei ou contrato, de atribuição regular ou para cobertura de «deficits», de subsídio do Estado a uma empresa, a concessão de garantia legal de juro das obrigações ou de dividendo mínimo às acções, ou outro auxílio financeiro análogo.

Quanto ao *privilégio*, o seu significado clássico é o de faculdade dada só a alguém de fazer alguma coisa que por direito comum é proibida; ou isenção de um encargo que a lei impõe à generalidade dos cidadãos. (V. por exemplo, *Estudos sobre a Carta Constitucional de 1826* por Lopes Praça, vol. I, pág. 141).

Neste sentido os exclusivos de actividade comercial ou industrial são privilégios, sendo o mais correntemente designado por esse nome o *privilégio de emissão* de notas com curso legal e forçado, concedido ao banco emissor.

Mas a lei distingue os benefícios ou privilégios *conferidos* (como diz o n.º 3.º do art. 90.º da Constituição), *previstos* (como se lê no art. 1.º do Dec.-Lei n.º 40 833) ou *fixados* (como está na Lei n.º 2 105) *em lei geral*, dos que o não são.

Que se deve entender por benefício ou privilégio *fixado em lei geral*?

Sem dúvida, o que for estabelecido em lei que não especifique o beneficiário, isto é, que não indique individuadamente a empresa que deles gozará, limitando-se a conferi-lo a todas as empresas ferroviárias (por exemplo), ou a todas as companhias portuguesas que assegurarem as comunicações marítimas com o Ultramar português, ou às empresas que se constituírem para explorar certo ramo de comércio ou de indústria.

A fórmula usada na alínea *d*) do artigo 1.º da Lei n.º 2 105 foi reproduzida do artigo 1.º do Decreto-Lei 40 833, de 29 de Outubro de 1956 como dissemos já.

E a fonte deste preceito está no n.º 3.º do artigo 90.º da Constituição de 1933, o qual, por sua vez se inspirou no artigo 21.º da Constituição Política de

1911 em cujo texto se encontra referência às «empresas ou sociedades constituídas por contrato ou concessão especial do Estado *ou que deste hajam privilégio não conferido por lei genérica...*».

Segundo Marnoco e Sousa (*Constituição Política da República Portuguesa – Commentario*, 1913, pág. 378) este preceito da Constituição de 1911 colheu inspiração no artigo 24.º da Constituição Brasileira de 1891. A verdade é que essa inspiração não proveio da letra do artigo da lei fundamental do Brasil e sim da interpretação que a esse artigo era então dada pela doutrina brasileira.

Tal interpretação veio a ser resumida pelo insigne Ruy Barbosa numa página recolhida no livro, da sua autoria, intitulado *Comentários à Constituição Federal Brasileira, coligidos e ordenados por Homero Pires* e que vem no volume 2.º, pág. 85. Aí se lê: «... claro está que as isenções e reduções tributárias, a que se referem as leis eleitorais, não constituem os favores de que se trata senão quando os bancos, companhias ou empresas deles gozarem por contratos *especiais* do Governo com essas empresas, essas companhias ou esses bancos, ou leis *especiais* que em relação a tais entidades se decretarem.

....

«Mas de todo em todo outra é a solução, quando, na hipótese que se encara, não se trata de mercês particularmente liberalizadas a certa e determinada pessoa colectiva (empresa, companhia ou banco) mas de isenções *gerais* estabelecidas, como na espécie vertente, em benefício de toda uma classe.»

Portanto, o privilégio não será conferido por *lei geral* ou *lei genérica* quando a lei o atribua a certa e determinada empresa, como sucede com o privilégio emissor dado expressamente ao Banco de Portugal.

13. As Constituições de 1911 e de 1933, que encontrámos na origem da fórmula comentada não se referem, porém, nos preceitos citados, aos exclusivos. Só falam em *privilégio*.

O artigo 1.º do Decreto-Lei n.º 40 833 é que permite ao Governo que participe por meio de administradores da sua nomeação nas «sociedades que explorem actividades em regime de exclusivo ou com benefício ou privilégio não conferidos em lei geral».

Qual é a fonte deste preceito na parte relativa às actividades em regime de exclusivo?

É o do artigo 178.º do Código Comercial:

«As sociedades anónimas que explorarem concessões feitas pelo Estado ou por qualquer corporação administrativa, ou tiverem constituído em seu favor qualquer privilégio ou exclusivo, poderão ser, segundo o caso, também fiscalizadas por agentes do Governo...».

Daqui passou a referência ao privilégio ou exclusivo, sem qualquer restrição, para o Regulamento para a fiscalização das sociedades anónimas aprovado pelo Decreto de 10 de Outubro de 1901, artigo 1.º e para o que o substituiu pelo Decreto de 13 de Abril de 1911, artigo 3.º, alínea c).

O primeiro ponto a notar é que a lei distingue entre o *exclusivo* e o *privilégio*, quando poderia entender-se ser o exclusivo mera espécie a considerar entre a categoria genérica dos privilégios. Pois não é o exclusivo uma excepção à liberdade de comércio e indústria, atribuindo à empresa que dele goza uma posição negada ao comum dos empresários, sujeitos em regra à concorrência, livre ou condicionada?

E distingue-os por quê e para quê?

É o segundo ponto a notar: quando a lei mencione apenas as actividades em regime de exclusivo, não fala nunca em «exclusivo conferido ou fixado por lei geral».

A razão, pois, que parece determinar a distinção está na ideia de que a lei geral pode autorizar o Governo a conferir exclusivos: mas que a própria natureza destes exige que sejam sempre atribuídos em atenção a *certas* empresas, as quais, ao recebê-los, terão de assumir responsabilidades pessoais e concretas, em face da Administração, pelo uso que deles fizerem.

Assim, as meras isenções fiscais, por exemplo, podem caber na noção de privilégio e admitir-se que sejam conferidas a toda uma classe de actividades por lei geral, gozando toda e qualquer empresa que exerça essa actividade da isenção legal sem necessidade de acto subjectivador. Mas já o mesmo não poderá suceder com o exclusivo, que terá sempre de ser concretizado quanto à empresa que dele goza, área onde subsiste, condições de fruição, prazo, etc.

Se isto assim é, terá, pois, que entender-se a alínea d) do artigo 1.º da Lei n.º 2 105 como relativa a dois grupos de actividades:
– actividades em regime de exclusivo;
– actividades com benefício ou privilégio não fixados em lei geral.

VII – **Sociedades que beneficiem de financiamentos feitos pelo Estado [Artigo 1.º, alínea e)]**

14. Passemos à análise da alínea e) do artigo 1.º da Lei n.º 2 105, na parte em que se refere às «sociedades, companhias ou empresas... que beneficiem de financiamentos feitos pelo Estado ou por ele garantidos...».

O primeiro ponto que parece necessário esclarecer, é o respeitante ao conceito de financiamento que a lei aqui tomou em consideração; o segundo, às condições em que as empresas financiadas ficam sujeitas ao regime legal.

O conceito de financiamento levanta certas dificuldades, visto não ser unívoco o sentido em que o termo é empregado pela doutrina e usado na prática.

Mas afigura-se desnecessário entrar em largas discussões teóricas sobre o assunto, visto que o legislador o empregou na sequência de certa tradição legislativa que talvez nos conduza ao apuramento de um significado técnico do termo dotado de suficiente precisão.

A primeira vez que o termo *financiar* aparece empregado num texto legal de grande significado jurídico-político, é no artigo 33.º da Constituição de 1933:

> «O Estado só pode intervir directamente na gerência das actividades económicas particulares *quando haja de financiá-las* e para conseguir benefícios sociais superiores aos que seriam obtidos sem a sua intervenção.»

A quem recorde o «clima» económico-social em que foi concebida a Constituição, não podem restar dúvidas de que a expressão «quando haja de financiá-las», demais a mais constituindo condição básica para justificar a intervenção excepcional do Estado na gerência das empresas, tem um significado restrito. *Financiar* é proporcionar os capitais necessários para que a actividade económica se desenvolva, quer no acto do seu lançamento, quer no decurso do seu exercício, quando seja preciso suprir a escassez ou a timidez dos capitais privados ou esconjurar os efeitos de alguma crise que ameace comprometê-la.

Só nesses casos, de ter de ser o Estado o capitalista de uma empresa «para conseguir benefícios sociais superiores aos obtidos sem a sua intervenção», haveria financiamento para os efeitos previstos na Constituição.

Ao examinar, em célebre discurso de 13 de Janeiro de 1933, os Problemas da Organização Corporativa, o Presidente do Conselho, Dr. Oliveira Salazar, definia assim o pensamento governativo, que se pode considerar o pensamento constitucional:

> «O tempo revela que a direcção moderada e discreta das pautas, dos tratados de comércio, dos prémios aos produtores não evita desvios inconvenientes, excessos que se traduzem em prejuízos, falta de ajustamento das várias rodagens da produção. Tem-se ido mais longe: o estabelecimento de indústrias pelo Estado, o condicionamento de muitas outras, financiamentos directos e indirectos, restrições da actividade privada e das suas iniciativas.
>
> «Mas está aqui uma das dificuldades do problema, visto que, aliás sem desconhecer as necessidades presentes, não quer o Estado português arrogar-se papel exagerado na produção e pretende valorizar ao máximo a acção da iniciativa individual – mola real de uma vida social progressiva.

«Quando o Estado vá além da indicação das necessidades colectivas e da realização das condições gerais para que os particulares possam satisfazê-las, entra no caminho dos grandes desperdícios, das concorrências indevidas, do trabalho improgressivo. É preciso salvar, no interesse particular e público, a iniciativa privada. (*Discursos*, vol. I, 1.ª edição, págs. 287-288).

15. Os financiamentos pelo Estado só passaram a constituir método de acção governativa e a ser regulados genèricarnente por lei, após a II Grande Guerra.

O auxílio Marshall exigiu a montagem de um mecanismo especial destinado ao seu emprego, sobretudo na ajuda às iniciativas privadas: foi a conta «Fundo de Fomento Nacional» criada pelo Decreto-Lei n.º 37 354, de 26 de Março de 1949, que originou o instituto público do mesmo nome, organizado pelo Decreto-Lei n.º 37 724, de 2 de Janeiro de 1950.

É no artigo 3.º do Decreto-Lei n.º 37 354 que volta a falar-se em financiamento:

«Na conta «Fundo de Fomento Nacional» serão incorporados os títulos e créditos do Estado resultantes de financiamento ou comparticipação em grandes empreendimentos de fomento.»

Distingue-se neste artigo o «financiamento» da «comparticipação»: as ideias que assim são traduzidas parecem corresponder, na «comparticipação», a uma associação inicial do Estado ao empreendimento, através do respectivo capital; no «financiamento» a uma intervenção superveniente ao lançamento da empresa, necessária para permitir levá-la a bom termo.

E esta ideia de que o financiamento é uma intervenção posterior à fundação e ao arranque da empresa, transparece ainda da Base IV da Lei n.º 2 058, de 29 de Dezembro de 1952, que aprovou o I Plano de Fomento, atribuindo ao Governo poderes para,

«3.º Financiar, em harmonia com os capitais privados nelas interessados, *tanto as empresas de cujo capital participe como as restantes* integradas na execução do Plano de Fomento.»

Todavia, na Base V da mesma lei as comparticipações parece caberem num conceito amplo de financiamento:

«1. As comparticipações no capital das empresas e, de um modo geral, os financiamentos do Estado serão realizados através do Fundo de Fomento Nacional, cabendo ao Conselho Económico, ouvido aquele, estabelecer as modalidades e condições dos empréstimos que tiverem de ser concedidos.»

Já o Decreto-Lei n.º 37 853, de 20 de Junho de 1950, entretanto, definira os modos que principalmente podia revestir o financiamento pelo Fundo de Fomento Nacional:

«Artigo 1.º Na execução do plano de aplicação de capitais... poderá o Fundo de Fomento Nacional, precedendo aprovação do Ministro das Finanças, usar das formas de financiamento mais apropriadas à consecução dos objectivos previstos, tais como: subscrição ou compra de acções, tomada de obrigações e contratos de empréstimo.»

16. Nas leis publicadas a partir de 1949 o financiamento pelo Estado aparece como uma forma de proporcionar a certas empresas empenhadas em grandes realizações de interesse nacional, parte dos recursos financeiros necessários aos *investimentos* a levar a cabo, recursos que teriam de ser fornecidos, portanto, a largo prazo.

Nasce daqui uma íntima comunhão de interesses entre o Estado-financiador e a empresa-financiada. Primeiro, porque ambos estão interessados no investimento de interesse público a realizar. Segundo, porque ambos ficam ligados à sorte do empreendimento e à sua gestão.

Foi essa a razão da inclusão da faculdade que consta do artigo 2.º do Decreto-Lei n.º 40 833, de 29 de Outubro de 1956:

«Pode o Governo nomear delegados seus junto das sociedades concessionárias de serviços públicos ou da utilização de bens do domínio público, *das que beneficiem de financiamentos feitos pelo Estado ou por ele garantidos...*» (etc.).

Atribuía assim a lei ao Governo uma faculdade de que naturalmente ele só usaria se o vulto dos capitais proporcionados pelo financiamento ou as suspeitas da sua má gestão a isso aconselhassem.

17. No projecto de lei n.º 27, iniciativa de que veio a sair a Lei n.º 2 105, não havia referência expressa às sociedades financiadas pelo Estado na enumeração das empresas abrangidas, isto é, a que se reconheceria o estatuto de «quase públicas».

No artigo 1.º do projecto de lei figuravam, porém, as sociedades, companhias ou empresas,

«*d*) Em que se verifique o previsto no artigo 2.º do Decreto-Lei n.º 40 833.»

Ora, como atrás se viu, *o previsto* nesse artigo 2.º era a nomeação de delegado do Governo quando este entendesse. Tal previsão *verifica-se* no caso de o Governo nomear o seu delegado, usando a faculdade legal.

De modo que, pelo projecto de lei n.º 27, só ficavam abrangidas no regime das empresas quase públicas *aquelas para as quais, em consequência de financiamento feito pelo Estado ou por ele garantido, fosse nomeado delegado do Governo no uso da faculdade conferida pelo Decreto-Lei n.º 40 833*.

A Câmara Corporativa, no Parecer n.º 28/VII (*Actas*, VII Legislatura, 1960, n.º 90), considerou conveniente substituir a referência aos casos previstos no artigo 2.º do Decreto-Lei n.º 40 833 por uma enumeração explícita das empresas aí abrangidas. Mas, sem atentar nos propósitos dos autores da iniciativa – que eram de só considerar o financiamento do Estado como relevante quando desse origem à nomeação de delegado do Governo junto da administração da empresa financiada –, incluiu na Base III do seu contra-projecto, sem quaisquer restrições, «as empresas que beneficiem de financiamentos feitos pelo Estado ou por ele garantidos».

Esta sugestão da Câmara não foi, porém, completamente perfilhada pela Assembleia Nacional. O texto votado resultou de uma proposta de substituição do artigo 1.º, apresentada na sessão de 26 de Abril de 160 por um grupo de deputados de que fazia parte o Sr. Deputado Camilo de Mendonça (*Diário das Sessões*, n.º 173, pág. 785, 2.ª coluna).

A Assembleia aceitou a ideia de substituir a referência ao artigo 2.º do Decreto n.º 40 833 pela menção expressa das empresas nele incluídas que ainda não estivessem enumeradas nas alíneas anteriores do artigo 1.º.

Mas afastou-se da Câmara Corporativa num ponto: para manter a primitiva ideia de que não basta que a empresa seja financiada. É preciso mais alguma coisa, é preciso que para essa empresa o Estado, «por força de qualquer diploma», isto é, nos termos de lei geral ou especial, *deva nomear* (se as condições legais tornarem obrigatória nesse caso a nomeação) ou *nomeie* (caso se trate do exercício de mera faculdade) administradores ou delegado do Governo.

É essa ideia, formulada pelo Sr. Deputado Camilo de Mendonça, que está, pois, traduzida na actual alínea *e*) do artigo 1.º da Lei n.º 2 105, onde sublinharemos as expressões que agora particularmente interessem:

> «*e*) Que beneficiem de financiamentos feitos pelo Estado ou por ele garantidos, bem como as empresas de navegação consideradas de interesse nacional, quando o Estado para elas deva nomear, ou nomeie, delegados ou administradores –...».

18. O que na alínea *e*) do artigo 1.º se prescreve, quanto aos financiamentos do Estado, é válido, não apenas para os financiamentos feitos directamente pelo Ministério das Finanças ou por outro Ministério, como também para os que sejam realizados pelos chamados «estabelecimentos do Estado» nos termos do artigo 8.º.

Esses estabelecimentos do Estado são serviços personalizados, como é o caso da Caixa Nacional de Crédito, parte integrante da Caixa Geral de Depósitos, Crédito e Previdência, e era dantes o do Fundo de Fomento Nacional.

Quanto ao actual Banco de Fomento Nacional que sucedeu ao Fundo de Fomento e pode ser considerado hoje em seu lugar, não é estabelecimento público, mas uma sociedade bancária de economia mista, em cujo capital o Estado tem posição maioritária. O Banco fica, pois abrangido ele próprio pelas alíneas *b)* e *c)* do artigo 1.º da Lei n.º 2 105.

Os financiamentos que o Banco de Fomento tenha recebido do Fundo, entendo que continuam sujeitos ao artigo 1.º nos termos expressos da alínea *e)*; quanto aos que de novo, para o futuro, faça, estão compreendidos no artigo 3.º.

Mas este artigo manda aplicar a tais financiamentos *o regime estabelecido no artigo 1.º e parágrafo e artigo 2.º*.

Ora tal *regime* compreende, não só a limitação e definição de vencimentos, mas ainda as condições de que depende a submissão à lei das empresas enumeradas no artigo 1.º – como claramente se demonstra pelos §§ 2.º e 3.º desse artigo.

Nem de resto faria sentido que, havendo condições restritivas da submissão de certas empresas à lei quando elas estejam em relação directa com o Estado, tais restrições desaparecessem nos casos em que essa relação é indirecta, estabelecida já em segundo grau e até possivelmente com um carácter muito ténue.

Portanto, os financiamentos feitos por empresas abrangidas pelo artigo 1.º, como é o caso do Banco de Fomento Nacional, só poderão determinar por força do artigo 3.º a submissão das empresas financiadas à lei, no mesmo regime estabelecido no artigo 1.º, isto é, quando o financiador para elas deva nomear ou nomeie delegados ou administradores.

VIII – Empresas de navegação de interesse nacional [Artigo 1.º, alínea *e)*]

19. A alínea *e)* do artigo 1.º da Lei n.º 2 105, de 6 de Junho de 1960, abrange por outro lado os membros dos corpos gerentes das

> «empresas de navegação consideradas de interesse nacional, quando o Estado para elas deva nomear, ou nomeie, delegados ou administradores.»

Se a empresa de navegação é de interesse nacional e o Estado para ela haja nomeado delegado ou administradores, a aplicação do preceito não sofre dúvida.

Mas o problema surge quando se trate de saber se o Estado *deve nomear*, embora não tenha nomeado, delegado do Governo junto dela.

Convém, para tornar possível o entendimento dessa expressão legal, examinar a história do preceito.

O projecto de lei n.º 27, que traduziu a iniciativa parlamentar de que nasceu a lei, continha no artigo 1.º, a alínea d) onde se abrangiam as sociedades, companhias ou empresas

«em que se verifique o previsto no artigo 2.º do Decreto-Lei n.º 40 833.»

Ora neste artigo 2.º o que se prevê é o seguinte:

«Pode o Governo nomear delegados seus junto das sociedades concessionárias de serviços públicos ou da utilização de bens do domínio público, das que beneficiem de financiamentos feitos pelo Estado ou por ele garantidos, *das empresas de navegação consideradas de interesse nacional* e das referidas na parte final do corpo do artigo anterior.»

Portanto, a verificação do «previsto no artigo 2.º do Decreto-Lei n.º 40 833», de 29 de Outubro de 1956, consistia no exercício da *faculdade* conferida ao Governo de nomear delegados seus junto de certas empresas, mediante a efectiva designação de um delegado.

Uma vez exercida essa faculdade, verificava-se o previsto no artigo 2.º, e a empresa passava a ficar abrangida no regime da nova lei.

20. A Câmara Corporativa, no seu Parecer n.º 28/VII, n.º 35, ponderou a este respeito:

«É fàcilmente perceptível a razão por que o legislador, ao conceber o Decreto-Lei n.º 40 833, incluiu as empresas de navegação consideradas de interesse nacional no número das visadas no diploma para as sujeitar à aceitação no seu seio de delegados do Governo. Mas já não é do mesmo modo perceptível o motivo por que, para efeito de limitação de remunerações dos seus corpos gerentes, as empresas de navegação consideradas de interesse nacional foram no projecto distinguidas de outras empresas que, não explorando embora a navegação, são porventura ou possam vir a ser consideradas de interesse nacional.

«Quanto à alínea em apreciação, é parecer da Câmara deverem ser consideradas agora apenas as empresas que beneficiem de financiamentos por parte do Estado ou por ele garantidos.»

(*Actas da Câmara Corporativa*, VII Legislatura, n.º 90, pág. 959, 1.ª col.).

Não ocorreu à Câmara Corporativa, tantos eram os problemas que o projecto de lei suscitava, examinar a legislação especial aplicável às empresas de navegação nacionais, sobretudo o Decreto-Lei n.º 37 052, de 9 de Setembro de 1948.

Se o tivesse feito decerto focaria o disposto no artigo 11.º desse diploma:

«As empresas de navegação nacionais que recorram ao Fundo de renovação da marinha mercante e aquelas que, explorando carreiras de navegação reservadas à bandeira nacional, recebam subsídios, estão sujeitas à fiscalização do Estado por intermédio de comissários do Governo.
§ único. Quando o julgar necessário pode o Governo, mediante proposta do Ministro da Marinha, colocar comissário do Governo junto de qualquer empresa de navegação considerada de interesse nacional.»

O Decreto-Lei n.º 40 833 não revogou a legislação especial que se aplica às empresas de navegação de interesse nacional. E, assim, as que sejam financiadas pelo Fundo de renovação da marinha mercante ou recebam subsídio do Estado para sustentação de carreiras reservadas à bandeira nacional continuaram, depois da sua publicação, a estar *necessàriamente sujeitas* à fiscalização por delegado do Governo, como prescrevia o corpo do artigo 11.º do Decreto n.º 37 052; enquanto que as restantes também não mudavam de estatuto, pois quer pelo § único desse artigo 11.º, quer pelo artigo 2.º do Decreto-Lei n.º 40 833 continuava a haver apenas para o Governo a *faculdade* de nomear junto delas delegado seu quando julgasse necessário.

Deste modo, pelo que respeita às primeiras, o projecto de lei, ao mencionar as empresas de navegação de interesse nacional «quando se verificasse o previsto no artigo 2.º do Decreto n.º 40 833», não criava situação especial para elas, que estariam sempre abrangidas noutras alíneas do artigo 1.º do projecto, quer por efeito do financiamento do Estado, quer do subsídio que recebem. Só no caso de se tratar das segundas, é que, exercida a faculdade de nomeação do delegado do Governo, se originava por esse facto uma situação não prevista noutras alíneas.

21. Para ir ao encontro das dúvidas formuladas no parecer da Câmara Corporativa, um grupo de deputados, encabeçado pelo autor do projecto de lei, apresentou na sessão da Assembleia Nacional de 26 de Abril uma proposta de substituição do artigo 1.º, onde, à antiga alínea *d*) correspondia a alínea *e*) redigida nos termos que vieram a ser aprovados e passaram para a lei, tal como foi aprovada.

Ao justificar a proposta de substituição disse o Sr. Deputado Camilo de Mendonça:

«... por fim, de acordo com o critério sustentado pela Câmara Corporativa, em vez de se fazer a remissão (falta aqui, evidentemente, no texto: «para o artigo 2.º do Decreto-Lei n.º 40 833») passou-se à enumeração das actividades que estavam abrangidas naquele artigo, juntamente, aliás, com outras já também incluídas nas alíneas anteriores. Essas sociedades são as que beneficiam de financiamentos feitos pelo Estado ou por ele garantidos, bem como as empresas de navegação consideradas de interesse nacional.

«Para este caso, e ao contrário do que parece defender a Câmara Corporativa, entendeu-se que as empresas só deviam ficar abrangidas quando financiadas pelo Estado, ou de navegação classificadas de interesse nacional, quando o Estado, por força de qualquer diploma, deva nomear ou nomeie administradores ou delegados.»

(*Diário das Sessões*, 1960, n.º 173, pág. 786, 2.ª col.).

Ficou assim entendido que, quer as empresas financiadas, em geral, quer as empresas de navegação declaradas de interesse nacional só ficavam abrangidas nos casos em que nelas existissem administradores por parte do Estado ou delegados do Governo.

E a frase «deva nomear ou nomeie», que para as outras empresas é mais obscura, vê-se perfeitamente ter sido inspirada pelo artigo 11.º do Decreto-Lei n.º 37 052, quanto às empresas de navegação.

Nos casos do corpo desse artigo, o Governo *deve nomear* delegado seu junto das empresas financiadas pelo Fundo de renovação da marinha mercante ou que recebam subsídio para exploração de carreiras reservadas à bandeira nacional. Nos casos restantes, previstos no § único, a nomeação do delegado do Governo é uma faculdade a exercer só quando ocorram circunstâncias especiais e, nessa altura, é a *efectiva nomeação* que denota o interesse do Estado e, portanto, a integração da empresa no regime quase-público.

Portanto, enquanto o Governo não nomear delegado seu junto de uma empresa de navegação considerada de interesse nacional, a que se não aplique o corpo do artigo 11.º do Decreto-Lei n.º 37 052, essa empresa não está abrangida pela alínea *e*) do artigo 1.º da Lei n.º 2 105.

IX – Despesas de representação [Artigo 2.º, alínea *b*)]

22. A referência às despesas de representação na alínea *b*) do artigo 2.º é uma das obscuridades de mais difícil esclarecimento do diploma.

Durante a discussão parlamentar, o Sr. Deputado Mário de Figueiredo pediu um esclarecimento acerca da redacção da proposta de nova redacção apresentada para essa alínea. E respondeu-lhe o Sr. Deputado Carlos Lima nos seguintes termos:

> «Segundo penso, a ideia que presidiu – pelo menos assim o entendi – à parte final da disposição em exame foi a de evitar que a título de despesas de representação se atribuíssem aos membros dos corpos gerentes em causa verbas injustificáveis. Por isso se entendeu conveniente fixar um limite para tais despesas, adoptando-se para o efeito o das ajudas de custo dos Ministros. Todavia, tratando-se de um limite, também me parece que a demonstração concreta de despesas feitas a título de representação das empresas não pode ser substituída pela atribuição global e indiscriminada do montante das ajudas de custo. Essas despesas, para serem atendíveis, sempre exigirão a respectiva demonstração e documentação.
>
> ....
>
> «... fixação de um limite (o das ajudas de custo dos Ministros) para as despesas de representação, sem prejuízo, porém, de ser necessária a sua concreta e precisa documentação para poderem ser pagas como despesas...».
>
> (*Diário das Sessões*, 1960, n.º 173, pág. 792).

Não houve mais esclarecimentos sobre o assunto, parecendo assim que a Assembleia aceitou o ponto de vista expresso pelo Sr. Deputado Carlos Lima: as despesas de representação que os membros dos corpos gerentes estão autorizados a fazer por sua iniciativa são as extraordinárias, e o respectivo reembolso depende de justificação e documentação, não podendo exceder num mês o montante das ajudas de custo que, consoante o lugar onde tais despesas forem feitas, um Ministro poderia receber.

Mas então surge a segunda dúvida. Na técnica da Contabilidade Pública distinguem-se três espécies de despesas aqui confundidas: o abono das ajudas de custo, o abono regular para a chamada «pequena representação», e o pagamento do que for dispendido na «grande representação».

As ajudas de custo só são pagas quando o funcionário se desloque do local onde presta serviço e destinam-se a cobrir os encargos inerentes a essa deslocação (dormidas e comedorias).

O abono regular para despesas de representação, a que hoje têm direito todos os Ministros e está incorporado no seu vencimento, destina-se a compensar os encargos sociais extraordinários que resultam normal e correntemente do exercício do cargo – desde os actos de cortesia individual, passando pelas exigências de vestuário familiar até às próprias solicitações para actos de caridade. Claro que este abono é gasto na vida quotidiana e não tem de ser justificado o seu emprego.

Finalmente, certos serviços têm ao seu dispor verbas orçamentais para representação oficial – banquetes, recepções oficiais, etc. – que são gastas quando ocorrem acontecimentos que o exijam, pagando o Estado as facturas das despesas.

É lastimável que nem na Câmara Corporativa nem na Assembleia Nacional tenha havido alguém que chamasse a atenção para esta distinção e para a necessidade de não confundir coisas que, aliás, são inconfundíveis.

Porque se a Lei n.º 2 105 só faz referência às despesas de representação, parece não estabelecer limite às ajudas de custo que os membros dos corpos gerentes têm necessàriamente de receber quando por exemplo vão ao estrangeiro em serviço da empresa.

Limitar para esses casos as despesas de grande representação é completamente insensato. Se um administrador de uma grande empresa vai em serviço ao estrangeiro, pode necessitar, para estabelecer contactos, ou para retribuir atenções, de fazer avultadas despesas de representação de enorme utilidade para a representada. Desde que esteja autorizado a fazê-las e que as documente – que importa quanto ganha um Ministro?

Mas para além dessas despesas por conta da empresa, há as que uma viagem sempre acarreta, mesmo quando a empresa pague os transportes e hotéis, e que não é justo saiam do bolso do membro dos corpos gerentes: para isso ele tem de receber um abono que corresponde às ajudas de custo no Estado. Não são despesas de representação, essas: mas encargos efectivos decorrentes da deslocação.

Na proposta que foi votada na sessão de 26 de Abril as próprias despesas de deslocação eram computadas no limite máximo do vencimento! A enormidade era tal (pois se os transportes custassem vinte contos, o administrador não podia receber ordenado nesse mês!) que a Comissão de Redacção suprimiu a referência. As despesas de deslocação ficaram, pois, como despesas extraordinárias e excepcionais das empresas, que não constituem receita de quem lhes dá origem, excluídas dos limites legais. E essas despesas são os transportes, e as ajudas de custo.

Quer dizer por conseguinte que a referência às despesas de representação feita na alínea *b*) do artigo 2.º

- refere-se apenas a abonos pessoais a fazer para fins de representação fora da vida corrente;
- não compreende a pequena representação, ou representação corrente, que está incluída no ordenado;
- não inclui o pagamento de ajudas de custo e transporte, que são despesas de deslocação e não de representação;
- não impede o pagamento de facturas de fornecedores, referentes a actos que os membros dos corpos gerentes tenham de praticar em casos extraordinários, devidamente autorizados, para fins de grande representação.

X – Sociedades subsidiárias doutras abrangidas [Artigo 3.º, alínea *a*)]

23. O artigo 2.º do projecto de lei n.º 27 tinha a redacção seguinte:

> «Consideram-se igualmente submetidas ao regime estabelecido nesta lei as sociedades, companhias ou empresas que mantenham perante as abrangidas pelo artigo 1.º qualquer das relações da natureza das definidas para estas relativamente ao Estado.»

Ao examiná-lo, a Câmara Corporativa ponderou tratar-se «afinal, de definir *empresas subsidiárias* na terminologia já consignada pelo Decreto-Lei n.º 40 833 e, assim, parece que só vantagem haverá em seguir a definição que o mesmo diploma adoptou: desde que metade, pelo menos, do capital de uma empresa pertença a outra, deverá considerar-se aquela subsidiária desta. (*Parecer*, n.º 39).

Deste modo, na base V do seu contra-projecto, a Câmara referia-se às empresas subsidiárias, que no n.º 3 definia: «desde que metade, pelo menos, do capital de uma empresa pertença à outra, considera-se aquela subsidiária desta».

Durante a discussão parlamentar, porém, foi apresentada uma proposta de substituição do artigo 2.º do projecto primitivo – que passava agora a ser o artigo 3.º –, redigindo-o nos termos que vieram a ser aprovados, O primeiro signatário, dessa proposta, Sr. Deputado Camilo de Mendonça, justificou-a pela seguinte forma:

> «Deu-se nova redacção ao artigo 2.º do projecto de lei, que agora passará a ser o artigo 3.º, em ordem a tornar mais claro e mais preciso o seu conteúdo, a transpor para o domínio das relações entre empresas as relações definidas no artigo 1.º entre o Estado e certas empresas..
> (*Diário das Sessões*, n.º 173, pág. 795).

24. Esta breve história do artigo 3.º da Lei n.º 2 105 mostra que o legislador teve sempre em mira limitar-se a *transpor para o domínio das relações entre empresas as relações que no artigo 1.º definira entre o Estado e as empresas como constitutivas do estatuto de «empresas quase públicas»*.

A intenção é clara: trata-se de abranger as empresas que sejam *desdobramento* das compreendidas no artigo 1.º e que, portanto, como tal estejam nas mesmas condições da sociedade-mãe para entrarem no âmbito de aplicação da lei.

Dispõe a alínea *a*) do artigo 3.º que se considerem igualmente submetidas ao regime legal as sociedades, companhias ou empresas,

> «*que sejam, sob qualquer forma, financiadas*, ou que beneficiem de qualquer concessão, exclusivo ou privilégio *obtidos das empresas indicadas no artigo 1.º*»

Não vale a pena fazer reparos à redacção, tão defeituoso é sob esse aspecto todo o texto legal. O que se pode entender dessa alínea é que ficam abrangidas as empresas financiadas, sob qualquer forma, pelas incluídas no artigo 1.º.

Como interpretar a frase *financiadas sob qualquer forma*?

No sentido amplíssimo que parece, à primeira vista, comportar, isto é, compreendendo todas as formas ou modalidades de ministração de capitais, a curto ou a longo prazo, para investimento ou para o giro corrente, quer impliquem o estabelecimento de relações de associação de interesses entre financiador e financiado, quer não?

Ou no sentido restrito, de financiamento nos termos e com as condições que já mostrámos serem previstas na alínea *e)* do artigo 1.º, de que este artigo 3.º é mera extensão?

25. A interpretação no sentido amplo não parece de aceitar.

Em primeiro lugar, mesmo nas leis pior redigidas é possível encontrar uma técnica a traduzir os propósitos do legislador, e já vimos o que na técnica desta significa o *financiamento*. Haverá razão para no artigo 3.º preterir o sentido que se considerou consagrado no artigo 1.º?

Em segundo lugar, seria absurdo que o regime do financiamento por empresas privadas, que pode ser em grande parte ou até exclusivamente feito à custa de capitais puramente particulares, fosse mais rigoroso do que o financiamento com capitais públicos.

Ora o regime do artigo 1.º – de que o financiamento só é causa de submissão ao regime da lei quando dê origem à nomeação de administradores ou de delegados do Governo –, aplica-se não só ao financiamento por capitais do Estado como, nos termos do artigo 8.º, quando os capitais sejam de estabelecimentos do Estado, dos organismos corporativos ou de coordenação económica, das autarquias locais e das instituições de previdência social.

Se se adoptasse a interpretação amplíssima da alínea *a)* do artigo 3.º, teríamos pois que uma empresa de que a Caixa Geral de Depósitos (estabelecimento do Estado) fosse accionista e obrigacionista e à qual consentisse largos créditos de demorada amortização, não seria abrangida, desde que não houvesse nela administradores designados pela Caixa ou um delegado desta a fiscalizá-la; mas, em contraste, qualquer empresa à qual tivesse sido aberto um crédito em conta corrente, prorrogável enquanto às partes conviesse, no Banco Nacional Ultramarino (emissor apenas em parte do Ultramar e que na Metrópole opera com capitais próprios e com dinheiros depositados, como qualquer outro banco comercial), ficaria *ipso facto* abrangida!

Seria absurdo, e não pode o intérprete admitir que a lei estabeleça absurdos.

Em terceiro lugar, se o objectivo geral da lei é o de abranger apenas as empresas que gravitem na órbita do Estado e das entidades administrativas que com ele cooperam no exercício do poder público, não são aceitáveis interpretações que exorbitem desse propósito para alcançar casos que nada têm que ver com favores especiais da lei ou com dinheiros obtidos do contribuinte que à colectividade pertença defender e zelar.

São estas as principais razões por que excluímos a interpretação lata da expressão «financiadas sob qualquer forma» que se lê na alínea a) do artigo 3.º.

26. Desde que, segundo a justificação dada pelo apresentante da proposta que lhe deu origem e à qual se sucedeu a aprovação por unanimidade, sem discussão, o artigo 3.º tem por objectivo apenas transpor para o domínio das relações entre empresas as relações definidas no artigo 1.º entre o Estado e as empresas, parece indiscutível não poder deixar de se dar no artigo 3.º ao termo *financiamento* o mesmo sentido que ele possui no artigo 1.º.

Ora, como vimos, nesse artigo 1.º o financiamento consiste em proporcionar às empresas capitais a longo prazo para efeitos de investimentos, em termos determinantes de comunhão de interesses tal que justifiquem a existência, nas sociedades financiadas, de administradores escolhidos pelo financiador ou de delegado deste que as fiscalize.

As *formas* deste financiamento estão definidas no artigo 1.º do Decreto-Lei n.º 37 853: subscrição ou compra de acções, tomada de obrigações e contrato de empréstimo.

Os *capitais* do financiamento hão-de ser do Estado [alínea e) do artigo 1.º] ou das entidades a ele equiparadas (artigo 8.º).

O *financiamento* a que se refere o artigo 3.º, só pode ser, por conseguinte, a ministração *intencional* de capitais públicos ou obtidos por favor público, feita a longo prazo por uma entidade quase pública a outra, para permitir a esta a realização dos seus fins económicos, em termos tais que o financiador fique interessado, *por modo especial e expresso*, no empreendimento financiado.

Sob qualquer forma, quererá dizer que o financiamento assim concebido pode revestir qualquer das formas ou modalidades previstas na lei – e não só a participação no capital, como a Câmara Corporativa propunha –, quer se trate de tomada de obrigações quer de contrato de empréstimo, visto a participação do capital ficar regulada à parte.

Expliquemos o nosso modo de ver.

27. Partimos do princípio, que se nos afigura incontestável, de que a lei apenas procura abranger as *empresas quase públicas*, quer esse carácter lhes advenha de relações directas com o Estado, quer indirectamente, por serem desdobramento ou emanação das primeiras.

Essa preocupação está patente não só na discussão da lei, mas inclusivamente em preceitos desta.

Assim, quando o financiamento resulta da subscrição ou compra de acções, o legislador regula-o à parte, exigindo que o Estado ou a empresa abrangida tenham, pelo menos, 10 por cento do capital social do financiado para este ficar submetido ao regime legal.

Mas então o legislador teve o cuidado de providenciar para distinguir a *posse ocasional* das acções da sua *tomada intencional* para fins de financiamento.

E no § 2.º do artigo 1.º dispôs:

> «Considera-se verificada a situação prevista na alínea *e*) a partir do momento em que às respectivas sociedades, companhias ou empresas seja pelo Estado dado conhecimento da posição accionista na mesma alínea referida.»

Isto é: o Estado terá de notificar a empresa de que é seu accionista *nos termos e para os efeitos do § 2.º do artigo 1.º da Lei n.º 2 105*. E só depois de o fazer é que a sociedade notificada fica abrangida.

E este é o regime a que também ficam sujeitas as sociedades de que sejam accionistas empresas abrangidas, visto o artigo 3.º dispor que se consideram «igualmente submetidas ao regime estabelecido no artigo 1.º *e parágrafos...*» as sociedades que depois enumera.

Portanto, só quando uma empresa abrangida pelo artigo 1.º notifique, nos termos e para os efeitos do seu § 2.º, outra sociedade, de que possui 10 por cento do seu capital social, é que esta fica também abrangida.

A iniciativa de tal notificação evidentemente que só será tomada por insinuação ou determinação do Governo e em virtude do carácter público dos capitais investidos.

Mas se essa intencionalidade e expressa declaração são exigidas no artigo 1.º para os casos de participação no capital e de financiamento em geral (nestes, pela designação de administradores ou delegado, naqueles por notificação) – e se, também no caso da participação do capital, estão expressamente consignados no artigo 3.º pela referência à aplicação dos parágrafos do artigo 1.º como dispensá-las nos restantes casos?

A conclusão a tirar é a de que, quando o artigo 3.º diz: – «Consideram-se igualmente submetidas ao regime estabelecido no artigo 1.º e parágrafos e artigo 2.º...» –, esse *regime* compreende as condições especiais em que o financiamento *pelo Estado* afecta as empresas financiadas.

Logo, o financiamento há-de determinar íntima comunhão de interesses entre a empresa quase pública, financiadora, e a empresa financiada, comunhão essa que, demais a mais em razão do carácter dos capitais investidos, originará o *dever* ou a *faculdade* da designação de administradores ou delegados, consignadas em contrato de financiamento ou expressas por lei.

E esta é a solução lógica, coerente e justa.

XI – Sociedades que entre si mantêm relações comerciais [Artigo 3.º, alínea c)]

28. Pela alínea c) do artigo 3.º da Lei n.º 2 105 ficam submetidas ao regime estabelecido nessa lei as «sociedades, companhias ou empresas» que, com as enumeradas no artigo 1.º,

> «mantenham relações comerciais, se e enquanto algum dos membros dos respectivos corpos gerentes o for simultâneamente de ambas.»

Que se deve entender por «manter relações comerciais»?

Desde logo, a ideia de *manutenção* implica continuidade ou regularidade que exclui a simples sucessão, mesmo frequente, de actos de comércio isolados.

A razão de ser do preceito legal foi exposta nos seguintes termos pelo principal autor da iniciativa, Sr. Deputado Camilo de Mendonça:

> «... procurou-se abranger, como incompatibilidade, a presença simultânea do mesmo administrador em sociedades que sejam habitualmente fornecedoras da sociedade principal e nesta, situações que não poderiam por outro sinal exterior, seguro e justo, fazer-se sujeitar a uma subordinação como a que se visa atingir nesta lei.
>
> «Foi assim a fórmula que se pôde encontrar para ocorrer a um tipo de empresas dependentes ou satélites das empresas principais, sem o perigo de se englobarem indevidamente empresas que tendo relações comerciais que, embora normais, frequentes ou até constantes, não vivam de facto na dependência daquelas, directa ou indirectamente, nem sejam afiliadas daquelas.»
>
> (*Diário das Sessões*, n.º 173, pág. 795, 2.ª coluna).

Embora a exposição não seja completamente clara (trata-se de um improviso estenografado cuja tradução decerto o orador não reviu) fica bem patente que o fim da lei é abranger apenas as sociedades *dependentes, satélites ou filiadas* das abrangidas pelo artigo 1.º.

Acentuou-se que estão em causa sociedades «que sejam habitualmente fornecedoras da sociedade principal». Trata-se de um exemplo apenas, claro está. Mas dele se depreende a interpretação razoável a dar à expressão «manter relações comerciais». Essa *manutenção* corresponde a uma ligação por assim dizer orgânica: como sucede quando uma sociedade é constituída para abastecer a outra de matérias-primas; ou para ser a exclusiva distribuidora dos produtos de outra; ou para aproveitar, transformar ou negociar os seus sub-produtos...

Interpretação diversa seria absurda e não estaria no espírito do legislador. Como ficou visto, o Sr. Deputado Camilo de Mendonça quis muito expressamente afastar «o perigo de se englobarem indevidamente empresas que tendo relações comerciais normais, frequentes e até constantes não vivam de facto na dependência daquelas, (as abrangidas) directa ou indirectamente, nem sejam afiliadas daquelas».

E seria absurdo, na verdade, que o facto de haver um administrador comum numa empresa mineira e numa companhia de seguros onde aquela segurasse os seus riscos, fizesse com que esta passasse a ter o estatuto de empresa quase-pública criado pela Lei n.º 2 105.

É sabido que uma companhia de seguros só pode subsistir quando reúna em carteira uma grande massa de riscos, o mais dispersos e variados possível, para que possam verificar-se as leis da probabilidade e jogar os princípios da mutualidade e da compensação. O seguro dos riscos de uma empresa em certa companhia, por muito avultados que sejam os capitais segurados, nunca pode constituir elemento de domínio.

O factor de domínio de uma empresa sobre outra é a posse da maioria do capital social, tal como está previsto, quanto às «empresas subsidiárias», no § 2.º do artigo 2.º do Decreto-Lei n.º 40 833, de 29 de Outubro de 1956 e era proposto pela Câmara Corporativa no seu parecer n.º 28/VII, n.º 39.

O que se diz de uma companhia de seguros é aplicável ao caso do estabelecimento bancário. Também este não pode viver só de um cliente e tem de captar capitais de muitas proveniências e de dispersar os riscos que corre ao facultar crédito.

Como admitir que o facto de ter por cliente uma empresa abrangida na Lei n.º 2 105, em operações correntes que, aliás, poderão ser feitas ao mesmo tempo noutros estabelecimentos bancários, seja razão para que tais relações comerciais anódinas, juntas a um administrador comum, qualifiquem o banco de «empresa quase pública»?

Manifestamente, o que o legislador pretende é colher nas malhas da lei as empresas que sejam mero *desdobramento* da empresa abrangida e através das quais fosse possível defraudar as limitações legais, e não as entidades independentes com quem ela negocie.

Só é de lastimar que tal ideia, tão nìtidamente expressa nos trabalhos preparatórios (Parecer da Câmara Corporativa e intervenção do Sr. Deputado Camilo de Mendonça), não haja sido formulada na lei por modo menos ambíguo e mais preciso.

XII – **Acumulação de cargos (Artigo 4.º)**

29. O artigo 4.º da Lei n.º 2 105 teve uma gestação parlamentar que esclarece o sentido das suas disposições.

No inicial projecto de lei n.º 27 o texto do artigo 4.º era o seguinte:

> «A acumulação de cargos nos corpos gerentes das sociedades, companhias ou empresas abrangidas pelos artigos 1.º e 2.º desta lei e, bem assim, com os de quaisquer outras sociedades civis ou comerciais só será consentida quando a remuneração, nos termos da alínea *b*) do § único do artigo 1.º, em cada um, for inferior ao vencimento dos Subsecretários de Estado, mas em qualquer caso o conjunto das remunerações totais não poderá exceder a atribuída aos Ministros de Estado.»

Na Câmara Corporativa (Parecer n.º 28/VII, n.º 42) ponderou-se que tal disposição dilataria «em larga medida, a acção interventiva do Estado, pois se ultrapassa o âmbito das empresas indicadas no artigo 1.º para a estender a qualquer sociedade, civil ou comercial. Todos os inconvenientes referidos na apreciação genérica e na apreciação especial se encontram assim fortemente agravados».

Na sessão da Assembleia Nacional de 27 de Abril (*Diário das Sessões*, n.º 174, pág. 814) foram apresentadas duas propostas de substituição do artigo 4.º do projecto. Não houve discussão, mas foi aprovada a que provinha de um grupo de deputados encabeçado pelo principal autor da iniciativa, Sr. Deputado Camilo de Mendonça.

O sentido da substituição parece claro: procurou-se atender à observação da Câmara Corporativa restringindo as limitações de vencimentos às empresas abrangidas pela lei. Em compensação só se permite, em qualquer caso, a acumulação de dois cargos nos corpos gerentes, quer seja de sociedades abrangidas quer de uma abrangida e de outra não abrangida.

Essa era a regra consagrada no artigo 6.º do Decreto-Lei n.º 15 538, de 1 de Junho de 1928, que regula a matéria de incompatibilidades e acumulações.

O termo *também* com que se inicia o § único do artigo 4.º significa, em nosso entender, que o membro dos corpos gerentes de uma empresa abrangida que não pode acumular senão outro cargo análogo em empresa abrangida, *igualmente* não pode acumular cargo análogo senão numa só empresa não abrangida.

A diferença está, apenas, em que se acumular duas empresas abrangidas não pode receber de ambas remuneração total superior ao vencimento de um Ministro; ao passo que na hipótese do § único, está sujeito ao limite na empresa abrangida mas liberto dele na não abrangida.

30. O § único do artigo 4.º preceitua:

«Também não podem os membros de corpos gerentes das sociedades, companhias ou empresas indicadas no corpo do artigo acumular mais de outro cargo em corpos gerentes de quaisquer outras sociedades civis ou comerciais.»

A expressão *quaisquer outras* abrangerá as próprias sociedades civis ou comerciais estrangeiras, cuja actividade decorra totalmente no estrangeiro, subtraída por completo à lei portuguesa?

Se os destinatários dos imperativos legais fossem as sociedades, o problema era simples de resolver, uma vez que o princípio fundamental da aplicação das leis no espaço é o da territorialidade.

Mas os destinatários são os *membros dos corpos gerentes das empresas abrangidas*, desde que *residam* ou *exerçam* actividade no território metropolitano.

A lei portuguesa pode, sem dúvida, impor obrigações às pessoas residentes no seu território ou que nele exerçam determinada actividade, proibindo esta, inclusivamente, àqueles que exerçam a mesma ou outra actividade em território estrangeiro. É, de resto, consequência do princípio formulado no § único do artigo 3.º da Constituição.

Por conseguinte, poderia o legislador determinar a proibição, aos membros dos corpos gerentes das sociedades abrangidas no artigo 1.º, de exercer actividade nos corpos gerentes de outra qualquer sociedade *no país ou no estrangeiro*, ou restringir a autorização de exercício a uma sociedade apenas nas mesmas condições.

31. Mas será isso que está na Lei n.º 2 105?
Confesso a dificuldade em dizer *sim* ou *não*.
Em todo o caso, inclino-me de preferência para a solução negativa, por três razões:

Primeira: A gravidade da restrição das actividades dos cidadãos portugueses no estrangeiro é tal, que não se me afigura poder ser deduzida, em caso de sentido dúbio, por mera via de interpretação lata dos termos de lei – devendo o legislador nesse caso ter sido explícito na expressão da sua vontade de abranger mesmo os actos que totalmente decorram fora do território nacional.

Segunda: O princípio fundamental da lei é o do artigo 1.º. Ora deduz-se, *a contrario sensu*, do disposto no final do § 3.º desse artigo, que um membro dos corpos gerentes de sociedade por ele abrangida, escapa às limitações legais desde que exerça a sua actividade fora da Metrópole. Se isto assim é relativamente ao *princípio fundamental*, com mais forte razão deve entender-se que não se aplicam os demais princípios limitativos ou restritivos da lei, simples corolário ou consectários dele, às actividades que totalmente decorram fora da Metrópole portuguesa.

Terceira: Vê-se pelo artigo 7.º que ao legislador não foram estranhos os interesses ligados ao movimento internacional de capitais. Ora assim como por esse artigo se visou facilitar o investimento de capitais estrangeiros em Portugal, decerto se teve presente também o interesse político que tantas vezes revestirá a participação de capitais portugueses em empresas estrangeiras, sobretudo as relacionadas com actividades internacionais ou com países onde existam, por tradição ou vizinhança, importantes posições portuguesas a defender. Há que admitir, pois, a reciprocidade do tratamento dado aos interesses estrangeiros em Portugal, para os interesses portugueses no estrangeiro.

São essas as razões pelas quais, perante a duvidosa redacção do § único do artigo 4.º, opto pela interpretação de que a expressão «quaisquer outras sociedades civis ou comerciais» deve entender-se restritamente, como referente às existentes no território metropolitano de Portugal.

XIII – Representantes eleitos, não portugueses, de organizações económicas estrangeiras (Artigo 7.º)

32. O artigo 7.º da Lei n.º 2 105 é um dos preceitos de mais difícil interpretação desse diploma.

Diz o referido artigo 7.º:

> «Exceptuam-se do disposto nesta lei os representantes eleitos de organizações económicas estrangeiras, quando não tenham a nacionalidade portuguesa.»

O exame textual mostra, pois, que ficam excluídas das restrições legais relativas a limite de vencimentos, e às incompatibilidades e acumulações,

- os estrangeiros ou apátridas («...quando não tenham a nacionalidade portuguesa»);
- representantes de organizações económicas estrangeiras;
- eleitos como tais.

Mas eleitos por quem?

Eleitos pelas organizações económicas representadas, naturalmente, únicas qualificadas para designar os respectivos representantes.

Sendo assim, a excepção legal abrange apenas os membros dos órgãos electivos das organizações económicas estrangeiras que nessa qualidade sejam designados para as representar nos corpos gerentes de sociedades portuguesas.

Isto é: terão as assembleias gerais das sociedades portuguesas de eleger «F..., administrador da empresa X)».

É certo que tal entendimento não corresponde à intenção manifestada pelo Sr. Deputado Camilo de Mendonça ao justificar o texto do artigo:

> «Tal como nenhum de nós iria facilmente nas mesmas condições em que trabalha na sua terra prestar o concurso do seu trabalho noutra, nomeadamente se tivesse apenas um fim lucrativo e a intenção de regressar à sua terra, o problema põe-se, inversamente, nos mesmos termos.
>
> «Por sobre tudo, tem-se em vista facilitar tudo quanto possa contribuir para o desenvolvimento do País, reconhecer que a vinda de capitais estrangeiros pode ter a maior importância para esse desenvolvimento e admite-se que o nível de vida nesses países é diferente do nosso, além de se pesar o sacrifício, repito, da emigração temporária.»
>
> (*Diário das Sessões*, n.º 175, pág. 828, 2.ª col.).

A intenção, por conseguinte, parece ter sido facilitar a vinda para Portugal e a permanência aqui de delegados de entidades capitalistas estrangeiras interessadas em sociedades que se propusessem o desenvolvimento económico nacional.

Ora os administradores ou dirigentes *eleitos* dessas entidades capitalistas apenas aqui poderão vir de passagem, visto tal qualidade os forçar a residir nas sedes das sociedades que administram.

Não se vê, porém, que outra interpretação possa ser dada ao artigo 7.º.

As assembleias gerais das sociedades portuguesas não têm competência para eleger A ou B a fim de representarem uma organização estrangeira, porque só ao representado compete designar o seu representante.

Tão-pouco a organização económica pode eleger ela própria uma pessoa estranha, expressamente para a representar nos corpos gerentes da empresa portuguesa, que só à assembleia geral desta compete designar.

Portanto, a única interpretação plausível do artigo 7.º é a de que só se aplica aos membros dos corpos gerentes das empresas nacionais (para esses cargos designados por eleição, cooptação ou nomeação), que ocupem em «organizações económicas estrangeiras» funções a que corresponda carácter representativo e investidura por eleição[2].

---

[2] A matéria do presente artigo foi versada em pareceres emitidos pelo autor nos meses de Maio a Julho de 1960. Desses pareceres fizeram uso os interessados nas repartições competentes. E decerto nalguma delas os puderam conhecer pessoas que à sua doutrina se têm referido: é o caso do folheto de ANTÓNIO PIRES MACHADO, *Corpos gerentes de certas empresas*, Coimbra, 1961. Fazemos esta nota para que, mesmo relativamente a algum ponto em que no folheto não haja citação do nosso trabalho, não possa pôr-se o problema da originalidade.

Imposto municipal «ad valorem» sobre o pescado (Artigo 720.º do Código Administrativo)*

1. O imposto que o artigo 720.º do Código Administrativo permite às Câmaras Municipais lançar é uma sobrevivência do imposto *ad valorem* criado pela Lei n.º 999, de 15 de Julho de 1920, artigo 1.º:

«Ficam autorizadas as câmaras municipais a lançar impostos *ad valorem* não superiores a 3% sobre quaisquer produtos, géneros ou mercadorias exportadas dos respectivos concelhos, *bem como (sobre) o peixe pescado, ou vendido na área dos mesmos.*
§ 1.º Sempre que sobre os produtos, géneros ou mercadorias colectadas pelas câmaras municipais, nos termos deste artigo, recaia contribuição do Estado, podem as duas contribuições ser cobradas cumulativamente pelo Estado, desde que as respectivas câmaras municipais o solicitem.»

Deve notar-se a vírgula que no corpo do artigo separa a frase *peixe pescado* do restante: *vendido na área dos mesmos (concelhos)*. Tinha muita importância acentuar o facto da venda tributável ser feita dentro da circunscrição do Município que lançara o imposto, visto em geral o *ad valorem* ser cobrado apenas sobre os géneros *exportados* do concelho. O caso do peixe era, portanto, especial: em vez de tributar a exportação, a lei permitia que se impusesse a *produção* (a pesca), em si mesma ou através do acto da primeira venda.

Como a letra da lei a este respeito fosse equívoca (podendo entender-se que podia ser tributada a venda para consumo de peixe importado de outros concelhos), o Decreto n.º 7 956, de 31 de Dezembro de 1921, que a regulamentou, esclareceu no artigo 1.º que a incidência do *ad valorem* era sobre o «peixe vendido na área dos concelhos *em que foi desembarcado*».

Manifestamente a intenção é a de fazer cobrar o imposto na arrematação ou lota a que se procede no momento do desembarque – quando se cobra o imposto de pescado para o Estado – já que seria impossível marcar o peixe desembarcado no concelho para o tributar na venda para consumo pelos retalhistas.

* Publicado in *O Direito*, ano 94 (1962), 1, pp. 5-13.

Aliás o *ad valorem* incidia sobre todo o peixe vendido na lota (ou pescado, quando não houvesse venda) quer fosse destinado ao consumo quer a fins industriais.

2. Veio a grande reforma orçamental do Decreto-Lei n.º 15 465, de 14 de Maio de 1928, que no seu artigo 55.º determinou a abolição a partir de 1 de Janeiro de 1929 do imposto *ad valorem* autorizado às câmaras pela Lei n.º 999.

Mas como se levantassem dúvidas sobre se essa abolição abrangia o imposto de pescado, o Governo, declarando no preâmbulo do diploma ter sido sua intenção atingir apenas o imposto camarário de exportação «e não o imposto cobrado como adicional ao imposto de pescado de que alguns municípios beneficiavam», publicou o Decreto-Lei n.º 16 309, de 29 de Dezembro de 1928, pelo qual interpretou o referido artigo 55.º «como não abrangendo o imposto sobre o peixe pescado ou vendido na área dos concelhos».

E esta era a situação à data do Código Administrativo de 1936 que, omitindo o imposto de pescado entre as receitas municipais, o suprimiu como tal.

3. Dizemos que o Código de 1936 suprimiu o imposto municipal de pescado como tal porque, de facto, o que sucedeu foi a inclusão do peixe no regime geral dos impostos indirectos estabelecido nos artigos 612.º a 617.º.

Passou, pois, a ser tributável pelas câmaras a *venda para consumo no concelho* do peixe, qualquer que fosse a sua proveniência (art. 612.º), não podendo ser cobrado imposto sobre o que se destinasse à revenda ou à exportação (§ 1.º) ou sobre o que servisse de matéria-prima para laboração industrial (§ 2.º).

Durante os trabalhos de revisão do Código foi a Câmara Municipal de Caminha (segundo os meus apontamentos pessoais) que solicitou a faculdade de tributar, além do peixe vendido para consumo local, o pescado no concelho.

Não se tratava de um adicional ao imposto de pescado lançado pelo Estado: mas da ressurreição do *ad valorem* para efeito de o concelho poder tirar partido da considerável riqueza que representa em Caminha a pesca fluvial, visto os seus rios serem sob esse aspecto dos mais valiosos do País.

Por esse motivo, a redacção do artigo 720.º do Código de 1940, na sua primeira forma, foi a seguinte:

> «É permitido às câmaras municipais o lançamento de um imposto até 3 por cento *ad valorem* sobre o peixe pescado nos respectivos concelhos.
>
> § único. O imposto de pescado poderá ser cobrado, a solicitação da câmara, conjuntamente com o lançado pelo Estado, ficando nesse caso a sua entrega sujeita às deduções estabelecidas para os adicionais às contribuições directas.»

Portanto, quanto ao peixe vendido, mantinha-se o sistema anterior, que passava a constar do artigo 714.º. O novo imposto era só para o peixe pescado e a seguir à respectiva captura. A cobrança conjuntamente com o do Estado constituía mera faculdade dada às câmaras, como sucedia na Lei n.º 999.

4. Não tardou, porém, que o Decreto-Lei n.º 31 386, de 14 de Julho de 1941, desse ao artigo 720.º a redacção que hoje tem, e pela qual o imposto pode recair sobre o peixe pescado ou vendido nos respectivos concelhos, mas *só* poderá ser cobrado conjuntamente com o lançado pelo Estado.

Embora o imposto municipal de pescado seja, portanto, distinto do imposto do Estado, o facto de *só poder ser cobrado conjuntamente com este* submete-o ao regime de adicional.

Tem de ser a mesma a matéria colectável e o mesmo o sistema de cobrança. Onde não haja lugar à cobrança do imposto do Estado, não poderá cobrar-se o imposto municipal, visto que este é inseparável daquele.

Deste modo, torna-se necessário saber em que condições é arrecadado o imposto de pescado do Estado para daí se concluir o regime do imposto dos municípios.

5. O imposto de pescado tem a sua origem na Lei de 10 de Julho de 1843 que criou «um direito proporcional aos lucros dos pescadores», exceptuadas as «comedorias ou caldeiradas, restomengas e carnadas».

O Decreto de 30 de Dezembro desse ano, ao regular a lei, determinou que, quando o peixe fosse vendido em leilão, o imposto consistisse em 6% do produto da arrematação; se o não fosse, seria pago em género ou por meio de avença. Sendo pago em género, proceder-se-ia logo à venda do peixe em hasta pública.

O imposto seria, pois, devido e cobrado no lugar onde o desembarque e a lota do peixe ocorressem.

O Regulamento das Alfândegas actualmente vigente (Dec. n.º 31 730, de 15 de Dezembro de 1941), continua a seguir as linhas gerais do processo tradicional.

Pelo artigo 459.º o imposto é cobrado pelas competentes estâncias aduaneiras ou postos fiscais, normalmente por despacho de caderneta, que admite pagamento por avença anual.

A avaliação para efeitos desse despacho será determinada, nos termos do artigo 469.º, «pelo preço de venda nos locais de desembarque». Quando, porém, a pesca não tenha sido vendida e seja repartida em quinhões entre os pescadores, o pagamento far-se-á em espécie (art. 462.º, § único), na forma indicada pelo artigo 475.º

Portanto, se o imposto municipal só pode ser cobrado conjuntamente com o lançado pelo Estado, isto quer dizer que:
 a) é cobrado nas estâncias aduaneiras ou nos postos fiscais;
 b) existentes nos locais de desembarque do peixe.

Só nos concelhos onde haja «locais de desembarque do peixe», por conseguinte, é que se pode lançar o imposto *ad valorem* sobre o peixe pescado ou vendido na sua área.

Só nesses locais é que se procede à lota ou arrematação do peixe (*venda*), ao despacho em regime de avença ou à repartição dos quinhões donde se separa o imposto em espécie, casos estes em que pode não existir venda e apenas para o Município se atende ao pescado, ou ao valor avençado.

6. Mas não se poderá entender que, quando a lei se refere ao «peixe pescado nos respectivos concelhos», quer mencionar o território onde se faça a captura do peixe?

E que esse território municipal abrange as águas marítimas territoriais fronteiras ao litoral do concelho?

Já se esclareceu que da primitiva redacção do artigo 720.º para a que actualmente está em vigor vai uma diferença fundamental.

Na primeira redacção havia um imposto municipal *ad valorem* sobre o peixe *pescado* no concelho, completamente distinto do imposto de pescado que o Estado lança. E informou-se que foi introduzido no Código a pedido de um município particularmente rico em pesca fluvial. Noutros concelhos, além de rios, existem lagoas piscosas, onde se pratica a pesca desportiva ou para fins económicos e donde é possível extrair apreciável rendimento fiscal.

Na actual redacção o imposto passou a ser dependente daquele que se paga ao Estado, cobrado nas mesmas condições, com idêntica incidência, devendo por isso seguir o mesmo regime legal.

Deixa, pois, de interessar o *território onde se pesca* para passar a contar o local onde se *desembarca e vende ou reparte o pescado*.

7. Nem mesmo é possível, desde que o imposto passa a poder ser lançado sobre o peixe pescado em águas marítimas, determinar a jurisdição municipal sob cujo domínio se exerce o acto da captura.

Na verdade, no Direito português, afigura-se-me não ser admissível a tese de que as águas marítimas territoriais se encontrem integradas nas circunscrições administrativas do distrito, do concelho e da freguesia.

Para só nos referirmos ao concelho (mas, claro está, com pequenas diferenças, tudo o que se diga a respeito do território municipal vale para o território paroquial ou distrital), não se pode esquecer que o elemento essencial da autarquia é o *agregado de pessoas* e que a circunscrição municipal interessa fundamentalmente para determinar os seus componentes em função da *residência* (Cód. Administrativo, art. 13.º), sendo a partir daí que se define a jurisdição municipal.

Percorrendo a lista das atribuições municipiais, que constituem a especificação dos fins das autarquias concelhias, das quais estas não podem afastar-se (art. 363.º, n.º 1.º), debalde se procurará alguma referência a actividades que devam desenvolver-se em águas marítimas ou seja o que for relativo a estas.

As águas marítimas – das costas, enseadas, baías, portos artificiais, docas, fozes, rias e esteiros – pertencem ao domínio público do Estado, e estão na administração deste (Dec.-Lei n.º 5 787, de 10 de Maio de 1919, art. 1.º, n.º 1 e § 2.º), dependendo o seu uso da legislação especial que o rege (art. 4.º).

Nunca, que eu saiba, nenhuma Junta de Freguesia ou Câmara Municipal formulou a pretensão de estender a sua jurisdição ao domínio das águas territoriais que banhem o litoral do seu território. As questões que até aqui têm surgido referem-se aos terrenos do domínio público marítimo. Esses terrenos – praias, zonas portuárias, orla costeira – é que se tem entendido, e bem, estarem compreendidos na circunscrição municipal.

O problema, então, não é de território mas de jurisdição. Quem a exerce nas zonas do domínio público marítimo? Só as autoridades marítimas ou portuárias? Ou também as autoridades locais comuns?

A Procuradoria-Geral da República distingue para resolver o problema, entre «actos essencialmente marítimos e conexos» que haja a praticar nessas zonas e actos administrativos de outro tipo.

Os actos essencialmente marítimos e conexos, constam da legislação marítima e portuária e pertencem à exclusiva jurisdição do Estado; fora disso podem as autoridades e autarquias locais exercer a sua competência (cfr. Parecer de 31 de Janeiro de 1953, que menciona a jurisprudência anterior, publicado nesta revista, ano 86.º, págs. 36 e segs.).

Ora no mar não há senão actos essencialmente marítimos ou conexos, como resulta das leis que os regem, confirmadas pelo exame das atribuições das autarquias que constam do Código Administrativo. Não se põem lá problemas como os que têm suscitado o conflito de jurisdições em terra firme: a polícia das construções ou a tributação dos estabelecimentos comerciais e industriais.

Há que concluir que no mar a jurisdição é exclusivamente do Estado e que os municípios só têm intervenção nas actividades marítimas na parte em que estas sejam preparadas ou baseadas em território da sua circunscrição – isto é, em terra.

8. Apenas como observação marginal notar-se-á que o admitir-se a extensão do território municipal às águas territoriais levantaria as maiores dificuldades práticas, como se pode ver no caso concreto da cobrança do imposto de pescado.

Desde logo teria de se considerar isento o peixe pescado no alto mar. Mas quando o barco tivesse feito a pescaria em vários locais, como destrinçar o capturado dentro ou fora dos limites das águas territoriais?

A mesma dificuldade existiria para distinguir o peixe pescado nas águas de um ou de outro concelho; e até para saber qual o limite dessas águas. Todos os barcos teriam de transportar um fiscal municipal cuja tarefa seria bem árdua...

O problema simplificar-se-ia ao tratar-se de artes fixas. Mas aí mesmo, se um barco fosse recolher pescado a mais de uma – como distinguir o de cada proveniência?

E se o peixe pescado em vários concelhos acorresse a um grande porto de pesca, imaginar-se-ão os trabalhos, os incómodos e as questões que a destrinça e a tributação (até por taxas diferentes, visto os 3% constituírem um limite máximo) originariam!

É manifesto que o legislador, ao solidarizar o imposto municipal com o do Estado, quis evitar tudo isto, simplificando o lançamento e a cobrança daquele.

9. Em resumo e em conclusão:

a) O imposto *ad valorem* permitido pelo artigo 720.º do Código Administrativo, desde que só pode ser cobrado conjuntamente com o imposto de pescado lançado pelo Estado, tem de ter o mesmo carácter deste – quanto à incidência e modo de cobrança;

b) Incide, portanto, sobre o peixe vendido no local de desembarque; ou, quando não possa ou não tenha de proceder-se à venda, cobra-se sobre o peixe pescado, considerando-se para tal efeito realizada a pesca na área do concelho onde o peixe for desembarcado e por onde é avençado para o Estado ou onde é repartido em quinhões;

c) É no sentido que fica apontado na alínea anterior que deve interpretar-se a expressão do artigo 720.º – «pescado ou vendido no respectivo concelho»;

d) A «pesca no respectivo concelho», aliás, não poderia verificar-se em águas marítimas, pois estas não estão integradas nas circunscrições municipais (não há «águas territoriais do concelho») pertencendo integralmente a jurisdição sobre elas ao Estado;

e) A jurisdição municipal, paroquial ou distrital, pelo que respeita a actividades que devam desenrolar-se no mar, só pode ser exercida sobre os elementos estabelecidos em terra ou sobre as fases dessa actividade que em terra decorram, como sucede no caso presente com o desembarque do peixe.

*Responsabilidade da Administração Pública** **

Mediante os meios contenciosos o particular que um órgão administrativo haja ofendido nos seus direitos obtém a *anulação do acto jurídico ilegal* ou a *reparação pecuniária do prejuízo sofrido.*

Esta reparação tem lugar quando a Administração Pública seja considerada responsável pelo prejuízo do particular (*responsabilidade extra-contratual*).

Modernamente o termo *responsabilidade* tem assumido na linguagem jurídica um significado muito lato.

Outrora só se declarava responsável aquele que fosse reconhecido *autor voluntário* de um *facto ilícito* causador de *prejuízo* a outrem.

Este é o conceito clássico da responsabilidade civil que, relativamente às pessoas colectivas de Direito público, ainda se pode ver consagrado nos artigos 2 399.º e 2 400.º do Código Civil e nos artigos 366.º e 367.º do Código Administrativo.

A Administração Pública pode ser considerada responsável quando se reúnam os elementos da responsabilidade civil e à sombra das normas constantes da lei civil[1].

Estaremos então em face de matéria pertencente ao Direito privado e que, por conseguinte, não deva ser aqui versada?

A nossa opinião neste ponto tem oscilado. Até à 2.ª edição do *Manual* considerámos a responsabilidade civil da Administração do domínio do Direito administrativo, mas relegámo-la para o Direito civil nas edições seguintes.

Revendo o problema inclinamo-nos agora novamente para a primeira posição. Na verdade, a responsabilidade fundada em culpa da Administração

---

* Publicado in *O Direito*, ano 95 (1963), 3, pp. 185-196.
** Excerto do *Manual de Direito Administrativo*, 6.ª edição, a aparecer brevemente.
[1] Sobre a evolução da responsabilidade civil da Administração no nosso País veja-se o que escrevemos no *Tratado elementar*, I, págs. 408 e seg. e na 2.ª edição deste *Manual*, págs. 568 e segs. Um resumo do que tem sido escrito pela doutrina pode ver-se em Prof. A. Vaz Serra, *Responsabilidade Civil* (separata do «Bol. do Min. da Just., n.º 85), págs. 438 e segs. O mais recente trabalho publicado é o de José Carlos Soares, *Estudo sobre a responsabilidade extra-contratual do Estado*, Lisboa, 1961.

está intimamente ligada à actividade administrativa de que é consequência. E foi atendendo a tal conexão que o legislador atribuiu aos tribunais administrativos competência para conhecer dos pedidos de indemnização de perdas e danos feitos à Administração por actos ou factos ilícitos» [Cód. Adm., art. 81.º, § 1.º, alínea b)].

Estamos, portanto, perante um aspecto da actividade administrativa que se acha incluído na esfera do contencioso próprio da Administração: e estas circunstâncias impõem que o instituto da responsabilidade fundada em culpa da Administração seja integrado no Direito Administrativo, abrangendo-o no seu sistema, estudando-o com os seus métodos e enquadrando-o nos seus princípios como fatalmente tem de suceder.

Quais são então as particularidades dos requisitos da responsabilidade civil, extra-contratual, da Administração pública?

É necessário, em primeiro lugar, que seja alegado um *prejuízo*, ou *dano* por pessoa diferente daquela a quem seja imputável a actividade que o causou. Na actividade administrativa são frequentes os casos em que o interesse público exige o sacrifício de interesses privados. Ora o prejuízo só pode fazer nascer a responsabilidade quando seja *especial* ou *singular* e não universal. Isto é: só quando certa ou certas pessoas foram prejudicadas pela actividade administrativa enquanto a generalidade foi poupada. Esse prejuízo pode afectar o património do cidadão ou os seus direitos pessoais (originando o *dano moral*), mas em qualquer dos casos há-de ofender um interesse susceptível de tradução material, econòmicamente mensurável ou avaliável em dinheiro.

O prejuízo tem de ser consequência de um *facto ilícito*. Este facto tanto pode ter consistido num *acto administrativo* ilegal como numa simples *conduta* despida do carácter de acto jurídico. O acto administrativo provém, por via de regra, de um *órgão* que exprime vontade imputável à pessoa colectiva de que é elemento essencial. A conduta, como mero facto, é normalmente obra dos *agentes* que executam ordens ou fazem trabalhos ao serviço da Administração. No acto administrativo a ilegalidade apura-se nos termos gerais em que se analisam os respectivos vícios. Quanto à mera conduta dos agentes basta, para que seja ilícita, que ofenda direitos ou interesses de outrem sem lei que o autorize.

Estabelecida a *relação de causalidade* entre o facto ilícito (antecedente) e o prejuízo (consequente), resta apurar se houve *culpa*. A Administração actua na vida jurídica através de pessoas colectivas, e estas, por sua vez, carecem de utilizar pessoas físicas para titulares dos seus órgãos ou para servirem de seus agentes. Quer dizer que a responsabilidade de uma pessoa colectiva é sempre resultante do comportamento dos indivíduos que em seu nome actuam.

Consideremos, em primeiro lugar, a actuação dos órgãos mediante actos administrativos. Os órgãos não têm existência jurídica distinta da pessoa colectiva de que são elemento essencial. A função do órgão é exprimir uma vontade imputável à pessoa colectiva. E, portanto, em princípio, o acto do órgão obriga sempre a pessoa colectiva, responsabilizando-a. Não há diferença entre actuação do órgão e actuação da pessoa porque a pessoa só procede juridicamente por intermédio do órgão.

Mas o órgão tem um titular (se for singular) ou uma pluralidade de titulares (se for colegial). O problema estará agora em apurar se não haverá casos em que a responsabilidade decorrente de um acto administrativo ilegal é imputável, não à pessoa colectiva, mas aos titulares do órgão que o praticou.

Sabe-se que a vontade manifestada pelo órgão é uma vontade normativa, isto é, os titulares do órgão devem conformar-se com as normas jurídicas que regulam os fins da pessoa colectiva, a competência dos seus órgãos, as formalidades exigidas para se poder vàlidamente emitir uma decisão imputável à pessoa colectiva, e as regras reguladoras da matéria dessa decisão.

Para que a vontade manifestada por um indivíduo possa ser considerada decisão do órgão de certa pessoa colectiva é preciso que esse indivíduo seja titular do órgão; que proceda nos termos legal ou estatutàriamente estabelecidos quanto ao funcionamento desse órgão (o que tem particular importância para os órgãos colegiais, cujos titulares só podem exercer as respectivas funções em *reunião* convocada e conduzida nos termos legais); que a decisão se mantenha dentro da especialidade da pessoa colectiva, isto é, de harmonia com os respectivos *fins* ou *atribuições* e caiba nos poderes do *órgão*, isto é, na sua competência.

O acto administrativo será imputável à pessoa colectiva, pois, se dimanar de um órgão no exercício regular das funções, se couber dentro da competência deste e não exorbitar das atribuições ou fins da pessoa colectiva.

Pode no seu conteúdo haver então qualquer divergência da lei, mas essa violação de lei, afectando de ilegalidade o acto administrativo, não impede que ele seja imputável à pessoa colectiva e envolva a responsabilidade desta: tal é a doutrina do artigo 366.º do Código Administrativo e do artigo 466.º da Reforma Administrativa Ultramarina.

Se, porém, os titulares do órgão procederem sem observância das formalidades que a lei prescreve para o exercício das funções (suponha-se, num órgão colegial, a deliberação obtida por colheita de pareceres independentemente de reunião, ou tomada em reunião ocasional na rua ou em outro local), ou sobre matéria estranha às atribuições da pessoa colectiva, ou fora da competência do órgão, então eles agiram de modo tal que a vontade manifestada não pode ser imputada à pessoa colectiva e terão de responder pessoalmente pelos prejuízos causados pelo acto que pretenderam fazer valer como acto administrativo, uma vez verificada a sua ilegalidade (Cód. Adm., art. 367.º; R.A.U., art. 465.º).

Vejamos, em segundo lugar, os prejuízos resultantes de uma conduta dos agentes que não revista o carácter de acto administrativo. Trata-se agora de danos originados pelos agentes na execução de serviços administrativos, por excesso no cumprimento de ordens, por violências cometidas, por negligência, imperícia, inconsideração, inobservância de regulamentos ou outras causas.

É aqui que surgem as principais dificuldades para determinar quando a culpa deve ser imputada à Administração e quando pertence aos agentes que produziram o prejuízo.

A doutrina distingue duas modalidades de culpa: a *culpa funcional* e a *culpa pessoal*. São, porém, muitos e variados os critérios a cuja luz a jurisprudência francesa tem procurado fazer a distinção.

Fundamentalmente a diferença é esta: a *culpa funcional* resulta do risco normal que todo o agente administrativo corre de errar no exercício das suas funções, embora procure, até escrupulosamente, desempenhar-se delas com zelo, ao passo que a *culpa pessoal* denota da parte do agente o desprezo pela natureza e pelos objectivos da sua função, o abuso ou o desvirtuamento dos seus poderes.

Estão estas ideias consagradas nos artigos 2 399.° e 2 400.° do Código Civil, a partir do Decreto n.° 19 126, de 16 de Dezembro de 1930 que lhes deu nova redacção.

Nesses artigos pressupõe-se sempre que os agentes administrativos agem, ao praticar os factos causadores de perdas e danos em património alheio, na sua qualidade oficial. Mas distinguem-se duas hipóteses: na primeira (art. 2 399.°) verifica-se que os agentes, ao causarem o prejuízo, estavam a cumprir as suas obrigações legais, e o facto ilícito constituíu portanto um acidente desse cumprimento; ao passo que na segunda (art. 2 400.°) o agente exorbitou dos seus poderes ou procedeu fora das suas obrigações.

Na primeira hipótese a violação de uma lei ou a transgressão de um regulamento como acidente da actividade profissional dos agentes administrativos, origina a *culpa funcional*, que responsabiliza solidàriamente os autores do facto ilícito e a pessoa colectiva de direito público de que forem serventuários.

Ao passo que na segunda hipótese, deixando o agente de proceder com vista à realização do interesse público ou dentro dos limites assinados à sua função, a culpa é pessoal, e responsabiliza-o em exclusivo pelos danos causados[2].

---

[2] Na prática é muitas vezes difícil estabelecer em cada caso a distinção entre as duas modalidades de culpa. Veja-se, relativamente ao direito português, a nota que publicámos em O Direito, 90, pág. 35, sobre *Responsabilidade da Administração Pública*, e quanto ao Direito francês o livro de RASY, *Les frontières de la faute personnelle et de la faute de service en droit administratif français* (1963). É preciso ter bem presente que a culpa pessoal também diz respeito ao agente que procede no exercício das suas funções e não como particular, fora das horas do serviço, no desenrolar da sua vida privada. Nestes casos o problema da responsabilidade da Administração não se põe, sequer, pois que o agente, quando não em serviço, é um particular como outro qualquer.

A jurisprudência portuguesa não é muito rica em casos de responsabilidade da Administração Pública por factos de agentes seus. Vejamos, porém, algumas decisões de maior interesse.

O Acórdão do Supremo Tribunal de Justiça de 4 de Outubro de 1941 (*Dir.*, 73, pág. 395) considera funcional a culpa dos agentes da força pública que, para manter a ordem, ao fazerem uso das armas de fogo, atingiram um padeiro que nada tinha com as desordens e passava no local no exercício da sua profissão.

O Acórdão do mesmo tribunal de 9 de Fevereiro de 1951 (*Bol. Min. Just.*, 23, pág. 170) julgou ser meramente pessoal a culpa dos soldados que, de guarda a um paiol onde por força da lei eram depositados explosivos pertencentes a particulares, furtaram esses explosivos e foram criminalmente condenados por tal facto (decisão que se nos afigura errada).

O Acórdão de 6 de Julho de 1962 (*Bol. Min. Just.*, 119, pág. 413) entendeu que há culpa funcional na gestão da comissão administrativa nomeada pelo Governo para substituir os corpos gerentes dissolvidos duma associação de socorros mútuos, quando, por longos anos, tal comissão, sem fiscalização eficiente, cometeu e deixou cometer graves irregularidades.

O Acórdão do Supremo Tribunal Administrativo de 15 de Junho de 1951 (*Dir.*, 85, pág. 251) julgou haver culpa pessoal dos vereadores da Câmara Municipal que tomaram uma deliberação estranha às atribuições municipais e fora da competência da Câmara.

O Acórdão do Supremo Tribunal Administrativo de 28 de Março de 1952, (*Dir.*, 85, pág. 254) considerou funcional a culpa dos trabalhadores numa pedreira explorada por um Município que, dando um tiro sem observância das precauções regulamentares, causaram a morte de uma criança.

O Acórdão do Tribunal dos Conflitos de 17 de Abril de 1958 (*Dir.*, 90, pág. 207) decidiu que só há culpa funcional de carácter administrativo quando o vínculo da responsabilidade que liga a pessoa colectiva ao agente deriva das normas próprias da Administração e não de regras gerais que se apliquem a todos os proprietários do instrumento do facto ilícito como sucede nos acidentes de viação. No mesmo sentido julgou o S. T. A. em Acórdão de 28 de Fevereiro de 1958 (*Dir.*, 90, pág. 228).

O mesmo Tribunal dos Conflitos, por Acórdão de 27 de Novembro de 1958 (*Dir.*, 91, pág. 40), considerou funcional a culpa dos agentes encarregados da guarda de uma prisão que, por negligência, permitiram a fuga de um preso, afiançado em anterior processo, originando a quebra da fiança, a impossibilidade do fiador apresentar em juízo o réu e consequentes prejuízos daquele.

A culpa funcional tanto pode resultar da negligência ou do erro dos agentes como da má organização dos próprios serviços administrativos. O agente é um elemento integrado na orgânica complexa dos serviços e pertencente a uma hierarquia ou, pelo menos, sujeito à direcção, inspecção e superintendência de órgãos tutelares. Pode, pois, suceder que os prejuízos de terceiros resultem do mau funcionamento dos serviços, por virtude de deficiente organização ou direcção, ou de negligente inspecção. Nesses casos estamos perante uma *falta do serviço* que deverá ser tida em conta ao apreciar-se a culpa do agente directamente causador do dano[3].

Até aqui temos exposto a teoria da responsabilidade da Administração fundada numa culpa que lhe é imputada pelo carácter funcional da actividade ilícita causadora do prejuízo.

Mas a doutrina e, nalguns países, como em França, a jurisprudência e até a lei, tem admitido que a par dessa responsabilidade a Administração pode incorrer noutra, *sem culpa*, fundada quer no risco originado pela existência do funcionamento dos serviços, quer na obrigação de repartir equitativamente os encargos públicos lançados sobre um ou certos patrimónios apenas, em benefício da colectividade.

Comecemos pela responsabilidade originada em *factos casuais* e fundamentada no risco.

A jurisprudência francesa tem admitido o dever da Administração indemnizar os prejuízos causados por acidentes resultantes da execução de obras públicas, do desenvolvimento duma actividade administrativa ou da existência de coisas ou pessoas perigosas à sua conta.

Além dos casos em que a execução das obras públicas causa prejuízo, mesmo sem culpa, entram nesta categoria os prejuízos que o emprego de armas de fogo provoque em pessoas ou bens estranhos à operação de polícia em que tal uso foi feito, e os causados por explosão de paióis ou navios de guerra, bem como pela acção de dementes deixados em liberdade vigiada nas proximidades do manicómio[4].

Em todos estes casos, mesmo que não exista culpa, a Administração é responsável visto que sendo a sua actividade exercida em benefício da colectividade é justo que esta suporte os prejuízos que daí advierem. Quem frui as vantagens de uma actividade deve correr os riscos que ela acarretar consigo. Não seria equitativo que certos indivíduos sofressem sòzinhos os danos que o acaso fez recair sobre eles. Por isso, sempre que se não trate de força maior, a responsabilidade administrativa deve presumir-se, competindo à própria Administração fazer prova de que o lesado teve culpa no facto de que decorreu o prejuízo por ele sofrido, se tal tiver acontecido.

---

[3] Sobre competência dos tribunais para o julgamento da responsabilidade da Administração e processo das respectivas acções ver o n.º 383 do *Manual*.
[4] LAUBADÈRE, *Traité elementaire de Droit Administratif*, 3.ª ed., vol. I, 1963, pág. 617 e segs.

No Direito português não há texto que formule em termos gerais o princípio da responsabilidade da Administração fundada em mero risco dos serviços ou das coisas administrativas. Todavia, os problemas têm surgido, como sucedeu com o transeunte ferido por tiros disparados pela força pública e que o Supremo Tribunal de Justiça considerou prejudicado por culpa funcional. A verdade é que, sobretudo com o emprego de armas automáticas, é muito difícil atribuir culpa aos agentes ou ao serviço pelo facto de balas perdidas atingirem inocentes. A justificação da responsabilidade pelo risco parece em tais casos mais razoável do que a invocação da culpa administrativa.

A Administração, entre nós, tem-se considerado nalguns casos obrigada a indemnizar os prejuízos resultantes de acidentes originados em riscos excepcionais (caso de explosão de paióis): essa obrigação mais se impõe em presença dos riscos criados pelo emprego da energia atómica.

A outra modalidade de responsabilidade administrativa sem culpa é a originada por *actos lícitos* que vão sacrificar certos e determinados interesses legítimos em benefício da colectividade inteira. A Administração exerce então um direito que sacrifica outros direitos: dá-se uma colisão de direitos.

Ora, por um lado, a Ordem jurídica pressupõe o respeito dos direitos adquiridos (Constituição, art. 49.º, § 1.º: «Os poderes do Estado sobre os bens do domínio público... são regulados pela lei... ficando sempre ressalvados... para os particulares os direitos adquiridos, podendo estes porém ser objecto de expropriação determinada pelo interesse público e mediante justa indemnização»). Por outro lado, é regra fundamental do Direito português a igualdade dos cidadãos perante a lei com o seu corolário da igualdade na repartição dos encargos públicos (Const., art. 5.º).

Se um direito tem de ser sacrificado ao interesse público, torna-se necessário que esse sacrifício não fique a ser iniquamente suportado por uma pessoa só, mas que seja repartido pela colectividade. Como se faz tal repartição? Convertendo o direito sacrificado no seu equivalente pecuniário (justa indemnização) pago pelo património público para o qual contribui a generalidade dos cidadãos mediante a satisfação dos impostos.

Assim a responsabilidade pelos prejuízos causados na esfera jurídica dos particulares em consequência do sacrifício especial de direitos determinado por actos lícitos da Administração Pública funda-se no princípio da igualdade dos cidadãos na repartição dos encargos públicos.

Quais são os requisitos desta responsabilidade?

Tem de haver um sacrifício que não seja imposto à generalidade das pessoas mas à pessoa certa e determinada em razão de uma posição só dela, isto é, um sacrifício especial e que seja *certo, duradouro e não eventual*.

Tal sacrifício deve *resultar de um acto administrativo*, isto é, da aplicação de normas jurídicas (o que dá o carácter legítimo ao acto) a certo caso concreto.

A coisa sacrificada tem que consistir num *direito subjectivo*, pessoal ou real, ou ser objecto dele, mas em qualquer caso deve ser susceptível de avaliação pecuniária.

A *indemnização* corresponderá ao valor actual e efectivo dos bens sacrificados, como compensação desse sacrifício.

No nosso Direito encontram-se casos de sacrifício *total* e de sacrifício *parcial* dos direitos condicionados a indemnização.

É total o sacrifício quando a Administração se apropria de bens dos particulares autoritàriamente (expropriação por utilidade pública ou requisição), ou impõe a destruição deles (demolições, arranque de plantas ou árvores, abate de animais doentes...).

O sacrifício será parcial quando é limitado na sua duração (ocupações temporárias) ou na sua extensão (servidões administrativas).

Resta apurar se esta forma de responsabilidade se acha consagrada no Direito português fora dos casos previstos em leis especiais.

Até à 2.ª edição do *Manual* (1947) ensinámos que, não existindo na legislação pátria nenhum preceito a consagrar em termos genéricos a indemnização de sacrifícios especiais causados por actos lícitos e exigindo a Constituição (art. 8.º, n.º 17.º) disposição da lei para fundar o direito de reparação das lesões efectivas, teríamos de nos limitar aos casos previstos em leis especiais cujas normas só seriam aplicáveis a outras hipóteses nos precisos termos em que se permite a interpretação extensiva ou o suprimento dos casos omissos.

No ano lectivo de 1948-49 ao regermos na Faculdade de Direito de Lisboa um curso de seminário sobre «expropriação por utilidade pública» foi a nossa atenção chamada, a propósito do estado de necessidade, para o disposto no artigo 2 397.º do Código Civil[5].

Na verdade, o artigo 2 396.º do Código Civil prescreve que os danos causados em propriedade alheia em proveito de mais de um indivíduo serão indemnizados por aqueles a quem houverem aproveitado. E o art. 2 397.º acrescenta: «Se o benefício se estender a uma povoação inteira ou quando o dano for ordenado pela autoridade pública no exercício das suas atribuições, a indemnização será paga pelas pessoas em favor das quais o dano for feito, sendo distribuída e paga na conformidade dos regulamentos administrativos».

---

[5] Cf. a lição de encerramento desse curso, publicada na revista *O Direito*, 81, pág. 179, sob o título: *Em torno do conceito de expropriação por utilidade publica*. A referência ao artigo 2 397.º vem a págs. 210.

Vimos aqui a consagração do princípio de que o sacrifício especialmente imposto a um património para benefício da colectividade deve ser por esta indemnizado pelo modo mais adequadamente estabelecido na lei.

Efectivamente, não se trata de mero afloramento incidental ou casuístico de uma regra implícita ou subjacente: estamos perante a formulação da própria regra. O artigo 2 397.º preceitua que, se o dano for ordenado pela autoridade pública *no exercício das suas atribuições* ele será indemnizado pela colectividade em benefício da qual haja sido determinado, fazendo-se a distribuição do encargo pelos membros dessa colectividade *na conformidade dos regulamentos administrativos*.

Que falta mais para traduzir o princípio geral da responsabilidade da Administração pelos danos causados por actos lícitos iníquos?

Só há que formular o voto de que no futuro Código Civil se mantenha o princípio[6].

---

[6] (1) Sobre a matéria deste número podem ver-se: LAFERRIÈRE, *Traité*, II, pág. 155; MICHOUD, *La théorie de la personnalité morale*, II, 1.ª ed,, págs. 257 e segs.; DUGUIT, *Traité*, III, 2.ª ed., pág. 426; P. DUEZ, *La responsabilité de la puissance publique*, 1927; SANTI ROMANO, *Corso*, pág. 247; ZANOBINI, *Corso*, I, 7.ª ed., pág. 335; OTTO MAYER, *Droit adm. allemand*, IV, pág. 221; A. QUEIRÓ, *Teoria dos actos de governo*, 1948, págs. 206 e segs, FORSTHOFF, *Tratado de Derecho Adm.* (trad. esp., 1958), pág. 426; R. ALESSI, *Sistema istituzionale del dir. am. ital.*, 3.ª ed., 1960, pág. 545, além do estudo atraz citado do Prof. VAZ SERRA.

O artigo 8.º do novo Código do Imposto de Capitais* **

SUMÁRIO: *1. Identidade de princípios do imposto de capitais e do anterior imposto sobre a aplicação de capitais. 2. Natureza do imposto de capitais. 3. Titulares dos rendimentos tributados. 4. Pagamento do imposto da secção B por «retenção na fonte». 5. Territorialidade da lei fiscal. 6. Dois conceitos fundamentais: «estabelecimento estável» e «imputação».*

1. O Código do Imposto de Capitais aprovado pelo Decreto-Lei n.º 44 561, de 10 de Setembro de 1961 mantém substancialmente o imposto sobre a aplicação de capitais em vigor desde a Lei n.º 1 368, de 21 de Setembro de 1922.

Di-lo o próprio relatório logo nas palavras iniciais: «Este Código do Imposto de Capitais nada mais representa do que a reforma do actual imposto sobre a aplicação de capitais…».

Explicou-o o Governo no relatório da «Proposta de lei de autorização das receitas e despesas para 1963» vulgarmente chamada a «lei de meios», em cujo n.º 81 se lê:

> «Disse-se já que, com o Código do Imposto de Capitais agora publicado, não se teve em vista alterar a concepção ou a estrutura jurídico-fiscal do imposto sobre a aplicação de capitais introduzido pela Lei n.º 1 368; procurou-se, pelo contrário, aproveitar a estrutura tradicional deste imposto, insuflando-lhe, no entanto, novas virtualidades». (pág. 105 da separata).

2. No sistema fiscal português actualmente existente distinguem-se a tributação dos lucros de uma sociedade comercial (através da contribuição industrial) e a dos rendimentos que da distribuição desses lucros resultam para outros patrimónios (imposto de capitais).

---

* Publicado in *O Direito*, ano 95 (1963), 4, pp. 267-273.
** Excerto de um parecer dado em Maio de 1963.

Esse sistema fiscal mantém-se na reforma que está em curso. Como no citado relatório da lei de meios se informa (n.º 84), a contribuição industrial continuará a incidir sobre os lucros resultantes do exercício do comércio ou da indústria, isto é, sobre os aumentos do património do contribuinte obtidos por frutificação do capital investido. Só que, no grupo A, a matéria colectável não será mais o rendimento *normal*, como até agora, e sim o rendimento *real*.

O imposto de capitais incide sobre «os rendimentos derivados da simples aplicação de capitais» (Cód., art. 1.º) e não do exercício do comércio ou indústria. E o capitalista, aquele que aplicou o seu capital nalgum objecto produtivo, que fica sujeito ao pagamento de tal imposto, em consequência dos rendimentos que individualmente aufira como remuneração do capital.

Bem o acentua o relatório da Lei de Meios:

> «O traço comum que a todos (os rendimentos tributados) acompanha é o de se tratar de rendimentos que se traduzem numa remuneração pela cedência do uso de um elemento fundamental da produção, o capital, em forma de bens ou representado pelo valor destes em moeda» (n.º 81).

E dentro destes princípios, o legislador procurou manter-se mais rigorosamente fiel à natureza do imposto do que na legislação anterior, ao excluir da classe B os ganhos de capital que até agora nela estavam abrangidos, como era o caso da incorporação dos fundos de reserva no capital das sociedades e dos aumentos de capital com reserva de preferência para os antigos accionistas.

Acrescenta o relatório a este propósito:

> «Aliás, para qualquer dos casos, não deixou igualmente de se ter presente que a lógica que dimanava da própria estrutura do imposto exigia que a sua incidência ficasse circunscrita aos rendimentos que afluem com certa periodicidade à economia dos contribuintes; e, bem assim, que a tributação em imposto de capitais acrescia à tributação em contribuição industrial, pelo que só no caso de rendimentos normalmente destinados a serem gastos se poderia tolerar a incidência sobreposta dos dois tributos.»

3. Assim se compreende bem o artigo 2.º do novo Código:

> «O imposto respeita aos titulares dos respectivos rendimentos...».

Quem são esses titulares? São os que os auferem. No caso de uma sociedade, os sócios.

Bem o esclarece o artigo 6.º, ao preceituar que «são compreendidos na secção B:

«1.º Os lucros... atribuídos aos sócios...».

Essa atribuição pode ser simplesmente presumida (art. 7.º) mas o facto tributário é sempre este: o ingresso, no património de quem cedeu o capital, de certa quantia a título de remuneração de tal cedência.

4. Mas não é às próprias sociedades que incumbe a obrigação de pagamento do imposto abrangido na secção B?
Diz, efectivamente, o artigo 40.º do Código, que «nos casos enumerados no artigo 6.º a entrega do imposto ao Estado será efectuada pelas entidades a que incumbe o pagamento dos rendimentos».
Trata-se do sistema de cobrança denominado de «retenção na fonte»: a entidade pagadora desconta o imposto nos rendimentos a pagar, retém o respectivo produto e entrega-o ao Fisco, poupando a este e aos contribuintes os incómodos do lançamento e da cobrança individuais.
O artigo 40.º confirma, porém, que a incidência do imposto, neste caso, é sobre os rendimentos pagos ou a pagar, dá-se sobre o «pagamento dos rendimentos.». É sobre «as entidades que procedam ao pagamento de importâncias sujeitas a imposto» que impende a obrigação de «efectuar sempre o desconto nos rendimentos efectivos» (art. 41.º).

5. Podemos agora interpretar o artigo 8.º cuja letra é a seguinte:

«Para que os rendimentos referidos no artigo 6.º fiquem sujeitos a imposto é necessário que o devedor deles tenha residência ou sede efectiva no continente ou ilhas adjacentes, ou aí fique situado estabelecimento estável ao qual o pagamento deva imputar-se».

A primeira parte do preceito diz-nos que, para se verificar a sujeição ao imposto, não basta a existência dos rendimentos referidos no artigo 6.º: é preciso ainda que a entidade que deva pagá-lo aos seus titulares tenha residência ou sede efectiva no continente ou ilhas adjacentes.
Portanto, as sociedades estrangeiras, com sede fora de Portugal, que aí procedam ao apuramento dos lucros e procedam à distribuição deles pelos seus sócios não estão, por essa norma, sujeitas no nosso País ao imposto de capitais.
Esta é a norma fundamental, e que está de acordo com os princípios gerais e com a natureza do imposto.

Na verdade a lei fiscal é, por via de regra, territorial e mesmo quando seja pessoal obriga então os súbditos do Estado de que provêm. Ora se a sociedade é estrangeira, se em país estrangeiro tem a sua sede, e se é nesta que decorrem as operações de atribuição e distribuição de rendimentos, segue-se que é às leis fiscais desse país que fica sujeita, e não às de outro qualquer, pela prática dessas operações.

E já vimos que a natureza do nosso imposto de capitais é a de atingir, não os lucros auferidos pela sociedade, mas sim os rendimentos por ela proporcionados aos sócios que nela investiram capitais. Uma sociedade com sede em Espanha e de nacionalidade espanhola pode, pois, receber lucros da actividade exercida em Portugal, França, Itália, Alemanha, etc., e por eles ser tributada, nesses países, em contribuição industrial, ou equivalente.

Esses lucros serão aplicados pela Assembleia Geral como entender, para reservas, autofinanciamento, ou distribuição de dividendos aos accionistas, por hipótese residentes todos em Espanha: este facto da atribuição de uma parte dos lucros aos sócios sob a forma de rendimento do capital passa-se inteiramente fora do alcance e da alçada da lei português, e portanto subtraída ao seu imposto de capitais.

Aliás, se a lei portuguesa pretendesse a tributação de tais factos, a que a lei espanhola legitimamente não será indiferente, ficaríamos perante um caso de dupla tributação que os governos não deixariam, decerto, persistir.

6. Mas o artigo 8.º tem uma segunda parte, em que surge outra hipótese separada da primeira por uma conjunção disjuntiva:

«... ou aí (no continente e ilhas adjacentes) fique situado estabelecimento estável ao qual o pagamento deva imputar-se».

Por «estabelecimento estável» diz o artigo 98.º que se entende «qualquer instalação fixa onde a empresa exerça toda ou parte da sua actividade».

Sem dúvida, pois, cabem nesta definição uma fábrica, um aproveitamento hidráulico ou um simples escritório de vendas.

Bastará então que uma sociedade estrangeira, domiciliada fora de Portugal e que na sua sede proceda ao apuramento dos lucros e à distribuição deles, possua escritório, oficina ou coisa equivalente em Portugal, para aqui ficar adstrita ao pagamento do imposto de capitais, secção B?

Seria absurdo.

E efectivamente o artigo 8.º só sujeita ao imposto os rendimentos referidos no artigo 6.º quando o seu pagamento *deva imputar-se* ao tal estabelecimento estável situado em Portugal.

Ora quando é que os rendimentos *devem imputar-se* a um mero estabelecimento?

A *imputação* é termo jurídico usado sobretudo na teoria da responsabilidade, onde significa atribuição a alguém da autoria de um acto ou facto.

Na maioria dos casos previstos no artigo 6.º é impossível, não só juridicamente, como até de facto (dentro da orientação de que a lei fiscal atende mais à realidade dos fenómenos ou factos económicos do que à sua aparência jurídica), atribuir ao simples estabelecimento comercial ou industrial situado em Portugal, de uma sociedade com sede no estrangeiro, a autoria e responsabilidade do pagamento, total ou parcial, dos rendimentos aí enumerados.

Só nas hipóteses previstas nos n.ºs 6.º e 7.º a imputação pode ser entendida nesse sentido, sobretudo tratando-se de agências bancárias que entre as suas operações contem a abertura de contas correntes e a recepção de depósitos.

Nos Dicionários da Língua dá-se à palavra «imputar» ainda outro significado: «o de levar em conta, aplicar um pagamento a certa dívida» (*Grande Dicionário Português de Fr. Domingos Vieira*, vol. 3.º; *Grande Enciclopédia Portuguesa e Brasileira*, vol. 13.º),

Efectivamente na técnica do Direito Civil emprega-se a palavra nesses sentidos, falando-se na imputação das doações ou das liberalidades no sentido de levá-las em conta da legítima do donatário ou na quota disponível do doador (cfr. Cunha Gonçalves, *Tratado de Direito Civil*, vol. III, pág. 220 e IX, pág. 775) e sobretudo na imputação do pagamento para extinção das obrigações, no caso de o devedor pagar uma soma e haver vários créditos do mesmo credor a satisfazer (cfr. Coelho da Rocha, *Instituições de Direito Civil Português*, 4.ª ed., 1867, t. I, § 149; Guilherme Moreira, *Das obrigações*, 2.ª ed., 1925, pág. 229; Cunha Gonçalves, *Tratado...*, cit., vol. IV, pág. 604; Galvão Teles, *Manual de Direito das Obrigações*, t. I, 1957, pág. 121; Vaz Serra, *Do cumprimento como modo de extinção das obrigações*, 1953, pág. 99; Manuel de Andrade, *Teoria Geral das Obrigações*, 2.ª ed., 1963, pág. 290).

Imputar o pagamento representa referir ou atribuir um pagamento a certo débito, como nas doações é pôr a liberalidade em conta de certa faculdade ou de certo crédito.

Neste sentido imputar um pagamento a certo estabelecimento estável só pode ter significado dentro do Código do Imposto de Capitais no caso do n.º 8.º do artigo 6.º, quando se tributam «as importâncias atribuídas a empresas singulares ou colectivas a título de indemnização pela suspensão ou redução da sua actividade».

Pode efectivamente uma empresa estrangeira possuir em Portugal «estabelecimento estável» cuja actividade seja suspensa ou reduzida por motivo de interesse público ou por acordo entre empresas, mediante indemnização. As prestações dessa indemnização, embora delas seja credora a empresa, são imputáveis ao estabelecimento existente em Portugal, e como tais passíveis do imposto.

Fora, portanto, destes casos, e especialmente quando se trate de lucros distribuídos aos sócios, sob a forma de dividendos ou outra, não é possível *imputar* ao simples estabelecimento existente em Portugal o pagamento desses rendimentos:

- nem como autor do pagamento, visto que é a sociedade que os paga aos sócios, e não a fábrica ou o escritório;
- nem como designação ou aplicação do pagamento, visto os lucros ou dividendos não serem destinados ao estabelecimento.

A Reforma Fiscal* **

A iniciativa do Gabinete de Estudos Superiores dos Contabilistas pelo Instituto Comercial do Porto de promover o presente colóquio é da maior importância e oportunidade.

A Reforma Fiscal em curso, especialmente o Código da Contribuição Industrial, vai obrigar muitas empresas a remodelar a sua contabilidade e forçar todas a adequar os seus critérios contabilísticos às exigências legais.

Daí resultará, estou certo disso, um surto de progresso para a contabilidade comercial e industrial no nosso País, com vantagem para todos: para os técnicos de contas que verão cada vez mais valorizada e prestigiada a sua função; para os gerentes das empresas que disporão de elementos de informação e orientação mais exactos e mais actuais; para sócios, clientes e credores das sociedades que poderão conhecer com maior certeza a situação patrimonial delas.

De modo que as exigências da lei fiscal neste capítulo estão longe de interessar apenas o Fisco e o contribuinte como tais. E se não tardar a regulamentação da fiscalização das sociedades anónimas por técnicos de contas, consoante se acha previsto há muitos anos numa lei a que se não deu execução, é de esperar que em poucos anos se avance enormemente nestes domínios da contabilidade das empresas.

O Porto, onde há muito se tem destacado um escol de contabilistas e onde se publica essa excelente *Revista de Contabilidade e de Comércio* de que sou leitor desde o primeiro número sempre com interesse e geralmente com proveito, não podia ficar indiferente a tão importante acontecimento como este da entrada em vigor do novo Código da Contribuição Industrial.

Já há semanas, em Lisboa, se celebraram as Jornadas de Estudo de Direito Fiscal por iniciativa do Centro de Estudos de Gestão e Organização Comercial existente na Associação Comercial de Lisboa. Nessas jornadas reuniram-se em

---

* Publicado in *O Direito*, ano 96 (1964), 1, pp. 4-19.
** Dado o interesse da reforma em curso da legislação tributária publicamos na íntegra a conferência feita pelo nosso director na cidade do Porto, em 24 de Janeiro de 1964, na sala do Ateneu Comercial.

mesas-redondas, uma para cada imposto, contribuintes, jurisconsultos, economistas, contabilistas e funcionários fiscais a fim de estudarem as novas leis tributárias, em cordial ambiente de íntima colaboração. A experiência era inédita no nosso País, mas decorreu nos termos mais favoráveis e encerrou-se com os mais lisonjeiros resultados. O espírito dos contribuintes, todos eles dirigentes de empresas, que participaram nas jornadas, era de franca disposição de cumprir lealmente os preceitos legais. Para que esse cumprimento seja possível torna-se indispensável, em muitos casos, a cooperação de uma boa e sã contabilidade. Aliás, os técnicos de contas assumem quanto às informações a fornecer ao Fisco para efeito da liquidação da contribuição industrial em certos casos, uma responsabilidade pessoal que os obriga a tomar um papel de vigorosa participação no estabelecimento da verdade.

A circunstância de se acharem de momento impedidos os professores Teixeira Ribeiro e Fernando de Seabra, aos quais se deve a direcção dos trabalhos da reforma fiscal, fez que fosse eu a expor, em Lisboa, a história e as linhas gerais deste grande acontecimento legislativo. E, criado o precedente, quiseram os organizadores do colóquio portuense que viesse aqui repetir a exposição lá feita. Continuo a considerar-me um mero suplente desses mestres, a quem mais autorizadamente caberia a palavra no assunto. Mas não quero escusar-me a colaborar em iniciativa tão útil como louvável, dando o meu modesto concurso a uma obra de grande envergadura e de larguíssimo alcance como é a da remodelação do sistema tributário português.

★ ★ ★

Nestes Colóquios vai-se pôr o acento tónico na contribuição industrial, tributo que com este nome fez um século em Portugal no ano de 1961.

Foi, na verdade, a Lei de 30 de Julho de 1860 que extinguiu, a partir de 1 de Janeiro de 1861, a velha «décima industrial» nascida, como as outras décimas do antigo regime, da tributação lançada em 1642 para ocorrer às despesas com as guerras da Restauração.

A contribuição, industrial criada em 1860 incidia sobre as pessoas que exercessem «qualquer indústria, profissão, arte ou ofício: era o imposto que atingia tanto os lucros do comércio e indústria como os rendimentos do trabalho. A lei previa, a par de certas actividades tributadas por taxas fixas, proporcionalmente aos seus lucros certos ou presumidos, outras actividades que em cada concelho eram globalmente colectadas, devendo depois, em cada uma delas, proceder-se à repartição da colecta pelos vários contribuintes, repartição a que procedia uma «junta de repartidores» no caso de os próprios contribuintes se não terem organizado em «grémio» para o efeito.

Este sistema, com vários retoques dados pela legislação posterior, foi-se mantendo até 1922, mas nos últimos anos da sua vigência revelara-se inadequado às condições económicas e era objecto de justas críticas.

Particularmente após a primeira grande guerra de 1914-18 tornava-se indispensável rever e actualizar o nosso velho sistema fiscal. Muitas disposições legais não correspondiam ao estado económico e social do País. Por outro lado, atravessava-se um período de tremenda crise política e financeira. A inflação vertiginosa de papel moeda acarretava a depreciação do escudo, acentuada de mês para mês num ritmo galopante. Impunha-se o esforço no sentido de procurar actualizar e aumentar as receitas ordinárias do Estado para fazer face ao *déficit* não só do Orçamento, mas, o que é pior, das gerências em cujo decurso era impossível conter em disciplina as despesas orçamentais. Foi então que o Ministro das Finanças, Portugal Durão, apresentou à Câmara dos Deputados uma proposta de lei que, profundamente remodelada pelas comissões parlamentares, veio a transformar-se, apesar do obstrucionismo das oposições, na Lei n.º 1 368 de 21 de Setembro de 1922, origem do sistema tributário pelo qual nos temos vindo a reger até agora.

Tem de reconhecer-se que a Lei n.º 1 368, procurando substituir o arcaico regime fiscal por um sistema racional de tributação, constitui um diploma de grande mérito, ao criar o imposto sobre o valor das transacções, ao remodelar a velha contribuição industrial, ao instituir o imposto sobre a aplicação de capitais e o imposto pessoal de rendimento, este em bases novas, já que o tributo até aí existente com o mesmo nome, restos de uma notável tentativa de Barros Gomes feita em 1880, estava longe de corresponder ao que a moderna técnica pede a tal tipo de contribuição.

Mas a Lei n.º 1 368 não logrou alcançar os objectivos visados: os governos não tinham autoridade para a executar, a desordem social não inclinava à disciplina dos contribuintes, a inflação continuava a anarquizar a matéria colectável e a exigir a correcção das colectas por sucessivos adicionais, a administração fiscal não estava em condições de acompanhar as profundas transformações de processos e de espírito que a aplicação da lei implicava.

Daí o constante mal-estar mantido ao redor da reforma, um rumor permanente de queixumes das actividades económicas a traduzir a insatisfação de quem pagava e a inquietação de todos os governos por verem a magreza dos resultados e a enormidade das resistências.

Após a revolução de 28 de Maio e ainda no decurso no ano de 1926 apressou-se por isso o Governo da Ditadura a nomear uma comissão encarregada de propor as bases da reforma tributária e da qual faziam parte representantes das associações dos proprietários, comerciais, industriais e de agricultura e funcionários do Ministério das Finanças, sob a presidência do Professor Doutor António de Oliveira Salazar.

A Comissão lançou-se ràpidamente à sua tarefa e em curto espaço de tempo produziu uma soma de trabalho verdadeiramente monumental. Não havia estatística tributária e foi preciso coligir e ordenar os dados disponíveis. Todos os vogais elaboraram estudos e pareceres, mas era o presidente quem promovia, inspirava e orientava com a maior eficiência a acção da Comissão, que pôde assim apresentar em 18 de Junho de 1927 um extenso relatório que ainda hoje constitui peça fundamental para o estudo dos problemas relativos aos impostos directos no nosso País.

A Comissão, em vez de propor um sistema tributário completamente novo, sugeria apenas um aperfeiçoamento do sistema da Lei n.º 1 368.

E mal o Governo recebeu o seu relatório, tal era a urgência do problema que logo publicou uma série de diplomas, em que, sem aceitar integralmente as sugestões da Comissão, por esta concretizadas em projectos de lei, misturava as propostas dela com as ideias dos funcionários do Ministério, dando origem às fórmulas que, como o Dr. Salazar severamente notou na Imprensa, não vinham a satisfazer os interesses do Fisco nem as legítimas aspirações dos contribuintes.

Entretanto, em Abril de 1928, era o Dr. Salazar chamado a gerir a pasta das Finanças. Prontamente lançou mãos à obra de regeneração fazendária, pondo em prática ideias de há muito assentes e amadurecidas no seu espírito. A reforma fiscal era uma das matérias sobre que se debruçara atenta e profundamente. E em 13 de Abril de 1929 publicou, por isso, o Decreto-Lei n.º 16 731, que não corresponde exactamente aos projectos da Comissão de 1926, porque entretanto o autor não cessara de reflectir sobre eles e de aprender para os aperfeiçoar, mas que se situa na linha das suas conclusões.

O Decreto de 1929 apresenta-se também como simples correcção do sistema da Lei n.º 1 368. Para mais, as circunstâncias eram ainda críticas, estava-se a travar a batalha do equilíbrio orçamental, era preciso infundir confiança ao País e não sobrecarregar excessivamente a máquina fiscal. O legislador tinha a preocupação dominante de introduzir ordem e simplicidade nas relações tributárias, com o máximo de certeza possível dos encargos para o contribuinte e de segurança de receitas para o Estado. A prudência ia a par da justiça entre as virtudes do Ministro.

A Lei n.º 1 368 procurara atingir os rendimentos realmente auferidos pelos contribuintes. Mas os tempos conturbados de então não eram propícios à confissão franca desses rendimentos por quem os recebia nem permitia a luta do Fisco contra a evasão, sem violências de efeitos contraproducentes.

Daí a opção que o legislador faz pelos *rendimentos normais*, isto é, pelo rendimento que de acordo com certos critérios legais o Fisco parte do princípio que cada empresa ou tipo de actividade deve produzir, segundo as suas circunstâncias particulares. Deste modo, o imposto seria um encargo geral da exploração, como a renda, os prémios de seguro, os ordenados, entrando no cálculo do custo de produção e sendo necessàriamente repercutido no preço dos produtos ou dos serviços. E constituiria um estímulo à produtividade, desanimando empreendimentos econòmicamente desinteressantes e alheando o Estado do risco dos negócios. O interesse do Estado está em «assegurar-se um imposto antes de um lucro, evitar a discussão estéril e falcatruenta sobre elementos inverificáveis a maior parte das vezes, não ser solidário com prejuízos resultantes de administrações que não orienta nem fiscaliza, não proteger por sistema a incapacidade, nem perseguir por princípio com tributações excessivas os que, sendo bons valores económicos, são, ao mesmo tempo, perante ele, sinceros confessores da verdade fiscal».

Tal era, no relatório do decreto n.º 16 731, a eloquente defesa do princípio da tributação dos rendimentos normais que durante trinta anos iria constituir a ideia fundamental do nosso regime.

O Decreto n.º 16 731, limitando-se a pequenos retoques nas contribuições predial e de registo (que desdobrou em sisa e imposto sobre sucessões e doações), remodelou profundamente, dentro dos seus princípios, a contribuição industrial, na qual integrou o rendimento do imposto sobre o valor das transacções então extinto; criou o imposto profissional, mexeu de leve no imposto sobre aplicação de capitais, simplificou a taxa militar e manteve o imposto complementar, criado em Março de 1928 em lugar do imposto pessoal de rendimento.

Trinta e tal anos durou a vigência deste diploma que marca uma época na história da legislação fiscal portuguesa. Mas em tão longo período era inevitável que se acumulassem sobre ele novas leis, inúmeros decretos e a complexa teia burocrática das portarias, das instruções e dos despachos. Impostos nele existentes, como o complementar, saíram da penumbra em que haviam sido tìmidamente mantidos para alcançarem posição proeminente na tributação directa. A contribuição industrial foi-se progressivamente afastando dos canones fundamentais. Em períodos de crise surgiram impostos sobre lucros extraordinários ou mais valias. O cadastro da propriedade rústica, velha aspiração de tantas gerações de estudiosos e de estadistas, começou a ser realidade num número cada vez maior de concelhos. E as ideias acerca dos impostos indirectos iam sofrendo nova evolução (já que se trata de matéria sujeita a alternâncias de opinião) ao mesmo tempo que o desarmamento aduaneiro impunha a revisão dos conceitos tradicionais sobre os impostos do consumo.

Era geral a aspiração de que, à mole informe das disposições tributárias, no meio da qual dificilmente se entendia o contribuinte e que também não facilitava as tarefas da Administração, se substituíssem leis novas, quanto possível completas, precisas e claras.

E foi ao encontro dessa aspiração que veio, na Lei de Meios para 1951, o anúncio dos trabalhos preparatórios da reforma tributária. Subscreveu a proposta dessa lei o então Ministro das Finanças, Dr. Artur Águedo de Oliveira.

★ ★ ★

A Lei n.º 2 045 (de 26 de Dezembro de 1950) estabelecia certo método de trabalho. Deveria principiar-se pela sistematização dos textos legais reguladores dos principais impostos vigentes, para os codificar num texto único por cada imposto. Simultâneamente o Instituto Nacional de Estatística procederia ao cálculo do rendimento nacional a fim de permitir que, a partir dos textos únicos, se fizesse a reforma dos impostos directos com base nos rendimentos, no capital e no enriquecimento do contribuinte, de modo a proporcionar a carga tributária ao valor verificado do rendimento nacional e a distribuí-la de harmonia com a composição deste. Apontava-se ainda um ideal a atingir: o de que a cobrança se baseasse num só conhecimento para todos os impostos de cada contribuinte, com um único regime de prestações, prazos e condições de relaxe.

Cabe aqui uma anotação, a título de simples curiosidade. Esta preocupação de tomar consciência do peso da carga fiscal no rendimento nacional é muito antiga. Encontra-se há noventa anos já, num curioso livro intitulado «Os Impostos em Portugal», editado em 1874 aqui no Porto, numa tipografia da Rua das Flores. Era seu autor um estudioso, não sei se natural daqui ou de Braga, chamado Delfim de Almeida, que no livro avalia criteriosamente o rendimento nacional de então em 245 000 contos, e a proporção entre a carga fiscal *per capita* e o rendimento médio individual em «pouco mais de 7% !»

Fechemos o parêntesis e regressemos à actualidade.

Em 25 de Setembro de 1951, o Decreto-Lei n.º 38 438 começava a dar execução aos preceitos da Lei de Meios instituindo duas comissões: uma, que veio a ser presidida pelo Prof. Dr. Teixeira Ribeiro, denominada «Comissão de Estudo e Aperfeiçoamento do Direito Fiscal», com o objectivo de preparar a renovação das leis e o aperfeiçoamento deste ramo de Direito, de harmonia com as actuais condições políticas, sociais e económicas, e a sua sistematização em torno de princípios simples, mas compreensivos, de justiça tributária; outra, a «Comissão de Técnica Fiscal», presidida pelo Subsecretário de Estado do Orçamento com a vice-presidência do Dr. Vítor Faveiro, destinada à preparação da reforma nos seus aspectos administrativo e financeiro.

Estas duas comissões vieram a ser substituídas em 1957 por uma só – a «Comissão da Reforma Fiscal», – na qual se concentraram as atribuições de ambas, permitindo-se-lhe que organizasse grupos de trabalho (Dec.-Lei n.º 41 036, de 20 de Março de 1957).

Efectivamente, foram constituídos grupos de trabalho para o estudo de diversos impostos directos, tendo em resultado da actividade por eles desenvolvida surgido os projectos que, a partir de Novembro de 1958, o Governo começou a publicar, convertidos em leis.

Foi, pois, há cinco anos que se iniciou a fase legislativa da reforma, com a promulgação do Código da Sisa e do Imposto sobre Sucessões e Doações. A este se seguiram em 1962 os Códigos dos Impostos Profissional e de Capitais e em 1963 os das Contribuições Industrial e Predial, e do Imposto Complementar.

Entretanto a reforma começava a ultrapassar a zona dos impostos directos a que primitivamente se restringia. O ingresso de Portugal nos movimentos de cooperação económica europeia obrigou à revisão das pautas aduaneiras, cuja nomenclatura foi simplificada segundo as regras de unificação internacional adoptadas em Bruxelas. A nova pauta de importação de 1959 (Decreto-Lei n.º 42 656, de 18 de Novembro), marca o estádio inicial da política de progressiva redução de direitos a que nos obrigamos pela adesão à convenção da Associação Europeia de Comércio Livre, que entrou em vigor em Maio de 1960. As circunstâncias de ordem política e respectivos reflexos financeiros que se verificaram no primeiro semestre de 1961 impuseram a criação do imposto sobre consumos supérfluos ou de luxo, cobrado no acto da venda ao consumidor (Decreto-Lei n.º 43 764, de 30 de Junho). Logo se notou que, entrando-se pela via da tributação do consumo, seria forçoso rever a tabela geral do Imposto do Selo a fim de evitar as duplicações, e fez-se essa revisão pelo Decreto-Lei n.º 44 083, de 12 de Dezembro de 1961, que modificou também o processo de inutilização da estampilha, obrigando a alterações no modo de passagem dos recibos e estabelecendo úteis providências que facilitam a fiscalização do pagamento. Enfim, o imposto sobre consumos supérfluos ou de luxo foi remodelado, após as lições colhidas na experiência, pelo Decreto-Lei n.º 44 235, de 14 de Março de 1962, que alargou a sua incidência a maior número de bens, agrupados em três classes segundo o seu grau de superfluidade, a que correspondem três taxas diferentes.

Não ficará, porém, completo o panorama da reforma em curso se não fizermos referência a outro sector onde ela se projectou em termos amplos e profundos: o da administração e da justiça fiscal.

Efectivamente uma tão completa remodelação do sistema tributário que abrange desde o seu espírito até às formas de execução, não podia deixar de lado os instrumentos de aplicação das leis sob pena de ficar condenada a desoladora ineficiência.

E lùcidamente o Governo meteu mãos à obra, com larguza de vistas e sem regatear recursos. Começou-se por um serviço que se destinava a dar ao público a noção do espírito novo de colaboração reinante na Administração fiscal: foi o *serviço de informações fiscais* criado pelo Decreto-Lei n.º 42 637, de 7 de Novembro de 1959.

Seguiu-se a primeira versão do *serviço de prevenção e fiscalização tributária* em 1961, completada e ampliada em Abril de 1963 (Decreto-Lei n.º 44 966 de 9 de Abril de 1963). Neste mesmo mês de Abril sai a organização dos *serviços da justiça fiscal* onde se deu importantíssimo passo em frente nas garantias do contribuinte, ao mesmo tempo que, a par dos tribunais confiados a juízes togados, se institui um Ministério Público especializado, com vastas atribuições de polícia tributária (Decreto-Lei n.º 45 006, de 27 de Abril). E simultâneamente, é publicado o *Código do Processo das Contribuições e Impostos* para substituir quer a legislação processual das reclamações e recursos, quer o Código das Execuções Fiscais (Decreto-Lei n.º 45 005, de 27 de Abril).

Finalmente em 29 de Junho de 1963 o Decreto-Lei n.º 45 095 reorganiza a Direcção-Geral das Contribuições e Impostos, actualizando os seus quadros e ampliando e modernizando os seus serviços em termos rasgadamente inovadores. É nesse diploma que recebe consagração legislativa o *Centro de Estudos Fiscais* onde desde há anos uma plêiade de jovens e brilhantes diplomados universitários aprofunda os problemas da ciência e da técnica fiscais, preparando-se para futuras tarefas e imprimindo o cunho teórico ao que durante muitos anos não passou de rotina administrativa. A revista da Direcção-Geral elevou-se a um nível pouco vulgar nas publicações dos serviços burocráticos.

A reforma ainda vai a caminho. A recapitulação feita não a abrange toda, portanto. Mas o que está feito chega para mostrar a sua envergadura, e para louvar a continuidade governativa que permitiu que a tão longo, cuidado e paciente esforço presidissem apenas dois Ministros das Finanças – os Drs. Águedo de Oliveira e Pinto Barbosa – e um único director-geral das contribuições e impostos, Dr. Vítor Faveiro.

Sem esta permanência de pessoas nos postos dirigentes podemos estar certos de que teriam variado os critérios, surgido as hesitações, sido impostas mudanças de rumo, tornando inevitáveis os regressos ao princípio...

Mas felizmente que assim não foi.

★ ★ ★

Vamos agora procurar apresentar uma síntese do sistema tributário que a reforma visa instituir. Sendo um sistema, há-de impor-se pela unidade dos princípios e pela harmonia das soluções. A tarefa de delineá-lo não é fácil, embora sejam numerosos os documentos que ao longo destes doze anos de gestação têm vindo a lume para elucidar os estudiosos sobre as intenções, processos e fins da obra reformadora.

O sistema fiscal português continuará a compreender impostos directos e indirectos.

Os *impostos directos* incidem sobre o capital ou sobre os rendimentos.

Não está dentro dos princípios por que se rege o Estado português a tributação da riqueza acumulada. De modo que os impostos sobre capital só são cobrados em raras situações. Tradicionalmente tributa-se a *transmissão dos bens*, quer a título oneroso (e temos a sisa) quer a título gratuito (e temos o *imposto sobre sucessões e doações*), ambos provenientes do desdobramento da antiga contribuição do registo. É também considerado como imposto sobre o património o selo de trespasse.

Na actual reforma projecta-se criar um novo imposto sobre o capital: o *imposto sobre as mais valias*. Segundo creio, o que se pretende é tributar apenas os enriquecimentos fortuitos, determinados por factores estranhos ao trabalho, diligência ou engenho de quem deles beneficia. O caso da valorização de terrenos de cultura por virtude da urbanização ou do estabelecimento no local de uma grande indústria é típico e já de longa data constitui campo onde a sociedade reivindica o quinhão que legitimamente lhe pertence na medida em que é graças a fenómenos de desenvolvimento social que se opera a súbita e espectacular subida dos valores. Também têm sido já tributadas, a título extraordinário, as mais valias nas cotações dos produtos, determinadas por especulação comercial ou por flutuações do mercado internacional. E noutros campos, como nas operações da Bolsa, por exemplo, se podem encontrar mais valias deste género do género da valorização gratuita do património, como se saísse a sorte grande, por meras circunstâncias dependentes do acaso.

Não conheço o projecto relativo a este imposto: limito-me, pois, a expor ideias gerais sobre o assunto sob a minha exclusiva responsabilidade.

Passemos então à segunda categoria dos impostos directos: a dos *impostos sobre o rendimento*, isto é, sobre os bens que afluem correntemente ao património do contribuinte como seu alimento normal e de que ele disporá gastando-os no consumo ou conservando-os acumulados para os investir em operações produtivas ou para entesourar.

O rendimento pode ser considerado quanto à sua fonte ou quanto ao seu titular.

Quanto à sua fonte, fala-se nos rendimentos que o contribuinte recebe conforme são provenientes do capital, do trabalho, do comércio, da indústria, ou da agricultura.

Quanto ao titular, olha-se principalmente para a pessoa que o arrecada e que em cada ano pode cobrá-los de uma só ou de todas essas fontes: o rendimento de cada pessoa é um rendimento global caracterizado pela integração no mesmo património dos vários rendimentos parcelares: assim se chega ao conceito do *rendimento pessoal*.

O ideal seria poder tributar o rendimento pessoal, apenas, e era isso o que a Lei n.º 2 045 visava ao preconizar o *conhecimento único*, à maneira britânica do *income-tax*. Neste processo, na verdade, o que há de característico é a junção no mesmo documento dos impostos lançados sobre os rendimentos de várias fontes fruídos pela mesma pessoa.

Mas a reforma não seguiu tal caminho, consoante foi esclarecido na Lei de Meios para 1959, em virtude da profunda remodelação dos serviços que ele exigiria, de maneira que se continuará a seguir o sistema das várias cédulas próprias da imposição das diversas fontes de rendimento, isto é, da existência de vários *impostos cedulares* do rendimento, coroados e corrigidos por um imposto pessoal denominado *imposto complementar*.

Vejamos então quais são os impostos cedulares, consoante as fontes do rendimento.

Em primeiro lugar temos o *rendimento do capital*. Se o capital produtivo corresponde a dinheiro líquido, o seu rendimento é atingido pelo *imposto de capitais*, designação infeliz que veio substituir a mais exacta de «imposto sobre aplicação de capitais». Se o capital consiste em prédios rústicos ou urbanos temos então a tributação do respectivo rendimento através da *contribuição predial*.

Vem depois os rendimentos auferidos do trabalho, os quais pagam o *imposto profissional*. Dos rendimentos resultantes da actividade comercial ou industrial só interessam os lucros, dos quais o Fisco retirará a *contribuição industrial*.

Finalmente os rendimentos da exploração agrícola não se confundem com o rendimento do capital-terra, e são, por esse motivo, no sistema actual tributados à parte, mediante o *imposto sobre a indústria agrícola*.

Até aqui, portanto, consideram-se apenas as fontes do rendimento. Mas há pessoas que auferem proventos de uma só fonte, outras recebem-nos de duas ou três. E a justiça tributária impõe que aqueles que têm grandes rendimentos contribuam para as despesas públicas, não proporcionalmente mas segundo uma escala progressiva de taxas. Na verdade quem dispõe de maior rendimento tem maior elasticidade no seu emprego, ficando-lhe livre, depois de satisfeitas as necessidades impreteríveis da vida, uma maior parcela para disposição, de que àquele que aufere apenas o indispensável para manter a existência familiar no seu nível social. Daí a conveniência e a justiça de corrigir as tributações de rendimentos das diversas fontes, em geral proporcionais, mediante um imposto progressivo, correctivo ou de sobreposição sobre o rendimento pessoal global.

A progressividade das taxas, porém, não deve ser tão extensa que desencoraje a poupança e impeça a formação do capital necessário para os investimentos privados que o Estado deve incentivar. É que na reforma fiscal em curso o legislador teve sempre presente a necessidade de a integrar na *política de fomento* em que o Governo se acha empenhado. São numerosas as disposições que denotam tal preocupação. Não se pode promover o desenvolvimento económico sem utilização adequada dos instrumentos fiscais – quer para obter os recursos de que o Estado carece, quer para animar a iniciativa privada a expandir-se e para a orientar nos mais desejáveis rumos.

Os impostos sobre o rendimento continuam, pois, a ser a base da nossa tributação directa.

O princípio orientador da sua regulamentação é agora, ao contrário do que sucedia da reforma de 1929, a imposição dos *rendimentos real e efectivamente auferidos*.

Se ainda há casos em que se tributam os rendimentos que normalmente a actividade exercida deveria produzir, a regra, porém, é a de ir buscar o imposto ao que *de facto*, segundo se sabe ou se presume, o contribuinte incorporou no seu património a título de rendimento.

Daqui resulta uma insubstituível colaboração do contribuinte com o Fisco, através de declarações a apresentar aos serviços, e também a intromissão frequente do Fisco na vida dos contribuintes para apurar e controlar os dados sobre que há-de operar.

A tributação dos rendimentos reais torna, porém, o erário público muito sensível e extremamente dependente da conjuntura económica. Se a actividade esmorece e os negócios paralizam, escasseando os lucros, com as repercussões inevitáveis nos empregos e nas profissões liberais, logo o produto dos impostos se ressentirá, causando embaraços na Tesouraria do Estado e quem sabe se dificuldades na execução orçamental. Os *impostos indirectos* ou *impostos sobre a despesa*, são mais estáveis e o seu afluxo garante maior segurança ao tesouro. Por outro lado através deles pode-se regular o consumo, reprimindo as despesas excessivas e encaminhando as disponibilidades para a poupança e para o investimento produtivo.

Os nossos dois grandes impostos indirectos gerais clássicos são os *direitos aduaneiros* e o *selo*. Mas os direitos estão ameaçados. Dentro em pouco, por virtude das zonas de livre câmbio do espaço português e da EFTA, eles deixarão de abastecer o tesouro com aquela facilidade e generosidade com que durante anos proveram às despesas públicas. O Estado não pode, porém, deixar de receber o que por essa via arrecadava. A única forma de substituir as receitas aduaneiras consiste na ressurreição do *imposto sobre o valor das transacções*, que, segundo a Lei de Meios para 1964, virá englobar o imposto sobre os consumos supérfluos ou de luxo.

E assim fica completa a visão, muito rápida e superficial, que com o objectivo de servir de introdução a este Colóquio, procurei proporcionar. Cabe agora aos técnicos que vão dirigir as sessões de trabalho aprofundá-la, encaminhando os participantes pelas veredas do pormenor. Que os resultados sejam pelo menos tão úteis como os das Jornadas de Lisboa são os meus votos calorosos e sinceros.

Empreitadas de obras públicas*

I – **Direitos do empreiteiro no caso de atrazo nos prazos contratuais por culpa do dono da obra**

1. Na empreitada de obras públicas, como em qualquer outro contrato administrativo, verifica-se uma estreita associação do particular (empreiteiro) à Administração para em comum atingirem o fim visado.

A Administração (dono da obra) não se limita a escolher o empreiteiro e a confiar-lhe o encargo de executar certo projecto, vigiando depois os trabalhos.

Embora os agentes da Administração formem o que a lei denomina a «Fiscalização» da empreitada, a verdade é que eles dirigem efectivamente os trabalhos, pautando dia a dia a conduta do empreiteiro e interpretando as cláusulas contratuais.

O empreiteiro actua em regime de prestação de serviços: coloca a sua organização administrativa, o seu pessoal, os seus meios técnicos e a sua experiência ao dispor da Administração para a execução de certa obra, mas sob as ordens e direcção da entidade com quem contratou.

2. Esta concepção de empreiteiro de obras públicas como executor de um projecto sob as ordens dos agentes administrativos que formam a «Fiscalização» da empreitada, está consagrada na legislação portuguesa.

Nas «cláusulas e condições gerais de empreitadas de obras públicas e de fornecimentos de materiais para as províncias ultramarinas», aprovadas, como Parte III, pela Portaria de 20 de Outubro de 1910 (que designaremos por Cláusulas de 1900 ou Cláusulas U) encontram-se disposições bem elucidativas.

O empreiteiro deve executar as obras conformando-se estritamente com os projectos e cadernos de encargos e com as instruções e ordens que nessa conformidade lhes der, por escrito, o funcionário chefe da fiscalização, por si ou por meio dos seus subordinados (art. 13.º, a que corresponde o art. 15.º das

---

* Publicado in *O Direito*, ano 97 (1965), 2, pp. 81-93, e ano 98 (1966), 1, pp. 3-26.

Cláusulas vigentes na Metrópole, Dec. de 9 de Maio de 1906, que daqui por diante designaremos por Cláusulas de 1906 ou Cláusulas M).

Não pode começar nenhum trabalho sem ter prèviamente recebido da fiscalização os respectivos planos, perfis, alçados, cortes, cotas de referência e, em geral, todas as indicações necessárias para a perfeita execução e para o efeito das oportunas medições. Os trabalhos executados sem observância desta obrigação ficam sujeitos a ser demolidos e refeitos à custa do empreiteiro (Cl. U, art. 15.º; Cl. M., art. 17.º).

É o chefe da fiscalização que pode autorizar o afastamento das cláusulas técnicas do contrato quanto à qualidade, proveniência e tipo de materiais, pedreiras ou saibreiras (Cl. U., arts. 18.º, 19.º, 21.º e 24.º; Cl. M., arts. 20.º, 21.º e 26.º).

O empreiteiro tem de se conformar com todas as alterações que no decorrer do trabalho lhe forem indicadas por escrito pelo chefe da fiscalização e sob responsabilidade deste (Cl. U., art. 35.º; Cl. M., art. 35.º).

Quando as obras não sigam com o desenvolvimento que a fiscalização considere suficiente para a conclusão dentro do prazo contratual, pode ordenar ao empreiteiro a apresentação de um plano de trabalho; e se a ordem não for cumprida, ou o cumprimento não for satisfatório, a Fiscalização tem o direito de prescrever a ordem a seguir nos trabalhos, os prazos da respectiva execução e o número de operários a empregar (Cl. U., art. 27.º; Cl. M., art. 29.º).

Como se vê, pois, a Administração não é mero vigilante ou fiscal da execução de um projecto: vai mais longe, dirige superiormente os trabalhos, orienta o empreiteiro e exige que este se conforme constantemente com as suas ordens e decisões mesmo quando excedam o âmbito da previsão contratual.

3. A concepção de que a Administração dirige os trabalhos que o empreiteiro executa é admitida pacìficamente no Direito dos países estrangeiros.

Para só nos referirmos à doutrina de dois países cujo regime administrativo oferece grandes analogias com o nosso, citaremos a França e a Itália.

Pelo que respeita à França, ouçamos a lição de LAUBADÈRE, no seu *Traité théorique et pratique des contrats administratifs*, tomo II (1956), pág. 373:

> «... os caracteres próprios da empreitada de obras públicas ligadas ao objecto desse contrato – a própria noção de obra pública – implicam poderes muito amplos de intervenção da Administração na execução do contrato. Essa ideia manifesta-se por forma muito flagrante nos poderes de controle exercidos pela Administração; na execução das obras a Administração exerce não só um poder de *fiscalização* tendente a assegurar-se da realização fiel do projecto mas também um extensíssimo poder de *direcção* pròpriamente dita, visando prescrever ao empreiteiro as modalidades de execução do trabalho.

«Este poder de direcção, particularmente típico, está em geral previsto nos contratos de empreitada, mas deve entender-se que existe por definição (*d'office*) independentemente das estipulações contratuais.

«O fundamento de tal poder encontra-se na ideia de que a Administração é, e permanece, o «dono da obra». Daqui resulta que o verdadeiro director dos trabalhos é o representante da Administração, o engenheiro, e não o empreiteiro, pois este não passa de colaborador da Administração como simples executante (JÈZE, *Les contrats administratifs*, I, p. 390)».

Da mesma forma ensina em Itália CIANFLONE na sua excelente monografia *L'appalto di opere publiche* (2.ª ed., 1957, págs. 347 e 351):

«Realizada a consignação dos trabalhos, o empreiteiro não é deixado entregue a si próprio durante a construção da obra. A Administração ingere-se, de facto, na execução dos trabalhos e segue-a passo a passo, não com o propósito de genérica vigilância mas com uma assistência contínua e intensa que se exerce até mediante poderes dispositivos. Esta ingerência… tem o seu fundamento no art. 118.º do Regulamento de contabilidade geral, o qual prescreve que «nos regulamentos especiais de cada serviço estabelecer-se-ão as cautelas de assistência, vigilância e direcção necessárias para assegurar a boa execução das… obras».

....

«O campo em que mais pròpriamente se desenvolve, em toda a sua plenitude, a ingerência da Administração é o da execução dos trabalhos. Considerada neste campo, assume dois aspectos fundamentais, puramente técnico, um, e técnico-administrativo, o outro.

«O primeiro é aquele em que se encontra a função principal da ingerência reservada à Administração. Respeita ao aspecto técnico da execução, isto é, à boa execução da obra em conformidade com as prescrições do caderno de encargos e das regras da arte… Esta actividade não pode ser aqui minuciosamente pormenorizada em todas as suas possíveis manifestações práticas. O que interessa pôr em destaque é que não consiste numa função de puro controle; nem na simples observação da actividade do empreiteiro, traduzindo-se em intervenções activas para tudo quanto respeita à execução, a fim de assegurar preventivamente a observância das cláusulas do contrato e das regras da arte.

«O outro aspecto da ingerência da Administração refere-se às medições e à contabilidade dos trabalhos e de todos os actos relativos à execução…».

4. A responsabilidade do empreiteiro pela execução do contrato de empreitada de obras públicas tem, pois, sempre de ser determinada tendo em vista a ingerência da Administração na execução contratual e a dependência em que se encontra da sua direcção.

Há uma colaboração íntima das duas partes na execução do contrato, de tal modo que as prestações do empreiteiro dependem, em muitos casos, de prestações da Administração ou são condicionadas por ordens desta.

A Administração Pública não pode assim deixar de ser responsável para com o empreiteiro pelos prejuízos que para este possam resultar da culpa imputável aos agentes da direcção ou fiscalização do contrato.

Deste modo, se os prazos do contrato não puderem ser observados por culpa da fiscalizazção, é de primeira intuição que o empreiteiro tem direito a um prazo suplementar para concluir a obra equivalente àquele de que foi privado.

Não sendo por culpa do empreiteiro que se deu a inexecução no prazo estipulado, ele não pode ser responsabilizado a nenhum título nem prejudicado por qualquer forma pela inobservância desse prazo.

5. Segundo o artigo 15.º das Cláusulas de 1900,

> «nenhum trabalho poderá ser começado pelo empreiteiro sem que este haja prèviamente recebido do chefe da fiscalização, por si ou seus subordinados, os respectivos planos, perfis, alçados, cortes, cotas de referência e, em geral, todas as indicações necessárias, não só para a sua perfeita execução mas também para convenientemente se efectuarem as medições a que se refere o artigo 2.º».

Deste modo, se para um trabalho de grande vulto que no plano aprovado pela fiscalização deveria ter tido a primeira fase de execução em certa data, só foram fornecidos os elementos técnicos dois anos depois, por exemplo, não pode deixar de entender-se que o empreiteiro tem direito a um prazo suplementar para conclusão da empreitada igual ao período de atraso sofrido em virtude da negligência da Fiscalização.

Este princípio está consagrado, na Metrópole, como um direito do empreiteiro, no Regulamento para a execução e contabilidade dos serviços de obras públicas aprovado pelo Decreto de 14 de Julho de 1918, artigo 18.º:

> «Quando, por causas cuja responsabilidade lhe não possa ser imputada, o empreiteiro preveja que não pode concluir a sua empreitada no prazo fixado no contrato, poderá requerer que esse prazo seja prorrogado. A prorrogação será concedida... desde que se verifiquem as circunstâncias alegadas pelo empreiteiro...».

Como se vê, o Regulamento impõe à Administração que, verificada a exactidão das circunstâncias alegadas pelo empreiteiro e demonstrativas de lhe não ser imputável a responsabilidade do atrazo, conceda (*será concedida...*) a ampliação do prazo. Não se trata, pois, de um favor, mas de verdadeira *obrigação* da Administração, correspondente a um *direito* do empreiteiro.

Pode, por isso, discutir-se a propriedade do termo *prorrogação* para definir esta ampliação de prazo. Quando o tempo fixado no contrato não foi observado porque a Administração obstou a que o fosse, os dias não aproveitados pelo empreiteiro por culpa do outro contraente, a ele associado na execução da obra cuja direcção lhe compete, são dias que não devem contar para nenhum efeito e que, por conseguinte, devem ser compensados por outros tantos dias.

A Administração não tem, pois, em rigor de prorrogar ou até de ampliar o prazo contratual, mas apenas de facultar ao empreiteiro os dias de trabalho de que a sua culpa ou negligência o privou.

6. Na doutrina e na jurisprudência francesas o princípio de que o empreiteiro não é responsável pela inobservância dos prazos contratuais quando esta haja sido causada por facto imputável à Administração, é invariàvelmente consagrado.

Assim, LAUBADÈRE, no seu já citado *Traité théorique et pratique des contrats administratifs*, refere-se no vol. II, n.º 473, pág. 55, à influência dos atrazos da Administração na execução dos contratos, e diz:

«Uma aplicação muito frequente do facto da Administração é constituída pelos atrazos, culposos ou não, havidos por parte dela na prática de certos actos que condicionam a execução do contrato pelo co-contratante. Tais atrazos podem justificar os próprios atrazos do co-contratante, isto é; a não observância por parte dele dos prazos estipulados no contrato».

(E segue a enumeração de resoluções do Conselho de Estado neste sentido).

Adiante, ao tratar da responsabilidade da Administração para com o empreiteiro por virtude de medidas de contrôle e de direcção, ensina, no mesmo volume, n.º 858, pág. 379:

«Em certos casos, o prejuízo causado ao empreiteiro pelo exercício dos poderes de controle confere-lhe em compensação direitos especiais. Trata-se, em geral, de direitos a *indemnização* mas por vezes também, quando o facto censurado à Administração atinge por si próprio ou pelas suas consequências um certo grau de gravidade, do direito à *rescisão* do contrato.

As ideias que a jurisprudência retem e combina a este respeito são, por um lado, as ideias de falta e de prescrições abusivas, mas, por outro lado, independentemente de qualquer falta da parte da Administração, as noções de agravamento das condições normais do contrato e de excesso sobre as previsões das partes.»

Ocupando-se em especial das «faltas e prescrições abusivas» (n.º 859, pág. 380) o Autor examina depois a jurisprudência relativa às faltas cometidas no exercício da actividade de fiscalização e direcção e que importem prejuízo para o empreiteiro, referindo-se aos *atrazos culposos ou excessivos* imputáveis à Administração, e cita vários casos em que o Conselho de Estado reconheceu ao empreiteiro o direito a ser indemnizado por atrazo na entrega de planos, desenhos, instruções, etc.

No conhecido comentário às «*Clauses et conditions générales imposées aux entrepreneurs des travaux des ponts et chaussées*» de BARRY e outros, que em 1952 ia na 19.ª edição, encontram-se citados muitos outros casos da jurisprudência em nota ao artigo 10.º das Cláusulas francesas, que corresponde ao artigo 15.º das vigentes no Ultramar português. Quando haja responsabilidade da Administração no atrazo na conclusão dos trabalhos, não só o empreiteiro fica exonerado das suas obrigações contratuais quanto ao prazo, como tem direito a ser indemnizado pelos prejuízos que houver sofrido (págs. 87 e 88).

E no mais moderno *Traité pratique du Droit des Travaux publics* de PRIEUX, t. I, 1959, que tem em conta os textos dos diplomas recentemente publicados em França e as decisões jurisprudenciais, lê-se, a pág. 286:

«Les travaux doivent être commencés dès que l'entrepreneur en a reçu l'ordre de l'ingénieur.

....

Si lordre a été donné avec un retard de plusieurs mois, délai dépassant considérablement celui qui avait pu être prévu au moment de l'adjudication, ou si l'Administration remet avec un retard important les dessins ou les terrains necessaires à l'éxecution des travaux, l'entrepreneur peut obtenir également une indemnité».

E mais adiante (n. 446):

«Le délai fixé par le marché peut être prolongé pour deux raisons:
1.º par le fait de l'Administration, soit par suite des changements imposés dans le project, soit par suite d'une faute ou d'une erreur de cette Administration;
....

As afirmações de PRIEUX são apoiadas em notas com citação de jurisprudência que nos abstemos de reproduzir.

7. Quanto à doutrina italiana, é na 2.ª edição (1957) da completa monografia de CIANFLONE que, como já dissemos, ela pode ser estudada mais perfeitamente.

E aí se lê, a pág. 515:

«Pode verificar-se a hipótese de o prolongamento do prazo de conclusão da obra se tornar necessário por causa de impossibilidade de observância em que o empreiteiro se encontre por facto da própria Administração (aumento do valor dos trabalhos, variantes, atraso no cumprimento de qualquer dos actos de cooperação indispensáveis para o início ou para o prosseguimento dos trabalhos) ou por facto que não lhe seja imputável (caso de força maior, dificuldade imprevista ou imprevisível, etc.).

Em tais casos o empreiteiro tem um verdadeiro direito ao prolongamento do prazo («*ha un vero e proprio diritto ai prolungamento del termine di ultimazione*».

É costume nesta hipótese a fixação do novo prazo aparecer sob a forma de prorrogação que se pede à Administração e que esta concede. Mas não se trata de prorrogação pois que enquanto ao prorrogar-se em sentido próprio se usa de um poder discricionário, na hipótese aqui considerada a Administração não pode recusá-la. É mais correcto, pois, falar de *prazo supletivo* do que de prorrogação de prazo».

A seguir, CIANFLONE distingue os casos em que o facto da Administração impeditivo da execução do contrato no prazo estipulado seja lícito, daqueles em que seja ilícito. E apresenta como exemplo de facto ilícito o atraso na entrega ao empreiteiro dos desenhos de pormenor ou na emanação das instruções necessárias para início ou prosseguimento dos trabalhos.

«Em tal caso – continua –, além da fixação do prazo adicional, o empreiteiro pode pedir o ressarcimento dos prejuízos sofridos ou o reembolso das maiores sujeições a que ficou exposto por efeito da maior duração dos trabalhos (págs. 515-516).

....

Aliás, nas hipóteses em que o empreiteiro possua um verdadeiro e autêntico direito ao prolongamento do prazo de conclusão da obra, o pedido de fixação do prazo supletivo não prejudica o direito às compensações que, segundo os casos, lhe possam eventualmente competir por virtude do aumento da duração dos trabalhos» (pág. 516).

O autor volta ainda ao assunto a partir de págs. 525 mas limita-se a reafirmar os princípios que ficam enunciados.

8. Esses princípios jurídicos fundamentais, válidos em Itália, como em França, como em Portugal, conduzem às seguintes afirmações:

a) se num contrato de empreitada foi previsto o prazo de x dias para a execução da obra, ficando esta dependente da entrega sucessiva de desenhos e mais indicações técnicas pelo dono da obra, e este vier a atrasar-se na entrega apesar dos sucessivos pedidos e reclamações do empreiteiro, o prazo tem de ser ampliado por tantos dias quantos os que houverem sido perdidos pelo empreiteiro por culpa do dono da obra;
b) as sanções previstas no contrato para a hipótese de ser excedido o prazo de execução da obra pelo empreiteiro não podem ser aplicadas quando o excesso seja resultante de factos imputáveis ao dono da obra;
c) o empreiteiro tem direito a ser indemnizado pelos prejuízos que prove ter sofrido em consequência dos atrasos de que haja sido culpado o dono da obra no cumprimento das respectivas obrigações legais ou contratuais.

9. Não se vê onde possam residir as dúvidas a respeito do fundamento do princípio formulado na alínea a).

Desde que nenhum trabalho pode ser começado pelo empreiteiro sem que este haja recebido da fiscalização os planos, perfis, alçados, cortes, cotas de referência e, em geral, todas as indicações necessárias à sua perfeita execução e oportuna medição (cl. U., art. 15.º), tem de entender-se que o atraso, além do razoável, de que a fiscalização se torne culpada no fornecimento de tais elementos deve interromper a contagem do prazo contratual quando ele haja começado a correr.

Doutro modo não seria possível falar-se em relação jurídica entre dono da obra e empreiteiro, muito menos em vinculação das partes por contrato.

O prazo contratual só pode correr para o empreiteiro na medida em que a Administração pratique os actos que segundo a lei ou o contrato são condição necessária para que aquele efectue as prestações contratuais.

Indicámos atrás, no n.º 5, os textos em que se encontra consagrada esta doutrina de elementar justiça.

10. As sanções estipuladas no contrato para o empreiteiro no caso de exceder o prazo, pertencem à categoria que o Código Civil denomina das «penas convencionais».

E o artigo 677.º do Código determina que

«A pena não pode tornar-se efectiva se o que contraiu a obrigação foi impedido de a cumprir por facto do credor...».

11. Finalmente nos artigos 705.º e 711.º do Código Civil encontram-se consagrados dois princípios gerais de direito plenamente invocáveis na hipótese:

– o princípio de que o contraente que deixa de cumprir o contrato não é responsável pelos prejuízos causados ao outro contraente se tiver sido por este impedido de executar as prestações contratuais (art. 705.º);
– o princípio de que é responsável por perdas e danos aquele que, tendo-se obrigado a prestar algum facto, deixou de o prestar ou não o prestou conforme o estipulado (art. 711.º).

À luz destes princípios gerais de Direito verifica-se que não só o empreiteiro não pode ser responsabilizado pelo facto de não ter concluído a obra no prazo contratual, visto haver sido impedido de o fazer pelo dono da obra, como também que, tendo-se este obrigado a certa prestação de facto (o fornecimento de planos, perfis, etc.) que não cumpriu nos termos estipulados, responde pelas perdas e danos sofridas pelo empreiteiro a partir da data em que este pediu tais elementos, pedido que deve ser considerado como interpelação.

II – Pagamento de prémios por antecipação da conclusão das obras

SUMÁRIO: *1. Conceito e legalidade dos prémios. 2. Função e fundamento. 3. Os prémios integram-se no preço contratualmente estipulado. 4. Estipulação dos prémios e reserva mental. 5. (Cont.). 6. (Cont.). 7. Influência do caso de força maior na responsabilidade do empreiteiro. 8. A quem cabe o risco dos prejuízos resultantes de força maior nos contratos de empreitada. Se a perda dos prémios é um desses prejuízos. 9. Natureza e função do prazo da empreitada. 10. Dever do dono da obra de colaborar com o empreiteiro no abreviamento dos prazos quando haja prometido prémios. 11. Ilicitude da conduta do dono da obra que embarace a execução da empreitada a fim de impedir a antecipação da conclusão. 12. Limites do exercício do direito de fiscalização pelo dono da obra. Responsabilidade pelos danos emergentes do uso abusivo desse direito. 13. Violação do dever de colaboração do dono da obra com o empreiteiro.*

1. Nos contratos de empreitada de obras públicas são por vezes insertas cláusulas nas quais as partes estipulam que o empreiteiro receberá certa quantia, a título de prémio, por cada dia ganho em relação ao prazo fixado para conclusão dos trabalhos.

No Direito administrativo francês, foi a circular de 25 de Agosto de 1913 que autorizou tais cláusulas:

«lorsque les ingénieurs jugent indispensable d'intéresser pécuniairement un entrepreneur au prompt achèvement du travail.

A mesma circular permite que nesses casos, ao elaborar-se o estudo estimativo do custo da execução de certo projecto, se prevejam as somas destinadas a pagar os prémios, se a eles houver lugar, assim como as despesas que no caso inverso teriam de ser feitas a mais, na hipótese de ser excedido o prazo contratual (cf. PRIEUX, *Traité pratique du Droit des travaux publics*, 5.ª ed., 1959, tomo I, pág. 333, nota 12).

No Direito português, foi o Decreto-Lei n.º 36 917, de 16 de Junho de 1948 que, quanto à Metrópole, admitiu os prémios por antecipação, nos seguintes termos:

> «Artigo único. – Em casos muito especiais, como tal reconhecidos por despacho do Ministro das Obras Públicas, poderão as condições dos concursos para a realização de obras públicas prever a concessão de prémios pecuniários por cada dia de antecipação dos prazos estabelecidos para conclusão dos trabalhos.
>
> § único. – Os prémios referidos neste artigo nunca serão superiores a 50 por cento das multas fixadas por excesso dos prazos e a sua importância total terá como limite máximo a correspondente a uma antecipação de 10 por cento em relação ao número de dias dos mesmos prazos.»

2. A estipulação dos prémios por antecipação corresponde, assim, a um aumento da retribuição do empreiteiro destinado a estimular o andamento dos trabalhos.

Justifica-se nos casos em que a Administração tem urgência na conclusão da obra. Nesses casos, determinado o prazo normalmente necessário para a realização dos trabalhos, isto é, aquele prazo que a execução duraria com o emprego dos meios usuais e empenhando nela o empreiteiro uma diligência média, a promessa do prémio traduz o incitamento a um esforço extraordinário a fim de abreviar esse prazo.

Claro que tal estímulo há-de consistir na representação no espírito do empreiteiro das vantagens que lhe resultariam da conquista dos prémios.

Logo de início o empreiteiro dará balanço aos encargos do esforço extraordinário, assim solicitado, em comparação com o lucro dos prémios.

A aceleração dos trabalhos para redução do prazo normal só pode ser obtida à custa de maiores investimentos do empreiteiro: aumento da quantidade e potência da maquinaria empregada, aumento do pessoal técnico e operário, aumento do número de horas de trabalho diário com os correspondentes encargos de pagamento de horas extraordinárias, melhoria de organização com estudos mais apurados das técnicas a empregar, etc.

Tudo isto implica cuidadosa ponderação e minucioso planeamento, pois, de contrário, o empreiteiro sairia do ritmo normal (e mais não lhe é pedido) com sacrifício inútil dos seus interesses.

O esforço para abreviar a duração dos trabalhos só será feito, por conseguinte, quando quem o faz tem a esperança de vir a ganhar os prémios contratualmente prometidos.

Ganhar os prémios é o móbil da actuação do empreiteiro ao encontro do desejo que a Administração formula de dispor da obra pronta antes do prazo reputado normal. Isto é: sendo o abreviamento da conclusão da obra do interesse do credor (Administração) procura-se que passe a ser também do interesse do devedor (empreiteiro).

3. Da verificação destas realidades resulta claramente que a promessa dos prémios por antecipação feita no Caderno de Encargos de uma empreitada e aceite na proposta do concorrente a que seja feita a adjudicação, não pode deixar de ser uma estipulação contratual.

Estipulação tão vinculativa como qualquer outra cláusula em que se firmem as condições particulares da colaboração do empreiteiro com o dono da obra.

Não se trata de promessa que a Administração faça de uma recompensa eventual, sem compromisso, dependente da boa disposição e satisfação dos órgãos encarregados de fiscalizar ou receber os trabalhos, após a conclusão destes.

A Administração obriga-se formalmente a acrescentar ao preço fixado no contrato mais um tanto por dia de antecipação, se o empreiteiro der a obra concluída antes do prazo estipulado.

Na medida em que a Administração assume esta obrigação sob a condição de ser antecipada a conclusão da obra, o empreiteiro adquire o direito de, verificada a condição, receber o prémio prometido.

De outra maneira o empreiteiro teria feito em vão, ou melhor, em pura perda para ele, o esforço extraordinário a que o contrato o estimulava.

A palavra *prémio* pode induzir o vulgo na ilusão de se estar em face de mera lotaria, com uma fixação de prazos feita por mero palpite. Uma espécie de jogo ou aposta feita entre o dono da obra e o empreiteiro: se, *por acaso*, a obra acabasse antes do prazo-palpite a Administração perdia a aposta, e se acabasse depois, ganhava... E então a Administração, ao perder, invocaria o tratar-se de dívida de jogo, oriunda de obrigação natural donde não nasceria direito provido de sanção jurídica para a outra parte...

O prémio não é de lotaria: é suplemento do preço da empreitada destinado a retribuir o esforço extraordinário que se pede ao empreiteiro para abreviar a duração dos trabalhos.

É como se no contrato se convencionasse o preço x para a duração reputada normal dos trabalhos encomendados, e o preço $x + ny$ (sendo n o número de dias ganhos sobre a data estipulada para conclusão da obra e y a importância do prémio diário de antecipação) no caso de se verificar a condição de a obra ser concluída antes do prazo normal.

Trata-se sempre do *preço* da empreitada, de *retribuição* do empreiteiro: num caso traduzindo uma obrigação pura e no outro obrigação parcialmente condicional.

Como «suplemento de retribuição» o qualifica, reproduzindo a doutrina civilista francesa, o único autor português que temos notícia de versar o assunto: Cunha Gonçalves, no *Tratado de Direito Civil*, vol. VII, pág. 622. E o mesmo carácter lhe reconhece a doutrina administrativa francesa (cf. Laubadère, *Traité théorique et pratique des contrats administratifs*, t. II, n.º 658).

4. Mas, observar-se-á, se o concorrente, no acto do concurso, já sabe que, empregando certos meios ao seu alcance, conseguirá executar a obra em x meses, o facto de contratar a execução no prazo y > x, não constitui de per si um facto reprovável, digno de sanção?

Não iludiu o concorrente a Administração, na mira de obter um preço muito superior àquele com que ganhou o concurso, pela certeza antecipada de executar a empreitada no prazo x e não no prazo y?

A este propósito já há quem tenha falado, nalguns casos, de *reserva mental* do adjudicatário.

Vejamos se tal invocação tem cabimento, e comecemos por recordar o conceito de reserva mental.

Ensinava o Prof. Manuel de Andrade que a reserva mental consiste em o declarante emitir conscientemente uma declaração discordante da sua vontade real, com a intenção de enganar o próprio declaratário (*Teoria geral da relação jurídica*, vol. II, 1960, pág. 215). E o Prof. Beleza dos Santos apontava como seus elementos essenciais: 1.º, o desacordo intencional entre a vontade e a declaração; 2.º, o intuito de enganar; 3.º, a falta de acordo, ou existência de acordo incompleto para a simulação entre os outorgantes do acto jurídico (*A Simulação em Direito Civil*, vol. I, 1921, pág. 78).

Quer dizer: o declarante exprime uma vontade que não condiz com aquilo que realmente pensa e quer, no intuito de enganar os destinatários da declaração.

Mas quais são os efeitos jurídicos desta ocultação da vontade real por um dos contraentes que pretende iludir o outro?

A doutrina é unânime: como escreve Galvão Teles, «esse contraste entre o *propositum in mente retentum* e a declaração não tira a esta valor jurídico, se o destinatário ignorava e não podia conhecer a reserva mental. A reserva mental é então irrelevante, não porque se não possa prová-la: normalmente a prova seria difícil, pràticamente impossível, mas há casos em que se podia fazer como se o declarante a organizou prèviamente, dando a conhecer a terceiros a sua verdadeira vontade. A razão de irrelevância está no princípio da responsabilidade: a lei não pode proteger a culpa, e menos ainda o dolo, consistente aqui na intenção de iludir, fazendo crer sincera uma declaração mentirosa». (*Dos contratos em geral*, 2.ª ed., 1962, págs. 147-148. No mesmo sentido, M. ANDRADE, *ob. cit.*, pág. 217).

Exceptua-se o caso em que a reserva mental é conhecida pelo destinatário da declaração no momento da emissão desta. Porque então, se o destinatário sabe que a vontade declarada não corresponde à vontade real do declarante, já não prevalecem as considerações de justiça e de segurança que levam a vincular o declarante à sua declaração e o negócio jurídico é nulo. Tal é a solução adoptada pelo § 116 do Código Civil Alemão, perfilhada pela doutrina portuguesa (ANDRADE, *loc. cit.*; CUNHA GONÇALVES, *Tratado...*, vol. IV, pág. 294) e que está consagrada no projecto do novo Código Civil Português.

Efectivamente essa doutrina consta do artigo 215.º do projecto do Livro I, Parte Geral (1.ª Revisão ministerial) do novo Código, e do art. 234.º do texto policopiado que serve de base à 2.ª Revisão. O autor dos respectivos trabalhos preparatórios escreve: «A solução consagrada – irrelevância da reserva mental, salvo sendo conhecida do declaratário, caso em que produzirá nulidade – corresponde, mesmo na falta de um texto expresso a sancioná-la, à opinião dominante entre os autores. E está certo que seja assim. O princípio da irrelevância da reserva mental é um autêntico «postulado inderrogável sobre o qual repousa a segurança do comércio jurídico a confiança na palavra dada» (VON TUHR). Mas que esse princípio deva, todavia, ceder quando o declaratário haja tido conhecimento da reserva sob que foi emitida a declaração, é ponto que não pode obviamente suscitar dúvida séria». (RUI DE ALARCÃO, *Reserva mental e declarações não sérias...*, 1959, separata do «Boletim do Ministério da Justiça», n.º 86, pág. 7).

5. Recapitulada assim ràpidamente a doutrina sobre conceito e efeitos da reserva mental, voltemos à hipótese.

Onde poderia no caso em exame descortinar alguém uma reserva mental?

Da parte da Administração, ao prometer prémios por antecipação que tinha o intuito de não pagar? É inconcebível. E se pudesse admitir-se, por absurdo, que tal reserva existiria, ela não era do conhecimento do adjudicatário e, por consequência, haveríamos de tê-la por irrelevante.

Da parte do empreiteiro, ao declarar que cumpriria o contrato num prazo superior ao que na verdade pensava levar?

Nesse caso, sempre que se estipulam *prazos máximos* para o cumprimento de empreitadas, aquele que se vincula à prestação procede com reserva mental... Pois só um inconsciente, ou quem contrate desonestamente, se comprometerá a cumprir num prazo *máximo*, sem a esperança fundada de não esgotar esse período de tempo, de modo a subtrair-se ao risco de não cumprimento e à aplicação das sanções contratuais.

É claro que o empreiteiro (e não se esqueça que o prazo do cumprimento da prestação se presume estipulado a favor do devedor, Cód. Civil, art. 740.º), pede sempre o mais largo prazo possível – é esse o seu interesse – para trabalhar à vontade, sem precipitação, mas na convicção de que, obtendo um prazo razoável, não o esgotará.

E esse modo de proceder é legítimo quando haja a promessa (sem reserva mental do promitente) do pagamento de prémios pela antecipação da entrega da obra, caso em que, como vimos, existe um apelo às qualidades de zelo e competência do empreiteiro para, no interesse da Administração, ser abreviada a execução dos trabalhos.

E que neste caso não pode sequer o empreiteiro conceber a reserva mental é o que vamos tentar demonstrar.

6. Ao contrário do que sucede na generalidade das empreitadas regidas pelo Direito privado, as empreitadas administrativas reduzem-se à mera execução de trabalhos já cuidadosamente estudados, projectados e programados pela Administração.

Uma grande obra é durante anos preparada pelos serviços administrativos competentes que a estudam e projectam em todos os pormenores, antes de elaborarem o programa de concurso (se a ele houver lugar) e o caderno de encargos, com suas cláusulas jurídicas e prescrições técnicas.

E o empreiteiro vai colocar-se à disposição da Administração para realizar a obra de acordo com esses documentos e sob as ordens da «Fiscalização», que é muito mais do que isso, porque não se limita a fiscalizar e dirige de facto a marcha dos trabalhos.

Nas «cláusulas e condições gerais de empreitadas de obras públicas...» quer para a Metrópole, quer para o Ultramar, prescreve-se que o empreiteiro deve executar as obras conformando-se estritamente com os projectos e Cadernos de Encargos e com as instruções e ordens que nessa conformidade lhe der, por escrito, o funcionário chefe da fiscalização...

Não pode começar nenhum trabalho sem ter prèviamente recebido da fiscalização os respectivos planos, perfis, alçados, cortes, cotas de referência e, em geral, todas as indicações necessárias para a perfeita execução e para o efeito das oportunas medições.

Daqui resulta bem claro que a Administração, no momento em que põe a obra a concurso, a conhece muito melhor que os concorrentes: concebeu-a, pormenorizou os termos em que há-de ser executada, previu os prazos da respectiva execução, orçou o valor do seu custo.

E quando, aberto o concurso, se presta no anúncio a receber as propostas dos concorrentes, fá-lo condicionando estes aos dados fornecidos no programa e no Caderno de Encargos.

O concorrente formula a sua proposta a partir dos elementos apresentados pela Administração e na fé da correcção deles.

Procura então melhorar a base de que a Administração parte, baixando o preço a que os serviços chegaram ou reduzindo os prazos máximos calculados, para o que conta com a sua técnica de execução (sugerindo até variantes do projecto) ou de organização.

A Administração, ao abrir o concurso, apela justamente para a iniciativa dos concorrentes. O concurso é uma competição. Nela deve vencer quem oferecer melhores condições e maiores garantias. Mas ainda aqui a Administração, que partira da posição favorável de quem estudou a fundo, e pelo tempo que quis, a obra a fazer, se reserva o direito de aceitar ou não as propostas, mesmo as que parecem mais favoráveis, analisando-as com prudência e estudando-as com rigor.

Se o proponente ganhou o concurso graças, entre outras vantagens, à proposta de uma redução do prazo máximo contratual em relação ao previsto pela Administração e, apesar disso, enganou esta porque ainda era normalmente possível fazer a obra em muito menos tempo, – então os erros dos serviços, ao estudarem e projectarem a obra, foram tão grosseiros, que a sua confissão corresponderia a gravíssimo atestado de incompetência.

Mas se o prazo considerado pela Administração era aquele em que um empreiteiro médio podia executar a obra e se o concurso permitiu o aparecimento de grandes empresas, òptimamente apetrechadas, e que se propuseram fazer a obra em menos tempo e ainda prometeram experimentar, com um suplemento extraordinário de capital, esforço e técnica, terminá-la antes do prazo contratual – não seria esse, justamente, o fim da competição? Não era essa, afinal, a vantagem procurada no concurso?

Nesse caso a Administração não foi enganada, nem podia tê-lo sido: ela estava consciente, como ninguém, da natureza e das dificuldades da obra. Mas, a partir do que era normal, procurou quem a executasse mais barato e mais ràpidamente. E aceite o prazo máximo, ainda estipulou o seu encurtamento premiando o empreiteiro por cada dia ganho. Em vez de engano, o encurtamento do prazo, correspondendo aos seus desejos, às suas expectativas, às suas necessidades, constitui um êxito.

Portanto a Administração, ao estipular certo prazo para execução da empreitada prevendo o pagamento de prémios por cada dia de antecipação da conclusão, só poderia ser enganada pela outra parte se os seus serviços procedessem com ignorância crassa ou operassem em conluio criminoso com o adjudicatário.

Não sendo nenhuma das hipóteses admissível, ou não estando verificada, segue-se que o concorrente, sabendo que a Administração se acha em posição de superioridade quanto ao conhecimento dos trabalhos a realizar, e que a sua proposta vai ser apreciada em confronto com a de outros concorrentes, não pode dar-se ao luxo de ter reservas mentais, propondo prazos tão superiores às necessidades que qualquer competidor o pudesse bater ou a Administração logo desvendasse a manha.

Mas se, por absurdo, admitíssemos que num concurso público realizado sobre estudos e projectos apresentados pela Administração tal fosse possível (o concorrente propor um prazo muito superior ao necessário só com a intenção de ganhar os prémios por antecipação) a verdade é que, não sendo a reserva do conhecimento do destinatário, ela seria irrelevante.

E a irrelevância aqui em que se traduz? Em tudo se passar como se não houvera reserva mental... Isto é: o prazo era o que foi estipulado, e os prémios seriam ganhos quando o contrato os autorizasse...

Só ficam a contar as declarações de vontade feitas pelas partes e de cujo encontro surgiu o contrato de empreitada. Ora a vontade declarada pelo empreiteiro é a de, por exemplo, fazer a obra no prazo máximo de 40 meses, aceitando a declaração do dono dela de que por cada dia de antecipação da conclusão acrescerá ao preço global estipulado certa quantia a título de prémio. E a vontade declarada pelo dono da obra seria então a de aceitar que o empreiteiro levasse o máximo de 40 meses a concluí-la, pagando-lhe um tanto por dia quando ele conseguisse, pelo seu esforço e diligência, abreviar esse prazo.

7. Suponhamos agora que no decorrer da execução da empreitada ocorre um acontecimento que seja qualificável à face das disposições legais e contratuais, como caso de força maior.

Se esse acontecimento impedir a realização dos trabalhos em certo período de tempo (durante oito dias, por exemplo), deverão esses dias ser descontados no prazo da execução da empreitada, de tal modo que, se a conclusão for antecipada em relação ao estabelecido, o empreiteiro não perca os prémios prometidos?

À primeira vista parece que o caso de força maior nunca tem outro carácter que não seja o de *causa liberatória da responsabilidade por inexecução dos contratos*.

O contraente que não cumpriu aquilo a que se obrigara por contrato exime--se à responsabilidade em que incorre se demonstrar que o não-cumprimento foi devido a facto imprevisível, irresistível e estranho à sua vontade que absolutamente impedia de cumprir: o caso de força maior.

Daí que, à luz dos princípios gerais do Direito consagrados no Código Civil (art. 705.º) o empreiteiro na nossa hipótese ficasse isento de responsabilidade, não incorrendo em multas ou em qualquer dever de indemnizar, se a obra demorasse mais oito dias do que o prazo do contrato, visto estar justificado pela força maior.

Se houvesse apenas que aplicar os preceitos do Código Civil e os princípios gerais reguladores do inadimplemento dos contratos, por aí nos ficaríamos e não se poderia fundar no caso de força maior, aparentemente, outra obrigação do dono da obra.

E é baseando-se exclusivamente nesses princípios que Cunha Gonçalves (*Tratado de Direito Civil*, vol. IV, pág. 623) traduzindo literalmente Baudry & Wahl (*Traité théorique et pratique de Droit Civil*, 3.ª ed., XXII, n.º 3 987) afirma que, constituindo os prémios por antecipação um suplemento de honorários, não se vencem caso os trabalhos não estejam concluídos no prazo estipulado ainda quando o atraso provenha de força maior. O pagamento do prémio está dependente da verificação de uma condição que não se verificou.

8. Não estamos, porém, perante um caso a resolver à luz dos preceitos e das regras de Direito Civil. Existem normas especiais que se lhe aplicam.

Fundamentalmente, temos o artigo 70.º das Cláusulas para a Metrópole de 1906 e o artigo 68.º das Cláusulas e Condições gerais das empreitadas de obras públicas no Ultramar, aprovadas pela Portaria de 20 de Outubro de 1900:

«O empreiteiro não tem direito a reclamar ou receber indemnização alguma por perdas, avarias ou prejuízos causados por negligência, imperícia, má direcção dos trabalhos, sua ou dos seus agentes e operários, e sòmente as suas reclamações poderão ser atendidas quando as perdas, avarias ou prejuízos forem resultado de força maior[1], devidamente comprovada.

«§ único. Estas reclamações só serão tomadas em consideração quando forem feitas no prazo de dez dias, contados da data do acontecimento.»

Quer isto dizer que o empreiteiro assume a responsabilidade dos erros e deficiências da sua organização e direcção e ainda dos riscos da obra que não sejam consequência de força maior.

Mas ocorrendo força maior, as perdas, avarias ou prejuízos são susceptíveis de indemnização pelo dono da obra que, deste modo, toma sobre si os riscos imprevisíveis, irresistíveis e estranhos à vontade do empreiteiro que, não impossibilitando embora o cumprimento integral do contrato, oneram a sua execução ou transtornem as previsões normais em que assenta o seu equilíbrio financeiro.

No Direito que regula as empreitadas de obras públicas vê-se, pois, que a força maior não é só causa liberatória da responsabilidade do empreiteiro por inexecução do contrato: aparece também noutro sentido, como fundamento de compensação e indemnização pelo dono da obra ao empreiteiro das perdas, avarias ou prejuízos que o facto como tal qualificado possa produzir.

---

[1] Nas Cláusulas metropolitanas exige-se que os casos de força maior sejam expressamente indicados no Caderno de Encargos. Tal exigência não existe nas do Ultramar.

É o que se passa também noutros países, nomeadamente em França (donde os nossos textos colheram inspiração) e em Itália. LAUBADÈRE (*ob. cit.*, n.º 483, nota 31, a págs. 66 do vol. II) reproduz um texto análogo ao português e explica que a noção de força maior é a comum, salvo que, naturalmente, a irresistibilidade consiste apenas na impossibilidade de impedir a produção do acontecimento mas não a de executar o contrato. E CIANFLONE (*L'Appalto di opere pubbliche*, 2.ª ed., 1957, pág. 477) dá notícia de norma idêntica no Direito italiano, onde também a regra de que ficam a cargo do empreiteiro os riscos corridos durante a execução da obra, isto é, enquanto ela se encontre em seu poder, sofre a excepção, na empreitada de obras públicas, do caso de força maior em que o risco é assumido pela Administração.

Como nota a Procuradoria-Geral da República, no seu douto Parecer n.º 67/55, de 9 de Dezembro de 1955 (*Boletim do Ministério da Justiça*, n.º 56, pág. 155), «esta derrogação dos princípios gerais do risco, em benefício do empreiteiro, traduz no fundo o interesse da própria Administração em evitar que os preços oferecidos pelos concorrentes de todas as suas empreitadas sejam aumentados em função de tal risco, permitindo normalmente o benefício daí auferido pela Administração cobrir a responsabilidade desta pela ocorrência de um ou outro caso de força maior» (pág. 160).

E a mesma doutrina ensinada por CIANFLONE em face de textos análogos do Direito italiano: «A Administração Pública julga conveniente chamar a si esse risco, isto é, suportar o dano que em tal caso venha a verificar-se, de preferência a, deixando-o a cargo do empreiteiro, expor-se ao perigo do súbito abandono da execução. A norma é, pois, ditada pela necessidade de assegurar a realização da obra. E justifica-se ainda no facto da Administração, visto seguir e fiscalizar *pari passu* a execução, não estar exposta ao risco de ter de pagar indemnização de trabalhos que ignore absolutamente se foram executados. Para mais, o seguro pela Administração do risco dos prejuízos por força maior permite-lhe conseguir melhor preço para as obras; daí a sua vantagem em tomá-lo» (pág. 479).

O empreiteiro, ao fixar o preço da empreitada, tem em consideração a existência da cláusula promissora de prémios pela antecipação da conclusão da empreitada. Oferece o preço mais baixo possível, calculando que, graças a uma boa programação dos trabalhos, a equipamento em quantidade adequada e à organização dos serviços, poderá aumentar a produtividade e antecipar a data da conclusão das obras para obter pelo vencimento dos prémios o que perde no ajuste contratual dos preços.

Não entra em linha de conta no cálculo dos preços com o risco dos casos de força maior porque tal risco está legal e contratualmente a cargo da Administração.

Se não fora a boa-fé com que ao contratar admite a possibilidade do vencimento dos prémios por antecipação, graças ao seu exclusivo esforço e o facto de se achar isento dos riscos irresistíveis, o preço oferecido seria outro.

O espírito das disposições que estamos a analisar é o de despreocupar o empreiteiro dos transtornos que aos seus cálculos possam provir da verificação dos eventos qualificáveis de força maior.

A frustração da esperança legítima dos prémios é sem dúvida um desses transtornos.

Ainda aqui CIANFLONE nos oferece esclarecimentos muito úteis à face da larga experiência italiana. Em seu entender, se do caso de força maior resultou impossibilidade de trabalhar durante certo período, o empreiteiro terá *direito* a que a Administração lhe dê um *prazo supletivo* (isto é, que vem tomar o lugar da parte perdida do prazo contratual). Para esse autor não se trata de prorrogação, porque esta envolveria o exercício do poder discricionário na sua concessão: trata-se do dever que a Administração tem de acatar a pretensão do empreiteiro, dever a que não pode recusar-se (*ob. cit.*, pág. 515).

E este *prazo supletivo* não prejudica o direito do empreiteiro a outras compensações especiais que, segundo as circunstâncias, ele possa pedir por virtude de prejuízos resultantes da maior duração dos trabalhos (pág. 516).

O prazo supletivo integra-se, pois, para todos os efeitos, no prazo contratual, porque ele *supre* um defeito ocorrido nesse prazo, preenche uma lacuna aberta nele, não é diferente, não é a mais, não é prazo suplementar.

9. Vejamos outro caso que pode ocorrer. Tendo sido estipulados prémios por antecipação e, achando-se a empreitada em considerável avanço relativamente ao programa inicial da execução dos trabalhos, a Administração, dono da obra, resolve proceder a ensaios no terreno que impedem o empreiteiro de prosseguir no ritmo adquirido.

Deste modo, embora a empreitada possa ficar concluída dentro do prazo estipulado no contrato, o empreiteiro vê-se impedido, por facto da outra parte, de antecipar a conclusão da obra e de por esse modo fazer jus aos prémios prometidos.

Vale a pena recapitular os princípios sobre o prazo da empreitada. O contrato estipula o prazo dentro do qual as obras devem estar concluídas.

Caso este prazo venha a ser reduzido durante a execução da obra, o empreiteiro beneficiará de *prémios de antecipação* da conclusão da empreitada, em regra de valor diário degressivo nos termos que forem convencionados.

Se, pelo contrário, o empreiteiro não tiver concluído os trabalhos dentro do prazo fixado para a execução das obras, é costume estipular que fique sujeito (caso esse prazo seja prorrogado pela outra parte e a sua inobservância não se considere, portanto, fundamento de rescisão) ao pagamento de multa por cada dia de atraso, a qual pode ser progressiva (*multa compulsória*).

Estamos, por conseguinte quando se verifique este modelo, perante um prazo com as seguintes características:

- é um prazo contratual, estipulado por acordo das partes;
- é um prazo fixado para cumprimento das obrigações assumidas pelo empreiteiro;
- é um prazo cujo encurtamento por diligência do empreiteiro se procura estimular, admitindo-se desde logo a execução antecipada das prestações contratuais e estipulando-se que se tal vier a verificar-se (facto futuro e incerto) o empreiteiro terá direito a receber um suplemento do preço da empreitada, a título de prémio;
- é um prazo cuja inexecução por culpa do empreiteiro pode dar lugar a uma de duas soluções, à escolha do dono da obra: a rescisão do contrato, ou a prorrogação mediante a sanção penal constituída pelo pagamento de multas de quantitativo progressivo segundo o tempo da mora.

Consoante a regra geral, consagrada no artigo 740.º do Código Civil, o prazo para o cumprimento da prestação presume-se estipulado a favor do devedor, excepto se dos próprios termos do contrato ou das circunstâncias que o acompanharem se depreender que a estipulação do prazo também foi feita a favor do credor.

A presunção fundamental concebe, pois, o prazo como uma garantia do empreiteiro, ao qual não pode ser exigida a obra senão no termo contratual. Ele dispõe de certo tempo para cumprir, e esse tempo tem de ser respeitado pelo credor ou dono da obra.

Do princípio assim formulado costuma-se deduzir legitimamente o direito do devedor a renunciar ao prazo fixado no contrato, mediante a entrega antecipada das prestações a que se obrigara.

No contrato de empreitada de obras públicas tem de admitir-se que, dada a necessidade e utilidade pública da obra, o prazo é estipulado também no interesse da Administração, tão-só para o efeito da sua improrrogabilidade (em princípio), pois se há-de presumir que o prazo estipulado é o máximo consentâneo com as conveniências administrativas.

Se a Administração estipula um suplemento de preço da empreitada, prevendo prémios a pagar no caso da conclusão da obra ser antecipada, isso significa o empenho existente em acelerar os trabalhos para reduzir o prazo, a urgência na obtenção da obra, e parece, pois, que a redução do prazo é estipulada a favor exclusivo da Administração.

Só dela é o interesse em dispor da obra o mais breve possível. Portanto, está na mão dela renunciar a esse benefício, optando pelo prazo normal do contrato, e recusando-se à recepção antecipada. Será assim?

10. A previsão no contrato de empreitada da possibilidade da entrega antecipada da obra e o estímulo para essa entrega dado através de um suplemento de remuneração sob a forma de prémios de aceleração ou «por antecipação», embora ditados pelo interesse da Administração, *criam direitos ao empreiteiro* que obrigam o dono da obra a proceder como se tais estipulações relativas ao prazo fossem convencionadas a favor do devedor.

Efectivamente, importa não esquecer que o concorrente à adjudicação da empreitada entra no seu cálculo para oferta dos preços com as possibilidades, abertas pelo Caderno de Encargos, de uma melhoria de remuneração no caso de abreviamento dos prazos.

A vitória no concurso pode mesmo ter sido obtida por virtude desse factor de cálculo. Como já temos observado, o concorrente oferecerá fazer a obra por um preço global mais baixo do que outros concorrentes, dado que conta obter, graças a maior dispêndio em equipamento, mão-de-obra e pessoal de direcção e controlo, a aceleração dos trabalhos, e pagar o excesso de despesa com a diferença de preço a auferir dos prémios por antecipação.

Deste modo, os prémios são um elemento do preço da empreitada. Como tal se lhes refere LAUBADÈRE no seu *Traité théorique et pratique des Contrats Administratifs*, tomo II, n.º 658: «Il est du reste fréquent que la rémunération cocontractant présente un caractère complexe;... dans les marchés des travaux publics il n'est pas rare que le cahier des charges stipule au profit de l'entrepeneur des avantages complémentaires du prix (par exemple, des primes d'accélération)».

O contrato prevê, como atrás dissemos (n.º 3), uma remuneração firme e outra condicional. Cumprindo o empreiteiro no prazo estipulado receberá x. Se, porém, concluir a obra antes desse prazo receberá x + y.

Assim se verifica que a antecipação do prazo não é estipulada apenas a favor do credor, e que este não pode renunciar a ela, nem tem o direito de estorvá-la ou de diferi-la sob a alegação de que basta para correcta execução do contrato observar o prazo normal.

Todo o regime do prazo cria direitos ao empreiteiro em contrapartida das obrigações a que o vincula. O credor, dono da obra, fica adstrito ao dever de facultar ao empreiteiro, devedor, com toda a lealdade e correcção, quer o cumprimento normal do contrato, quer o preenchimento da condição deixada ao seu esforço.

O citado LAUBADÈRE, ao expor no tomo 2.º do seu tratado as obrigações da Administração em matéria de execução de contratos administrativos, tais como têm sido definidas em França pela jurisprudência e pela doutrina, formula-as em meia dúzia de rubricas, entre as quais aparecem: a obrigação de executar as estipulações do contrato (n.º 643), *correctamente* (n.º 644) e *integralmente* (n.º 645).

Trata-se, aliás, de noções de primeira intuição.

11. Do que ficou exposto se depreende com facilidade não ser lícito à Administração (dono da obra) embaraçar o empreiteiro de tal modo que lhe dificulte a conclusão antecipada da obra ou, pelo menos, lhe reduza as possibilidades previstas de antecipação.

O dono da obra incorreria, fazendo-o, em responsabilidade para com o empreiteiro. É um princípio geral, este, de que o credor não pode impunemente dificultar ou impedir o cumprimento da obrigação do devedor ou a verificação das condições de que ele depende, princípio consagrado, por exemplo, nos artigos 679.º e 705.º do Código Civil.

No artigo 679.º do Código Civil considera-se preenchida a condição que não se verificar por facto daquele que se obrigou condicionalmente, salvo se este obrar nos limites do seu direito.

Desde que a conclusão com antecipação de x dias, prevista e razoàvelmente alcançável segundo o ritmo dos trabalhos programados, se torne impossível pelo facto de, durante esses dias, o dono da obra o ter impedido, há que considerar verificada a condição, isto é, concluída a obra com a antecipação calculada.

Salvo se o dono da obra obrou nos limites do seu direito.

Existe, é certo, o direito do dono da obra a fiscalizar a execução da empreitada: mas esse direito tem por objecto fiscalizar a *obra produzida pelo empreiteiro* em condições de ser recebida pelo dono. Nesse objecto não entram, por exemplo, diligências ordenadas pela fiscalização no decurso dos trabalhos, não para verificar a obra, mas para comprovar dados fornecidos com o projecto da autoria dos Serviços da própria Administração.

12. Ainda quando tivesse feito incidir a sua acção sobre a obra, a Administração não tem o direito de transtornar a execução da empreitada em termos que pudessem reflectir-se nas previsões normais e razoáveis facultadas ao empreiteiro pelos termos do contrato.

É este um ponto da maior importância, cuja dedução decorre dos princípios gerais da boa-fé nos contratos.

Decorre dos princípios gerais. Se o dono da obra garantiu ao empreiteiro certas vantagens para a hipótese dele abreviar o prazo da conclusão da obra, não pode, sem indemnizar, exercer os seus direitos de modo a impedir que o abreviamento se verifique, prejudicando a outra parte.

Se eu contratei com um decorador o arranjo do interior da minha casa por x contos, dando-lhe o prazo de 30 dias mas prometendo y por dia de antecipação do trabalho, embora ninguém me possa negar o direito de permanecer no meu domicílio e de acompanhar os trabalhos, é claro não me ser lícito instalar-me nos próprios locais onde o decorador tem de trabalhar, em termos de o impedir de cumprir as suas tarefas discutindo com ele aquilo que está a fazer, mandando limpar a cada momento as salas onde ele quer estar, etc. Seria um abuso do direito – pelo qual era responsável o abusador.

Está consagrado na jurisprudência e na doutrina. – LAUBADÈRE (t. II, n.ᵒˢ 856 e segs.) estuda a responsabilidade da Administração para com o empreiteiro por virtude de providências de fiscalização e direcção. E abre assim essa secção:

> «O exercício pela Administração dos seus poderes de fiscalização e sobretudo de direcção pode acarretar um prejuízo para o empreiteiro. Será esse prejuízo susceptível, e no caso afirmativo em que condições, de constituir um direito do empreiteiro a ser indemnizado? Algumas cláusulas e condições gerais prevêem as condições de efectivação dessa responsabilidade; mas é sobretudo em abundante jurisprudência que pode achar-se construída a teoria» (n.º 856).

O princípio geral na matéria vem formulado no n.º 857: o exercício *normal* dos poderes de fiscalização, *nos limites das previsões do contrato*, não faz nascer direito a indemnização.

Há lugar a indemnização nos casos em que a fiscalização cometa faltas prejudiciais para o empreiteiro, imponha *prescrições abusivas*, ou, independentemente mesmo de falta ou de abuso, *agrave as condições normais do contrato ou ultrapasse as previsões das partes* (n.º 858).

Não discutamos se o insuficiente conhecimento das condições físico-mecânicas do solo, tomadas para base do projecto elaborado pelo próprio dono da obra e dadas por boas aos concorrentes no concurso, constitui ou não falta imputável à própria Administração, que o é, sem dúvida alguma.

Demos de barato que o estudo de tais condições seja necessário ou útil e que, portanto, não haja abuso da Fiscalização ao ordenar os ensaios.

Do que não resta dúvida de que nas previsões das partes (especialmente do empreiteiro) tais ensaios não podiam caber. O empreiteiro podia contar com todos os ensaios, provas, verificações de materiais empregados ou das obras feitas, que estivessem estipulados no Caderno de Encargos ou fossem usuais neste tipo de empreitadas. Mas nunca com ensaios de controlo dos anteriores estudos das condições físico-mecânicas do solo das fundações, a realizar nos próprios locais dos trabalhos durante dezenas de dias, com prejuízo do desenvolvimento do seu programa.

Daí resulta um anormal agravamento das condições do contrato, não só pelas despesas acarretadas, muito superiores ao custo usual dos ensaios, como pelo impedimento da realização do plano de antecipação da entrega da obra, essencial no cálculo financeiro do empresário em que assentara a proposta do preço global da empreitada.

Haveria, pois, facto ilícito da parte da Administração. Esta não agia nos limites do seu direito, pois que o direito estava limitado pelo dever de cumprir correctamente as cláusulas contratuais, sem dificultar ou impedir a realização das expectativas por elas abertas ao empreiteiro.

13. Aliás, se atrás verificámos ser do interesse comum do empreiteiro e da Administração a execução da obra no prazo mínimo possível, decorre daí que a obrigação que a Administração tem, nas empreitadas de obras públicas, de colaborar com o empreiteiro em tudo quanto respeite à execução do contrato, abrange a diligência necessária para a aceleração prevista.

Se a Administração, com a sua maneira de agir, prejudicar os trabalhos do empreiteiro de tal modo que o impeça de obter a antecipação programada, infringe o seu dever de colaboração.

CIANFLONE entende que tal falta de colaboração, na medida em que dificultava a prestação no tempo previsto, faz incorrer a Administração em *mora accipiendi*. O empreiteiro estava pronto a cumprir a condição de que dependia o vencimento dos prémios, mas não poude cumpri-la por facto do credor. «Non si tratta qui di responsabilità per inadempimento (escreve o autor) poiché, come si è visto, manca un obbligo giuridico di cooperazione; ma di un fenomeno di sopportazione diretta delle conseguenze del fatto proprio. La posizione del debitore non puó essere aggravata dal fatto del creditore» (pág. 364).

E mais adiante volta ao tema, dizendo:

«Na execução das empreitadas de obras públicas também adquire particular relevo a aplicação do princípio dominante da execução de qualquer obrigação e que pode enunciar-se genèricamente dizendo que a *Administração, como qualquer outro credor, não deve agravar por facto próprio a posição do empreiteiro relativamente ao cumprimento da prestação a que se obrigou, nem tornar mais oneroso tal cumprimento*.

«Em virtude desse mesmo princípio a Administração, ao dar o seu concurso para o cumprimento, deve agir segundo o critério da diligência normal de maneira que essa colaboração, pela forma como é prestada, não seja prejudicial, nem decorra de modo caótico, irracional, com espírito vexatório ou em termos que perturbem o normal andamento dos trabalhos» (págs. 367-368).

Informa CIANFLONE que destes princípios tem a jurisprudência italiana, quer ordinária, quer arbitral, feito contínua aplicação com uma variedade de fórmulas bem demonstrativa da multiplicidade dos aspectos sob os quais podem surgir os problemas que lhe dão lugar.

Seria uma responsabilidade susceptível de surgir independentemente da existência de culpa da Administração, embora não exclua a possibilidade dela. O seu fundamento é o direito reconhecido ao devedor de não ser sacrificado ao interesse do credor fora dos limites a que se obrigou.

O Projecto do Código Civil*

No último número demos conta da publicação do projecto do Código Civil e das declarações autorizadas com que foi aberta a respectiva discussão, duplicando para esse efeito o número de páginas do fascículo da revista.

Anunciou o Governo, no final do mês de Maio, que a essa discussão concederia quatro meses. Cai o prazo no fim de Setembro, justamente na altura em que a maior parte dos juristas, aproveitando férias judiciais e escolares, se acharia em condições de se pronunciar.

Por isso não é de estranhar que a discussão haja decorrido como decorreu: em geral de afogadilho e versando alguns problemas de política legislativa, manifestamente importantes, mas onde o sentimento e a opinião pesam mais que a análise técnica e o saber jurídico.

Esta revista consagrou a maior atenção à elaboração do projecto. E no seu 87.º ano (1955) não só largamente se ocupou, na abertura, do trabalho feito até então e do método a seguir, como reproduziu, a págs. 67 e seguintes, o relatório do Decreto n.º 33 908, de 4 de Dezembro de 1944 que, autorizando o Ministro da Justiça a promover a elaboração do novo Código Civil, definia os princípios gerais em que deveria inspirar-se essa obra.

Nos primórdios do trabalho fez parte da Comissão dele encarregada o nosso ilustre redactor Prof. Paulo Cunha a quem encargos do Governo não deixaram depois dar a colaboração esperada, que decerto seria valiosíssima. Mas outro dos nossos redactores, o eminente Prof. Galvão Teles, foi autor de importantíssimos capítulos em anteprojecto, nomeadamente dos referentes aos Contratos e às Sucessões.

Quer dizer que, além do interesse que a todos os portugueses o projecto deve merecer e aos juristas, em especial, temos razões particulares para nos ocuparmos do texto que naturalmente vai reger as relações civis dos cidadãos.

Por isso lastimamos a curteza do prazo concedido, que não nos permitiu obter colaboração prometida e do maior valor.

---

* Publicado in *O Direito*, ano 98 (1966), 3, pp. 211-216.

Disse-se que tendo sido distribuído às pessoas reputadas competentes o texto policopiado de cada uma das partes do projecto à medida que ia sendo terminada para cada uma delas a revisão ministerial, deviam essas pessoas estar aptas a formular os seus juízos e a emitir os seus pareceres em breve período.

Mas, em primeiro lugar, há decerto outras pessoas capazes de se pronunciarem além das conhecedoras antecipadas das partes do projecto. E, em segundo lugar, estas mesmas não poderiam conscientemente manifestar-se sobre o projecto sem o conhecerem todo. Um Código é uma unidade que não pode julgar-se parcelarmente. Este projecto o demonstra, com as suas frequentes remissões de artigos: logo o artigo 138.º remete para o 2299.º, o artigo 143.º para o 1927.º e o artigo 147.º para os 1919.º e 1920.º... Como criticar o regime das interdições sem conhecer o regime da tutela?

Não nos é, pois, possível publicar neste número o largo estudo crítico que desejaríamos, abrangendo desde a inserção do Código na época jurídica em que vivemos (tema de que se encarregou, com o brilho habitual, o ilustre advogado Dr. José Saraiva) até ao exame da técnica das várias partes, de que apenas podemos inserir o artigo do também distinto advogado Dr. António Carlos de Lima sobre a adopção.

E lastimamos que as urgências do tempo não hajam permitido fazer mais. Compreendemos o desejo do Governo de publicar o Código numa altura em que se comemoram o 40.º aniversário de uma data memorável na política nacional e o centenário do Código Civil que imortaliza o Visconde de Seabra.

Mas as circunstâncias em que o projecto foi elaborado exigem mais detida e cuidadosa revisão.

Sempre entendemos que a redacção do projecto do Código Civil deveria ter sido incumbida a uma pessoa só.

Os trabalhos preparatórios, o carreamento dos materiais, a revisão dos institutos poderiam e deveriam ser distribuídos por muitos, como foram. A redacção final do projecto, aproveitando todo esse acervo de elementos no que se julgasse utilizável, caberia a um só.

Que a tarefa não é comportável pelas forças humanas nem exigente de muitos lustros para ser cumprida revelou-o agora mesmo o exemplo brasileiro.

Determinada em 1962 a reforma da legislação civil e resolvido separar, à moda da Suíça, o Código Civil (Das pessoas, Do Direito de Família, Do Direito das Coisas, Do Direito das Sucessões) do Código das Obrigações, realizando-se neste a unificação dos Direitos Civil Comercial, foram encarregados do anteprojecto do primeiro o Prof. Orlando Gomes, da Universidade da Bahia, e do segundo uma comissão de três professores.

Em Abril de 1963 estava publicado o anteprojecto do Código Civil logo confiado a uma Comissão revisora composta do autor e de mais três juristas.

A Comissão realizou 43 sessões, de 13 de Maio a 15 de Julho. Em Setembro de 1964 o projecto era dado por concluído. É um primor na sua redacção clara, concisa, acessível e elegante.

A elaboração do Anteprojecto do Código das Obrigações foi distribuída pelos três membros da comissão: a um pertenceu a 1.ª parte (Negócio Jurídico, Contratos e outras matérias gerais), a outro a matéria dos Títulos de Crédito, ao terceiro a das Empresas e Sociedades. Em Junho de 1964 era nomeada a Comissão Revisora compreendendo os autores do anteprojecto e o do Código Civil. A revisão decorreu em 96 reuniões até Julho de 1965. O texto do projecto é, porém, tècnicamente inferior ao do Código Civil.

Ambos os projectos foram enviados ao Congresso Nacional onde se aprovou um processo especial de discussão e votação, a fim de evitar delongas. Publicados no Diário do Congresso, Câmara dos Deputados, em suplemento ao n.º 162, de 30 de Outubro de 1965, iniciou-se a discussão pública, que versou sobretudo o grave problema da dissolução do casamento.

Em Junho de 1966, perante a divisão da opinião pública, o Presidente da República julgou conveniente submeter a nova revisão os textos e retirou-os do Congresso.

Andou-se por lá, talvez, depressa de mais, embora os temas que despertam paixões não percam virulência com o tempo gasto em meditá-los... Mas nem oito, nem oitenta... E apesar de tudo mostrou-se a possibilidade de redigir ràpidamente projectos de Código e a superioridade dos resultantes de uma só mão.

Em Portugal era certamente possível encontrar quem o fizesse, se bem que nas Faculdades de Direito, nos últimos vinte anos, se haja seguido no ensino do Direito Civil uma orientação que francamente se nos afigura inconveniente.

O Direito Civil tem de ser ensinado em várias cadeiras, mas o pensamento do legislador em 1911 era o de que cada professor acompanhasse um curso, desde o 1.º ao 5.º ano, leccionando sucessivamente a Teoria Geral e o Direito das Obrigações, os Direitos Reais, de Família e das Sucessões.

Assim sucedeu durante anos, até que se começou a desenhar a tendência para as especializações, atribuindo a um a Teoria Geral, a outro as Obrigações, etc.

Se o sistema pode oferecer vantagens, tem o inconveniente de prejudicar a formação de civilistas com visão global das matérias, favorecendo a propensão, por vezes inevitável noutras disciplinas mas sempre deplorável, para a excessiva especialização e o encerramento de cada matéria num compartimento estanque.

O caso é que o projecto do Código Civil resultou do cerzimento de vários anteprojectos de muitas proveniências. Cerzimento que levou a alterar a redacção primitiva e até as soluções propostas, tornando de parca utilidade em muitos casos a leitura dos textos justificativos dos autores dos primeiros trabalhos e até das actas das comissões que funcionaram para revisão de alguns capítulos.

Por muito esforço que fosse posto em imprimir unidade de espírito e de forma ao conjunto, a verdade é que se notam diferenças apreciáveis de qualidade de uns capítulos para outros, ressentindo-se a técnica que, sobretudo nalguns títulos da Parte geral, é francamente deficiente, e a linguagem que na generalidade deixa a desejar.

O projecto teria tudo a ganhar com o ser submetido agora a uma Comissão Revisora. Mas se há horror às comissões, ao menos dê-se mais tempo para os comentários.

★ ★ ★

Na hipótese, porém, de já não virem a tempo quaisquer novas achegas para a melhoria do projecto, atente-se ao menos na matéria e na redacção do artigo 1.º.

Já na Ordem dos Advogados o sr. Dr. José Saraiva fez a crítica desse artigo, com o qual abre um Código que todos desejaríamos fosse um monumento erguido pela cultura jurídica portuguesa desta época e se impusesse ao respeito dos vindouros.

O n.º 1 dispõe que «são fontes imediatas do direito as leis e as normas corporativas».

O reconhecimento do valor jurídico das normas corporativas não constitui novidade e impõe-se, nesta época em que, em todos os regimes, a par das normas dimanadas do Estado, surgem outras brotadas dos agrupamentos profissionais para disciplinar a economia ou as relações de trabalho.

Mas segundo se lê no n.º 2, «consideram-se leis todas as disposições genéricas provenientes dos órgãos estaduais competentes».

Portanto, a palavra lei é tomada num sentido amplíssimo, definindo-se por dois caracteres: ser uma norma geral e provir de órgão estadual competente. Ficam assim abrangidas leis pròpriamente ditas, decretos-leis, regulamentos e mesmo normas aprovadas por portaria ou despacho. O caso é que provenham de «órgão estadual competente». Órgão estadual quer dizer «do Estado». Em que sentido se adoptará aqui a referência ao Estado? Incluindo províncias ultramarinas e institutos públicos autónomos, ou não?

O que de qualquer maneira tem de ficar de fora são as autarquias locais, Os seus órgãos não são, em nenhum sentido em que o termo se tome, «estaduais». De modo que regulamentos e posturas municipais e paroquiais não são, segundo o Código Civil, fontes de direito, sem embargo de matérias tão importantes como a polícia das construções, da circulação e da salubridade, nelas serem regulados.

Mas enquanto freguesias e municípios são assim excluídos das entidades produtoras de normas jurídicas, a generosidade é máxima para as corporações.

*Problemas actuais da Administração Pública portuguesa** **

1. Pode dizer-se que neste ano de 1966 a Administração Pública atravessa em Portugal uma profunda crise. Crise de estrutura e crise de funcionamento.

A orgânica administrativa do Estado manteve certas características até à grande depressão económica dos anos 30. Nessa altura a necessidade de alargar e intensificar a intervenção do poder público na vida económica forçou a reorganizar serviços, a criar tipos novos de administração e a dar novo estatuto à função pública. Em Portugal essa profunda revisão orgânica foi facilitada por coincidir com o período da Revolução Nacional e a posterior entrada em vigor da Constituição Política de 1933 que implantou um regime corporativo.

A crise económica, provocando o desemprego, proporcionou uma grande disponibilidade de pessoas dispostas a ingressar na função pública, permitindo o recrutamento de funcionários em todos os escalões, para os quadros tradicionais, quer para os novos organismos chamados *de coordenação económica*, comissões que, à semelhança do que na mesma altura sucedeu noutros países, receberam extensos poderes para regulamentar e disciplinar certos sectores da produção ou do comércio, inclusivamente com a faculdade de aplicar sanções aos que transgredissem as suas prescrições.

Essa abundância de candidatos à função pública permitiu também a publicação de leis sobre o estatuto dos funcionários caracterizadas pela rigidez dos critérios e severidade da disciplina.

Quanto aos métodos, também este período apresentou características particulares que se mantiveram nos anos subsequentes. O principal mal de que enfermava a administração portuguesa ao aproximarem-se os anos 30 era a desordem financeira. O Prof. Oliveira Salazar, a partir de 1928, grangeou grande prestígio mediante a implantação de uma estrita austeridade nas despesas públicas, sobre a base de orçamentos equilibrados cuja rigorosa observância era o primeiro dever e a mais alta preocupação de governantes e funcionários.

* Publicado in *O Direito*, ano 98 (1966), 4, pp. 321-335.
** Tradução portuguesa do artigo publicado no n.º 100 da revista espanhola *Documentación Administrativa*. O tema foi dado pela direcção da revista, bem como o espaço em que devia ser tratado.

Toda a actividade administrativa foi condicionada por minuciosas prescrições de contabilidade, transformando-se o Ministério das Finanças no centro e farol da vida pública.

O procedimento administrativo embaraçou-se de novas cautelas, precauções e formalidades que punham a defesa da ordem orçamental acima de qualquer outro valor.

A organização corporativa, em compensação, era apresentada como um processo de descongestionar no futuro o Estado de muitas tarefas de intervenção económica, mediante a auto-disciplina que as próprias actividades organizadas no sector privado se imporiam, em colaboração com as autoridades públicas e sob a égide destas.

2. Esta orgânica, delineada entre 1930 e 1939, foi posta à prova durante a guerra mundial, transformando-se num instrumento da economia de guerra.

Daqui resultou um endurecimento de estruturas, caracterizado por maior centralização de poderes (a que correspondeu o enfraquecimento da autonomia dos organismos de coordenação económica e dos próprios organismos corporativos) e reforço do autoritarismo da administração com afastamento da prevista largueza de participação dos particulares nas suas tarefas.

Ao mesmo tempo, a intervenção do Estado em mais extensas zonas da vida económica (incluindo o consumo) complicou o procedimento administrativo, acentuando alguns dos vícios mais salientes da burocracia.

O termo da guerra não permitiu uma imediata desmobilização económica nem a Administração se mostrou disposta a renunciar facilmente à preponderância obtida.

Por outro lado, o regime político autoritário favoreceu a acentuação do tipo de Estado-administrativo. Os Ministros, perdendo cada vez mais o carácter político, transformaram-se em chefes administrativos dos seus departamentos, com a preocupação de tudo conhecer, tudo saber e tudo decidir. Esta tendência para a função ministerial técnica, personalizada e centralizadora, é favorecida pela estabilidade governativa. Daí resulta a subalternização de todas as funções e órgãos que não sejam governativos, a irresponsabilidade dos funcionários perante o público e a lentidão do funcionamento dos serviços.

3. Em 1953 entrou em vigor o 1.º Plano de Fomento, por seis anos, seguido pelo 2.º Plano em 1959, o qual consolidou a prática do planeamento económico em Portugal.

O 1.º Plano (1953-1958) visou disciplinar as despesas extraordinárias do Estado, quer destinadas a investimentos no sector público quer a financiamento de iniciativas privadas. O 2.º Plano (1959-1964) foi mais ambicioso, pretendendo definir uma política económica que abrangesse o sector privado, e para atingir tais objectivos já nele se preconizou a reforma administrativa. O 3.º Plano, trienal (1965-1967), esboçou o alargamento do planeamento a vastos domínios da actividade privada, cuja participação foi solicitada e obtida para as próprias tarefas da organização do Plano, e nesse caminho progride a elaboração do 4.º Plano para 1968-1973.

Em consequência dos impulsos de fomento verificou-se uma forte expansão industrial que determinou intensa procura de pessoal qualificado nas camadas sociais onde tradicionalmente era recrutado o funcionalismo público.

Apesar do afluxo extraordinário de novos estudantes a escolas de todos os graus de ensino não tem sido possível preparar diplomados em número suficiente para satisfazer as necessidades acrescidas dos dois sectores, público e privado.

Daqui resultou a concorrência feita pelas empresas privadas à Administração pública, aumentando a remuneração dos empregados, sobretudo técnicos, o que lhes permite ir buscar aos próprios quadros burocráticos muitos dos seus melhores elementos e desviar do ingresso neles a maior parte dos jovens diplomados.

O custo da vida, de resto, não podia deixar de reflectir o aumento de poder de compra resultante da expansão económica, sem que a rigidez das normas de remuneração do funcionalismo público permita a actualização rápida dos vencimentos.

E para agravar este quadro, as operações de polícia militar em África obrigam à mobilização de dezenas de milhares de jovens retirados do mercado do trabalho, e as facilidades de deslocação no mundo tentam os próprios trabalhadores, intelectuais ou manuais, originando intensa emigração.

A Administração Pública vê-se assim perante este grave e fundamental problema: no momento em que se lhe exige um esforço de maior responsabilidade na orientação e direcção de uma economia dinâmica, em plena expansão, não tem funcionários qualificados para tal esforço nem utiliza métodos que lhe permitam aumentar a sua eficiência funcional.

Continua enleada numa disciplina financeira rigorosa, e presa a regulamentos antiquados com formalidades que traduzem a sistemática desconfiança dos governantes em relação não só aos administrados como aos próprios funcionários.

Daí as queixas que constantemente se escutam da parte dos particulares, os quais encontram na Administração Pública um travão das iniciativas, em vez do estímulo e apoio de que careceriam.

Tentativas isoladas, e por vezes bem sucedidas, de modificação deste estado de coisas, não resolvem a dificuldade: importa uma renovação extensa e profunda, uma verdadeira reforma administrativa tendente a ajustar a máquina do Estado às suas novas funções.

Quais os pontos fulcrais em que deve incidir essa reforma? Como sucede na maioria dos outros países, há quatro problemas fundamentais na Administração Pública portuguesa: o do funcionalismo, o da orgânica dos serviços, o dos métodos de trabalho e o das relações com os administrados.

Vamos examiná-los sucessivamente.

4. O problema do funcionalismo é o mais urgente e, porventura, o mais grave de todos. Por virtude das causas atrás apontadas há cada vez menos candidatos para as funções mais delicadas da Administração; e deu-se o êxodo de muitos dos melhores funcionários para as empresas privadas, tendo sido forçoso permitir aos que restam a acumulação das funções públicas com outras actividades.

Outrora, mesmo quando o funcionário público ganhasse menos do que o empregado privado, tinha sobre este as vantagens da estabilidade do emprego, da garantia da reforma e da consideração social da função. Hoje as leis do trabalho asseguram também a estabilidade dos empregados particulares, que gozam de consideráveis vantagens em matéria de previdência e assistência e participam no exercício do poder económico. Para mais, o materialismo dos tempos inclina a dar maior valor ao que se ganha do que à importância do trabalho que se faz.

O resultado é que os lugares públicos são procurados sobretudo por candidatos do sexo feminino, assistindo-se a uma invasão de mulheres nos quadros onde, por vezes, só por excepção existe algum funcionário do sexo masculino.

Torna-se, pois, necessário, remunerar o funcionalismo, sobretudo quando exerça funções para que se requeira certo grau de tecnicidade, segundo o padrão corrente para técnicos da mesma categoria no sector privado.

Essa remuneração não pode deixar de ter em conta o tempo de serviço. Em 1936 a reforma então publicada deixou pràticamente de dar importância à antiguidade para efeitos de promoção e de remuneração. O funcionário só ascende pelos seus méritos e dessa ascensão depende a melhoria de vencimento.

Os resultados desta orientação foram inicialmente bons, na medida em que instigaram os funcionários a melhorar a sua preparação profissional e a fazer um esforço de aperfeiçoamento geral. Mas hoje revelam-se nocivos, pois nos quadros das grandes administrações tradicionais as vagas nas categorias superiores são raras e os melhores funcionários vêem-se condenados a esperar longos anos o ensejo de promoção.

Este efeito desmoralizador mais se agrava pelo facto de serem criados novos serviços onde jovens funcionários ocupam imediatamente postos superiores, criando flagrantes desigualdades em relação aos velhos servidores do Estado dos serviços tradicionais.

A remuneração do funcionalismo público em condições tais que sejam atractivas dos melhores, exige considerável sacrifício financeiro ao Estado.

Sabido que nas condições actuais a produtividade dos funcionários é baixa, supõe-se que, pagando-se-lhes melhor, será possível exigir deles maior rendimento de um trabalho de melhor qualidade: logo, o mesmo trabalho, ou mais, poderá ser feito com menos pessoal.

A redução dos quadros terá de ser estudada simultâneamente com a modificação dos métodos de trabalho.

Essa modificação poderá conduzir a nova estruturação dos quadros. Até aqui, vigorava o «princípio da pirâmide», isto é, a lei estabelecia como critério de organização dos serviços que a um funcionário de 1.ª classe, corresponderiam dois de 2.ª, três de 3.ª e assim sucessivamente.

Ora a simplificação e mecanização do trabalho administrativo poderá em muitos casos conduzir à redução do pessoal de execução, em benefício do aumento do pessoal consagrado ao estudo e à direcção.

5. O recrutamento do pessoal de execução é feito, por via de regra, mediante concurso público. Este concurso consta de apresentação de documentos, seguida de prestação de provas teóricas e práticas, ou só práticas. O mesmo processo é usado para a promoção aos postos superiores.

Quanto ao pessoal técnico e de direcção, usa-se, em geral, a livre escolha ou o concurso meramente documental.

O pessoal técnico e de chefia recruta-se quase sempre entre diplomados universitários.

Deste modo a aprendizagem profissional faz-se dentro da própria Administração, segundo o procedimento tradicional, o que conduz naturalmente à consagração da rotina.

A preocupação da reforma administrativa levou a considerar o problema da preparação dos candidatos ao funcionalismo em cursos especiais, professados em escolas que igualmente tivessem a seu cargo o aperfeiçoamento dos funcionários existentes.

Em Portugal, a primeira tentativa de resolução deste problema em termos gerais foi feita na administração ultramarina, sobretudo a quando da reforma em 1946 do instituto então denominado Escola Superior Colonial, mais tarde Instituto Superior de Estudos Ultramarinos.

Essa escola ministrava dois cursos: um para preparação de candidatos ao funcionalismo do Ultramar, com três anos, e outro destinado a habilitar funcionários, já experientes, para acesso aos cargos superiores, com dois anos.

Entre as características sociais portuguesas contemporâneas figura, porém, o prestígio do curso universitário e do «doutorismo»: aquilo a que os portugueses mais aspiram é a serem tratados por «doutores» e, se possível, por «professores».

De modo que o referido Instituto em breve foi desviado da sua missão de preparar funcionários ultramarinos para passar a constituir uma escola universitária que confere graus de licenciado e doutor.

No Ministério das Corporações foi igualmente criado, há poucos anos, um Instituto de Estudos Sociais para preparar funcionários, mas também consta que esse Instituto será convertido em escola universitária.

Quer dizer que o meio português não está preparado para admitir e manter escolas profissionais destinadas à preparação de candidatos ao funcionalismo.

Resta, portanto, a hipótese dos cursos de aperfeiçoamento.

Esses cursos podem ter a maior importância na evolução da Administração portuguesa, na medida em que influam na mentalidade dos chefes. Não só, desse modo, facilitarão a introdução de novas ideias e novos métodos através da via hierárquica, contrabalançando a acção da rotina, como tornarão os dirigentes mais receptivos às iniciativas inovadoras dos jovens subalternos, quando mereçam atenção e consagração.

Os cursos de aperfeiçoamento devem, pois, ser institucionalizados com destino aos funcionários que exerçam funções de chefia ou que desejem habilitar-se ao exercício dessas funções, bem como aos técnicos que formem o estado-maior dos serviços.

6. O segundo grande problema a enfrentar é o da orgânica dos serviços.

Como já disse, a Administração portuguesa está fortemente centralizada, é acentuadamente burocrática e, por via de um crescimento natural impetuoso, sofre de falta de coordenação bastante dos diversos departamentos ministeriais.

Assim, a primeira questão que se põe é a de desconcentrar e descentralizar as resoluções administrativas.

Estamos a referir-nos apenas à Administração do Estado. É certo que são numerosos os institutos criados, com personalidade jurídica e certa autonomia, para a gestão descentralizada de atribuições administrativas do Estado: já falámos dos organismos de coordenação económica (do Vinho, do Azeite, das Frutas, do Algodão, do Pão, do Arroz, dos Produtos Pecuários, dos Produtos Resinosos, da Cortiça, das Conservas de Peixe, do Bacalhau, dos Produtos Químicos e Farmacêuticos, da Marinha Mercante, etc.) cuja autonomia, porém, tem sido progressivamente limitada pela intervenção ministerial. Além desses há os grandes serviços autónomos dos Correios, Telégrafos e Telefones, de Radiodifusão, dos Hospitais Civis de Lisboa, dos Portos, as Universidades e outros, mas onde também a competência dos órgãos gestores foi cerceada, pela reserva à decisão do Governo de grande número de matérias.

Embora o Governo não possa prescindir de uma acção orientadora e coordenadora, mediante a intervenção tutelar, a restituição dessas autonomias à sua função descentralizadora impõe-se como processo de descongestionamento do Poder central, por um lado, e de distribuição de responsabilidade, por outro.

7. Quanto à desconcentração, concebêmo-la como atribuição de poderes de decisão a agentes subalternos dentro da mesma hierarquia, quer por directa definição legal de competências, quer através do processo de delegação de poderes.

As autoridades e agentes locais do Estado queixam-se de insuficiência de poderes, o que provoca o envio sistemático à capital de todas as petições ou sugestões, depois de instruídas. Os próprios governadores civis, que nos distritos representam o Governo, vêem-se privados cada vez mais de efectiva intervenção na administração do Estado.

Quanto aos serviços centrais, há demasiada concentração dos poderes decisórios nos ministros, obrigando a maior parte dos ministérios a ter, além do Ministro que os chefia, um ou dois subsecretários de Estado (em Portugal considerados membros do Governo) para os coadjuvar na tarefa imensa do despacho dos papéis.

Em matéria financeira, a concentração atinge o máximo, pois não só o Ministro das Finanças organiza livremente o Orçamento Geral do Estado como intervém minuciosamente na execução dele, a tal ponto que as despesas variáveis com material de qualquer espécie só podem ser feitas com autorização do Ministro das Finanças, de quem dependem também as transferências de verbas.

Além disso, numerosas resoluções puramente administrativas são da competência do Conselho de Ministros que, se as exercesse, teria de estar reunido em sessão permanente. Para tal evitar, as respectivas resoluções passaram a ser tomadas pelo Presidente do Conselho, por delegação. Mas como este também não pudesse com tamanha carga de trabalho, sucede hoje que, em nome do Conselho de Ministros, quem despacha os negócios da competência desse órgão é o Ministro de Estado da Presidência do Conselho ou o respectivo Subsecretário de Estado.

Há, pois uma revisão urgente a fazer no sentido de aliviar o Governo de uma parte dos encargos que sobre ele recaem, simplificando ao mesmo tempo o procedimento, e abreviando a sua duração.

Em 1960 foi publicado um Decreto-Lei permitindo, em geral, a delegação de poderes dos Ministros. Ao abrigo desse diploma foram feitas muitas delegações de assinatura e algumas delegações de competência, que permitiram aos Directores-Gerais (que em Portugal são funcionários vitalícios) resolver em lugar dos Ministros algumas classes de assuntos. Mas a desconcentração tem de ser levada mais longe.

8. A organização administrativa portuguesa obedecia a um tipo hierárquico rígido, de carácter burocrático, onde todas as funções se achavam integradas.

Foi nos Ministérios por onde se processa a intervenção económica ou a política social que se começou a sentir a necessidade de distinguir entre serviços de estudo, concepção e orientação e serviços de execução: o *estado maior* (*staff*) e a *tropa de linha* (*line*).

Essa distinção tende actualmente a generalizar-se a todos os Ministérios, que instituíram nas diversas direcções-gerais serviços técnicos e gabinetes ou centros de estudos onde predominam funcionários tècnicamente qualificados.

Até agora, porém, só na Presidência do Conselho foi criado um Secretariado Técnico com a categoria de Direcção-Geral ao qual compete tudo quanto respeita ao Plano de Fomento e à Integração Económica Nacional.

Os outros serviços dessa índole acham-se enxertados na orgânica clássica sem terem ainda adquirido uma posição própria perfeitamente definida.

Além disso só em muito raros casos os serviços técnicos ou de estado-maior foram encarregados dos problemas de pessoal e de organização e métodos ou, de maneira geral, de estudos referentes à reforma administrativa.

Há assim que generalizar e sistematizar a distinção entre serviços de estudo e serviços burocráticos ou de execução.

9. O crescimento da Administração Pública originou, por um lado, a multiplicação dos seus departamentos e, por outro, a sobrecarga das competências de cada um.

Resultou daí não só a dificuldade para os chefes superiores de controlarem os departamentos a seu cargo, como o risco cada vez maior de dispersão de esforços, sobreposição de actividades e divergência de critérios, isto é, de descoordenação.

O problema da coordenação é, assim, da maior urgência, carecendo de soluções eficazes quer no plano vertical, quer no plano horizontal.

Na ordem hierárquica (ou vertical) existem direcções gerais com grande número de funcionários a que não correspondem as subdivisões orgânicas convenientes para a eficaz direcção e fiscalização do seu trabalho por chefes subalternos.

Quanto à coordenação horizontal faz-se no nível governamental mediante os conselhos de ministros restritos, dos quais o mais importante é o Conselho de Ministros para Assuntos Económicos. Para esta coordenação ser útil, seria necessário, porém, que tais conselhos reunissem assiduamente, o que não sucede. O Conselho Económico, por exemplo, exerceu bastante satisfatòriamente o seu papel coordenador no período em que teve reuniões ordinárias semanais.

Embora nos outros planos da hierarquia se tenham adoptado algumas vezes fórmulas de «comissões interministeriais» para coordenação em matérias especiais, não se pode dizer que a Administração portuguesa pratique por hábito o sistema de colaboração entre os seus diversos departamentos. A tendência, pelo contrário, desenha-se no sentido de reivindicar para cada departamento o máximo de autonomia, tendência agravada pela preocupação que cada Ministro tem de demonstrar o seu prestígio através da intransigência na defesa do que julga serem as prerrogativas dos seus serviços.

Os contactos entre serviços dentro do mesmo Ministério, inclusivamente, nem sempre são frequentes e fáceis, dependendo a harmonização dos serviços entre si da autoridade do Ministro.

Se na administração central existe um problema de coordenação cujas incidências na marcha dos negócios são preocupantes, essa falta de entendimento e de harmonia mais se faz sentir na administração local do Estado.

Cada uma das mais importantes direcções gerais dos vários Ministérios tem os seus serviços locais próprios, nos distritos e, às vezes, nos próprios municípios.

Mas as direcções distritais de cada serviço recebem as suas ordens e prestam as suas contas aos superiores nos respectivos serviços centrais, faltando ao Governador Civil no distrito autoridade efectiva para localmente estabelecer a coordenação.

Os governadores civis dos distritos são, por isso, forçados a tratar todos os problemas em Lisboa, nos Ministérios, donde emanam ordens e instruções para os agentes locais. Daí o comentário de que os governadores deixaram de ser os representantes do Governo nos distritos para passarem a ser os mensageiros dos interesses distritais em Lisboa.

Tal situação não estimula a vida local, não incita à iniciativa e reflecte-se na própria actividade e vitalidade das entidades locais autónomas.

10. O problema dos métodos de trabalho preocupa também grandemente todos quantos sentem a necessidade da reforma administrativa.

Não pode negar-se o esforço realizado constantemente pela Administração portuguesa no sentido de modernizar os seus métodos, alargando a mecanização, racionalizando impressos, simplificando processos, centralizando fornecimentos... Cabe ao Ministério das Finanças o principal mérito nessa matéria, encontrando-se actualmente criados noutros Ministérios serviços de Organização e Métodos, empenhados em levar a acção reformadora o mais longe possível. Os Ministérios da Economia e das Obras Públicas publicam mesmo, em conjunto, uma revista periódica de O & M.

Em todo o caso existe ainda uma vasta obra a realizar no sentido de simplificar trâmites, abreviar procedimentos e reduzir custos, aumentando a produtividade do pessoal, o rendimento dos serviços e a comodidade do público.

Contra este movimento lutam a rotina administrativa, o medo das responsabilidades que determina o máximo de precauções, a preocupação do prestígio funcional que considera desonrosa a dispensa da intervenção de certo serviço ou de determinado funcionário na marcha de um processo.

Não existe em Portugal uma lei geral de procedimento administrativo, estando este regulado apenas em casos especiais. (Quanto às entidades locais autónomas, o Código Administrativo contém disposições genéricas fundamentais na matéria).

A sua elaboração constitui um dos pontos do programa da reforma administrativa. Mas será necessário, primeiro, difundir um novo espírito nos serviços, para que não se caia no reforço do formalismo jurídico em vez de buscar sobretudo a eficiência, dentro das garantias indispensáveis à defesa dos interesses da Administração e dos administrados.

11. O último problema é o das relações com o público. Também neste domínio a Administração portuguesa não tem estado inactiva, tendo sido de há muito criados serviços de informação à disposição dos administrados. O mais antigo é o da Agência Geral do Ultramar. Um dos mais modernos, o Serviço de Informações Fiscais do Ministério das Finanças. Mas não se acha generalizado, nem sistematizado, este tipo de serviços destinados a informar o público acerca dos seus deveres e dos seus direitos perante a Administração.

É habitual, sobretudo depois de em 1926 ter sido substituído o regime parlamentar, que os serviços respondam a críticas formuladas na imprensa, explicando as razões da sua actuação ou das suas decisões.

O Secretariado Nacional de Informação é o órgão oficialmente incumbido de transmitir tais explicações e de difundir os principais textos de interesse geral.

Generalizou-se o costume das conferências de imprensa destinadas a permitir aos membros do Governo ou altos funcionários a comunicação de novas providências adoptadas ou o esclarecimento da opinião pública acerca das resoluções tomadas.

Resta, todavia, por resolver o problema da maior aproximação entre o público e a Administração no sentido de mais íntima e consciente colaboração das duas partes.

A verdade é que um longo período de opinião controlada e de autoritarismo governativo criou na Administração Pública um espírito de auto-suficiência que leva a rejeitar por impertinentes as sugestões dos administrados e a considerar malévolas as críticas melhor intencionadas.

Por outro lado, não raro o funcionário esquece que é um servidor do público. Os serviços funcionam então tendo sobretudo em conta as suas conveniências com desprezo pelos interesses legítimos e as legítimas comodidades dos administrados[1].

---

[1] Esta indiferença sobretudo sensível nos serviços públicos pròpriamente ditos, que deveriam funcionar com o espírito de empresa – penso nos serviços municipalizados – e que, em vez disso, tantas vezes cercam as prestações carecidas pelos utentes de inúteis e complicadas formalidades eivadas do pior espírito burocrático (Nota da trad. portuguesa).

Deve dizer-se que na Administração Pública portuguesa são numerosos os funcionários dotados de perfeita consciência das suas funções e com alto espírito cívico.

O que constitui problema é assegurar à Administração o conhecimento permanente das autênticas necessidades e dos legítimos interesses dos administrados e garantir o esclarecimento do público acerca dos propósitos e razões de decidir da Administração, de modo a diminuir o mais possível tensões e atritos entre administradores e administrados.

Tem sido dada à organização corporativa representação nos conselhos e juntas que funcionam junto da Administração, e nos órgãos dirigentes dos organismos de coordenação económica participam representantes dos interessados.

Quanto à elucidação do público, quer sobre os problemas administrativos em geral, quer quanto às questões de interesse particular, haverá que metodizar a informação, muito embora se saiba que nunca deixarão de existir os insatisfeitos, os inconformados, os que não querem compreender e aqueles a quem convém denegrir e desorientar a Administração.

*As pessoas colectivas no novo Código Civil Português** **

SUMÁRIO: *1. Razão de ordem. 2. As pessoas colectivas no Código de 1867. 3. A legislação posterior. O Código Comercial e a personalidade das sociedades comerciais. A função do registo antes e depois da reforma de 1959. 4. Os problemas em aberto à data da publicação do novo Código Civil. A personalidade das sociedades civis. 5. O art. 6.º do decreto de aprovação do novo Código: distinção entre leis civis e administrativas e entre normas de direito público e de direito privado e suas dificuldades. Exemplo com a aceitação da herança a benefício de inventário. 6. Âmbito de aplicação do capítulo das pessoas colectivas. A aplicação por analogia às sociedades. 7. Aplicação das disposições sobre pessoas colectivas às associações não reconhecidas. 8. Normas de conflitos relativas a pessoas colectivas. 9. Os princípios fundamentais sobre pessoas colectivas: 1.º quanto à existência; 10. 2.º quanto à organização; 11. 3.º, quanto à capacidade; 12. 4.º, quanto à responsabilidade. 13. Utilidade da fixação dos princípios fundamentais. 14. Especialidades quanto às associações. Alguns preceitos criticáveis. 15. Especialidades quanto às fundações.*

1. O Título 2.º da Parte Geral do novo Código Civil é consagrado às «relações jurídicas», mais pròpriamente aos elementos da relação jurídica. Divide-se em quatro subtítulos correspondentes aos elementos clàssicamente analisados na relação sujeito, objecto, facto e garantia –, sendo o primeiro deles intitulado «das pessoas». Neste subtítulo há três capítulos: 1.º pessoas singulares; 2.º pessoas colectivas; 3.º associações não reconhecidas e comissões especiais.

Vamos ocupar-nos do Capítulo II.

Para levar a cabo o seu estudo começaremos por um breve esboço da situação anterior à publicação do Código. Depois veremos o que o Código revogou e o que persiste em vigor, de acordo com o artigo 6.º do decreto de aprovação. Passaremos a estudar o âmbito de aplicação das disposições do capítulo. Por fim indicaremos os princípios fundamentais que passam a reger a personalidade colectiva e as regras especiais referentes às associações e às fundações.

* Publicado in *O Direito*, ano 99 (1967), 2, pp. 85-110.
** Apontamentos reunidos para servir de base à exposição feita no colóquio que teve lugar na Faculdade de Direito de Lisboa em 5 de Abril de 1967.

2. Código Civil de 1867 tem sido algumas vezes injustamente acusado de seguir a orientação extremamente individualista do Código de Napoleão. A verdade é que o Visconde de Seabra não só se afastou da codificação francesa no sistema, como respeitou o mais possível as tradições jurídicas portuguesas, e temperou sensatamente o individualismo reinante na sua época. E enquanto o Código napoleónico faz completo silêncio a respeito da personalidade colectiva, o nosso Código, ao versar a «Capacidade Civil», não deixa de conter um título sobre as *pessoas morais*.

Nesse título reconhece-se, no artigo 37.º, capacidade civil às entidades (sem excluir as fundações) que a doutrina depois capitularia de pessoas colectivas de direito público, pessoas colectivas de utilidade pública administrativa e pessoas eclesiásticas, deixando porém o respectivo regime para outras leis.

No artigo 32.º considera pessoas morais as associações ou corporações, temporárias ou perpétuas, que fossem fundadas com algum fim ou por algum motivo de utilidade pública ou de utilidade pública e particular conjuntamente.

Para que tais associações pudessem representar nas relações civis uma individualidade jurídica, deveriam estar legalmente autorizadas (art. 33.º).

Quanto às associações de interesse particular determinava-se que fossem regidas pelas regras do contrato de sociedade (art. 39.º).

Portanto, no sistema do Código fica bem clara a distinção, quanto às pessoas colectivas de direito privado denominadas pessoas morais, entre a constituição do seu substracto – associação e corporação – que se exigia fosse «legalmente autorizada», e a atribuição da personalidade, resultante do reconhecimento da existência de um fim de utilidade pública, exclusivo ou em conjunção com a utilidade articular (*declaração de utilidade pública*).

A associação tinha de ser «legalmente autorizada», de harmonia com a doutrina do artigo 282.º do Código Penal de 1852 e que transitou para o texto de 1886, pelo qual era punível qualquer associação de mais de vinte pessoas sem autorização do governo. As leis administrativas foram prescrevendo os termos em que esta «autorização legal» (empregada a expressão em sentido amplo) podia ser concedida. Umas vezes exigia-se uma autorização pròriamente dita; outras, a aprovação dos estatutos; a lei de 14 de Fevereiro de 1907 veio estabelecer a regra da liberdade de associação, permitindo que as associações tivessem existência legal mediante simples participação ao governador civil do distrito. Hoje está em vigor o Decreto-Lei n.º 39 660 de 20 de Maio de 1954 que torna a constituição de associações e a sua existência jurídica dependentes de aprovação dos seus estatutos pela autoridade administrativa[1].

---

[1] Segundo o artigo 16.º da Constituição de 1933 «incumbe ao Estado autorizar, salvo disposição da lei em contrário, todos os organismos corporativos...». A ressalva das disposições das leis ordinárias transformam o preceito constitucional em norma supletiva. E deve continuar a entender-se que «autorizar significa aí a exigência de um acto do poder para cada caso.

3. No sistema do Código de 1867 a legalidade da associação, é condição necessária, mas não suficiente, da personalidade moral.

Para que esta fosse reconhecida, tornava-se necessária a *declaração de utilidade pública* feita por acto especial do governo.

Todavia várias leis atribuíram genèricamente a qualidade de pessoas morais a certas categorias de associações, desde que legalmente constituídas isto é, consideraram certas classes de associações como de utilidade pública. Foi o que sucedeu, por exemplo, em 1891 com as associações de classe, em 1895 com as associações de socorros mútuos, em 1896 com os sindicatos agrícolas... A partir da Constituição de 1933 esse sistema de «reconhecimento normativo» vai-se tornando cada vez mais frequente, a par da proliferação das pessoas colectivas de direito público. Assim sucedeu quanto aos organismos corporativos que uma vez «autorizados» adquirem personalidade e com as pessoas colectivas de utilidade pública administrativa que segundo o Código Administrativo de 1936 resultam do próprio acto que confere existência legal às associações ou fundações de utilidade local.

Entretanto, o Código Comercial, publicado em 1888, preceituava no seu artigo 108.º que «as sociedades comerciais representam para com terceiros uma individualidade jurídica diferente da dos associados», fórmula que a doutrina geralmente entendeu como atributiva da personalidade colectiva a todas essas sociedades. E determinando o artigo 106.º que as sociedades civis pudessem constituir-se sob qualquer das formas estabelecidas no Código, ficando nesse caso sujeitas às disposições dele excepto no respeitante à falência, deduziu-se daí que também as sociedades civis constituídas sob forma comercial gozavam de personalidade jurídica.

A atribuição desta seria, porém, mera consequência da constituição da sociedade? Não haveria nenhuma intervenção administrativa ou judicial destinada a verificar, ao menos, se na formação da sociedade se haviam observado as prescrições legais?

O Código instituía o registo comercial (art. 45.º e segs.) no qual impunha obrigatòriamente a matrícula das sociedades (art. 47.º).

O artigo 57.º diz que os actos sujeitos ao registo comercial *só produzirão efeito para com terceiros* desde a data do registo... Ora a fórmula do artigo 108.º, trasladada do Código Comercial italiano e que tão discutida tem sido, ao acentuar que as sociedades comerciais representam *para com terceiros* uma individualidade jurídica distinta da dos associados e submetendo-as a registo, parece tornar bem clara a intenção do legislador de que a existência legal das pessoas colectivas resultasse da matrícula no registo.

Efectivamente dizer-se em termos genéricos que todas as sociedades (entende-se: constituídas nos termos e segundo os trâmites legais) são pessoas, não dispensa que em cada caso se verifique se os requisitos necessários estão preenchidos para o efeito de declarar a existência de nova pessoa, dando a este facto a devida publicidade.

O registo funciona, em quase todos os países onde existe uma norma atributiva em termos genéricos de personalidade às sociedades, como acto declarativo da existência das pessoas.

Como o artigo 106.º do Código Comercial sujeitava as sociedades civis constituídas sob forma comercial às disposições do Código, excepto no tocante à falência e à jurisdição, compreende-se que também estivessem obrigadas ao registo do qual dependia a aquisição da personalidade jurídica.

A nova legislação sobre registo comercial de 1959 (Dec.-Lei n.º 42 644 de 14 de Novembro e regulamento da mesma data) alterou, porém, este sistema.

O artigo 1.º do Decreto-Lei n.º 42 644 diz que o registo comercial tem *essencialmente* por fim dar publicidade à qualidade de comerciante das *pessoas singulares ou colectivas...* O legislador, esquecendo-se aliás de nos dizer se o registo tem outros fins além do «essencial», admite que a sociedade que, após constituir-se, requer a matrícula seja já *pessoa colectiva*, destinando-se portanto o registo apenas a tornar pública a sua *qualidade de comerciante*.

Sendo assim, não faz mais sentido que as sociedades civis, não tendo necessidade de tal publicidade, continuem a ter de inscrever-se no registo comercial quando revistam forma comercial.

Mas o Regulamento, ao enumerar os requisitos especiais da matrícula das sociedades, prevê a inscrição das sociedades civis sob a forma comercial, exigindo que indiquem o objecto social em vez da espécie de comércio exercida [art. 42.º, alín. *b*)].

4. À data da publicação do Código Civil tínhamos, pois, em aberto este problema: as sociedades que a lei diz, genèricamente, que são pessoas colectivas adquirem a personalidade por mero facto da constituição? Não há nenhuma intervenção, ainda que de simples exame de legalidade e com efeitos declarativos, de um órgão do Estado, para a atribuição da personalidade em cada caso concreto ao menos nas relações que elas venham a estabelecer com terceiros? Nem para esse efeito se exige a publicidade da constituição da sociedade assegurada pelo registo? E quanto às sociedades civis constituídas sem adopção da forma comercial? A doutrina disputou largamente sobre se tais sociedades deviam ou não ser consideradas pessoas colectivas e nela se encontra largo leque de opiniões desde os que, com Guilherme Moreira, o negam (e Moreira ia ao ponto de negar também a personalidade das próprias sociedades comerciais em nome colectivo, em comandita e por quotas) até aos que com José Tavares liberalmente a reconheciam.

Parece-me, porém, que não se deveriam ter perdido de vista os princípios gerais do sistema jurídico do Código de 1867 nesta matéria. A personalidade jurídica de direito privado não resulta da mera legalidade do substracto: implica um reconhecimento, declarativo ou atributivo da personalidade.

Ora não estando previsto processo para esse reconhecimento às sociedades civis – ainda que consistisse em mero registo declarativo resulta daí que não se poderia ver nelas pessoas colectivas.

É certo que há casos de *reconhecimento implícito*.

Mas, em meu entender, o reconhecimento implícito só é possível quando se trate de leis que criem uma entidade à qual concedam poderes tais que implicam necessàriamente a intenção de instituir como seu titular um sujeito de direito.

Não basta para esse efeito a autonomização de um património. Nem as disposições genéricas do Código de Processo Civil que, a partir de 1939, permitem que sejam partes no processo determinados centros de interesses, chamando a essa susceptibilidade de ser parte em juízo *personalidade judiciária*. Como não basta a capacidade para ser tributado a que também já se tem chamado *personalidade tributária*: são institutos que apenas apresentam um vago parentesco com a personalidade jurídica mas que com esta não podem ser confundidos.

O Código de Processo Civil, ao definir no artigo 5.º, n.º 2, que «quem tiver personalidade jurídica tem igualmente personalidade judiciária», e ao estender no artigo 6.º a personalidade judiciária, entre outros casos, às associações legalmente existentes e às sociedades civis, aceita que tais associações, enquanto não declaradas de utilidade pública, e estas sociedades quando não adoptem forma comercial, não são pessoas jurídicas – senão estariam abrangidas na regra do n.º 2 do artigo 5.º.

O Código apenas as trata *como se* fossem pessoas (é esse o sentido da personalidade judiciária) para o efeito de litigar em juízo.

Mas que esta personalidade judiciária é uma simples *equiparação*, para defesa da boa fé e garantia de interesses legítimos, e não resultado de se criar ou instituir uma pessoa pelo facto de a entidade ser admitida em juízo, mostra-o bem claramente o artigo 8.º

Esse artigo reconhece capacidade judiciária não só às sociedades irregulares, que o artigo 107.º do Código Comercial manda ter por não existentes, como às próprias associações que não se achem legalmente constituídas, e que pelo artigo 6.º do Decreto-Lei n.º 39 660 são equiparadas às associações secretas, considerando-se os seus dirigentes ou sócios autores de crime contra a segurança interior do Estado[2].

---

[2] Nas alterações introduzidas no Código pelo Dec.-Lei n.º 47 690 de 11 de Maio de 1967, como consequência da publicação do Código Civil, o art.º 8.º recebeu nova redacção que vem demonstrar mais uma vez as confusões do legislador nesta matéria. Em vez de «a sociedade ou associação que não se ache legalmente constituída» lê-se agora «a pessoa colectiva ou sociedade que não se

Se entendêssemos que tal capacidade seria atributo da personalidade jurídica, reconhecida para o efeito de estar em juízo a uma entidade ilegalmente constituída, seríamos conduzidos ao paradoxo de a violação da lei constituir caminho para conseguir o que só pela observância da lei se pretendia garantir. Aqueles que não tinham procedido de acordo com a lei para obter a personalidade, adquiriam-na pelo facto de se tornarem réus numa acção porventura decorrente da própria ilegalidade cometida.

A «personalidade judiciária» é, pois, uma expressão usada para traduzir a possibilidade de demandar e ser demandado que a lei atribui a realidades sociais que não são pessoas jurídicas mas que para esse efeito restrito a elas são equiparadas.

5. A recapitulação do direito anterior tem importância a mais de um título. Mas em particular por virtude do disposto no artigo 6.º do Decreto-Lei n.º 47 344 que aprovou o novo Código e cujo texto é o seguinte:

«As disposições dos artigos 157.º a 194.º do novo Código Civil não prejudicam as normas de direito público contidas em leis administrativas».

Este artigo é mera explicitação, quanto às pessoas colectivas, da regra do artigo 3.º:

«Desde que principie a vigorar o novo Código Civil, fica revogada toda a legislação civil relativa às matérias que esse diploma abrange, com ressalva da legislação especial a que se faça expressa referência».

Segundo o artigo 3.º, portanto, só fica revogada pelo Código a *legislação civil* sobre as matérias nele abrangidas. Quer dizer que se admite que sobre as mesmas matérias haja leis com outro carácter, quer sejam de direito privado, – comerciais, trabalhistas... – quer de direito público – administrativas, processuais, penais, fiscais...

---

ache legalmente constituída». O legislador esqueceu-se aí que o Código Civil prevê a existência de «associações não reconhecidas», isto é, sem personalidade jurídica e de que na nova redacção do art.º 6.º do Código do Processo deixou de fazer referência a essas associações embora se preveja a sua representação em juízo no art.º 22.º. Por outro lado, ignorou a distinção fundamental entre o *substracto* da pessoa colectiva (a associação ou fundação) que pode estar ou não regularmente constituído, e o *reconhecimento* que tem sempre de resultar da lei ou de acto administrativo praticado de harmonia com ela. *Pessoa colectiva ilegalmente constituída* que será? Substracto reconhecido por acto administrativo viciado? Mas esse vício só pelos tribunais competentes pode ser declarado salvos os casos, raros, de inexistência jurídica. Seria pena que o legislador processual tivesse das pessoas colectivas o conceito vulgar dos secretários de finanças: todos os entes sociais quaisquer que sejam e por qualquer modo que tenham surgido...

De maneira que o intérprete tem de caracterizar, em primeiro lugar, o tipo de legislação onde a norma se encontra, tarefa que nem sempre será muito fácil.

O artigo 6.º confirma esta orientação ao referir-se às *leis administrativas*. A primeira condição para que as normas anteriores ao Código sobre a matéria das pessoas colectivas sobrevivam, é a de estarem contidas em leis administrativas.

Mas se até aqui o artigo 6.º não dizia senão o que já estava implícito no artigo 3.º, vamos a seguir encontrar alguma coisa mais: a referência às normas de direito público.

O artigo 6.º admite que nas leis administrativas haja normas de direito privado, e só ressalva as que o não sejam, as que se integrem no direito público. Parece, pois, que o legislador chama *lei administrativa* ou *legislação administrativa* aos diplomas: o Código Administrativo será neste sentido uma lei administrativa, todo ele. E quer que depois, em cada diploma, se vá proceder à análise das suas disposições, para se averiguar se as normas são de direito público, ou de direito privado.

Não me parece que estejamos perante um método particularmente favorável à certeza do direito, mas adiante.

Em matéria de personalidade colectiva, o que é que deve considerar-se de direito público e de direito privado?

Rigorosamente, o reconhecimento da qualidade de pessoa a um centro de interesses colectivos traduz sempre uma apreciação da utilidade social da prossecução desses interesses que deve ser feita pelos órgãos do governo ou da administração pública.

Como já tive ocasião de escrever num estudozinho que consagrei às fundações[3], creio que nesta matéria pertencerá ao direito privado o que respeita à autonomia da vontade na formação dos substractos pretendentes à qualidade de pessoa (a constituição das associações ou sociedades, a instituição do património com afectação a um fim) e sua organização; e, já em relação à pessoa colectiva, a definição da sua capacidade jurídica e da responsabilidade civil, a sua dissolução e liquidação.

São de direito público as normas respeitantes ao reconhecimento, à fiscalização da sua actividade, à tutela sobre os seus actos, à extinção por motivos de interesse geral, numa palavra, a quanto implica uma intervenção da autoridade política ou administrativa.

Mas por vezes a norma não se refere à competência de um órgão da administração e todavia deve ser considerada de direito público por traduzir o prevalecimento de um interesse público.

---

[3] *Das Fundações, Subsídios para a interpretação e reforma da legislação portuguesa*, 1962, pág. 167.

Por exemplo: o artigo 423.º do Código Administrativo diz que as pessoas colectivas de utilidade pública administrativa só podem aceitar heranças a benefício de inventário e não são obrigadas a cumprir encargos que excedam as forças da herança.

Esta norma é de direito público ou de direito privado?

Trata-se de uma cautela que a lei administrativa prescrevia para defesa de patrimónios associativos ou institucionais constituídos e geridos em proveito da colectividade.

Nas sugestões que tive ocasião de fazer para a redacção das disposições gerais do capítulo das pessoas colectivas em comentário ao projecto da 1.ª revisão ministerial, propus que se consagrasse para todas as associações e fundações a presunção legal da aceitação de herança a benefício de inventário[4].

O legislador não se limitou a aceitar a sugestão: alargou-a liberalmente, no artigo 2053.º, n.º 1, a todas as pessoas colectivas, sejam elas quais forem, donde resulta, por força do artigo 2071.º, n.º 1, que não responderão pelos encargos da herança senão até ao limite do valor dos bens inventariados.

Salvo o devido respeito esta protecção não se justifica em relação às sociedades. É certo que no artigo 2033.º, n.º 2, alín. *b*), ao enumerar os que têm capacidade sucessória se distinguem as sociedades, das pessoas colectivas. Mas terá de se entender que o legislador quis aí referir-se às sociedades não dotadas de personalidade jurídica, embora seja muito estranho que se atribua capacidade, e uma capacidade de tamanha importância como a de suceder por herança, a quem não seja pessoa[5].

O problema do artigo 423.º do Código Administrativo não se suscita, portanto, porque a lei civil se pôs de acordo com os seus preceitos. Se assim não tivesse sucedido, eu sustentaria tratar-se de norma de direito público, por ser ditada por um fim de protecção a interesses públicos. Mas admito facilmente que outros a qualificassem como norma de direito privado, como a generalização dos seus princípios feita pelo novo Código veio afinal a consagrar.

6. Vejamos agora qual é o âmbito da aplicação do capítulo de que nos estamos a ocupar.

Di-lo o artigo 157.º:

«As disposições do presente capítulo são aplicáveis às associações que não tenham por fim o lucro económico dos associados, às fundações de interesse social e ainda às sociedades quando a analogia das situações o justifique».

---

[4] *Das Fundações*, cit., pág. 198, artigo E, n.º 3.
[5] Na mais recente versão do Código do Notariado (Dec.-Lei n.º 47 619 de 31 de Março de 1967) igualmente se faz a distinção entre pessoas colectivas e sociedades (arts. 65.º e 174.º). A mesma técnica é seguida nas alterações ao Código de Processo Civil e, em geral, com infelicidade (v. art. 8.º).

Fundamentalmente o capítulo regula a personalidade jurídica das associações de utilidade pública (únicas que se deverão, chamar *associações*, deixando a designação de *sociedades* para as associações que visem a obtenção de um benefício económico a repartir pelos sócios) e das fundações que não tenham por objecto um mero interesse pessoal ou familiar[6].

A primeira observação a fazer é a de que ficam inteiramente de fora as *pessoas colectivas de direito público*, regidas pelas suas leis especiais. O Código só lhes faz referência a propósito da responsabilidade pelo risco, no artigo 501.º, chamando-lhes «pessoas colectivas públicas», decerto para poupar espaço. Mas já o novo Código do Notariado volta à terminologia de «pessoas colectivas de direito público» (art. 90.º).

Talvez não ficasse deslocada, no início das disposições gerais, uma disposição homóloga da do artigo 37.º do Código de Seabra, em que se fizesse menção das pessoas colectivas de direito público para dizer que se regem por leis especiais, mas que em matéria de capacidade civil se lhes aplicaria o Código em tudo o que, não sendo incompatível com o regime do direito público, se não ache previsto nessas leis.

Quanto às pessoas colectivas de utilidade pública administrativa e aos organismos corporativos facultativos, regem-se por legislação administrativa especial.

A segunda observação que o preceito suscita é que se aplica às *sociedades* só quando «a analogia das situações o justifique».

Esta referência cria vários problemas.

Repare-se, para começar, que tal como está é supérflua. O artigo 10.º do Código manda aplicar, no n.º 1, aos casos que a lei não preveja a norma aplicável aos casos análogos e define no n.º 2 o que se deve entender por analogia.

Portanto, se existir analogia de situações entre um caso relativo a sociedades e outro referente a associações e se houver norma para um deles e omissão no regime do outro, deve integrar-se a lacuna existente pelo recurso à norma reguladora do caso análogo: e isto tanto vale para a lacuna do direito das sociedades, a suprir pela norma das associações, como para a lacuna do direito das associações que legitimamente se deverá suprir pela norma das sociedades.

O preceito do artigo 157.º pretende manifestamente referir-se à *personalidade* das sociedades civis e até comerciais pois só assim se justifica o prevalecimento da sua regra sobre a do artigo 10.º. Aquilo que se pode extrair dos trabalhos preparatórios é bem pouco mas chega para nos elucidar.

O Prof. Ferrer Correia redigiu um primeiro anteprojecto[7] que apresentou sem razões justificativas e com a ressalva de «não constituir trabalho definitivo»,

---

[6] Veja-se sobre este ponto o que escrevemos em *Das Fundações*, págs. 21 e segs.
[7] Publicado no *Boletim do Ministério da Justiça*, n.º 67, 1957.

prometendo uma segunda versão revista e fundamentada. Todavia, foi esse «primeiro estudo da matéria» que o autor insistia em apresentar como «absolutamente provisório» que serviu de base ao projecto do Livro I, Parte Geral, publicado após a «1.ª Revisão Ministerial»[8].

No anteprojecto, artigo 1.º, abrangiam-se *todas* a pessoas colectivas de direito privado, incluindo as sociedades civis, e acrescentava-se:

> «No entanto, as sociedades comerciais terão a regulamentação que segundo a lei comercial lhes competir e as regras gerais das pessoas colectivas só lhes serão aplicáveis subsidiàriamente e quando for caso disso».

No projecto ministerial mantinha-se esta orientação, mas suprimindo-se várias disposições gerais contidas no anteprojecto.

Ao estudar a matéria do projecto referente às fundações, tive de me ocupar das disposições gerais sobre pessoas colectivas. Observei então o inconveniente de aplicar às sociedades preceitos concebidos tendo em mente as associações e as fundações. Basta pensar que desde que constituída por tempo indeterminado uma sociedade civil ficava obrigada, como as associações de utilidade pública, a pedir autorização ao governo para adquirir bens por título oneroso.

Sugeria que à personalidade jurídica das sociedades civis e comerciais e respectiva capacidade, se aplicassem respectivamente as normas que no Código Civil regulassem o contrato de sociedade e as do Código Comercial, sendo as lacunas dessa regulamentação supridas pelas disposições do capítulo do Código referente às pessoas colectivas.

Pensava eu que, ao regular o contrato de sociedade, o legislador decidisse quais as formas de sociedade resultantes desse contrato que mereciam ou podiam ser consideradas pessoas colectivas, e quais os requisitos formais (escritura pública, publicidade, registo) necessários para o reconhecimento da personalidade, bem como a capacidade que lhes era atribuída.

Portanto, *o capítulo das pessoas colectivas supriria apenas as lacunas que, na regulamentação da personalidade jurídica das sociedades, viessem a verificar-se*.

Ora nos artigos 980.º e seguintes, que regulam o contrato de sociedade, deixaram-se em aberto todas essas questões. Continuamos sem saber, quando a sociedade civil não revista forma comercial, se tem ou não personalidade jurídica, e no caso de poder tê-la, o que é preciso fazer-se para o reconhecimento e que âmbito possui a sua capacidade jurídica.

De maneira que não se dizendo nada no capítulo das sociedades sobre a respectiva personalidade, *e sendo só nesta matéria que deve recorrer-se por analogia ao*

---

[8] Lisboa, 1961.

capítulo das pessoas colectivas, a referência da parte final do artigo 157.º confunde mais do que esclarece.

Um Código não pode ser feito por subscrição. Muitos devem ser chamados aos trabalhos preparatórios. Um apenas deve concebê-lo e redigi-lo. Poucos e variados haveriam de ser escolhidos para revê-lo. De contrário os choques e as divergências entre os seus preceitos são inevitáveis.

7. Mas os problemas do artigo 157.º não acabam aqui. Na verdade, há disposições do capítulo das pessoas colectivas que se aplicam a situações não enunciadas nesse artigo.

O artigo 195.º, n.º 1, dispõe o seguinte:

«À organização interna e administrativa das associações não reconhecidas são aplicáveis as regras estabelecidas pelos associados e, na sua falta, *as disposições legais relativas às associações, exceptuadas as que pressupõem a personalidade destas*».

Como certamente o legislador não quis fazer referência à legislação administrativa sobre associações, tem de entender-se que se trata das disposições dos artigos 167.º a 184.º do Código Civil, reguladores das associações *como pessoas colectivas*.

Ora o artigo 195.º, n.º 1, força-nos a pesquisar nesses artigos quais sejam os preceitos que pressupõem e quais os que não pressupõem a personalidade jurídica das associações.

Em boa técnica, num capítulo que regula «pessoas colectivas» só deveriam encontrar-se regras relativas à personalidade, como seu pressuposto, como sua inerência ou como sua consequência.

As regras sobre organização e administração deveriam ser apenas as indispensáveis para assegurar a existência dos meios jurídicos idóneos para o exercício da capacidade da pessoa.

Vê-se que não é assim. E que se admite que o Código contenha preceitos meramente regulamentares, alguns deles desnecessàriamente imperativos, sobre a organização interna e a administração das associações, preceitos que podiam figurar numa lei que não tivesse por objecto regular o nascimento e a capacidade das pessoas colectivas.

Mas enquanto para as associações com personalidade há que fazer distinção entre normas imperativas (e são muitas) e supletivas, caso curioso, para as associações não reconhecidas o legislador é mais liberal e redu-las pràticamente todas a supletivas como se vê dos termos do artigo 195.º

A não ser que se entenda que as disposições que não pressupõem a personalidade jurídica das associações são apenas as insertas no Código com carácter supletivo. Seria melhor então que o legislador o tivesse dito.

8. Finalmente há que conciliar o artigo 157.º com os preceitos dos artigos 33.º, 34.º e 38.º que contêm normas de conflitos relativas a «pessoas colectivas».

Que pessoas colectivas são essas? As associações e as fundações apenas, a que se refere o artigo 157.º? Ou todas e quaisquer pessoas colectivas como tais reconhecidas pela lei estrangeira?

Inclino-me a resposta afirmativa à segunda pergunta, isto é, para a opinião de que não interessa para a aplicação das normas dos artigos 33.º, 34.º e 38.º, o que o Código regula ou considera como pessoa colectiva no direito interno português. (Neste sentido, ver a regra do art. 15.º).

9. Procuremos fixar quais os *princípios fundamentais* contidos nas disposições gerais sobre pessoas colectivas, desde o artigo 158.º ao artigo 166.º.

São esses princípios fundamentais que verdadeiramente interessam, não só porque o resto é mera regulamentação, como também por ser neles que está contido o regime da personalidade jurídica para onde deve entender-se que outros preceitos remetem a título supletivo quando dessa personalidade se trate.

O primeiro desses princípios, refere-se à existência e está contido no n.º 1 do artigo 158.º: *a personalidade colectiva de direito privado resulta do reconhecimento*.

O n.º 2 desse artigo já contém uma norma de competência que talvez não devesse estar no Código Civil e que ùnicamente se aplica às associações e fundações.

E acrescenta-se que, para essas entidades, o reconhecimento é individual, o que implica um acto específico, para cada caso, de autorização ou aprovação, consoante a lei determinar.

Embora na secção relativa às associações nada se diga quanto à forma do acto de reconhecimento, o artigo 169.º faz depender a eficácia das alterações aos estatutos da aprovação da entidade competente para o reconhecimento, o que parece traduzir a preferência por esse tipo de acto.

Quanto às fundações resulta dos preceitos que as regulam que o reconhecimento toma a forma de aprovação da instituição (art. 185.º).

Não se exclui, porém, quanto às associações e, naturalmente, quanto às sociedades, que a lei estabeleça o chamado *reconhecimento normativo*, isto é, atribua a qualidade de pessoa colectiva a todas as entidades com certos fins desde que reúnam determinados requisitos. Mas a existência de tais requisitos deve ser verificada por um órgão judicial ou administrativo, geralmente mediante mero registo que produza a declaração do reconhecimento.

Julgo que o princípio fundamental contido no n.º 1 do artigo 158.º *contraria a possibilidade de haver pessoas colectivas sem prévio reconhecimento de algum modo declarado*[9].

---

[9] No projecto do Código Civil Brasileiro apresentado ao Congresso em Outubro de 1965 define-se esta doutrina lapidarmente nos artigos 60.º e 62.º: «A organização de pessoas ou de bens

10. O segundo princípio fundamental diz respeito à organização e consta do artigo 162.º, segundo o qual:

«Os estatutos da pessoa colectiva designarão os respectivos órgãos entre os quais haverá um órgão colegial de administração e um conselho fiscal, ambos eles constituídos por um número ímpar de titulares dos quais um será o presidente».

A pessoa colectiva tem de ter um substracto – associação ou fundação mas este necessàriamente há-de estar organizado mediante as normas constitucionais, que formam os *estatutos*, onde se fixem os fins a prosseguir e designem os órgãos através dos quais se manifestará a vontade imputável ao ente jurídico.

É graças a essa organização que se distingue e actua na vida de relação a individualidade jurídica da associação, da fundação ou da sociedade, como também se diferenciam os seus interesses e patrimónios próprios.

E tão importante é o conhecimento dela que o Código exige se lhe dê *publicidade* (arts. 168.º e 185.º, n.º 5) e até, a meu ver nem sempre com justificação, que conste de *escritura pública* [arts. 168.º, 169.º e 185.º, n.º 3 e Cód. de Notariado de 1967, art. 89.º, alíns. *e*) e *g*)].

O segundo princípio fundamental pode, pois, formular-se assim: *só pode ser reconhecida a personalidade colectiva do substracto que consista numa organização regulada por acto escrito a que possa ser dada publicidade.*

Daqui resulta, por exemplo, que uma sociedade civil cuja constituição, no caso de nela não entrarem bens imóveis, não está sujeita a forma especial (art. 981.º, n.º 1) e pode não ter estatutos, fica impedida de ser reconhecida como pessoa colectiva.

11. Daqui passaremos ao terceiro princípio relativo à *capacidade*, contido no artigo 160.º e que é o seguinte: *a pessoa colectiva tem capacidade para exercer todos os direitos e obrigações necessários ou convenientes à prossecução dos seus fins que não sejam vedados por lei ou inseparáveis da personalidade singular.*

Neste princípio há duas regras. A primeira regra é a de que as pessoas colectivas têm ampla capacidade de exercício (e só de exercício) no qual cabem todos os poderes e deveres de que a lei expressamente as não prive, ou que não sejam inseparáveis da personalidade singular, ou, como o Código Civil Suíço diz e a

para determinados fins adquirirá personalidade jurídica se preencher as condições exigidas na lei, distinguindo-se das pessoas físicas que a compõem». – «A existência legal das pessoas jurídicas começa com a inscrição do acto constitutivo no seu registo, ou com a aprovação da autoridade competente, quando exigida. § ún. O acto constitutivo da pessoa jurídica deve revestir forma escrita».

meu ver melhor, «que não sejam inseparáveis das condições naturais do homem, tais como o sexo, a idade ou o parentesco».

Entre os direitos inseparáveis da personalidade singular se insere a maioria dos direitos de personalidade. Mas alguns direitos pessoais podem ser exercidos pela pessoa colectiva, como o direito ao nome, e o direito ao crédito e bom nome a que faz expressa referência o artigo 484.º:

> «Quem afirmar ou difundir um facto capaz de prejudicar o crédito ou o bom nome de qualquer pessoa, singular *ou colectiva*, responde pelos danos causados».

Pelo que respeita à capacidade patrimonial a tradição jurídica portuguesa é no sentido de estabelecer certas restrições quanto à aquisição e à posse de bens imóveis. O Código admite que as pessoas colectivas os adquiram livremente a título gratuito (art. 161.º, n.º 1) e em especial reconhece a sua capacidade para herdar por testamento ou contrato [art. 2033.º, n.º 2, alin. *b*)] apenas com a obrigação de aceitarem as heranças a benefício de inventário (art. 2053.º, n.º 1).

Quanto à aquisição por título oneroso fica dependente de autorização do governo, sob pena de nulidade. Igual autorização é necessária para onerar os bens, ou para os alienar a qualquer título (art. 161.º, n.º 2).

Esta última norma não a consideramos pertencente ao regime geral das pessoas colectivas. As sociedades civis e comerciais carecem de toda a liberdade para adquirir a título oneroso, onerar e alienar bens imóveis, podendo ser esse, até, o seu objecto. A regra do n.º 2.º do artigo 161.º é, pois, privativa das associações e fundações, os antigos *corpos de mão morta*.

A *segunda regra*, contida no princípio que estamos a expor é a *da especialidade*: se bem que as pessoas colectivas tenham capacidade ampla, isto é, possam exercer todos os direitos e obrigações que a sua natureza ou a lei lhes não vedem, a licitude desse exercício está condicionada à prossecução dos seus fins.

As pessoas colectivas existem em atenção a certos e determinados fins a prosseguir e os direitos só podem ser arrogados e as obrigações só podem ser assumidas na medida em que os fins a atingir o exijam, justifiquem ou expliquem. O Código, ao permitir o uso não só dos poderes e deveres *necessários* mas até dos *convenientes*, dá grande latitude à administração delas e permite aos tribunais uma apreciação generosa da sua capacidade.

Só um flagrante desvio dos fins pode determinar a invalidade dos actos, como o Código determina no artigo 177.º quanto às deliberações das assembleias gerais das associações, e se conclui para os restantes actos do próprio artigo 160.º. Mas deveria formular expressamente a sanção, o que não faz.

12. O quarto princípio fundamental respeita à *responsabilidade* e consta do artigo 165.º. Diz o Código nesse artigo que:

«As pessoas colectivas respondem civilmente pelos actos ou omissões dos seus representantes, agentes ou mandatários nos mesmos termos em que os comitentes respondem pelos actos ou omissões dos seus comissários».

Não se trata dos actos das próprias pessoas colectivas deliberados pelos respectivos órgãos e sim dos praticados por outrem na qualidade de seu representante, mandatário ou agente.

E estabelece-se que, em tal caso, se aplicam as regras da responsabilidade dos comitentes pelos actos dos comissários.

O mesmo princípio se encontra consagrado no artigo 998.º, n.º 1, quanto às sociedades civis.

Procurando na secção da responsabilidade civil do capítulo das fontes das obrigações, encontra-se na subsecção referente à «responsabilidade pelo risco» – responsabilidade nascida portanto, independentemente de dolo ou mera culpa, – o artigo 500.º:

«1. Aquele que encarrega outrem de qualquer comissão responde, independentemente de culpa, pelos danos que o comissário causar, desde que sobre este recaia também a obrigação de indemnizar.

2. A responsabilidade do comitente só existe se o facto danoso for praticado pelo comissário ainda que intencionalmente ou contra as instruções daquele, no exercício da função que lhe foi confiada».

Não se encontra no Código outra qualquer referência à comissão. O legislador empregou o termo na toada do artigo 2380.º do velho Código sem se lembrar que depois de 1867 viera a definição do artigo 266.º do Código Comercial e desinteressando-se de nos dar outra. A leitura das disposições legais e a comparação com o direito anterior deixa-nos a impressão de que a palavra foi usada num sentido muito amplo, para significar qualquer função exercida por um indivíduo em representação ou ao serviço de outrem.

Daqui se extrai o princípio fundamental de que *as pessoas colectivas respondem civilmente, com fundamento em mero risco, pelos prejuízos causados pelos seus representantes, agentes ou mandatários quando estes hajam praticado o facto danoso no exercício de função que lhes haja sido confiada pelos órgãos competentes.*

13. Apurámos, assim, os princípios gerais que o Código Civil consagra no regime das pessoas colectivas de direito privado, seja qual for o respectivo substracto – associação, fundação ou sociedade.

São eles: o princípio do reconhecimento, o princípio da organização, o princípio da capacidade ampla com exercício condicionado à conveniência aos fins reconhecidos, o princípio da responsabilidade por mero risco em virtude dos prejuízos que os agentes causem no exercício das funções que lhes hajam, sido cometidas pelos órgãos da pessoa colectiva

Para haver pessoa colectiva tem de haver uma organização como tal reconhecida. E uma vez criada a pessoa valem para ela as regras de capacidade e de responsabilidade consignadas no Código.

Com estes princípios se deverão resolver as dúvidas que surjam, quer quanto à qualidade de pessoa colectiva, quer quanto ao seu regime jurídico.

Vejamos agora o que há de especial no tocante às duas grandes classes de substractos personalizados: as associações e as fundações.

14. Pelo que respeita às associações o Código consagra, em geral, as normas de prática corrente sobre o número, competência e modo de funcionamento dos respectivos órgãos, descendo em alguns casos a pormenores regulamentares e dando carácter imperativo a preceitos que talvez não o merecessem.

Omissão que me parece grave, é a da indicação do número mínimo de sócios exigido para se constituir uma associação.

Inovações dignas de registo há duas.

Uma, a exigência de escritura pública para a constituição da associação e para os respectivos estatutos, bem como para dar forma às alterações neles introduzidas (art. 168.º).

Este preceito não se aplicará às associações que gozem de regime constante de lei especial. E afigura-se-nos um obstáculo injustificável à formação de associações que aspirem à personalidade jurídica.

A publicidade no jornal oficial prescrita no mesmo artigo já constituía garantia bastante para terceiros. A aprovação pela autoridade administrativa assegura a regularidade da organização e a idoneidade dos fins. A que vem, pois, a dispendiosa escritura pública?

Outra inovação é a da convocação da assembleia geral dever ser feita pela administração (art. 173.º, n.º 1) e por meio de aviso postal expedido para cada um dos associados (art. 174.º).

É tradicional que a assembleia geral possua a sua mesa à qual compete convocá-la e dirigir os respectivos trabalhos.

O artigo 162.º do Código Civil não o proíbe.

É pois estranho que o n.º 1 do artigo 173.º prescreva, com carácter imperativo, que a assembleia *deva* ser convocada *pela administração!*

E se a administração o não fizer, pode fazê-lo *qualquer associado*. A mesa da assembleia geral é que não.

Não se compreende por que há-de o legislador intrometer-se nesta matéria, quando lhe bastaria determinar que a assembleia fosse convocada ao menos uma vez em cada ano para aprovação do balanço, deixando o resto aos estatutos.

A convocação por aviso postal dirigido a cada associado é prática seguida correntemente. Mas numa época em que a imprensa, a rádio e a televisão podem permitir uma publicidade eficaz, não se vê a vantagem de tornar esse modo de convocação obrigatório, podendo surgir circunstâncias em que a urgência ou outra razão imponham ou aconselhem o uso desses meios, de preferência ao aviso individual (um sinistro que faça sair as pessoas dos seus domicílios habituais ou a mera desorganização da secretaria com perda das moradas dos associados).

Enfim há um ponto que resulta duvidoso dos preceitos do Código. É este: podem na assembleia geral de uma associação os sócios ausentes votar por procuração passada a sócios que estejam presentes?

À primeira vista parece que não.

O n.º 2 do artigo 175.º diz que as deliberações são tomadas por maioria absoluta de votos dos associados *presentes*. E o n.º 3, ao exigir uma maioria qualificada para certas deliberações, também se refere aos associados presentes. Só o n.º 4 fala em associados, apenas, quando trata das deliberações sobre dissolução ou prorrogação da pessoa colectiva (quis o legislador dizer, *da associação* porque só desta podem dispor os associados: a personalidade, essa, depende da ordem jurídica e das autoridades que a executam).

Além disso o artigo 180.º, *in fine*, preceitua que o associado não pode incumbir outrem de exercer os seus direitos pessoais, e como direito pessoal considero eu o direito de voto.

Mas quando se extrai daqui uma ilação negativa que se afigura certa, salta aos olhos o n.º 1 do artigo 176.º que proíbe ao associado votar, *por si ou como representante de outrem*, nas matérias em que haja conflito de interesses entre a associação e ele, etc.

Quererá isso dizer que nas restantes matérias pode votar «como representante de outrem»?

A única maneira de conciliar estas disposições é considerar que a referência à votação por representação feita no artigo 176.º se entende apenas aplicável aos casos em que o artigo 175.º não a proíbe, isto é, nas deliberações sobre dissolução ou prorrogação. Nestes casos, a importância das resoluções a tomar e o *quorum* exigido (três quartos dos votos de *todos* os associados) explicariam a transigência com a votação por procuração.

15. Em matéria de fundações o nosso direito civil era muito pobre. O Código de Seabra fazia-lhes acidentalmente referência no artigo 37.º, e nada mais. O Direito Administrativo englobava-as até 1936 no conceito amplo das «corporações administrativas» quando se tratasse de institutos de piedade e beneficência. Foi o Código Administrativo de 1936 o primeiro diploma que, a propósito dos «institutos de utilidade local», formulou algumas regras fundamentais do regime jurídico das fundações: a possibilidade de afectação de bens, em vida ou por morte, para prossecução de um fim de utilidade pública, o respeito pela vontade do fundador, o papel subsidiário dos testamenteiros é do próprio Estado na organização do instituto mediante a elaboração dos estatutos e regulamentos (arts. 444.º a 448.º).

A partir desta data produziu-se em Portugal a intensa floração de fundações a que temos assistido. Mas quando os institutos devessem exercer a sua acção para além de circunscrição administrativa distrital, deixavam de ser «de utilidade local» e não se lhes podia aplicar, portanto, o Código Administrativo. Era forçoso reconhecê-los e regulá-los por lei especial.

Os códigos civis europeus, a partir do Código alemão entrado em vigor em 1900, têm dado relevo à disciplina jurídica das fundações e as necessidades reveladas no nosso País exigiam que o português não fizesse excepção. Efectivamente o novo Código, nos artigos 185.º a 194.º, ocupa-se em especial desse tipo de pessoas colectivas, e creio que bem.

Os traços fundamentais do regime são os seguintes:

A afectação de bens à realização de determinado fim de interesse social constitui um negócio jurídico unilateral que pode ter lugar por acto entre vivos ou por testamento e que na técnica do Código se chama *instituição* (arts. 185.º e 186.º).

Na instituição prevalece a autonomia da vontade: o instituidor designa o fim a prosseguir, especifica os bens que lhe são afectados e pode regular a organização, o funcionamento e o destino da entidade desejada, elaborando os respectivos estatutos (art. 186.º).

Estamos, porém, ainda nos domínios da criação do substracto. Para que nasça a pessoa colectiva, já o sabemos, importa que intervenha o *reconhecimento*. Este deve ser pedido à autoridade competente pelo instituidor, seus herdeiros ou testamenteiros[10], ou ser promovido *ex officio*. Uma vez requerido o reconhecimento ou iniciado o seu processo oficioso a instituição torna-se irrevogável (art. 185.º, n.º 3). Mas só o reconhecimento importa aceitação (art. 185.º, n.º 1).

O reconhecimento depende de ser considerado de interesse social o fim visado pelo instituidor (art. 188.º, n.º 1), devendo notar-se que, no caso de ins-

---

[10] Ao redigir o meu estudo sobre *Fundações* como não sabia o que viria a ser regulado acerca da sucessão testamentária referi-me nas sugestões oferecidas para o novo articulado a «executores testamentários», genèricamente. Embora o Código tivesse mantido a terminologia anterior de testamenteiros (arts. 2320.º e segs.) nos artigos referentes às fundações continua a falar-se em *executores testamentários*.

tituição testamentária, é nula a disposição essencialmente determinada por fim contrário à lei ou à ordem pública ou ofensiva dos bons costumes (art. 2186.º), preceito aplicável aos actos entre vivos (art. 967.º).

Depende ainda da verificação de que os bens afectados sejam suficientes para a prossecução do fim visado ou de que haja fundadas expectativas de suprimento de momentânea insuficiência (art. 188.º, n.º 2).

Se o instituidor, seus herdeiros ou testamenteiros não tiverem providenciado sobre a organização, deve a autoridade competente para o reconhecimento fazê-lo (art. 187.º).

Obtido o reconhecimento, nasce a pessoa colectiva a que cabe pròpriamente a designação de *fundação*.

Ao regular o regime da fundação o legislador, ao contrário do que sucede quanto às associações, evitou entrar em minúcias regulamentares, limitando-se a prover quanto à modificação dos estatutos e à transformação e extinção das fundações.

Creio que a matéria ficou bem tratada e congratulo-me com o facto de ter contribuído, modestamente, embora, para a elaboração desta secção.